· 教 育 家 成 长 丛 书 ·

张文茂
与责任教育

ZHANGWENMAO YU ZEREN JIAOYU

中国教育报刊社·人民教育家研究院 组编

张文茂 著

北京师范大学出版集团
BEIJING NORMAL UNIVERSITY PUBLISHING GROUP
北京师范大学出版社

图书在版编目（CIP）数据

张文茂与责任教育/张文茂著；中国教育报刊社人民教育家研究院组编. —北京：北京师范大学出版社，2015.10（2024.8重印）
（教育家成长丛书）
ISBN 978-7-303-19143-7

Ⅰ.①张… Ⅱ.①张… ②中… Ⅲ.①高中—中学教育—研究
Ⅳ.①G63

中国版本图书馆 CIP 数据核字（2015）第 134536 号

图 书 意 见 反 馈　　gaozhifk@bnupg.com　010-58805079
营 销 中 心 电 话　　010-58802135　010-58802786
北师大出版社教师教育分社微信公众号　京师教师教育

出版发行：北京师范大学出版社　www.bnupg.com
　　　　　北京市西城区新街口外大街 12-3 号
　　　　　邮政编码：100875
印　　刷：北京虎彩文化传播有限公司
经　　销：全国新华书店
开　　本：787 mm ×1092 mm　1/16
印　　张：22
字　　数：380 千字
版　　次：2015 年 10 月第 1 版
印　　次：2024 年 8 月第 4 次印刷
定　　价：70.00 元

策划编辑：伊师孟　　　　责任编辑：鲍红玉
美术编辑：焦　丽　　　　装帧设计：焦　丽
责任校对：陈　民　　　　责任印制：马　洁

教育家成长丛书

编委会名单

总 序

  教育是国家发展的基石，教师是基石的奠基者。古人云："国将兴，必贵师而重傅。"兴国必先强教，强教必先重师。党中央、国务院高度重视教师队伍建设。2013 年教师节，习近平总书记在给全国广大教师的慰问信中指出："百年大计，教育为本。教师是立教之本、兴教之源，承担着让每个孩子健康成长、办好人民满意教育的重任。"2014 年，在第 30 个教师节前夕，习总书记到北京师范大学视察并发表重要讲话，指出："一个人遇到好老师是人生的幸运，一个学校拥有好老师是学校的光荣，一个民族源源不断涌现出一批又一批好老师则是民族的希望。"《国家中长期教育改革和发展规划纲要（2010—2020 年）》也明确提出，"有好的教师，才有好的教育"，要"努力造就一支师德高尚、业务精湛、结构合理、充满活力的高素质专业化教师队伍"。"倡导教育家办学"，要创造有利条件，鼓励教师和校长在实践中大胆探索，创新教育思想、教育模式和教育方法，形成教学特色和办学风格，造就一批教育家。"两个一百年"奋斗目标的实现、中华民族伟大复兴中国梦的实现，归根结底要靠人才、靠教育，而支撑起教育光荣梦想的，是千百万的教师。

  时代呼唤好老师。有一流的教师，才有一流的教育；有一流的教育，才有一流的国家。出名师、育英才、成伟业，是时代赋予我们教育战线的神圣使命。"所谓大学者，非谓有大楼之谓也，有大师之谓也。"好学校、好教育的最重要标准，就是要有好老师。一所学校、一个地区，乃至一个国家，如果教师有理想、有爱心、有学识、有高超的教育艺术，那么即使硬件设施有些简陋，家长、学生也会心向往之。教师是中国梦的奠基者。教师的重要使命，就是为每个孩子播种梦想、点燃梦想，并帮助他们实现梦想。每一间平凡的教室，每一节朴实的课，都不仅是知识的传递，而且是人类文明精神的接续、人生梦想的起航。正是有亿万个孩子梦想的放飞、绽放，中国梦才更加光彩夺目。如果说中国梦最坚实的土壤是学校，那么教师就是最伟大的"筑梦师"，他们用默默无闻、孜孜不倦的智慧劳动，让每一颗年轻的心灵都与中国梦激情相拥。

倡导教育家办学，造就一批好老师，首先要尊重、珍惜我们的本土智慧、本土创造。教育家不是凭空产生的，而是扎根于自己的民族文化土壤，同时吸收人类文明成果，从而创造出独特而生动的教育实践、教育智慧和教育文明。五千年源远流长的中华文明，不但形成了有我们民族特色的教育理论体系，而且涌现出了千千万万优秀的教育家，有被推崇为"大成至圣先师""万世师表"的孔子，有"匹夫而为百世师，一言而为天下法"的韩愈，有"捧着一颗心来，不带半根草去"的人民教育家陶行知，等等。改革开放40年来，随着教育改革的不断深入，教育战线涌现出了一大批杰出教师。他们痴情于教育事业，坚守理想信念和教育良知，在三尺讲台上默默耕耘、刻苦钻研，同时以敢为天下先的精神大胆创新，不断进取、不断超越，形成了各具特色的教育思想和教学风格。正是他们的成功探索和实践，创造了具有中国风格的教育经验，丰富了具有中国特色的教育理论宝库。原由教育部师范教育司组织编写，现由中国教育报刊社人民教育家研究院组织编写的"教育家成长丛书"，就是要向这些宝贵的本土创造性的教育经验致敬。

当前，教育领域综合改革正在深入推进，考试招生制度改革的大幕已经拉开，立德树人、培育和践行社会主义核心价值观成为大中小学教育的头等任务。可以预见，中国教育将发生深刻的变革，将从"中国制造"向"中国创造"转变。"没有革命的理论，就没有革命的运动。"没有适合中国土壤、具有中国智慧的教育理论，就不可能为未来的中国教育改革提供有效的指导。我们的教育要向"中国创造"飞跃，必然要首先创造属于我们自己的教育理论，而不是"言必称希腊"或者老是贩卖欧美的教育理论。170多年前，美国思想家、诗人爱默生发表了著名演说《美国学者》，号召美国知识界："我们依赖旁人的日子，我们师从他国的长期学徒期时代即将结束。在我们周围，有成百上千万的青年正在走向生活，他们不能老是依赖外国学识的残余来获得营养。"由此，美国迈入精神立国阶段。

如今，我们也面临与爱默生同样的情形。随着我国GDP已从世界第二向第一迈进，我们要自觉养成强烈的"中国意识"，独立的中国文化品格，并由此去环视世界，去改造本土实践，去创造属于我们自己的精神养料——这在教育界显得尤为紧迫。"教育家成长丛书"，旨在把我们本土教育实践中蕴含的中国智慧提炼出来，从而形成具有时代意义的中国特色的教育话语体系，再以此去观照、引领、改造中国的教育实践，为伟大的教育改革提供经验、理论支持，也为未来的教育家提供丰富、可资借鉴的精神养料。

让我们为中国教育的伟大未来一起努力吧！

2018 年 3 月 9 日

前　言

　　见证着中国基础教育半个世纪的春华秋实，代表着中国基础教育教学成果的最高成就——"首届基础教育国家级教学成果奖"，闪耀着李吉林、窦桂梅、吴正宪、张思明、洪宗礼、唐江澎、邱学华、于永正、孙双金、薄俊生、龚春燕等一大批优秀教师的名字。而上述这些教师杰出代表恰恰都是《人民教育》"名师人生"栏目中最受读者喜爱的名师，都是"教育家成长丛书"的作者。

　　"教育家成长丛书"（以下简称"丛书"），是在第 20 个教师节前夕，为了研究、总结、宣传和推广我国众多优秀中小学教师的先进教育思想和鲜活宝贵的教育教学经验，培养造就一大批德才兼备的优秀教师和杰出的教育家，促进教师队伍整体素质的提高，根据教育部党组安排，由师范教育司组织编写的一套凝聚着一大批教育家成长智慧的大型教育丛书。

　　"丛书"自 2006 年问世以来，不但得到国务院和教育部领导同志的高度重视，而且先后印刷多次尚不能满足广大读者的需求。这其中的奥秘何在？

　　当你翻开"丛书"，每一部著作都讲述着一位教育家成长的故事。这些著作主要从"成长历程""思想概述""课堂实录"和"社会反响"等方面全景式反映其教育思想、教育智慧、专业精神和专业人格的形成过程与教学实践过程。这是教育家成长的基本素质所在。

　　当你沿着教育家成长的足迹走近他们的时候，你会融入这些带有"草根色彩"、扎根中华教育实践大地、充满田野芳香的真实感人的教育故事中。

当你从"丛书"中，从这些当年和自己一样的普通教师，成长为今天受人尊敬的教育家的成长过程中受到启迪，当你触摸着自己的心，把学生的成长和祖国的未来紧紧连在一起的时候，你会真切地感受到教育家离我们并不遥远。

当你用整个身心蘸着自己的生活积累去品味"丛书"中的每一部著作的"成长历程"时，在一位位名师不断学习、不断超越自我、不断超越学科教学的求索足迹中，你会读懂"教育是事业，其意义在于奉献"的丰富内涵。

当你研读"丛书"中的每一部著作的"思想概述"，和每一位名师展开心灵对话的时候，都会深深地感受到，一名教师对教育独立的理解与执着的追求有多么重要。从一名普通的教师成长为受人尊敬的教育家的过程中，你会读懂"教育是科学，其价值在于求真"的深刻含义。透过"丛书"，你会看到一代代教师用爱与智慧塑造民族未来的教育理想。

随着我们从"知识核心时代"走向"核心素养时代"，教师教育教学活动的视野已拓展到人的生存与发展的方方面面。教师要结合自己的教学实践去感悟"教育理念是指导教育行为的思想观念和精神追求"，应该把爱化为自己的教育行为，让爱充盈课堂，触摸到一个个灵动的生命，让爱产生智慧，让爱与智慧在学生心中留下岁月抹不去的美好回忆，让教育者和受教育者都感受到教育的幸福。这是"丛书"给我们的启示，也是每位教师应有的胸怀和视野。

时代呼唤教育家。为了进一步把我们本土教育实践中蕴含的中国智慧提炼出来，从而形成具有时代意义的中国特色的教育话语体系，以此去观照、引领、创新中国的教育实践并在更大范围加以推广，"丛书"将由中国教育报刊社人民教育家研究院继续组织编写，希望能够在更广大教师的心田中播种教育家成长的智慧，从而出更多的名师，育更多的英才，成就中华民族复兴的伟业。这是时代赋予广大教育工作者的神圣使命。如果广大教师能在每位教育家成长、探索教育智慧的过程中受到启迪，形成自己的教育智慧，则实现了我们编辑这套"丛书"的初衷。

"教育家成长丛书"
编委会
2018 年 3 月

目 录
CONTENTS
张文茂与责任教育

[我的成长故事]

[我的办学思考]

[我的实践探索]

社会反响

附　录

我的成长故事

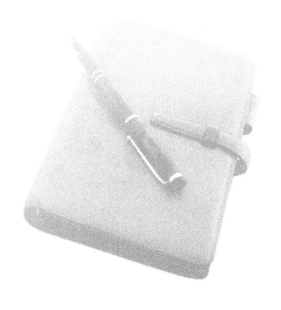

"欲枝叶茂者必深其根。"作为一名扎根教育一线四十年的老教育工作者，我从弱冠之年到年逾花甲，从一线教师到学校领导，一路走来，经历了风风雨雨，品尝了酸甜苦辣，对教育也有了越来越深的体会和感受。很多人问我，是什么激励或者支撑自己走了这么久，而且耳顺之年依然如此精力充沛、充满激情地走在教书育人的路上。对此，我想可以简单地归结为教书育人的梦想和立德树人的信念。我的教育人生始于成年后的一次偶然机遇，并最终行于衡水中学这片育人的沃土，从此便一发而不可收。四十年来，我始终孜孜不倦地寻求教育的纯真和本质，探索素质教育的突破口和关键点，致力于让学生的生命得到自由而全面的生长和延伸。这条路毋庸置疑是漫长的、艰辛的，只有起点，没有终点，但我愿意为了梦想和信念而坚守，哪怕遇到再大的艰难困苦也永不言弃，哪怕为之付出一生的精力也无怨无悔。四十年的探索和实践，不可谓不长，驻足回首自己的从教之路，心情可以说是五味杂陈、感慨万千，一幕幕场景依然历历在目，一段段故事依然萦绕耳旁……

一、最初梦想：做一名人民教师

懵懂的意识是一个人最本真的思想流露，最初的印象则是一个人最纯洁的情感痕迹。小时候，我对教师并没有什么具体概念，"威风神秘""无所不知、无所不晓"等词汇构成了自己对教师的最初印象。不过，随着时间流逝，伴着世事变迁，这个印象似乎早已离我远去，直到那一刻的到来……

（一）一次机遇成了民办教师

1973 年 1 月，我两年半的高中生涯结束了。作为村里为数不多的"知识分子"，我很顺利地进入了一家村办企业上班，这一干就是一年。1974 年的一天晚上，村支书跑到我家，说是村里的张庄中学正缺一名教书先生，问我是不是愿意去教书，当民办教师。当时，村办企业的效益不错，而且自己干得也很好，再加上老师那会儿还戴着"臭老九"的帽子，所以我没有什么兴趣，也就没有马上答应，村支书留下"你再仔细考虑考虑"的话就走了。当天晚上，家里就这个事开了一个短会，父母那一辈儿对教书先生还是存有敬畏感的，所以他们的意见很明确，"当老师很有意义，你应该去。"那一夜基本没睡，脑海中"老师"的形象不断闪过，心里面不时还感到一丝丝激动，第二天我去找了村支书。从此，我成了村里的民办老师。

张庄中学不大，只有三个班，但工作很烦琐，每个月的工资六块钱。在学校干了一周后，我觉得没意思，就产生了不想干的念头。学校负责人、同事都劝我继续干下去。父亲也找我讲了很多，大体意思就是说干工作要有不甘平庸的劲头，要肯动脑筋，干就干到最好等。这些看似空洞的只言片语，父母则一直用他们一点一滴的平凡行动，不断赋予它们鲜活的生命和丰富的内涵，对我今后的工作甚至整个人生产生了巨大影响。现在，我在工作上的执着态度，基本上都是小时候在父母的熏陶和要求下养成的。在那个特殊时期，"教师"本不应受到大家如此的"礼遇"和"追捧"，但是这样的事情却发生在了我的身上，也可能是冥冥之中早已注定我必须吃"教师"这碗饭，现在回想起来还是很感激那会儿来自周围人的鼓励。

接下来，我横下了一条心，准备在张庄中学这片天地大干一场。初为人师的我，经过刻苦努力，只用了一个多月的时间，就逐渐熟悉了课堂教学、班级管理等工作，干得也越来越得心应手，不知不觉间，我发现自己已经爱上了这份工作。那会儿，学生们也上晚自习，不过学校没有电灯，所以师生都自带煤油灯。我陪学生上完晚自习，每次都就着微弱的灯光把作业批改完后才回家，到家后基本都10点多。这样的习惯一坚持就是四十年。现在虽然年过花甲，我仍然坚持每天等学生下了晚自习，巡视完最后一班岗才回家，就算节假日也常到办公室看看书、"充充电"。如果说我在工作上取得了一些让大家认可的成绩，那么一定和这种甘于付出的态度和坚持不懈的精神有关。

1975年年底，从教一年多之后，机遇又一次降临在我面前。由于自己工作努力、业绩突出，得到了家长、同事们的高度评价，在村革委会的提议下，在大家的大力支持下，我担任了张庄中学负责人。当时才20出头，所以我感到了前所未有的压力和责任，因此更加努力、夜以继日地工作，不断地思考如何改善办学条件、创新教学方法、丰富教学内容等问题，组织学生开展体育、文艺比赛，带领学生到滏阳河大堤和公路两边栽树，指导学生在学校试验田下地劳动等，一系列工作开展得如火如荼。可以说，这些宝贵的办学思考和实践经验，为今天自己德育理念的形成奠定了坚实的基础。功夫不负有心人，凭着初生牛犊不怕虎的闯劲，那几年，学校的各项工作在公社都排第一，特别是教学成绩非常突出，学生基本都能升入重点中学，1978年更是有9名学生考入了衡中，轰动了整个衡水县（当时衡水未设市）。看着学生拿着录取通知书，想到他们即将摆脱"脸朝黄土背朝天"的命运，自己心里的幸福感油然而生，从他们明亮的眼睛中，我仿佛又看到了当年那个懵懂的我，那个心中对教师最初的印象。老师可能改变学生的一生，遇到一位好老师是学生一生的幸运，的确，当老师很有意义。

（二）两度报考梦圆师院

1977年10月，高考恢复的消息传到了村子里。一时间，村里像炸开了锅，在当时村里的人们看来，只要考上大学就能改变身份，吃到商品粮，得到工资制，是一件非常光荣的事。我和那时很多年轻人一样也异常兴奋，不过除了村里人所说的理由外，更多的还是对大学的期待和对知识的渴求。高考对于我们那一批人来说，绝对是一个极大的诱惑。由于热爱教育行业，再加上自己是民办教师身份，报考师院将优先录取，所以师院成了我的最佳选择。经过三个月紧锣密鼓的准备，当年冬天，我和全国近600万考生一起进入了考场，不过在看到试题的那一刻，我整个人都懵了，有些题目根本看不懂，好多内容压根儿没学过，所以这次高考毫无悬念地失败了。由于在意料之中，所以没感到太过沮丧。我很快投入到下一年高考的备考之中。通过认真研究高考考纲，我发现自己先前复习的教材有很大问题，经过了解才知道，复习课本只能用"文化大革命"前或者比自己小两届的高中课本。好在在家人的帮助下，教材的问题很快就解决了。接下来，我过上了一手抓工作，一手抓复习（自学）的紧张日子。通宵熬夜、加班加点成了常态。那一段日子真的很苦，不过却很有意义，用现在的一句话描述，就是"痛并快乐着"。1978年7月，我再次踏进考场，和上次不同的是，这次我很自信。成绩公布后，我没让大家失望，以张庄第一的好成绩和衡水县70多名学生一起被高校录取。可能是对这一刻等待得太久，抑或是对这次考试寄予了太多期待，那天我激动地流下了眼泪。

　　1978年秋季，我的大学生活开始了。学识渊博的老师、宽敞明亮的教室、藏书丰富的图书馆等，深深地吸引了我。大学四年，我认为自己最幸运的事情，就是遇到了包括董宝驹、刘海栋、林荣茹、么仲英、贾恒永等一大批德高望重、治学严谨的老师。他们专业造诣精深，板书工整漂亮，举止大方得体，跟他们学习是我一辈子都不能忘怀的享受和幸福。老师们跟我们学生一样，上课也很兴奋，用他们的话说，是因为已经很久没遇到过这样高素质的学生了。的确，在那个特定的年代，师生彼此都特别珍惜那段来之不易的"教和学"的关系。因此，大家内心都怀有一份敬畏感和神圣感。师生之间是民主平等的，老师没有高高在上的架子，学生也没有低三下四的姿态。大家课上热烈地互动交流、研究讨论，课下自由地分享彼此的精彩生活。每逢节假日，我和同学们经常到老师家里做客，一起包饺子，一起到河边捕鱼，大家很快乐。可以说，大学四年无论是学习还是生活都非常有意义，充满了和谐和愉悦，从老师们身上学到的东西受益终身。由此，我也深切地感受到，师生关系应该是平等的而不是对立的，教育教学需要师生在和谐民主的气氛中进行心灵与心灵的沟通，灵魂与灵魂的交融，人格与人格的对话，只有这样，老师才会得到学生发自内心的尊重，学生才能从老师那里汲取成长的营养。现在，我对老师们在教学和管理的一些要求，目的就是要实现教育的民主化、人性化，让学生们能够切身感受到那时我所处的那种师生和谐亲密的状态，使学生快乐地学习、快乐地生活，心灵得到进一步的充实，人格得到充分的发展。

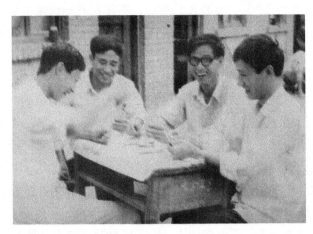

张文茂校长（右二）大学毕业前夕和同学们在宿舍前

1982年5月，我和十几名同学一起到保定四中进行了为期一个多月的集中实习。实习要求很严格，想上讲台讲课很不容易。每个人要先听课、备课、撰写教案，教案在大学指导老师和实习学校老师共同把关后才能进行试讲，试讲通过后才能走上讲台讲课。好多同学都要准备好几遍才能通过，甚至有些人临近实习结束才登上了梦寐以求的讲台，可见当时要求之严，但是我却得心应手、如鱼得水。当时的指导老师丁锐孟和教法老师鲁智贤非常负责，一次次精心地指导试讲，一节节耐心地评课听课，给了我们很大的帮助。正是这样严格的锻炼和老师们的无私帮助，才为以后走上教学岗位打下良好的基础。同样，现在衡水中学实行的师徒结对、听评"四课"等措施和那段实习的经历不无关系，师徒制的实行，充分发挥了骨干教师的传、帮、带作用，加快了青年教师专业化成长的步伐。

随着实习的结束，我的大学阶段也即将落幕。当时，国家包分配，所以不用四处奔波找工作。毕业后，我被分配到了铁道部三局二处中学。但是由于家里认为这所学校不如地方上的学校稳定，所以建议我申请改派到地方学校。改派手续办理得很顺利，各部门的工作效率很高。当时，我骑着自行车先到衡水地区人事局说明原因，然后改派到衡水县人事局，最后由衡水县教育科派遣到衡水中学。一路走下来，根本用不着走后门、托关系，只用了不到半天的时间就办好了。时至今日，我和别人说起此事，大家都很惊讶当时相关部门的工作效率。走上校领导的岗位后，我也一直要求学校的各科室，工作中一定要体现"责任"二字，不能以任何理由将来访人员拒之门外，要主动给予他们帮助和引领，在有限的时间里尽快把事情办圆满，体现"衡中速度""衡中素质"。

从 1973 年到 1982 年，我用了十年的时间，实现了从一名村办企业小职员到衡水中学教师的转变。十年经历的点点滴滴，眼里看到的人，耳朵听到的事，对我影响很大，让我不断成长。人民教师的形象在我眼里已不再模糊，但仍显不够丰满，还需要我继续去努力描绘和不断丰富。

二、幸福坚守：在教学一线成长

1982 年的夏天，我到衡水中学报到，随着档案关系、派遣证等材料的顺利交接，伴着领导、同事们的热烈欢迎，我知道自己正式成为衡水中学的一员，前面等待我的一切故事将不仅仅是新鲜、丰富，更多的是磨炼和考验。

（一）一切始于课堂教学

进入衡水中学后，我做了一名普通的物理老师。在别人眼里，我有着"初生牛犊不怕虎"的锐气，再加上四年民办教师经历和本科毕业身份（在当时含金量很高），所以显得朝气蓬勃，非常自信，令人羡慕。面对来自同事的称赞，我感到很高兴，但并没有自满。我明白，正是因为年轻，所以经验不足；正是因为有民办教师经历，所以我更能感觉到教课的不易；正是因为本科毕业，所以肩上担负的责任也就更重。教师的主阵地在课堂，这是亘古未变的道理，所以一切都要从课堂开始。

为了上好课，我紧紧抓牢了听课和备课两个环节。一是听课。在上每一节新授课前，我都会争取把老教师们的课听一遍，像徐跃池、刘恩国、孙忠胜等老教师的课堂，我基本一节都不落下。为了听课，每学期开始前，我都会到教导处把自己的课调到那些老教师的后面。要做一流的老师，先做一流的学生。我听课时，会真正把自己当成学生去听，有疑问时甚至会主动举手提问讲课的老师。同时，在听课的时候，除了听讲课老师组织教学、辅导学生、处理课堂突发事件等之外，我还特别注意观察学生的一举一动，力求通过学生在课堂上的发展变化，更加客观、全面、深入地掌握课堂效果。听课绝对是一门艺术，也是老师的必修课，对老师的成长和发展起着至关重要的作用。现在，衡水中学所实行的听评"四课"制度——点课、邀请课、宴请课和网络课，就是让听课的老师真正充当一次学生，讲课老师一定要提问同组听课老师，这项制度取得了很好的效果。二是备课。当时备课的资料很匮乏，一本教材基本就是老师的全部资料，所以学校图书馆就成了老师们的好去处。那时衡中图书馆远远赶不上现在的规模，图书有限，资料很紧缺，所以一些"热门"的书非常受欢迎。平时，时间紧，而且借阅的老师很多，所以我经常选在周末去图书馆，基本上一泡就是一天，各种摘抄笔记不计其数，唯恐摘不完、记不全。只有老师"沉"在备课中，学生才会"浸"在课堂中，听起来津津有味。因为经历了早先备课的不易和资料的匮乏，所以我对图书馆的建设和管理一直高度重视。就拿教师用书来说，现在学校每年都会拨付 30 余万元专款购买图书、报纸、杂志等，使图书资源年年更新，而且采购时，由骨干教师、教研组长、学科组老师共同参与，严格把好质量关。另外，1998 年在河北省率先引入校园网络，2000 年全部实现互联网办公，在图书馆还建成了以光纤做主干的图书馆网络，建起了多达 3400GB 的学科资源库，按一定的知识体系分门别类存放，并在网页上进行了链接，老师们检索使用十分方便。

听课和备课对促进年轻老师的成长很重要，但听课不代表"邯郸学步"，备课也并不意味着"照本宣科"。因此，虽然"不听不讲""不备不讲"是我一直奉行的信条，但是在上课时，我不会拿教案，甚至有时也不拿教材，这样做，不仅仅是因为已把教材熟记于心，更重要的是不愿意被教材所束缚和禁锢，从而给自己和学生更多的交流空间。所以，我认为听课、备课归根结底还得要和自己所教学生的实际情况结合起来，这样才能把课上好。凭着对教学的无限热爱和刻苦钻研，自己的教学水平有了很大的提高。每次考试，班级平均分都遥遥领先，甚至一些特级教师所带的班都经常排在自己后面。那时，无论是学校，还是县教研室，举办的各种比赛都很少，但是，只要有比赛我就参加，而且每次比赛我都会拿到不错的成绩，连续多次获得衡水地区先进教师的称号。记得 1986 年的一次比赛，组委会还给获奖者每人发了一个石英小闹钟，直到现在还在我的床头嘀嗒嘀嗒地走着。现在看来，这个小闹钟已不仅仅是比赛的一个奖励，更是自己年轻时候的一份记忆，是自己探索教育教学之路的一个见证。

2014 年 5 月，张文茂校长为业已毕业 20 年的老学生再上物理课

（二）一切都是为了学生

在衡中，我带的第一个班有 50 多名学生，由于是自己的第一届学生，所以印象非常深刻。那时的学生比较单纯，学习也很刻苦，管理起来也就很容易。但"世界大了什么人都有"，每个班里也总有那么几个学生需要班主任给予"特殊照顾"。小

马就是我班上的这样一个学生，和其他学生不同的是，那年是他跟我上学的第四个年头。因为，小马是一名复读生，他本可以凭借优秀的高考成绩走进心仪的中国刑警学院，却因为工作人员投档的失误（当时是人工投档），他不得不再复习一年。说来也是缘分，由于所带毕业班成绩优异，我被学校选择继续带高三，从此再没有离开过高三，直到1994年离开教学岗位。就这样，小马又成了我的学生。但是，复习刚开始，我就发现曾经好学上进、踏实认真的小马，变得桀骜不驯、浮躁不羁，经常为了一些鸡毛蒜皮的事情和同学起争执。学生关于他的"举报信"时常出现在我的桌子上。有一次，他又"犯事"了，为了替哥们儿出气，他把隔壁班的学生给揍了一顿。当时，我很生气，再想起平时他的一些劣迹，更是火冒三丈。因此，我把他叫到教室外面劈头盖脸地批了一顿，并做出了让其马上回家反省的决定。

回到办公室，我冷静下来思考，对于小马这样的学生，为什么总是屡教不改，而且管得越严犯得越多呢？突然，我发现问题可能出现在我的管理方法上，"批评""指责"不知不觉成了自己管理的常态。在管理过程中，只是一味地去要求管束学生，却没有拿出更多的时间做好解释梳理工作。小马遭遇了高考的失误，自己虽然也百般劝解安慰过他，但是随着时间一天天过去，慢慢地也就不再那么放在心上了。平时没有和他进行过有效沟通，加上他犯事的频率越来越高，自己对他的负面情绪也越积越多，有时甚至对他产生了"放弃"的念头。想到这里，我骑上自行车赶到了小马家里，和他进行了一次长时间的谈话。通过交流，我发现小马的确还对高考投档失误那件事无法释然。找准了病根就好办了，在接下来的日子里，我通过课上关注、课下关心，和他交流自己当年两次报考大学的一些经历，帮他逐渐树立新的信心，并动员跟他闹过矛盾的学生主动和他交朋友，让他感到来自班级的温暖，还鼓励他发挥自身特长代表班级参加学校运动会，不断增强自身班级荣誉感，等等。一天，小马主动找到我，表示今后一定会重新振作起来，更加努力学习，争取再次考上刑警学院，做一名人民警察。一年后，小马没有让关心他的人失望，成功考入了中国刑警学院。现在，他在工作岗位上已经小有成就。

班级管理，不能机械、硬性地理解为"管束""制约"，而应该多一点温暖的人性光芒，采取"以人为本"的措施，真正付出感情，形成一种对学生潜在的说服力，让学生在被鼓舞、被信任的氛围中，自觉主动、自然而然地升华感情、养成道德。我想，我能够有这样的感悟，除了自己的思考外，更多的还是以小马为代表的学生对我的影响。

　　做好一个人简单，但做一个好人不易。同样，做一名老师简单，做一名好老师也很难，需要付出超出常人的努力。有一次，正在上着课，突然感到腰部一阵阵疼痛，头上虚汗一个劲地往下流，手里的粉笔都握不住了，我明白肾炎老毛病又犯了。我故作镇定，慢慢地坐在凳子上，强忍着疼痛上完了这节课。自己的异常举动并没有逃过学生的眼睛，下课后，看着脸色苍白迟迟不动的我，学生们没走出教室，大家眼睛里噙着泪花，几个强壮的小伙子把我背回了办公室，剩下的事情一片空白。醒来后，自己已经躺在了医院的病床上，妻子和儿子陪护在床边，妻子的眼睛已经肿了，明显是长时间流泪的原因。好在没什么大事，很快就出院了。每每想起这件事，我都会深深地自责，自己是一名努力的老师，却不是一个称职的丈夫和父亲。1982年结婚以来，妻子对自己的工作一直是大力支持，默默地为家庭承担了很多，赡养老人，抚养孩子。自己早出的时候孩子还没醒，晚归的时候孩子已经睡下，每当周末孩子问我能不能早点回家一块儿出去玩的时候，我对孩子更是充满了愧疚。但是想起学生们对知识渴求的双眼，看到学生们考上大学后的灿烂笑容，我觉得所做的这一切都值得，家人也一定能理解自己的苦心。因为，他们跟我一样很清楚，"教师"对于我来说已不是一份简单的谋生职业，而是实现自我价值、拓展生命意义的人生事业。做一名老师很幸福，而这份幸福需要长期的坚守和奉献。

三、心随责走：我这样做管理者

　　从1992年开始，我走上了学校的管理岗位，先后担任学校教导处主任、副校长、党委书记、校长。相对于一名普通的教师，我切身感觉到身上的担子更重了，工作上的挑战也更大了。但我也明白，重担子、大挑战与其说是负担和压力，不如说是师生家长的信任和自己继续前行的动力。因此，在20多年的管理岗位上，我凭着对师生、对家长、对社会负责的坚定态度，一步一个脚印坚定地走了过来，其中的故事更是愈发地精彩。

（一）给教师一处和谐生态场

作为学校的管理者，我深深地感受到管理好学校的前提就是"抓"好老师，而其前提是接近一线，融入一线，掌握第一手的资料，发现切实存在的问题。我当教导处主任时，教导处综合了现在教务处、教育处、教科处和课改处等部门的职能，可以称得上名副其实的大职能部门，平时的工作量很大，再加上一线教学任务，虽然偶尔也有撂挑子的想法，但仍凭着那么一股子劲头撑了下来。后来，由于工作需要和自己身体原因，才不再带班上课。但直到现在，我仍然坚持每天到教学楼听一听课，到备课区和老师们聊一聊，到宿舍楼和学生们谈一谈，从未脱离过一线。

记得有一次，学生已经下了晚自习回宿舍就寝，老师们也基本都回家了。我也跟往常一样在巡视完校园后准备回家，回办公室锁门经过备课区时，看见小郭老师还在电脑前工作，我走进去询问后得知，他正准备省里组织的优质课比赛，由于比赛规格高，再加上自己年轻没有经验，所以几易其稿都不是很满意，一直修改到现在。得知原委后，我鼓励了他几句，并为他提了几点具体的参赛建议，要走的时候看看表已经 11 点多了。第二天早晨上班，我在办公室门缝看见了一个信封，打开后发现是小郭写的一封信："感谢您昨晚的亲自指导，有您这样的好校长、好长辈，我感到很幸福，一定会努力备赛，争取夺得好成绩。"

事情不大，我却很有感触。从此以后，"什么才是管理呢？"这个问题深深地印在了我的脑子里。经过不断实践和思考，我逐渐认识到，管理其实很简单，就是通过主动的沟通、优质的服务和有效的引领，增强老师们的归属感、成就感，从而激发出他们做事创业的澎湃激情和甘于付出的无限情怀，不断形成推动学校发展的强大合力，为此，学校提出了"管理就是沟通、服务和引领"的管理理念。为了落实好这一理念，我又陆续提出了"高站位决策、低重心运行、近距离服务、走动式管理"的管理模式和"后勤围着前勤转、处室围着级部转、领导围着教师转、教师围着学生转、全校围着教学转"的管理目标，不断弱化"管"，更加注重强化"理"。一切管理工作都把教师的呼声当作第一信号，把教师的需要当作第一追求，诸如推行弹性坐班制、创建心灵驿站教工活动室、开设茶歇室、举行集体婚礼、为教职工购买健康保险、网络免费入户、地热免费入户等，只要是教职工的问题，就是大问题，就有专人在第一时间服好务。同时，学校还通过组织最受学生欢迎教师评选、夺首争星活动、十大德育创新标兵评选、青年教师希望之星评选、素质提高年、创新提高年、师德提高年、质量效益年等活动，不断促进老师们在师德、专业发展等各个方面素质的提高。可以说，学校努力为老师们提供了一处和谐的生态场。

（二）为学生的未来发展奠基

以人为本，因材施教，让每一个学生成功，为学生的未来发展奠基，是我们一直以来坚持的思想。

一天，一位班主任找到我，忧心忡忡地告诉我，某公司要组织一次全国礼仪大赛，得知这一消息后，他记得班上女生小黄曾说过长大后，要做中国最好的模特，而且在这方面她也很有天赋和优势。如果她能参加这次大赛，无疑对于她将来实现理想将起到重要的作用，但小黄的学习成绩居于中游，如果支持她参加比赛，会不会影响她的功课？所以，这位班主任犹豫不决。听了他的话，我不假思索地对他说："你可以先征求她的意见，如果她愿意参加，我们应该全力支持她。我们教育学生就是为了张扬他们的个性，实现全面发展。学习固然重要，个性发展也同样重要。既然她在这方面有理想、有兴趣，为什么不让她试试呢？"听了我的话，这位班主任有了主心骨，将该大赛的有关消息告诉了小黄，并表示支持她参赛。小黄年轻的心一下沸腾起来……可是在衡水这个北方内陆新兴小城市，人们的思想观念还比较落后，一位女生走上舞台去参加模特大赛，有点腼腆的小黄觉得不好意思，个人理想和社会期望产生了抵触，她的情绪很低落。班主任知道后，在做她思想工作的同时，还动员她的全体舍友支持她。在宽松、理解和温馨的氛围中，她终于解开了思想疙瘩，愉快地参加了比赛。比赛很顺利，小黄战胜了所有人，一举获得了中国礼仪文化大赛衡水赛区总冠军，并且捧回了河北省赛区"最佳形体奖"的奖杯。小黄很高兴，全体舍友乃至全班同学都为她欢呼雀跃。事后，班主任利用这一素材组织了一节完美的主题班会"自信与成功"，学生们收获很多。在班会上，小黄动情地说："对我来讲，这是一次惊心动魄的经历，正因为这次经历，我更加清楚只要敢于展现自己，就有机会品尝成功，我要继续努力、再努力，全面发展自己，实现自己的理想，把美的韵律奉献给缤纷的社会。"最终，小黄同学以优异成绩考入东华大学，并且在大学里有了更大的发展，在 F1 摩托艇世界锦标赛上海站 UT 斯达康赛艇娇娃选拔赛总决赛中，夺得总冠军。

其实，学生不仅需要"学会学习"，更需要享受到成长的快乐，需要"学会做人""学会做事""学会生存"的一切有益的实践与锻炼。而在很多学校的教育管理中普遍存在重共性、轻个性的倾向，这就导致了集体教育的形式多、针对学生个体发展的措施少的问题，这样，就很难培养出具有创新精神和创新意识的创新人才。"发展无个性即无人才"，若想实现让学生生动活泼成长的教育目的，就需要尊重学生独特的个性，为学生个性的发展和完善提供广阔的舞台。小黄的事例也进一步让我认识到，学生的个性发展和共性发展同等重要，只有充分尊重学生的个性发展，才能激发他们自我发展的愿望，真正实现其全面发展，为他们的未来发展奠定坚实的基础。

（三）陪伴就是强大的教育力

高二年级学生 18 岁成人宣誓仪式结束后，学生们都返回班级，开始了下一个环节的活动——分吃成人蛋糕。我也走进其中一个班级，想和他们一起活动。

当我进入教室时，刚才还兴高采烈的同学们一下子静了下来，我知道他们没想到校长会来，一时感到拘谨。于是，我微笑着说："今天是你们的生日，我和你们一起分享生日蛋糕，好吗？"教室里顿时响起一阵掌声。我和几名同学开始一起切蛋糕，并分到同学们手中，同学们静静地分享着蛋糕。这时，一位瘦瘦的男同学从我手中接过蛋糕，突然用叉子叉起一块奶油抹到我的脸上，顿时，整个班级一片寂静，显然同学们都被他突如其来的大胆举动惊呆了。正当同学们不知所措时，我也很自然地叉起一小块奶油向那位同学抹去。教室里立刻响起了更为热烈的掌声。随后同学们也纷纷行动起来，很快，每一个人的脸上、身上都变得"五颜六色"了。整个教室欢声一片，孩子们露出了他们的"本来面目"，一些同学眼中还闪烁着泪花。

回到办公室，我的心仍沉浸在刚才那种和谐、喜悦的氛围中。这件事引起了我

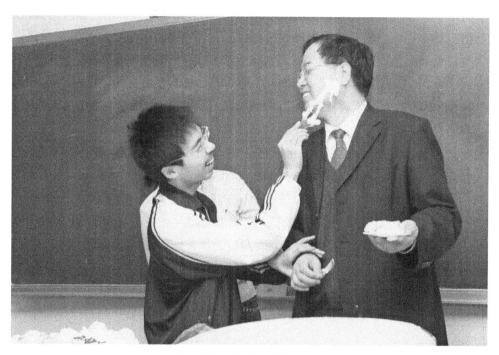

张文茂校长与学生共庆成人节

的思考。其实，即使是 18 岁了，孩子们也有他们"调皮"的天性，他们渴望和老师沟通交流，渴望和老师像朋友一样亲密无间，这也许就是那个男同学突然有这个举动的动机。如果我没有来到学生中间和他们一起分享蛋糕，可能我就失去了感受这份纯真幸福的机会；如果我面对男同学的突然"袭击"，放不下师长的架子，采用其他的处理方法，可能就会伤害了这名学生，进而拉远了和所有学生的距离，甚至阻断了今后沟通的渠道。事实证明，我的想法是对的，这件事之后，无论我走在校园里，还是到班级去，都更受欢迎了，同学们都非常愿意和我接触，到我办公室找我反映问题、寻求帮助的同学也多了起来。我和同学们的关系拉近了，沟通更顺畅了。

　　在平时管理中，我也会要求老师们一定要拿出更多时间陪伴学生，时刻关注、关心学生，给学生信心、温暖，从而增加了师生之间的亲和力，建立起一种和谐、亲密的师生关系。每次调研考试后，老师们自动自发地加班加点，连夜把试卷阅完，第二天就出了成绩，考试信息以最快的速度反馈给了学生，老师们对需要帮助的同学及时给予鼓励和安慰；深夜，学生病了，老师及时送学生去医院，垫付药费，整夜陪护；高考期间，高三班主任端来连夜煮好的热乎乎的茶叶蛋，早早等在甬路边，给学生们每人发上几个，学生取名曰"爱心蛋"，有的"爱心蛋"上还贴着笑脸，写着字——"我一定能成功""规范＝胜利"等，有的孩子舍不得吃，放在自己的课桌上。每位老师都以对学生最真挚的爱护和最真诚的陪伴，演绎着一个个动人的好故事，演奏着一曲曲感人的主旋律，给学生以感动，给学生以感染。

一名学生曾深情地在班级日志上写道："每天清晨，晨曦微露，早早等在操场上的是你们——我们的老师，随着一声哨响，你们融入了我们跑操的队伍；每天中午，随着一声铃响，悄然步入宿舍楼的是你们——我们的老师，为了我们更好的休息，你们一次次牺牲了自己的午休；每天晚上，就寝铃声早已响过，轻手轻脚地离开宿舍楼，又一头扎入办公室的是你们——我们的老师，你们又伏案批改作业，一直到深夜……你们是校园里最可爱的人，师恩难忘，师恩永记。"

（四）学校是师生依恋的家园

2007年元旦前，一位老师兴冲冲地从收发室走出来，看到我，兴奋地说："张校长，你看，又有学生给我寄贺卡了。"看着这位老师高兴的样子和幸福的表情，我心里感到很欣慰。每到新年将至，走在备课区里，看到最多的就是老师们办公桌上一张张贺卡；打开学校网站留言栏，随处可见毕业生们饱含眷恋之情的留言，2005年毕业的228班的学生依然心系母校、心念老师，出版了《衡中，梦起飞的地方》作为毕业十年献给母校的礼物，还邀请我为这本书作了序。

曾经有人问我，你们究竟给老师和学生吃了什么灵丹妙药，让他们如此深情地依恋衡中，提起母校充满了幸福感。我没有回答他，只给他讲了两个发生在身边的故事。故事一：代忖是刚刚参加工作不久的一位年轻班主任，高一年级入学刚刚几天，她班里的一名同学拉肚子，来不及去厕所，拉到了裤子里。代老师闻讯后，马上赶过来，让学生换上干净衣裤，然后把沾满秽物的衣服拿回自己的宿舍，一点点清洗干净。得知此事后，学生哭了，家长也感动得说不出话来。故事二：有一次我听一位年轻老师的网络课，通过教学观摩系统看到有一个学生对任课老师所讲的内容提出了疑问，刚开始老师还能耐住性子跟学生解释，但是好像学生总也理解不了，后来任课老师就不耐烦地指责了学生。课后，我找到那位任课老师了解了相关情况，原来是老师误以为学生一味刁难所以就失去了耐性。我对这位老师说，学生有时候怀疑老师，甚至怀疑课本，这是很正常的，甚至可能是创新的先兆，因此，我们不仅要容忍他们，而且要鼓励他们，这样才能点燃他们思维的火花。事后，任课老师主动找那位学生谈心，并得到了学生的谅解。听了这两个故事，他点了点头，若有所思。其实，这是一个教育观念的问题，教育的本真意义就是使人幸福。有什么样的老师，就能教出什么样的学生。老师如果没有幸福感，品味不到教育的快乐，学生就享受不到幸福的教育。那么教师的幸福从哪里来？我认为学生的活泼、健康、全面发展，是教师劳动的根本指向，也是教师幸福的源泉所在。因为，教师从中可以获得一种创造感、尊重感与艺术感。所以，我认为老师们要寓爱于教，寓情于教，让学生得到情感的浸润、知识的引领、意志的砥砺、人格的完善，由此，才能体验到一种精神上的幸福。如果对学生缺乏感情的投入，长此以往，就会造成学生心灵的麻木，泯灭学生的求知欲望。我们只有多欣赏学生，热爱学生，尊重、宽容学生，学生才会感动，才会欣赏老师，进而使教育成为师生共度生命的幸福历程，使学校成为师生共同的精神家园。

（五）向社会传递无穷正能量

2012年10月13日，刘延东同志和省市主要领导来到我校调研，先后视察了我校"喜迎十八大，教育教学成果展"展牌、心灵驿站教工休闲室、诺贝尔科学奖展厅、网络空间站、异想天开科技活动室等，对我校的办学成绩和育人成果给予了充分肯定。刘延东同志指出："衡水中学是一所办得非常好的学校，名不虚传，珍贵在于衡中有着在不断探索中提高教育教学质量的精神，希望衡水中学能把先进的理念和好的经验做法辐射到全国。"

听到刘延东同志的讲话，我在欣喜鼓舞之余，更感到了肩上责任的重大。为了进一步贯彻刘延东同志的讲话精神，我和学校班子成员经过认真研究决定，以"开放办学"为指导思想，以支持薄弱学校发展为重点，在做好各项常规援助帮扶工作的基础上，继续大力解放思想，创新工作方法，拓展辐射途径，通过更加有效、更为灵活的方法措施，把学校的一些做法不折不扣地进行辐射，持续不断地向外传递衡中正能量。

2014年8月12日，我带队赴川，参加了河北衡水中学与遂宁竟成教育投资公司合作办学签约暨授牌仪式。自此，遂宁中学外国语实验学校正式成为"衡水中学四川分校"。8月28日，学校又与张家口东方中学签订了合作办学协议。同时，学校还积极与国内各中学加强校际合作，共享办学经验，共研育人方法，截至2014年8月，已与河南焦作十一中等50余所中学建立了友好学校关系。另外，学校还通过举办校园开放日、召开全国高中教师专业发展论坛、卓越校长峰会等全国性会议，和来自全国各地的教育界同仁互相交流彼此经验。短短几年，来自全国30个省、自治区、直辖市的19万余人先后来校考察、参观、交流，对我校的办学理念、办学模式和办学经验给予了充分认可和高度评价。目前，全国的很多示范性高中，无论是课堂、德育、管理，还是跑操、学生午晚休等日常常规工作，都有衡中的影子，并且取得了很好的效果。

教育是一件神圣而平凡的事情，教师需要肩负起立德树人的神圣使命，倾注爱心，付出耐心，精雕学生成长的每一个环节，细刻学生发展的每一个细节；教育是一项丰富而单纯的事业，教师需要积聚丰富的知识与阅历，保持单纯而坚定的童心，创新追求，永不满足。作为广大教育工作者中的一员，我将始终保持一种强烈的事业心、赶考心、进取心、平常心、荣誉心，心中有师生、真正爱师生，讲师生所想、干师生所盼、改师生所怨，不断摸索并解读现代学校管理和高中教育改革的新方向，继续为自己的教育人生书写更多好故事，不断为我国的教育事业积聚更大正能量。

四、媒体声音：让师生追求卓越

（一）他，引领一种追求卓越的价值

也算是一道风景，每年的高考前后，媒体总要借衡水中学做点文章，提出了这样那样的疑问和责难。改革开放以来，一切都有了剧烈变化，唯有高考变得太慢了。全国各地不同生源的每一所高中，无论说培养拔尖人才，还是搞导学案课堂改革，或者是剑走偏锋，走艺体之路，其动机都是要把学生送入大学，素质教育被异化为高考教育，衡量高中好坏的标准是高考成绩。在这样的时代背景下，究竟是衡水中学做错了，还是中国教育体制的原因？

衡水中学办学的转折点在 2002 年。2002 年 9 月，《中国教育报》头版头条刊发了"河北衡水中学：素质教育更能提高升学率"一文，同时配发短评"下大力气转变教育观念"，并连续四天以四个整版以"一个教育函数式的解读"为题对其进行了报道，让衡水中学声名鹊起。

张文茂接任了校长。十年后的 2013 年，衡水中学有 104 名学生考入清华北大，77 名学生考入港校和国外知名高校，141 名艺术特长生考入中央音乐学院、中央美术学院、北京体育大学等高校，600 分以上考生约占了河北全部考生的五分之一。张文茂承接了"把学校建成精神特区"的办学策略，引领了"追求卓越"的精神文化价值。

追求，意味着甘愿地额外付出。没有付出，谈不上追求，不是甘愿也无从追求，还需要超出正常的付出，这是一种主动和自我的人生态度。

教育就是培养人，培养人就是培养他对前途、对未来的希望。人是要有点精神的，"卓越"就是一种精神、一个理想。如果人们都没有理想，现实的确就不会改变，现状孕育未来，未来也是现状。在 20 世纪的百年中，我们有"五四"的理想，有过"新中国"的理想……在社会演化进程的今天，理想已经世俗化，已经被祛魅，不再望向天空，而是关心脚下。而张文茂和他的一帮"傻子们"，还为追求理想和梦想而作为，正是"中华文化积淀着中华民族最深层的精神追求"（习近平说）的体现。任何个人都是无法背离社会现状的，张文茂以具有"半信仰、半功利"的文化价值来召唤、来整合、来唤醒师生对未来的确定预期，50 年代、80 年代的历史都是那么演绎过来的，原本无可指责。大家想一想，如果全国各地如同衡水中学一样的优质高中，一所所学校升学率都很低，甚至学生们一个个都考不上大学，那就是素质教育？那就不受指责了？真到那时候，指责或许已根本解决不了问题了。这不能不让人想起 2004 年南京的"高考之痛"。均衡发展不是砍尖，更不是调平，是各得其所来发展。

一个健全的社会一定有一些人能够去追求，甚至不惜代价、不怕自我牺牲地去追求人之为人的理想。理想就意味着认真，需要一个公平正义的环境。衡水中学的

　　管理是较真的，是严格的，但真真切切是人性的。要知道我们今天面对的教育对象是人类历史上绝无仅有的，在一个相对集中时间孕生的独生子女群族。他们从小在六个长辈的呵护下长大，人性中要这要那、永不满足的"贪"，总怪人家、不省自身的"嗔"，一天到晚、就是"我的"的"痴"，在他们身上、心里是那么顽强地存在着。学校还能作为第七个呵护者吗？充实紧张的学习节奏，中规中矩的生活要求，不失人性的制度约束都在戒除他们"贪、嗔、痴"的陋习。跑操、军训、远足、成人节、"星"评价、家长进课堂、院士进校园……几十项精品课程活动引领人格的完善，这更无可指责。孟子说的"苦其心志，劳其筋骨，行拂乱其所为，动心忍性，增益其所不能"，天才能"降大任于斯人也"。

　　教与学，这是教育史上争辩了几百年的话题。主体与作用、因果与关联、目的与手段等，总在困扰着教育者们的观念和行为。我们往往在以前一个弊端为改革的目的时，陷入以一个倾向代替另一个倾向的怪圈。比如讲素质，那么应试就成了万恶之源，那就什么考试都不能要了。考试、作业都是教学的手段，不是老师讲了，学生就懂了，就有能力了。学习必须是学生自己做，才会从做中感悟，感是经历，悟是学生"本我"到"自我"的心理过程。我不否认衡水中学的作业量大，给师生增添了一些担子，但科学家、经济家、外交家乃至名记者成功的路上哪一个"量"小呢？哪一个人能轻轻松松就可以获得成功呢？问题不在于指责作业，作业是学习主体的自主化、学习内容的问题化、学习方式的实践化。问题在于要研究如何提高作业的针对性、及时性、过程性。张文茂引领成立学科中心教研室，规定作业的"三编一审"机制，设置"霸王餐"和"自助餐"式作业，立项课题《习题讲评课的模式研究》，等，都是在努力实现由题海战术转型为素养战术，实现减轻过重负担、提高教学质量的教学战略大转移。

　　课堂是学校的产品，我们的专家好以总结教学模式为荣，似乎教育按照他们设计的模式就无往而不胜，我们又好跟风，照搬模式，邯郸学步，却很少有人去推敲细节，去衡量可否实行的条件，结果往往画虎成猫。张文茂始终坚信：教学究竟什么形式最好，要采取这样一种态度，就是哪种形式在哪个地方能比较容易、比较快地提高教学效果和效益，就采取哪种形式，教师适应哪种形式，就可以采取哪种形式，这种个性化教学恰恰促进了教师的个性化发展。衡水中学构建的是"生态课堂"，实现课堂的生本、生成与生长。"生本"指的是让课堂从学生的需求出发，落实学生自主学习权利；"生成"是让课堂成为师生思维碰撞，交流合作的学习；"生长"是让师生学科素养得到长足的提升。在此基础上，他们经过自己的教学实践归纳出"三三三"教学法：一是细化教学"三目标"，发掘教学价值。"认知"要当堂懂得，"记住"要明确用在哪、怎么用，"情感"重在培养学习的自信和毅力。二是物化教学"三环节"，深化教学过程。"课前"要读课标、研教材、明学情，"课中"是创设情境，实现诱思教学，"课后"是以"霸王餐"和"自助餐"实现内容习题化、习题层次化、自习考试化。三是内化教学"三境界"，彰显主体地位。"自立"是学会与文本对话，"交流"是学会与他人对话，"探索"是激励与未来对话的意识。

张文茂的良知是醒着的，他无力改变中国的教育，也无力抗拒那些毁"三观"的反传统、利己主义和成功学，他和他的一帮"傻子"们，以勤为径，以苦作舟，耕耘着一种生活方式、一种集体人格。让人格引领人格，让心灵感染心灵。"我到衡中来做什么、我今天做得怎样、我要做什么样的人"，这"三审三问"会让张文茂自信地说："我得到的东西，别人可能根本无法想象。"

——摘自《华夏教师》

（二）培养家国情怀，激励道德成长

中国德育：您好！2014 年 3 月 26 日，教育部印发了关于《完善中华优秀传统文化教育指导纲要》的通知（教社科〔2014〕3 号）。其中特别提到"开展以天下兴亡，匹夫有责为重点的家国情怀教育"的要求。您从事基础教育 30 多年，针对德育工作提出过"以终生难忘的教育培养和谐的人"的理念，并发表了《以敢于担当的家国情怀提高教育精神境界》等论文。您也曾多次指出，衡水中学之所以能够取得如此突出的成绩，归根结底是狠抓德育不放松的结果。为此，我们特别邀请您就"加强学校家国情怀教育"这一主题，谈谈您的认识。

张文茂：非常高兴能有这个机会和全国知名媒体《中国德育》进行交流。一直以来，我始终认为德育的最终目的就是要为国家培养具有权利意识和责任意识的现代公民。担当，既是学生生命成长的需要，也是党和人民事业的要求，更是社会繁荣进步的基础，于己、于家、于国都有着深远的意义。当前，国家提出在学校德育工作中要突出对学生进行以"天下兴亡，匹夫有责"为重点的家国情怀教育，我认

为这是一项具有重大意义的战略措施，必将对青少年学生的健康成长产生深远的影响。

中国德育：据我们了解，近年来，衡水中学秉承"以终生难忘的教育培养和谐的人"的德育理念，不断从新的角度赋予德育工作新的内涵，构建了具有衡中特色的大德育格局，这对学生全面而有个性的发展是一个巨大促进。结合当前教育部提出的对学生进行家国情怀教育的要求，请您谈谈衡水中学在这方面有哪些比较成熟的经验？

张文茂：以"天下兴亡、匹夫有责"为标志的家国情怀，饱含着对民族和国家刻骨铭心的热爱，充满着对家与国民生发展的憧憬和责任意识。古往今来，历史上众多的志士仁人、英雄模范和对国家、社会做出重大贡献的科学家、艺术家，他们的灵魂深处都有深厚的爱国情怀和远大的报国志向，今天的中国梦彰显的正是家国情怀和发展蓝图。中学生正是有梦想的年龄，他们有自己对美好生活的憧憬，有对快乐、幸福的企盼。因此，我校的家国情怀教育，首要的是要唤起学生对自己的小家、家乡、学校、国家的民生幸福感，强化学生对现实生活的幸福感知度，增强对家国的热爱之情。

国家的兴衰是和每一个中国人的命运连在一起的，初来衡中读书的学生，往往会在学习的目的上有些偏斜，以为进了衡中，就等于进了名校，将来就可以出人头地。殊不知，如果没有祖国的发展、强大，个人的本领再大也难以充分发挥作用。具有家国情怀，正是谋求自己永久利益和最大幸福的根本。"欲安其家，必先安于国"，个人的前途和幸福与祖国的兴旺发达密切相关，今天拼搏努力，正是在为将来投身祖国的建设积累知识和本领。我们在学校德育中始终强化学生的这种认识，让家国概念在学生的心灵打下深刻烙印，自然也就成为家国情怀的情感基础，其学习生活也就获得了更加持久的精神动力。

爱国主义和民族自豪感历来不是虚无的东西，一个不热爱自己的故乡、不热爱自己的国家、不热爱家乡父老乡亲的人，他的身上必定就缺少了立足的根基和前行的动力。因此，我校通过多种形式，让学生了解国家五千年的历史，博大精深的传统文化，向学生展示家国民生发展的伟大成就，激发学生对家国的热爱之情。同时积极强化学生享受幸福、感知幸福的意识，唤起学生的家国自豪感。同时，在民生幸福感教育中，积极培育学生"我怎样为家国的幸福发展、祖国的荣誉和进步出一点点力"的情感认识，唤醒学生自我道德意识和道德责任感。

"办负责任的学校，做负责任的教师，教负责任的学生"这是我对全校上下的一句寄语，也是我校各项工作的努力方向和最终目标。可以说，我校一直把对学生责任意识和担当精神的培养作为学校家国情怀教育的重要着力点和落脚点。通过多种途径方法引导青少年学生在实现中国梦的进程中，增强国家认同，培养爱国情感，树立民族自信，形成为实现中华民族伟大复兴的中国梦而不懈努力的共同理想追求，做有自信、懂自尊、能自强的中国人。

中国德育： 在您的著述和学术演讲中，多次提到学校德育工作要"突出学生的存在"，您能具体地讲一下其中的内涵并说明学校是如何具体落实的吗？

张文茂： 可以。我认为，任何教育都不是空洞无味的说教、灌输，而是要突出学生的存在感，关注学生的情感体验，尊重学生的精神世界，尊重学生的心灵自由、思想自由、感情自由、创造自由，把教育与生活结合起来，把知与行结合起来，用富有生命力的活动来吸引学生的主动参与，在活动的过程中巧妙地融入多元的教育意图，让其在体验中主动唤醒自我的生命感和价值感。这样的家国情怀教育，才会让学生获得心灵的震撼，久久不能忘怀，进而影响他们的一生。

基于"以终生难忘的教育培养和谐的人"的德育理念，我校坚持"重过程、抓细节、强体验"的德育原则，每年均组织50余项精彩纷呈的品牌活动，给学生个性张扬注入了无限活力，给特色文化注入了新的内涵。如十佳校园歌手、十大杰出学星、十大道德模范以及百佳宿舍长评选等活动，让过程富有感染力、更具教育力，使每项活动都成为校园盛事，激励学生成为校园"追星族"，给学生心灵强烈的震撼，激发他们责任担当的豪情壮志。

我一直认为，一所学校如果没有一批榜样的话，就永远不能成功地教给学生任何东西。为此，学校成立了30多个学生社团，如绿色行动志愿者协会等，各社团也组织了丰富多彩的活动，如校园心理剧大赛，历时三个月，学生以发生在身边的心理冲突、烦恼、困惑等为素材，采用小品表演、情景对话等方式，自编、自演、自导，把"大道理"灵活表现出来，这样，就把成长的舞台、过程和空间还给了学生。

另外，我校品牌活动"18岁成人礼"，包含成人宣誓仪式、成人宣誓主题班会、出版成人宣誓感言录等六大环节，活动环环相扣，新颖别致，精彩纷呈。其重点环节宣誓仪式，也由最初的领导讲话、学生表态发展到了八大步骤。其中，学生身着汉服朗诵诗歌《十八岁的畅想》——全场熄灯点燃生日蜡烛学生许愿——向学生赠送《中华人民共和国宪法》——成人纪念章——生日蛋糕生日礼物——由领导、教师、家长为学生冠带成人帽等环节，成功地让学生置身于一种刻意营造的、极为庄严和庄重的氛围之中，而这种环境，又给了学生一种强烈的心理暗示，全面调动了学生的感觉和思维器官，使之对教育内容产生兴趣和共鸣，进而人人都成了作用和被作用者，相互影响、相互感染、共同强化，学生内心深处的爱国、担当、责任等崇高情感由此得以激发，教育也达到了强化正确价值取向的目的。这些活动，不仅融入了深刻的教育内容，更为重要的是，师生的精神风貌更加昂扬向上，"教"者乐教、"学"者乐学，共享知识、共享智慧，共度生命历程、共创成功人生，校园生活变得更加精彩，校园氛围也变得更加阳光。

18岁成人礼期间学生纷纷让张文茂校长在成人帽上签名

中国德育：这些活动的确很精彩，但毕竟其教育覆盖面有限，教育过程也相对比较短暂，所以我们想知道，学校是如何弥补这个不足，从而进一步增强德育实效性的呢？

张文茂：您说得很好，关于这一点我们也考虑到了。为了实现教育意图，巩固教育效果，真正给学生留下终生难忘的教育，我们在做精、做细各项品牌活动的基础上，还努力将学生敢于担当的家国情怀培养融入学生日常学习、生活之中，让师生时时刻刻、时时处处都能思考、都受教育，进而达到"随风潜入夜，润物细无声"的教育效果。

我校家国情怀教育始终积极引导学生在日常学习生活中做到"勿以恶小而为之，勿以善小而不为"，积极服务他人，奉献爱心。同时，还积极引导学生慎独自律，省察克治，严于律己，自觉坚守道德情操，积善成德，有意识地提升精神境界和道德素养。如我们组织开展的"三省十问"生涯规划活动，要求学生每天反思：我到衡中来做什么、我今天做得怎么样、我要做什么样的人；每天自省：诚实守信了没有、关心集体了没有、帮助他人了没有、关爱自然了没有、遵守纪律了没有、主动学习了没有、互致问候了没有，等等。让学生在反思中、在自我剖析中，自觉去除浮躁、自私、狭隘、功利思想，懂得为什么要为他人和集体担当，应该如何担当，并启发他们思考未来，增强使命感。

同时，我们还提出"不给别人添麻烦，就是替别人担当"，变"要学生做"为"学生要做"，长年坚持开展"无批评、三自主（自主教育、自主管理、自主发展）"活动，并把每周一确定为"无批评、三自主"日，把每周六确定为"道歉日"，引领其自己说服自己、自己感受自己、自己战胜自己，让学生在自我教育、自我管理、自我服务、自我完善过程中，从他律走向自律，从自律走向自觉，认真做好自己的事、做好身边的事、做好今天的事。此外，学校还开展了国际形势专题讲座、国情教育主题团课、"担当始于爱班、爱校"主题实践活动等，把"担当"教育纳入每个环节、渗透到每项工作之中，营造了一种以"责任担当"为核心的校园文化，让学生们明白了相互尊重、相互关爱、欣赏他人、学习他人，并一起为集体履行义务，处处维护好集体的荣誉，这也是一种担当，更是一种高尚、一种境界，引领学生做有自信、懂自尊、能自强的人，引导学生把个人追求融入民族振兴、人类进步的时代洪流之中。

中国德育：在我们确定了这次专访之后，我认真检索了贵校的办学理念和经验，从中发现，贵校大力构建的以"责任担当"为核心的校园文化产生了不小的影响。

学生在这种精心打造的校园文化的浸润下，始终处于被尊重、被信任、被激励之中，从而使其道德发展成为一种自然、愉快的过程，其家国情怀的培养自然也就水到渠成了。但不可否认，当前，随着高考竞争日趋激烈，学生学习压力日益加重，为了改变他们的心灵基调，让学生心中充满阳光，胸怀大目标大理想，除了前面提及的一些做法，衡水中学还采取了什么好措施？

张文茂：为给学生的心灵洒满阳光，使其变得五彩斑斓，除了把尊重和微笑传递给学生，让其远离频繁的批评和曝光外，我们还大力提高学生的心理健康水平。几年来，我们遵循"每位学生都是一个宏大的世界"这一理念，健全完善了心育"三大机制"，即心理健康教育领导机制、心理健康知识普及机制以及学生心理健康预警机制，全面加强心理健康教育，对学生健康成长起到了良好的导向、动力和保障作用。其间，学校实施了"八个一"健心工程，包括筹建一个心理咨询中心、成立一个心理健康协会等，就拿其中的心理健康月来说，每学期组织一次，至今已连续举办14届，每届均有鲜明的主题，如"关爱自我，和谐成长""健康心理，快乐学习"等，其内容包括心理知识图片展、心灵故事征文大赛等，以此引导学生正确认识自我，提升了学生整体的心理健康水平。当我们的学生有了良好的心理品质，有了乐观向上的心态，有了健康完善的人格，他们就不会再斤斤计较分数以及个人得失，而是更注重自己的兴趣、特长，乃至人生规划、社会责任等，更加懂得怎么对待自己的国家、自己的民族，乃至人与自然的和谐共荣等问题。

中国德育：众所周知，当前学校不再是围墙内的书斋，学校教育已不再单纯是"闭门造车"式的孤立教育了，加强对学生家国情怀教育，更是要特别突出"家""国"这两个重要元素，关于这一点，在学校德育工作中您又是如何要求和具体体现的呢？

张文茂：加强对学生家国情怀教育，我们既要发挥学校主阵地作用，更要坚持学校教育、家庭教育、社会教育相结合，从而才能形成巨大的教育合力。福禄贝尔说过："国家的命运与其说是掌握在当权者的手中，倒不如说是掌握在母亲的手中。"苏霍姆林斯基也说："家庭在塑造个人成长的诸多因素中排名第一。"他们都深刻地阐明了家长在教育子女中所起到的作用。学校家国情怀的教育培养，也必须要从教育引导家长着手。很多家长的眼光都集中在抓好孩子学习、让他考个好成绩、上个好学校，他们认为祖国的命运、国家的使命跟自己的孩子关系不大。这些认识上的偏颇是学校开展家国情怀教育的最大难点，我们必须让家长明白，具有家国情怀、有责任意识和勇于担当，是孩子成长进步最大的精神动力。孩子没有未来服务社会、报效祖国的内在动力，学习成绩很难优秀不说，将来走上社会也会很难符合国家和社会的需要，适应未来的社会生活。

通过学生教育影响家长是一个有效的机制。我校长期坚持开展"八个一"感恩主题教育活动，即召开一次主题班会、举办一次主题团活动、筹办一期主题班级板报、办一张感恩手抄报、写一封给父母的感恩信、组织一次父母学生交流会、周末回家为父母做一件事、期末给父母献一份礼物等，让学生通过更加系统的教育活动、更加精细的教育环节、更加具体的教育实践，于细微之处明白自己对亲情的担当，感悟自己所应承担的义不容辞的责任，同时把这份家国情怀有效传递给自己的家长。除此，我校还通过开展家长进课堂活动，请家长结合自己的成长历程、人生感悟等，让学生受到更加具体、更加鲜活的教育。

我们力求把每一次家长会都开成培训会、提高会、研讨会，把家国情怀教育对促进学生成长的重要性向家长们讲透讲实，并和家长们共同探讨教育的方法和手段，而且我们还为此编写了《学做合格父母》一书，帮助家长更加全面地掌握家庭教育的内容，更加深刻地理解正确引导孩子的方式，从而使孩子们发挥最大潜能，健康成长。可以说，我们很好地将教育阵地由课堂延伸到了家庭，由老师拓展到了家长。

除了重视家庭教育这一重要因素外，我们还积极利用社会资源，充分发挥其作用，以此拓展学校教育的时间和空间。比如，我校积极与本地单位建立共建关系，建立了一批社会实践育人基地，如和衡水军分区、武警衡水支队、预备役二团、衡水市公安消防支队单位建立了爱国主义教育基地，等等。另外，学校还会以清明节、抗日胜利纪念日等纪念节日为契机，组织师生前往冀南烈士陵园、天安门广场、西柏坡纪念馆、红旗渠爱国主义教育基地等，参观学习、接受教育，切实推动了对学生家国情怀教育的学校阵地与社会基地之间的有效衔接、和谐互动。所有这些，都悄然引导着学生树立远大的目标，让学生深刻认识中国梦是每个人的梦，从而主动把"担当"情怀内化为精神的擎天柱，自觉奉献社会，勇于担当起民族的未来和人类的命运。

中国德育：习近平总书记曾指出，教师是立教之本、兴教之源，承担着让每个孩子健康成长、办好人民满意教育的重任，广大教师要自觉增强立德树人、教书育人的荣誉感和责任感，学为人师，行为世范，做学生健康成长的指导者和引路人。那么在开展对学生家国情怀教育的实践活动中，如何才能更好地发挥老师们的作用呢？请张校长谈谈自己的看法。

张文茂：不错，立德树人，关键在师德。作为教师，不仅是知识的传递者，更是道德的引导者，思想的启迪者，心灵世界的开拓者，情感、意志、信念的塑造者。高尚的师德，是对学生最生动、最具体、最深远的教育，也是对学生的第一影响力、第一教育力，具有强大的感染力、号召力和影响力，是一种不可或缺的重要教育资源，对提高学生的家国情怀起着举足轻重的作用。为此，我们提出了创建"精神特区"的理念，出台了相关制度。从学校领导、中层干部到普通教师都把提高人格修养作为第一要务，引导教师守住心中净土，高境界做人、高标准做事、高效率工作、高品位生活，在提高广大教师的精神素养的同时，让教师自觉成为加强学生家国情怀教育的重要推动者和模范引领者，不断提高育人效果。

首先，要求教师"先有父母心，再做教书人"。如此，教师就会多一份爱、多一份宽容、多一份尊重，就会激励学生走向昂扬向上的生命领地，进而创造和谐共进的教育景观。其次，我们还大力开展"师德提高年""教师培养推进年""质量效益年"等主题活动，融师德建设于专业提升、班级管理、夺首争星等常规工作之中，要求老师们要做一个有责任的人、一个有信仰的人、一个有良心的人、一个有道德的人，并开展"最受学生欢迎教师""十大魅力班主任""德育创新标兵"评选以及"师德与幸福"论坛等活动，设立"衡中腾飞突出贡献者"等荣誉称号，使老师们人人有目标，人人有机会成星，而且大张旗鼓宣传，让老师们体验成功，传递幸福，营造向上、向善的氛围，大大促进了学生成绩和综合素质的全面提升。

此外，我们还创新完善了一套奖惩激励机制，把师德与职务聘任、绩效考核、评优奖励结合起来，把师德要求落实到师资管理的政策导向之中，并大力推行师德"一票否决制"，高尚师德逐步成为学校的第一影响力。这种极具特色的"精神特区"，让学生在教师的高尚师德、人格魅力、学识风范的教育感染下，进一步增强了对家国情怀的体验感受和认知理解，进而更加自觉地培养和强化家国情怀，给了学生一笔享用不尽的精神财富。

中国德育：好，今天，《中国德育》关于"加强学校家国情怀教育"的话题就谈到这，非常感谢您接受我们的专访，衡水中学在对学生进行的家国情怀教育方面，理念先进，做法精细，必然会对全国各级各类学校开展以"天下兴亡，匹夫有责"为重点的家国情怀教育产生积极的影响。

张文茂：谢谢你们。我曾经说过，育人是一项系统的长期的复杂工程，而对学生家国情怀的教育和培养也必将是一项长期、细致的工作，由于受各种条件限制，不管我们想得多细致，工作做得多到位，措施制定得多有力，总会有些不尽如人意的地方，所以我们会继续履行基础教育者的责任，继续探索更为有效的途径，努力培养学生成长为具有"中国心、世界眼、现代脑"的复合型人才，助力中华民族伟大复兴的中国梦的早日实现。

——摘自《中国德育》

（三）着力培育核心价值观，提升立德树人新境界

近年来，衡水中学始终坚持把立德树人作为根本任务，紧紧围绕社会主义核心价值观的培育和践行，全面贯彻党的教育方针，扎扎实实深化素质教育，大胆转变教育观念，大力创新教育方式，努力激发学生兴趣，积极培养学生特长，不断提高学生的综合素质和创新能力，开创了各项工作百花齐放的大好局面。如高考持续十五年高位突破、学科奥赛跻身国际金牌榜、艺术体育结硕果捷报频传、科技活动屡屡唱响好声音、特色文化时时传播正能量……一批批学子的天赋得以塑造，志趣得以发展，个性得以张扬，梦想得以实现。相信，任何人只要有梦想、有机会、有奋斗，就能够创造一切美好的东西。

近日，本刊记者采访了衡水中学的张文茂校长，针对培育和弘扬社会主义核心价值观谈了其思考和做法，让我们了解到了衡水中学多年来持续发展的秘密所在。

《华夏教师》：张校长，您好！党的十八大以来，中央高度重视培育和践行社会主义核心价值观。中共中央办公厅印发的《关于培育和践行社会主义核心价值观的

张文茂校长做关于社会主义核心价值观的主题报告

意见》指出，要把培育和践行社会主义核心价值观融入国民教育全过程。请就"培育和践行社会主义核心价值观"这一主题，谈谈您的认识。

张文茂：非常高兴有机会和教育界权威期刊《华夏教师》进行交流。对于培育和践行社会主义核心价值观，党中央高度重视，有力部署，中央政治局更是围绕培育和践行社会主义核心价值观、弘扬中华传统美德多次进行集体学习。我认为，实现中华民族伟大复兴的中国梦，必须凝聚起全党全国各族人民团结奋斗的伟大中国力量，因此，解决好价值体系问题就显得尤为迫切和必要。培育和践行社会主义核心价值观，对于国家来说，能够进一步夯实中国特色社会主义的思想道德基础，有效整合社会意识，引领社会全面进步；对于我们公民个人来说，能够振奋人们的"精、气、神"，不断提高思想道德水平，促进人的全面发展。

《华夏教师》：您从事基础教育 30 多年，作为一名老教师、老校长，您认为培育和践行社会主义核心价值观对于整个教育事业、对于广大青少年有怎样的现实意义和深远影响？

张文茂：我认为，培育和践行社会主义核心价值观具有现实紧迫性和历史必要性，是广大教育工作者在新的时代条件下的新使命、新任务。首先，社会主义核心价值观体现了社会主义核心价值体系的根本性质和基本特征，是社会主义核心价值体系的高度凝练和集中表达，融国家层面的价值目标、社会层面的价值取向和个人层面的价值准则为一体。作为基础教育工作者，我们必须围绕巩固党在意识形态领域的指导地位和落实立德树人的根本任务，强化思想文化阵地管理，充分发挥社会主义核心价值观的引领作用，为践行"育人为本、德育为先"这一教育的本质要求提供有力的思想保障和智力支持。

其次，培育和践行社会主义核心价值观，对于广大青少年价值观念、道德情操、行为能力的培养具有重要的指导意义和启发意义，是其内在成长的必然选择。当前，不可否认，社会道德缺失、社会责任缺乏等现象时有发生，享乐主义、奢靡之风依然滋长，而青少年阶段正是一个人价值观的形成时期，是可塑性最强的阶段，用社会主义核心价值观去引领广大青少年追求真善美爱，凝聚正能量，促进其全面发展，是新时期立德树人的必由之路，也是未来中华民族繁荣昌盛的基础之所在。社会主义核心价值观的"三个倡导"将抽象的、理论性的指导思想转化为乐于接受的、易于理解的内容，使广大青少年能够更好地认知社会主义核心价值观，明事理、辨是非，进而不断提高广大青少年的价值判断力和道德责任感。

可以说，培育和践行社会主义核心价值观，牢牢把握立德树人这一根本，是教育的生命和灵魂，是解决好"培养什么人、怎样培养人"的核心，是真正坚持以人为本和全面实施素质教育，是一件功在当代、利在千秋的大事。

《华夏教师》：据我们了解，早在 20 世纪 90 年代初，衡水中学就提出把学校打造成一个"精神特区"，而且独立承担了教育部重点课题《普通高级中学精神特区建设与师生共同发展的研究》。结合当前培育和践行社会主义核心价值观的理念，请您谈谈衡水中学的"精神特区"是如何建设的？

张文茂：人总是要有点儿精神追求的。只有关注人的精神存在，我们的教育才能更加趋于符合时代理性。我一直认为，校园应该是一片育人的净土，是一个传播先进思想文化的圣洁之地，也是传递中华民族优秀文化的重要平台。要想让这片净土不受任何的污染，要想让这个圣洁之地发挥更大的育人作用，培养更多更优秀的人才，校园就应该成为神圣的精神家园。

为此，十几年前我们就提出要把学校建成一个"精神特区"。而社会主义核心价值观从提升民族和人民的精神境界看，是精神支柱，是行动向导，对丰富人们的精神世界、建设民族精神家园具有基础性、决定性作用。因此，我们独立承担的教育部重点课题《普通高级中学精神特区建设与师生共同发展的研究》，为研究提供了相关的理论支撑。在课题的研究过程中，学校投入了大量的人力、物力和财力，之所以如此，就是考虑到教育不是开支而是投资，通过投放大量资源于该课题的研究，以期在校园里营造一种精神，一种多元的卓越文化，引领学生悄然建立起正确的价值观并实践健康的生活方式，使其思想境界得以提高，精神风貌特别振奋，行为习惯特别高洁……久而久之，不论学习能力还是学习志趣，学生都能学有所成，学以致用，成功迎接未来的挑战。

在创建精神特区的过程中，我不仅对领导班子成员提出了系列要求，而且规定了全体教职员工的行为底线，即严禁接受家长宴请、严禁办班有偿补课、严禁搓麻打牌、严禁拉帮结派、严禁痴迷网络等，远离低级趣味，远离不正之风。有些事情在社会上很自然，但拿到学校里来就不合适，这就是学校的特殊之处。老师只有耐得住寂寞，经得住平淡，抵得住诱惑，始终保持蓬勃朝气、昂扬锐气、浩然正气，才能不断为党和人民建立新的业绩。同时，我们在学生中广泛开展了公德教育、励志教育、自立自强和吃苦耐劳教育，并以具体活动为载体，化虚为实，使各项教育真正落到了实处，把"特区"精神转化成了学生自身的道德信念和行为准则，进而提高了学校的整体道德水平和精神境界。

可以说，"精神特区"的创建，就是要最大限度的优化学校内部的发展软环境，让老师们有效抵御各种腐朽思想文化的侵蚀，强化广大教师的理性关怀、家国情怀等，使其变得更有思想、更有内涵、更有激情、更有魅力，从而开启一种全新的校园文化空间，润物无声地引领学生把远大理想内化于心，潜移默化地激励学生培养克服困难的坚强意志，进而体验和感受学习之乐趣、成长之幸福、生命之意义。这是学校的职责所在，至高境界之所在。

"精神特区"不是一个封闭的系统，而是一个更加开放的系统。在这个系统中，我们从抓师德建设入手创建精神特区，把创建目标锁定在学生的发展上，让学生学会了平时怎样与人相处，学会了公共空间应该如何做，学会了什么才是自重和尊重他人，也让学生切实正确认识人生、认识社会、认识世界，悄然培养起爱国敬业、诚信友善的道德准则和价值取向，他们在高尚价值观的指引下，在高远人生目标的激励下，自觉自愿、自由自在地放飞着心灵、放飞着梦想。

《华夏教师》：张校长，从您的话语中不难看出，精神特区的创建和德育工作是密不可分的，我也知道贵校提出了"以终生难忘的教育培养和谐的人"的德育理念，而且打造了独具衡中特色的德育品牌。请您谈谈学校是如何开展的？

张文茂：教育不仅要关注人的当前发展，还要关注人的长远发展，更要关注人的全面发展，而德育是对学生最生动、最具体、最深远的教育，也是对学生的第一影响力、第一教育力。从某一角度来说，抓德育就是抓社会主义核心价值观的培育，就是要把精神特区内涵悄然传递给每一个师生。正是基于如此，我校始终高度重视，切实提高责任意识，把加强和改进未成年人思想道德建设摆上重要位置。通过多年的教育经验，我认为应该把握两个关键点：

一是尊重规律。牢牢把握教育规律和学生成长规律，深入研究新形势下广大青少年思想道德建设的特点。由于经济社会的飞速发展和接受信息的渠道增多，青少年的发育成长和社会化速度在加快，成熟期在提前，他们渴望追求自主决策、追求自我价值的实现。为此，我校德育活动提出"把成长的舞台还给学生、把成长的过程还给学生、把成长的空间还给学生"，突出学生的存在，尊重学生的精神世界。同时，进一步把学生的自立、自强、自主意识转变为家国情怀教育，唤醒学生自我道德意识和道德责任感。前些年，我们把"担当"教育纳入每个环节，渗透到每项工作之中，营造了一种以"责任担当"为核心的校园文化，让每个学生坚持原则，敢于负责，勇于担当。新学年，我对全校上下的寄语是"办负责任的学校，当负责任的教师，做负责任的学生"。

二是注重实效。没有体验就没有内化，没有内化就没有发展。正如卢勤所说，让孩子花 400 元钱去看一场《白毛女》，未必能使他们理解当时的苦难，但结识一个穷孩子，却能让孩子的心灵震撼不已。我校坚持"重过程、抓细节、强体验"的德育原则，每年均组织 50 余活动，拓展青少年培育和践行社会主义核心价值观的有效途径，开启学生心灵世界，强化学生价值取向。如"十佳校园歌手""十佳环境卫士""十大杰出学星""十大道德模范"以及"百佳宿舍长评选"等，让过程富有感染力、更具教育力，使每项活动都成为校园盛事，激励学生成为校园"追星族"，给了学生心灵强烈的震撼，激发了责任担当的豪情壮志。一所学校如果没有一大批榜样的话，就永远不能成功地教给学生任何东西。

值得一提的还有我们每年五一节前夕都要组织高一学生进行的"八十华里远足"活动，目的就是要学生们亲近自然、磨炼意志、培养团队精神、增强环保意识。我认为，远足活动是一项富有生命力的活动，学生得到的不仅仅是胜利的喜悦，心灵的震撼，更是一次终生难忘的教育。

此外，"十八岁成人节"也是我们的一项精品活动，经过不断丰富，现已成为包含成人宣誓仪式、成人宣誓主题班会、出版成人宣誓感言录等"六大环节"的成人教育月活动。这样，随着活动的步步深入，学生的体验不断强化，学生的情感得到共鸣，认同得以深化，并开始由逆反变成理解，由抵制变为感动，在这种力量的驱动和深切的心理体验中，学生完成了从孩童到成人的心理建构。

《华夏教师》：我们常说，"教育是一棵树摇动一棵树，一朵云推动一朵云，一个灵魂唤醒另一个灵魂"。因此，在校园内培育和践行社会主义核心价值观，建设一支师德高尚、业务精湛的高素质教师队伍是关键。请您谈谈衡水中学是如何加强师德建设的。

张文茂："德高为师，学高为范。"为什么要把"师德"放在首位呢？因为，师德是教育发展的前提，可以说师德兴则教育兴，教育兴则民族兴。落实立德树人的根本任务，关键在师德。特别是在呼唤优质教育的今天，师德就是教育力。教师在教学过程中表现出来的道德观念和行为，对学生正确价值观的树立和高尚道德情操的形成起着最直接、最有效的促进作用。为此，我校提出，以道德立身为根本，以自主管理为基础，以言行高标为重点，以常规落实为抓手，带教风，促学风，转作风，优行风。

我校融师德建设于专业提升、班级管理、"夺首争星"等常规工作之中，并开展"最受学生欢迎教师""十大魅力班主任""德育创新标兵"评选，以及"师德与幸福"论坛等活动。通过正面引导，弘扬正气，树立教师身边的师德典范，营造爱生如子的校园氛围。此外，学校还创新完善了一套奖惩激励机制，把师德与职务聘任、绩效考核、评优奖励结合起来，把师德要求落实到师资管理的政策导向之中，高尚师德逐步成为学校的第一影响力。

教师通过个人的知识权威和人格权威的力量，潜移默化地影响着学生的价值观和行为方式，以身示范，引领带动，让学生朝着社会期待的人的方向去全面发展。如今，全社会正在开展节俭养德全民节约行动，我校更是深入进行俭以养德、廉以立身的宣传教育，青年教师集体婚礼就是其中的一项经典活动，在广大教职工中形成了一种婚事新办、节俭朴素、和谐文明的新风尚。老师们立足培育和践行社会主义核心价值观这个根本，以身示范告诉学生，厉行节约、反对浪费是每个人义不容辞的责任，这对学生的这种影响是深远的、意义重大的，使节俭节约理念真正影响全校师生的思维方式和行为习惯，"低碳节俭、文明和谐"的观念在校园内蔚然成风。

《华夏教师》：通过您的介绍可以看出，衡水中学真正以敢于担当的家国情怀，为学生的生命成长考虑，办好人民满意的教育，为实现中华民族伟大复兴的中国梦培养合格人才。您认为学校还有哪些好的措施为学生的发展起到了巨大的促进作用？

张文茂：习近平总书记在培育和弘扬社会主义核心价值观、弘扬中华传统美德第十三次集体学习时指出，要利用各种时机和场合，形成有利于培育和弘扬社会主义核心价值观的生活情景和社会氛围，使核心价值观的影响像空气一样无所不在、无时不有。

我校严格按照《关于培育和践行社会主义核心价值观的意见》要求，注重发挥校园文化的熏陶作用，加强学校报刊、广播电视、网络建设，完善校园文化活动设施，重视校园人文环境培育和周边环境整治，建设体现社会主义特点、时代特征、学校特色的校园文化。让每个空间都成为精神的栖息地，用校园环境渐染每位师生心灵。

就拿校园景观建设来说吧，我们在校园里设置了"四大发明"文化石雕，安放了汉白玉孔子雕像以及日晷，兴建了开放型校史馆和诺贝尔科学奖获得者展室，制作了历史文化名人浮雕，并在校园北部建成了集假山、池水、绿丘为一体的风景小区和集书山、喷泉、绿树、花坛为一体的中心花园广场。这些文化景观使人文精神与科学精神相互交融，使优秀传统文化和衡中校园文化彼此渗透，潜移默化地影响了师生的精神世界。

在学校的校园环境建设中，我们的甬路文化也是可圈可点。这些年，我们积极构建校园"路"文化，使得一条条甬路成了学生精神的栖息地和学生风采的展示台——甬路两侧的灯箱上，一张张灿烂笑脸，一句句哲思短语，意蕴悠长，催人奋进。橱窗内的展牌，展示了我校的办学特色、办学成果，记录着学生丰富多彩的德育活动，记载着老师的照片与事迹。此外，学校电子显示屏上的动态标语，滚动播出着时政新闻、每日天气、励志标语等内容，这些无不体现着学校的人文关爱、精神激励。

丰富多彩的校园文化，既是教育的呼唤，又是艺术的感召，起到了"随风潜入夜，润物细无声"的教育作用，成为校园环境建设中的重要文化符号。

《华夏教师》：通过您的介绍，我们更加相信衡水中学先进的育人理念必将对国民教育中培育和践行社会主义核心价值观产生积极的影响。

张文茂：希望如此。其实，教育没有止境，是一项永恒的事业，是一项充满挑战的事业，是需要广大师生和全社会各阶层共同努力的。值此教师节来临之际，我向全国教育同仁送去节日的祝福和问候，祝愿老师们播种幸福教育、享受教育幸福。

《华夏教师》：也祝愿衡中一如既往，为实现中华民族伟大复兴的中国梦培养更多优秀人才。在此，非常感谢您接受我们的采访。

——摘自《华夏教师》

（四）对学生的未来发展负责

今年高考前夕，央视新闻频道播出了关于河北省衡水中学备战高考的特别报道（冲刺高考：393班的普通一天），由此引发了对应试教育、高考制度改革等问题的广泛讨论。日前，衡水中学张文茂校长就衡水中学的管理模式、办学方针以及他对高考的期望、对高中教育使命的认识等问题回答了本刊记者的提问。对学生的未来发展负责，以终生难忘的教育培养和谐的人。

本刊记者：中央电视台新闻频道（以下简称央视）在今年高考前播出了关于衡水中学（以下简称衡中）备考的情况。请问，央视播放的新闻中呈现的情景与事实是否相符？对于衡中的学生而言，"393班的普通一天"是否具有代表性？我们很想对衡中学生真实的高中生活尤其是高三生活有进一步的了解，能给我们介绍一下吗？

张文茂：央视报道的"393班的普通一天"，其呈现出的情景与事实基本相符，但其中个别细节特别是后续报道中的一些评论有失偏颇，但我们还是要衷心地感谢央视的报道。

　　比如，"老师们和学生一样，不允许随意出校"，这是不存在的。多年来，我校始终推行弹性坐班制，任课教师上班不签到，下班不点名，日常管理相对宽松和自由。工作期间，老师们在没有课的前提下，如果个人有事需要外出办理，那么即便是在弹性坐班时间内，不管上午还是下午，都可离校去处理，两个小时以内一律不计，超过两个小时则视其为请了半天事假，这样的管理我想并不过分。我们的老师有的住在学校家属区，有的住所距离学校较远，平时如果没有课的话，中午11：05、下午5：05就可以下班回家了，学校从来没有硬性规定过老师们必须吃住在学校。

　　再如"午饭结束后是午休时间，所有同学都在宿舍看书背诵"，这更是没有的事情。自20世纪90年代中期至今，我校午晚休一直是这样安排的，即晚休时间22：05—5：30，午休时间12：45—13：45，学生每天有八个多小时睡眠时间，午晚休期间，学生们必须休息，不能再看书学习，也不能说笑打闹，生活指导教师全程巡视，一年四季始终如一，即便是寒冬腊月，中午学生们也能美美地睡上一个小时。学校之所以这样做，其目的就是保障学生每天的休息时间，尊重学生的成长规律，减轻学生的成长压力，保证学生的身心健康，让学生始终精力充沛地投入新的学习生活之中。

　　当然，对于其他的失实报道，这里不再一一更正，实践将证明一切。但是，从以上两个细节可以看出，我校的管理是科学的、规范的，不仅符合教育规律，符合学生成长规律，而且做到了以人为本，很人性化，维护了广大师生的基本权益。正因如此，才激发了广大师生的无限激情和追求，才营造了一个向上的环境和氛围。

　　在我校，无论是高一、高二的学生，还是高三毕业班的同学，他们的学习生活可用八个字来概括，也就是"紧张有序、丰富多彩"。对于高中生来说，"紧张"自不必多说，全国各地的高中生都一样，而我校则更注重"有序"，也就是说，学生们该休息时就高质量休息，该学习时就高效地学习，该运动时就有效地运动，学习备考虽然重要，但不能侵占休息时间、运动时间……

　　从另一方面看，"丰富多彩"更是我校的一大文化特色。就拿高三来说，虽然备考很紧张，但短短一年时间，除各班组织的活动之外，学校开展的活动就多达30余项，如知名专家报告会、优秀学子报告会、班级挑战活动、"三省十问"活动、学习央视主持人活动、微笑在衡中活动、不给别人添麻烦活动、名师主题演讲、名人励志讲座、圆梦签字仪式、自我拓展训练、班级会操比赛、班级拔河比赛、心理辅导讲座以及秋季运动会、迎新联欢会等。高三如此，高一、高二的活动就更多了。在德育活动上，为什么我们不怕花时间、不怕费精力呢？因为我们始终认为——活动即教育，抓活动就是抓德育，就是抓质量，就是提素质，就是提能力。活动是最富有生命力的教育方式之一，它不仅能够营造一种富于感染、唤醒和引领的氛围，而且可以潜移默化地对学生的精神世界施加积极的影响，悄然激发出学生人性中最善良、最美好、最纯真的追求，而这种追求更为持久、更加高远、更富有创造力。

再有，我们的学生，从入校开始就每天观看新闻联播，而且一直延续到高三高考的前一天；我们的学生，每天坚持跑操和做眼保健操，一直到高考结束等。表面上看，这和组织开展系列活动一样，好像是浪费了学生很多宝贵的备考时间，但作为一所全国知名高中，我们所要培养的不是做题机器，我们所关注的也不只是高考，更重要的是要对学生的未来发展负责，让学生学到更广泛的东西，让学生的体质更健康，让其个性得到全面张扬，让他们在体验中积累更多的精神财富，进而提高社会适应能力和竞争能力，努力成长为具有强大发展潜能的创新型、实用型、复合型后备人才。

这一切恰恰符合我校的育人理念，以终生难忘的教育培养和谐的人。我们坚信，衡中的教化是入心的、影响是入髓的，它必将为学生的幸福人生奠基，必将照亮学生未来的人生旅程，必将促使学生创造更大的人生价值。

本刊记者：节目播出后，在社会上引起一些争议，甚至有质疑衡中的言论，比如认为衡中是应试教育等等，您如何看待这些争论和质疑？

张文茂：我作为一个从教近四十年的老教育工作者，见证了我国改革开放以来教育发展的每一步，像这样对"应试教育""素质教育"的争论已经有过很多次，特别是随着社会的发展，这种争论和质疑也越来越多、越来越频繁。我认为，这是好事、是进步，争论不休，进步不止。在教育的改革发展过程中，有争论和质疑并不奇怪，因为我们是多元化的社会，各种各样的思想都是存在的，它所反映出的是社会的进步。尤其是目前，我国教育存在着一系列亟待解决的问题，种种现实情况向我们表明，认真思考我国教育发展的成就和不足，全面思考它所面临的问题和厘定今后的方向，是科教兴国战略落到实处的迫切需要，也是当前教育界乃至全社会都必须高度关注的事情。当然，只要这种争论能够实事求是，真理总是愈辩愈明，是能够得出有益于教育发展的成果的，也是能够实现坚持真理、修正错误、共同提高的结果的。我们的节目播出后，社会有一些争议甚至质疑，对于这件事情，我不想多说，因为我自己说什么都是苍白的。谁最有发言权？我认为是老百姓，是衡水的老百姓，他们了解衡中的一切，他们的眼睛是雪亮的，他们才是最公正、最权威的评委。中央要求，要"办好人民满意的教育"，教育办得好不好，百姓最有发言权，同理，学校办得好不好，是不是优质教育，老百姓最有发言权。

本刊记者：衡中较早提出了"素质教育和升学率不矛盾"的看法，而且在一次接受采访时，张校长曾明确表示"反对升学率高就被戴上应试教育的帽子"，那么在张校长的心目中，素质教育的本质是什么？它和应试教育最核心的区别在哪里？

张文茂：如果"升学率"高就是应试教育，那么"升学率"低就是素质教育了？零"升学率"就是素质教育典范了？当然不是，因为，素质教育的本质就是解放学生，解放学生的学习力、思考力、创造力，打破束缚、压抑学生的桎梏，增强学生学习的主动性，激发学生学习的积极性，唤醒学生的主体意识和探索精神，使其主动地学习、积极地探索、快乐地发展，让全体学生的基本素质都得到全面发展，让全体学生的鲜明个性都得到张扬。这也是素质教育与应试教育最核心的区别。素质教育的主阵地在课堂，主渠道是课堂教学，实行素质教育必须先对课堂教学进行改革，这是素质教育的"本"质所在，反之则是舍本逐末。如果真正落实了素质教育，尊重教育教学规律，尊重学生发展规律，学生就会成为学习的主人、知识的主人，学校的教学质量自然会提升。作为教育的副产品"升学率"，它的提高自然是水到渠成了。

本刊记者：在高考方面，衡中在河北省取得了12连冠的优异成绩，您能告诉我们衡中这方面的"核心竞争力"是什么吗？

张文茂：我认为关键之　就是"向课堂教学要质量""向四十分钟要效益"。课堂教学是一门艺术，更是一门科学，其内涵就是为了学生的"学"而开展的一种"文化适应"。为了让这种适应更有效、更高效，我们大力推行了"三一五"工程，其具体含义是：坚守"一个原则"，即教师为主导、学生为主体、问题为主轴、思维为主攻、体验为主线的教学原则，强化探究"学"的科学性、规律性和差异性，让学生生动活泼、全面和谐地发展；落实"一项要求"，就是指精讲、善诱、激趣、拓思的八字课堂教学要求，全力抓好落实，打造有效课堂；推行"一种方式"，就是努力构建一种自主、合作、探究、和谐的教学方式，激发学生的学习欲望，挖掘学生的学习潜能；做好"五个带入"，即把尊重、微笑、趣味、激情、才智带入课堂，允许学生出错，允许学生质疑，杜绝心灵施暴，激发探究精神，在平等对话、沟通交流与和谐分享中完成学习任务。"三一五"工程，贯穿其中的主线就是解放学生，让其主动学习，主动创造，把课堂变成探究知识、张扬个性、完善人格的乐园，形成一种共享知识、共享智慧、共享幸福的文化基调。此外，学校的管理、教师的素质等等，都是不可或缺的核心竞争力。这里不再——细说。可以说，正是由于我们的思路是清晰的，措施是超前可行的，我校的教育教学质量才能逐年上台阶，我们的学生综合素质才能不断地提升。自 2005 年至今，有 600 余名学生在全国青少年科技创新大赛等各级各类比赛中摘金夺银，有 238 名学生在全国五大学科奥赛中喜获省一等奖，其中夺得 13 枚全国金牌，7 枚全国银牌，2 枚全国铜牌；有 370 人考入清华大学和北京大学，有 13 名小天才考入中科大少年班，11000 余人考入全国重点大学，素质教育结出了累累硕果。

本刊记者：在课堂教学改革过程中，衡水中学有一些很好的做法，如强调学生主动参与，让学生思考，教师不能包办代替，等等。我们想知道，在进入新课程以后，衡水中学又采取了哪些措施？

张文茂：2009 年秋季，面对全省全面实施新课改的新形势，我校站在时代发展的战略高度明确提出，新课改工作的总体要求就是"轰轰烈烈搞课改，扎扎实实抓质量"，其指导思想是以新课标为纲领、以践行新课标理念为重点、以校本课程开发为特色、以校园多彩生活为载体、以师生幸福发展为目标，构建具有衡中特色的、适应时代要求的、充满无限活力的课程改革体系，为河北省新课程改革树立榜样，努力成为全国新课程的一面旗帜。随后，我校成立了全省第一个主管课改工作的行政处室——课改处，并结合学校实际制定完善了制度和方案 30 余项，大力开展教育创新，努力探索课改规律，强力推进课程改革，全力以赴抓好"六动"，即科学推动、研修带动、全面联动、活动促动、评价驱动、内外互动，着力建设"四三"工程，即教师要落实三项要求——上好一个学科的课、编好一门校本课程、带好一个社团组织；做到三个转变——转变教学方式、学习和评价方式；构建三个特色——特色课堂、课程和学校；实现三个发展——学生个性和谐发展、教师专业快速发展、学校持续科学发展，为新课程注入了源源不断的发展活力，确保了新课改工作科学规范地稳步实施和推进。期间，我校课改工作涌现出很多亮点，如品牌活动课程化、社团活动课程化、通用技术个性化、校本课程体系化、校园文化特色化等，让学生的学习更加广泛，视野更加开阔，生活更加丰富，受到了广大师生的喜爱和欢迎，促进了学生的全面个性和谐发展。由此，我校喜获河北省普通高中课程改革样本学校，并喜获全国教育科研先进集体殊荣。两年来，《人民教育》《河北日报》《燕赵都市报》以及河北电视台等媒体多次对此进行了详细介绍。

本刊记者：我们非常想知道，作为校长，您对高考改革有什么样的期待？高考改革面临的困难有哪些？

张文茂：高考是实现教育公平的一项重要制度，是国家选拔高素质人才的重要途径。但是，因为我们的国情和其他国家不同，现在还没有更好的办法代替高考，所以这些年对于高考的改革，我的关注点始终在如何考、怎么考上，如考试内容和形式、考试评价手段、招生录取模式等。鉴于目前存在的一些问题，如高考与素质教育的衔接不够紧密、素质评价标准还不够多元化、高考评价手段和方法还不够科学全面、高考评价过程还不够公正透明等，所以，希望国家能在这些方面积极稳妥地进行改革，力求使高考更加符合中国国情，更加符合人民的期望。就拿自主招生来说，我认为这是高考改革中一个非常大的进步，高考往常录取实际上还是仅仅看的分数，而自主招生则不然，它对学生的发展、对高校的发展、对人才的培养都非常有利。当然，我也建议，对于那些有自主招生资格的高校，不管是名额的发放，还是面试的环节，等等，都应该更透明一些、更公开一些，比如给哪些高中自主招生名额，为什么给，怎么给，给多少，根据什么以及面试公正与否等，有的学生有异议，所以必须解决评价过程不公正的问题，切实维护考试秩序的公平公正。

本刊记者：作为一位卓有成就的校长，我们想知道，您认为高中教育的使命究竟是什么？

张文茂：高中教育是基础教育的有机组成部分，是学生身心快速成熟的重要成长阶段，也是学生人生观、价值观形成的关键时期。它既承担着为高一级学校输送优质生源的义务，也承担着为走上工作岗位的学生打好素质基础的责任，更担负着培养学生的终身学习愿望和能力的重任，因此，它对提高国民素质，培养复合人才，构建创新型国家具有全局性、基础性、先导性作用。所以，高中教育不仅仅是"片面升学"的教育，也应该是"学会做人"的教育，更应该是"走向卓越"的教育，因此，我认为高中教育的真正使命应该是"让高中生变得卓越"，内涵包括卓越的人品、卓越的学识、卓越的能力等，使每一个人都能够发挥自己的潜能潜质、创造性和批判精神，实现自己的抱负，拥有幸福的人生，成为对人民有益得人。唯有如此，高中教育才能拥有鲜明的特色，才能充满生机和活力。

本刊记者：我们知道，有很多学校到衡水中学参观学习，也有一些学校学习了"衡中模式"，能把这方面的情况给我们介绍一下吗？

张文茂：据初步统计，近年来到我校考察的客人已达16万余人次，涉及全国的30个省、自治区、直辖市，这是我们开始所没有预料到的。面对这么多客人的考察，我们一直抱着一种开放的态度，怎么做的就怎样向客人介绍，不作秀，不藏私，不怕露丑，因为这就像一面镜子，可以照出我们的不足。同时，学校每年来这么多教育界的客人，也促使我们不断规范和创新教育教学管理，也逼迫我们不断上档次、上水平，努力学习，科学管理，力求更加符合教育教学规律。期间，为了解客人们的真实想法，我们想了很多办法，摸到了一些真实情况，了解到了一些客人的真实感受，找到了学校的一些不足和问题，学到了很多宝贵的经验，这对学校发展太有意义了。全国各地来校考察的客人，对于我们来说，是一批批宝贵的教育资源。因为，相比每年外派大批教师外出考察学习来说，这是送上门来的经验，省钱又省力，我们不能不学啊。这样，在不断地学习、不断地丰富、不断地发展、不断地创新中，学校的"软实力"越来越强大，由此，我们才能向着更高更远的目标挺进。实践证明，我们只有以开放的视野、包容的胸襟，相互学习，相互借鉴，互通有无，补短扬长，才能实现共享共赢，才能推动我国基础教育又好又快地发展，才能为实现富民强国的目标贡献更大的力量。

——摘自《基础教育课程》

中国五千年兴衰更替，形成了博大精深的传统文化，其中"教育"的作用无可替代。如果说一个国家的发展靠人才，人才的发展靠教育，那么教育的发展又靠什么呢？

带着这样的思考，我们走进河北衡水中学，在这里，我们看到的是一种教育态度，是情感和情感的沟通，是思想和思想的交流，是生命和生命的对话。这里的教育，不仅是"传道、授业、解惑"，更重要的是使受教育者既善于发现已知世界的客观真理，又能探索未知世界的奥秘，更具"兼爱""和合"的理念，"先忧后乐""兼容并包"的思想，"自强不息""追求卓越"的精神以及中国传统的人文情怀。

（五）撑起基础教育的一片蓝天

衡水取名出自"漳水横流"，这是一个地处河北东部、在交通体系上八面来风的城市。

悠悠衡水，人杰地灵；明贤俊彦，史不绝书。聪颖惠达、贤佐三朝的窦太后，儒学宗师董仲舒，唐朝名儒孔颖达、著名边塞诗人高适、中国现代文学巨匠孙犁等造就了衡水历史上"崇德尚文"的优良传统，而创造出"素质教育更能提高升学率"等新理念的衡水中学，无疑是对衡水文化历史最成功的继承与超越。如果说学校是一艘大船，校长就是舵手。纵观中外办学有成、人才辈出的名校，都有一种奋发向上、独具特色的校本精神，其中无不折射出校长引领的精神风范，透射出他们的智慧光芒。今天，就请随着我们的采访，走近这位大胆创新教育理念、大力实施素质教育的校长张文茂，领略他的智慧与风采。

文化治校：用责任和智慧引领教育行为

和张校长的访谈始终伴随着笑声，他的爽朗、睿智及对教育事业的热爱吸引着记者。"教育，实际上就是承担一种责任，一种传承历史和开拓未来的责任。在民族繁衍和振兴面前，任何人都不能推卸这种责任。"作为一名从教近四十年的老教育工作者，张文茂校长对于教育有着独特的理念，并在任衡水中学校长的八年时间内，身体力行，引领学校走出了一条富有成效和鲜明特色的教育之路。

张文茂从 1982 年开始在衡水中学任教，从基层一步一步走到校长岗位，了解学校情况，并且已经表现出了出色的工作能力；更重要的是，他懂教育、有思想，这对于一所有着光荣历史并期待更多创新与发展的示范校，尤为关键。

"管理思想是否能够领先时代，决定着一所学校的发展前途和命运。"张文茂说，"我们不能像以前那样，摸着石头过河，必须提炼出符合时代要求、充满无限智慧的新理念，来引领学校的管理，才能让效益最大化。"

物理科班出身的张文茂戏言，"充满智慧的管理，比核聚变还有威力。"

那什么是充满智慧的管理呢？

张文茂说，就是沟通、服务、激励和引领。这一新理念的提出，源于他对现代学校管理的深刻思考和理性把握，闪耀着深邃的哲理光辉。

通过办学实践，他认识到，在管理之中，沟通是基础，服务是基石，激励是重点，引领是关键。只要这四点做到位了，管理就会有起色，就会达到"无为而治"的效果。

他经常告诫班子成员"善疏则通，能导必安。我们不能把自己看成是管理者，要把自己看成一个'沟通者'，主动走到师生当中去，在与师生沟通上下功夫、花力气、做文章，这是一种素质，一种生产力，也是一条生命线。"

"抓管理靠什么，靠走动，靠沟通。如果我们能把'有效沟通'融入骨子里，能够及时与管理和服务对象多交流，就能够及时掌握各种信息进行规划，就能够及时发现和解决各种问题，就能够凝聚起全校上下的共识，管理目标自然会落到实处。"

这样的"走动式"管理，有效创造了一种相互关注、相互分享、相互尊重的氛围，极大激发了师生自我发展的欲望，提高了学校的凝聚力、影响力、辐射力。

他要求中层领导干部，不仅要做行政工作的管理者，更应成为教育思想的引领者，要人人做"五者型"教师，即制度落实者、忠实服务者、成长激励者、和谐维护者、精神引领者，让管理滋润师生心灵，让精神激励师生成长，让思想激活生命的力量。

教育处主任梁辉告诉笔者，"张校长曾对我们说，学校管理不是简单的督促检查评价，更为重要的是'引领'，就是要用人格的力量感染人，用模范的行动影响人，用典型的力量引导人，让每个人都能够自觉地承担起教书育人这一神圣的历史责任，自觉地维护好学校这片不带任何功利色彩的净土本色。这是管理的最高境界。"

张文茂说，领导干部还要注意在人文、人本、人情、人性、人权上发挥引领作用，而且要持之以恒、一以贯之地坚持下去。

试想，当它们渗透到校园的每一个角落，渗透到每项工作的每一个环节，就会成为一种风气，就会形成一种带不走、赶不跑的特有的管理文化。

教育界有句行话："一流学校"管理靠文化，"二流学校"管理靠制度，"三流学校"管理靠校长。衡中正因有了一流的管理文化，才使学校的持续科学发展成为一种必然。

张文茂倡言，文化，是一种软实力，也是一种竞争力，而且是更重要的竞争力。文化治校，无论是对教师，还是对学生，都能起到润物细无声的潜移默化作用，就是像大自然生息万物那样的"无为而治"。

寓情于教：用大爱和真情构建和谐校园

"人是万物的尺度"。所以，管理必须服务于人，服务于人的发展，这也是衡量一所学校特色品位的根本尺度。

在中层以上领导干部扩大会上的讲话中，张文茂说过这样一段："试想，如果我们在座的每一位同志，心中有师生，真正爱师生，讲的是师生想的，干的是师生盼的，改的是师生怨的，全心全意为师生服务，那怎能不激发起全校师生向上的潜力、工作的欲望呢？"

于是，大到教职工的住房问题、青年教师的婚恋问题、教职工的健康问题，小到教师的孩子入托、天然气的输送、火车票的购买，他都挂在心上，都要叮嘱后勤人员尽力跑办。

一届届集体婚礼、一张张爱心车票、一项项健康保险、一个个生日祝福，都有专人负责，这让教职工感受到了家的温暖，体验到了学校对生命的珍惜，对人性的善待，对价值的尊重。

在长期的工作中，张文茂把"人在教师中，教师在心中"作为职业准则。

"张校长是学物理的，他的思维非常缜密。我们的大事小情，衣食冷暖，他总能想到、照顾到。我们不用考虑奖金啊、职称啊，等等，我们只要把工作干好，其他的他都会安排好。"青年教师孙静在信中告诉大学同学。

大学毕业没两年的干焕说："去年，我跟张校长去请假，因为身体不好要住院，他签完假条后，拿起电话就联系医生，而且千叮咛万嘱咐，让人非常感动！"

在这样一个和谐的环境中，教职工享受着教育的幸福。

此外，他们还打破论资排辈的思想，建立健全了一整套竞争激励机制，并制定了《最受学生欢迎教师评选方案》《十大杰出青年教师评比方案》《首席、星级教师实施方案》等，调动了全体教师的创新积极性。

让管理滋润教师心灵，让精神激励教师成长。超前的管理意识，打破了沉寂的坚冰，一大批教师脱颖而出。而教师就是一所学校精神的象征。

"让教师享受教育的幸福，让学生享受幸福的教育，是教育发展的必然追求。"张文茂说，"幸福是教育的本真要求。有什么样的老师，就能教出什么样的学生。老师如果没有幸福感，品味不到教育的快乐，学生就享受不到幸福的教育。"

那应该如何促进学生的全面和谐发展，让他们幸福地成长呢？

张文茂给出了具体答案：要寓爱于教，寓情于教，让学生得到情感的浸润、知识的引领、意志的砥砺、人格的完善，由此，才能体验到一种精神上的幸福。

该校的教师誓词这样写道："我是光荣的衡中教师，我要恪守追求卓越的校训，志存高远，务实求真，团结敬业，开拓创新；用爱心托起爱心，用智慧启迪智慧，用人格塑造人格；为学生的终身幸福，为衡中的持续发展，为民族的伟大复兴，奉献终生！"

为了让每个孩子都能上得起学，张文茂多方联系，在社会各界爱心人士的帮助下，学校这两年设立了30余项奖、助学基金，合计发放善款540余万元，惠及学子4000余人次，实现了"不让一个学生因家庭贫困而失学"的目标。

是啊，学生们是一个个鲜活的生命体，而教师作为同样的生命体，必须用一个智慧生命开启一批人的智慧生命，用一个心灵唤醒一批人的心灵，用一种热情去温暖许多生命，这样，才能让学生体验到尊重、信任与关怀，让学生懂得什么是欣赏、合作与分享。

来自农村的尚恩垚同学说，"初到衡中，成绩很差，我很自卑。有一次，和班主任交流，也不知为什么，我忽然向老师提出，'我要当宿舍长'，结果就当上了，由于管理地井井有条，老师多次表扬我。这虽然是件小事，但却改变了我一生。现在，我不仅成绩名列榜首，而且还当上了副班长……"

张文茂认为，教师的理解、信任、宽容与尊重，是学生成功的基石，也为学生的幸福人生奠定了基础。

这样一种理念的背后，没有丝毫的功利色彩，是对教育本质的一种追问。

追求卓越：用信念和坚持打造教育品牌

唯有热爱，才能坚持，唯有坚持，方能成就。一辈子钟情于教育事业的张文茂有一个坚定的信念——忠诚于党的教育事业，终生致力于打造一所富有独特个性的特色品牌学校，为祖国培养能担当起民族进步重任的优秀人才。因此，追求卓越，就成了衡水中学的校训。它昭示的是一种永不止息、创新超越的"进取"心态，是一种对完善、完美境界孜孜不倦追求的崇高精神，是一种以"卓越"为核心要义的境界追求。

衡水中学的教育启示，蕴含着一种"天将降大任于斯人"的哲学思考和"动心忍性"的道德修养。张文茂认为，理想与信念是一个人的精神支柱和动力源泉，它能点燃人们的生命之火，激发人们的聪明才智，激励人们奋发向上。学生是我们为中国特色社会主义培养的可靠接班人和合格建设者，他们必须树立共产主义的崇高理想和坚定信念。因此，他坚决反对单纯追求升学率等教育目标的短视行为。

2008 年 7 月 30 日，张文茂校长作为火炬手在秦皇岛进行了北京奥运圣火的传递

从农村走出来的张文茂，始终对国家有着深厚的感情。"国家这些年的变化太大了，可称得上是天翻地覆。我们的老师，乃至每个校长，如果对国家、民族和人民没有感情，很难成就一番大事业。有了感情，才能主动想工作、找工作、干工作，才能每天多付出一点点，每天多奉献一点点，每天多改变一点点，心里每天才舒服一点点。"

张文茂和他的老师们每天都要进行一次"三省十问"："我到衡中来做什么、我今天做得怎么样、我要做什么样的人?""尊重学生人格了没有、激励表扬学生了没有、学生上课到齐了没有、向同学同事互致问候了没有、做到高效工作了没有……"

由此,引发了教师对自己未来发展的思考,增强了社会责任感和历史使命感。

在衡水中学,学生的职业规划必须与祖国的现代化建设事业相联系,人生规划必须与民族命运紧密相连。为了培养适应未来社会发展的复合型人才,学校开展了许多扎实有效的工作:紧扣时代主题,联系当今的社会热点和舆论焦点,启动评选"十大节约节能标兵"活动,"志愿者"行动有效搭建了学生"自我教育、自主管理、自我发展"的平台;国情教育专题讲座、逃生自救大演练、探索衡水湖湿地奥秘等活动形式新颖、别开生面,为学生接触和了解社会提供了窗口;"八十华里远足"和盛大的"成人宣誓仪式"更是给学生留下了终生难忘的记忆。学校坚持以学生发展为本的办学理念,从科技创新大赛到特长生培养,从奥赛活动到社团园地,各种课余活动的开展,使素质教育的理念不断扎根于衡水中学这片"精神特区"的沃土。难怪许多家长反映,进入衡水中学后,孩子变得爱思考大事、目光远大了。

今年是衡水中学建校六十周年,衡水中学的全体师生早已将"2011年高考成绩连续12年位居全省第一、省文理科状元双双花落衡中、69人被北大清华录取"这样一份厚礼送做了母校的生日礼物。其实无论是在家乡衡水,还是河北省乃至全国教育界,衡水中学的升学率早已是有口皆碑,但了解张文茂的人都知道,这些并不是他付出毕生心血追求的终极目标。

前不久,在张文茂与央视新闻节目主持人张泉灵的一次对话中,张泉灵问道"衡水中学骄人的升学率和遥遥领先于其他中学的考入全国重点大学的人数,是不是张校长感到最自豪的事情"时,张文茂很认真地回答:"升学率对于教育这个大课题来说,只是其中的一个比较具象的指标,教育的最高境界应该是让学生变得卓越,有卓越的人品、卓越的学识、卓越的能力等,实现自己的抱负,拥有幸福的人生,成为能够担当祖国和民族进步重任的人才"。难怪张文茂每每对当年南开中学一代热血青年"为中华崛起而读书"、清华学子立誓"为祖国健康工作50年"、北大学子唱响"振兴中华"的誓言如数家珍,更难怪每当他听到"衡水中学的学生勇夺全国生物学奥林匹克竞赛金牌、全国地理科技大赛一等奖,或是在全国创新英语大赛中从4万名选手中脱颖而出,闯入全国六强,并获得'最受媒体关注奖'和'最具创新意识奖'"这样的消息时，脸上总会露出由衷的幸福笑容。

张文茂校长和衡中优秀毕业生在一起

就在记者即将结束采访时，衡水中学又传来喜讯，2010 年刚刚从衡水中学毕业、目前就读于解放军信息工程大学的郭昕硕同学，在中国"2011 APEC 未来之声"全国选拔活动总决赛中，以出色的表现勇夺第三名桂冠，并将在今年 11 月，与其他优秀选手一同随同中共中央总书记、国家主席、中央军委主席胡锦涛前往美国夏威夷，隆重出席 2011 APEC 年会，并参加系列活动，接触众多亚太地区政商界领袖、高官，代表中国青年学生与 APEC 政商界首脑进行交流与对话。

从这里，我们也真正理解了这位一直将自己定位为一个普通教育工作者的校长的幸福与追求——从衡水中学走出去的学子，应该是懂得在民族振兴的大背景下思考自我、超越平凡的复合型人才。

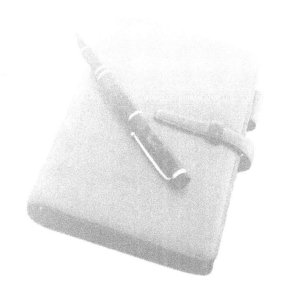

我的办学思考

一、办负责任的学校

"致天下之治者在人才，成天下之才者在教化，教化之所本者在学校。"可以说，学校作为教书育人的圣地，承载着莘莘学子的梦想，寄托着千万家庭的希望，肩负着国家民族的未来。党的十八大报告明确提出："努力办好人民满意的教育。"这既体现了党中央对教育事业的高度重视，也进一步明确了广大教育工作者身上的责任。

那么，高中学校如何办好人民满意的教育呢？我认为"责任"二字最重要，一所学校只有拥有强烈的责任感和使命感，才会有强大的内驱力和强烈的进取欲，才能孜孜不倦地探索教育教学规律，才能不断创新办学理念和育人方法，最终为学生成才、教师幸福、国家富强做出贡献。所以，办学校就要办负责任的学校，就要对学生负责、对家长负责、对老师负责、对社会负责。

（一）对学生负责

学校教育是学生接受教育的主阵地，其最终目的和最高价值是让学生满足社会对人基本素质的要求，实现自身全面而有个性的发展。特别是高中教育，处于基础教育和高等教育的过渡阶段，起着承上启下的重要作用，不但要进一步巩固和培养学生的基本文化素养，更要为学生接受高等教育做足各个方面的准备。高中阶段教育的好坏，直接关系学生人生品位的高低，直接关系高等教育质量的好坏，直接关系国家和民族的兴衰。因此，高中教育要在遵循教育教学规律的基础上，切实围绕素质教育这一主线，牢牢把握改革创新这一关键，紧紧抓住立德树人这一根本，努力拓展教育途径，全力创新教育方法，引领学生主动、能动、全面地发展，真正为学生的未来发展奠基，对学生的终身成长负责。

给每一名学生提供丰盈生命的课堂。

课堂成就梦想。课堂不仅是老师教授知识和本领的地方，更是学生实现生命成长和发展的福地。但是，奴性教育、棍棒教育、强行灌输等传统教学模式当前仍然大有市场，迫使很多学生的思想、思维乃至人格都要依赖于老师，极大压抑了学生的本真天性和求知欲望。叶澜教授在《让课堂焕发出生命活力》中指出："课堂教学应被看作师生人生中一段生命经历，是他们生命有意义的构成部分。"因此说，课堂教学就是素质教育的主阵地和主渠道，我们大力推进和深化课堂教学改革，就是要把学生从被压抑、被束缚、被控制的状态里解放出来，激发他们的学习兴趣和思考欲望，激发他们的生命潜能和人生潜质，促进每个学生的完整生命健康成长，让生命在课堂教学中得到润泽和丰盈，进而培养一批批具有独立之精神和自由之思想的现代公民。

多彩课堂

1. 要学会尊重学生。列宁曾说："没有人的情感，就从来没有也不可能有对真理的追求。"因此，我们大力倡导尊重的教育，不管是课堂教学，还是班级管理，始终尊重教育规律，尊重人才成长规律，尊重学生身心特点，尊重学生人格人性，主动走到学生中间，和学生拉近距离，建立平等民主的关系，始终把学生当成一个活生生的人去培养，而不是把其当成流水线上的工具去制造。这样，就把尊重的种子根植于学生心中，让学生在潜移默化中懂得并学会了尊重。同时，课堂上允许学生出错，允许学生质疑，允许学生争辩，任何教师不能讽刺挖苦学生，更不能体罚或变相体罚学生，让学生真正体验和享受到了民主、平等、自由，学生单纯的心由此变得鲜活、生动起来，主动促进了自尊、自信、自觉意识的形成，进而逐渐实现了道德的积累和精神的升华。此外，"大力推行自助餐式作业""公共自习教师不许进教室""每次作业必须全批全改"等措施，无不体现着对学生的关爱和尊重。因为尊重，自信取代了怯懦；因为尊重，微笑取代了冷眼；因为尊重，繁荣取代了死寂。由此，学生的生命在课堂上变得更加灿烂。

2. 要学会解放学生。建构主义理论认为，"学生是知识意义的主动建构者，而不是外界刺激的被动接受者。只有通过自己的切身体验和合作、对话等方式，学生才能真正完成知识意义的建构。"苏霍姆林斯基指出，"在人的心灵深处有一种根深蒂固的需要，这就是希望感到自己是一个发现者、研究者、探索者。而在儿童精神中，这种需要特别强烈"。那么，应该如何落实学生的主体地位，激活学生主体的内在渴望和原动力，最大限度地把他们的潜能激发出来呢？答案很简单，就是解放学生。比如我校的课堂教学改革，从1997年的"三转五让"，到1999年诱思探究教学思想的引入，到2001年1号文件的推出，再到2005年"五主"教学原则的实践，以及2012年"三三三教学法"的推行，其中的一条主线就是解放学生，唤醒学生，课堂上要最大限度地给学生提供自由发展的空间，让他们主动地学习，主动地思考，主动地探究，全身心投入到自主创造和自主发展之中。如此，学生不仅学习成绩的提高成了水到渠成的事情，而且逐渐形成了积极认识世界、努力改造世界的能力和求新求异、独立自信的创造个性，这样的课堂给予学生的将是受益终生的财富。

3. 要学会启发学生。《礼记·学记》有这样一句名言："开而弗达则思，和易以思，可谓善喻矣。"意思是说，教师要懂得启发学生思考，但不要将问题答案全部说出，让学生通过自己的思考找到问题的答案，这样，学生既亲近老师，又能独立解决问题，那才是善于诱导，让学生跳一跳才能摘到桃子。英国教育家威廉·亚瑟指出："平庸的教师只是叙述，较好的教师是讲解，优秀的教师是示范，伟大的教师是启发。"可以说，启发式的教育教学，不仅仅是一种教学方法，更是一种教学思想、一种教育境界。纵观当今世界的教育教学改革，或是围绕"启发"二字展开，或是与其内涵紧密地相连。在我校的课堂教学改革中,提出了精讲、善诱、激趣、拓思的"八字"教学要求,其内涵之一就是教师通过精心的教学设计,给学生以积极的正向诱导,引导学生学会质疑,启发学生主动释疑,让学生变被动为主动,不断产生疑问,提出问题,进而解决问题,使学生逐步学会了自己主动去探求知识,从而完成了由"学会"到"会学""乐学"的过程,学生的思维意识日趋活跃,其创新欲望也异常强烈,课堂真正变成了探究知识、张扬个性、完善人格的乐园,进而形成了共享知识、共享智慧、共享幸福的文化基调。

给每一名学生提供适合自己的教育。

由于接收阳光和扎根土壤的差异,每一片树叶都有属于自己的脉络、纹理。同样,学校里的每一个学生由于成长环境的不同,也都有自己的生活,自己的爱好,自己的性格,自己的思想。正如苏霍姆林斯基所说:"每个学生都是一个独立无二的世界。"

正是这种差异客观存在,早在两千多年前,孔子就提出了"因材施教"的教育思想,大力倡导要尊重人的差异,并通过不同的教育方法,促进受教育者个体的和谐发展。《国家中长期教育改革和发展规划纲要(2010—2020年)》也明确指出,要"关心每个学生,促进每个学生主动地、生动活泼地发展,尊重教育规律和学生身心发展规律,为每个学生提供适合的教育"。

1. 让课程创新给力个性发展。"以学生发展为本"是我校的办学理念,"培育复合型人才"是衡中的育人目标。围绕学校的办学理念和育人目标,我校根据学生的个性差异、基础和能力差异,从学生实际出发,以前瞻性定位和超前性实践,探索开设了多种课程模式,如科学实验班、人文实验班、学科奥赛班、中加班、中美班、播音主持班以及音乐班、美术班、体育班等,各有侧重,因材施教,尊重个性,激发兴趣,给学生们搭设了个性发展的立交桥,一套具有衡中特色的新课程体系正在逐步形成。如科学实验班为科学素养较高、擅长理工科的学生打通了一条新的成才途径,老师们独树一帜、不同凡响的个性化教学,给了学生更多的自主学习、自主思考的空间,为培养具有深厚科学素养的拔尖人才开创了一条新路;人文实验班以培养具有科学素养和理性批判思维能力的未来业界领袖为目标整合课程,为学生的生涯规划和个性发展提供了广阔的发挥自我能力的平台;学科奥赛班设置了适合不同兴趣学生的课程，为对某学科有强烈兴趣倾向且学科优势较为突出的学生开辟了成才之路；中加、中美、中英国际班配备了由中外教师组成的优秀师资团队，通过在中外两国三年的高中学习，学生考试合格者可直接申请到国外一流大学就读，力求以此培养具有国际化视野、国际化能力的优秀世界公民。这样，就使原来单一的育人模式发生了根本性改变，满足了不同潜质学生的多元发展需求。

2. 让兴趣在校园里自由生长。为给每个学生提供适合的教育，切实满足不同学生群体的学习兴趣和欲望，我校创造性地开设了六大类 80 多门选修课，如青春成长类的《学生职业规划》《我的青春我做主》等，科技探究类的《Mathematica 软件与数学》《算法与程序设计》等，地方特色类的《内画制作与欣赏》《走近衡水老白干》等，其中很多课均有 100 余名学生选修，不仅让学生学到了感兴趣的知识，拓展了视野，张扬了个性，而且还提高了学生的思维自由度，让他们感觉高中生活变得更加充实、更加多彩。尤其值得一提的是，我校还设置了科技节、读书节、文化节、艺术节、体育节等，并组织开展了天文观测活动、漫画创作展评、手工作品比赛、父母职业体验等精品活动，内容涉及科技、文化、艺术、体育、历史、政治、经济、心理等诸多方面，给学生创设了一方展示自我的舞台，增强了学生探究某一"未知"领域的兴趣，发展了学生某一领域的特长，提高了学生的综合能力，促进了学生的多元化发展。此外，《衡中时空》让学生激扬文字，尽显才气；校园广播台，让学生纵论社会、指点江山；形体房中，优美的旋律，翩然的舞姿，让学生自由伸展；"英语沙龙"的"七嘴八舌"魅力无限……这一切，对于满足学生的个人兴趣，促进其自主和个性化发展意义深远。

3. 让每一个想法都绽放魅力。为给不同学生提供不同的教育平台，努力培养学生的创新精神和实践能力，我校特别注重鼓励学生有想法，努力创设一切机会和各种条件，力求把学生们培养成有思想的人。如五十多个学生社团活跃在校园里，心协编排的心理剧把成长的舞台还给了学生，花儿朵朵手工社让学生内心的设想得到了实践，衡水湖生态考察、机器人设计制作、日月食观测活动、动漫设计竞赛等，均由学生独立组织策划，发展了学生的强势思维，营造了一种积极思考、自由探索、敢于创新的文化氛围。再如，创新发明训练营各项活动的开展，唤醒了学生内心深处的创造冲动，使他们的创意和想法得到了精彩展示。该社团组织的"鸡蛋撞地球"比赛，学生们三人一组，自主设计方案，自己制作装置，然后，把装好鸡蛋的装置从五楼扔下来，测试其能否对鸡蛋产生有效保护。一个个科学合理、形态各异的小作品，无不包含着学生颇具创意的想法，活跃了学生思维，也让他们充分体验了动手的快乐。"没有不好，只有不同。"我校的多元化办学特色，让学生们有了很多选择的机会，也让学生的个性有了张扬的舞台，有效满足了不同层次、不同兴趣爱好学生的需求，这是符合教育规律的，更是适合未来社会发展的。在这块承认差异、充满包容的天地中，学生的想象力和创造力不但没有被抹杀，反而放射出更加强烈的光芒。

"鸡蛋撞地球"比赛

加德纳的多元智能理论认为，任何学生都有其优势智能领域。可以说，作为一个活生生的人，每一个学生虽然存在差异，但是不存在差距，他们都有自己的独特优势。为每一位学生提供适合自己的教育，才是真正着眼于学生的健康成长和长远发展。

给每一名学生提供浸润心灵的关爱。

苏霍姆林斯基说过："教育者的关注和爱护在学生的心灵上会留下不可磨灭的印象。"高尔基也曾指出："谁爱孩子，孩子就爱谁。只有爱孩子的人，他才可以教育孩子。"高中生经过胎儿、婴儿、幼儿、儿童、青春期等阶段的连续发展，生理发育逐渐成熟，智力发展也接近成人水平，心理特征也更加丰富。特别是，随着自我意识的急剧发展，他们自尊心空前膨胀，独立个性更加凸显，情绪状态更为激进，关注他人和被人关注的欲望不断增长，对外界的刺激往往反应迅速而且敏感，再加上升学压力、价值困惑以及人际交往障碍等问题，更加剧了高中生对温暖情感的需求和渴望。因此，高中教育要特别着重增加对学生的情感教育，调动积极情感给予学生温暖关怀，优化教育手段给予学生有效引领，促进学生健康心理与人格的和谐发展。

1. 用真情关心学生的生活学习。夏丏尊老先生曾说："教育上的水是什么？就是情，就是爱。教育没有了情爱，就成了无水的池，任你四方形也罢、圆形也罢，总逃不出一个空虚。"可以说，教师对学生多一份关爱、多一份宽容、多一份尊重，就会让学生多一份自信、多一份激情、多一份温暖。我经常告诫我们的老师，"先有父母心，再做教书人"，老师们一定要做到心中有学生、真正爱学生，全心全意为学生服务，讲的是学生想的，干的是学生盼的，改的是学生怨的，时时想在学生前，处处跑在学生前，事事干在学生前，用一流的服务温暖和感动学生，他们才会"亲其师，信其道"。要用无私的付出和真诚的关爱，全面了解和信任学生，既要了解学生的过去和现在，又要了解学生的父母和家庭，既要了解学生外在的优缺点，又要了解学生的内心世界，更多地给予学生尊重、激励、梦想，不断引领学生生发高尚道德，铸就坚毅品质，坚定精神信仰，使其进一步增强对生命价值的体验感受和认知理解，更加自觉地学习，更加主动地发展，更加昂扬地走向生命领地，不断提高自身的生命质量。

2. 用真诚关爱学生的习惯养成。威廉·詹姆士认为："播下一个行动，你将收获一种习惯；播下一种习惯，你将收获一种性格；播下一种性格，你将收获一种命运。"叶圣陶先生指出："教育是什么，往简单方面说，只需一句话，就是要养成良好的习惯。"播种幸福的教育，就要从良好习惯的养成开始。如良好的思维习惯、学习习惯、行为习惯、卫生习惯、礼仪习惯、劳动习惯和安全习惯等，当学生拥有了这些好的习惯，就懂得了如何做人、如何做事、如何学习和生活，良好的习惯将伴随学生一生的成长，使其变得更加阳光、更加健康和快乐。习惯永远比知识更重要，但一流的习惯要靠一流的常规来养成。因此，任何一所学校都要认真抓好教育教学常规，要根据学校和学生的实际情况，有针对性地制定可操作的具体措施，如《学生一日常规》《学生学习常规》等，对于这些常规，要常抓不懈，常抓常新，以此培养学生良好的道德品质和文明行为习惯。其间，务必要严格管理，但必须严慈相济。"如果学校把自己的工作建立在恐吓和人为制造的权威上，那是最糟糕不过的了，这样的反常制度会扼杀学生的健康情感和直率性格，挫伤学生的自信心"。因此，各种常规的落实，要严而有理、严而有度、严而有方、严而有恒，不纵容学生、不放任学生、不溺爱学生，使其有利于学生的生理心理健康，有利于学生学业的进步和良好行为习惯的养成。这种真诚的关爱和付出，必将强烈持久地感化学生，使他们感悟人生，不断走向幸福人生。

3. 用真心关怀学生的心理成长。当前受社会大环境的影响，处于青春期的高中生，面对成绩、升学等压力以及各种各样的诱惑，很容易产生焦虑、抑郁、羞愧、孤僻等不良心理，长此以往会极大地影响成长，影响学习，危害身心健康，甚至走向极端。教育部《关于培育和践行社会主义核心价值观进一步加强中小学德育工作的意见》中指出："各级教育部门和中小学校要认真落实《中小学心理健康教育指导纲要（2012年修订）》，全面推进心理健康教育。"《教育部2014年工作要点》也明确指出："实施中小学心理健康教育特色学校争创计划。"因此，教师要对学生心理施予积极的影响，满足每个学生享受师爱的心理渴望，这样学生就会感到情绪和心灵上的满足，这是学生生活与成长中非常重要的精神力量。学校也必须把心理健康教育放在一个重要的位置，舍得下功夫、花气力，科学规划、创新形式、丰富内容，通过开展一系列特色心育活动，完善心理健康咨询和预警机制等措施，加强对老师特别是班主任心理健康教育能力的培养，切实增强对学生心灵的关注，使校园里的"心灵关怀"如空气般无处不在，以此潜移默化地滋润他们的心田，助力学生逐渐提高心理素质，塑造阳光心灵，最终获得身心和谐发展。

给每一名学生提供人生出彩的机会。

习近平总书记指出，要让中国人共同享有人生出彩的机会。同样，高中生的成长欲望强，发展需求大，学校也应该为学生创设更好的发展条件，提供更大的成长舞台，让校园处处都有展示的舞台、时时都有出彩的机会，让学生充分张扬自己的个性，淋漓尽致展示自己的才华，助力其实现全面而有个性的发展。

1. 要把成长舞台创设给学生。苏霍姆林斯基说过："我认为，教会学生自己教育自己，这是一种最高级的技巧和艺术。"学生才是自己成长和学习上的主体，所以在接受教师正确教育引导的基础上，理应享有更多的发展自主权。学校要敢放手、会放手，真正把成长的权利、舞台和发展的空间、过程还给学生，让他们在自我管理之中，进行自主选择、自我服务，达到自我完善、自我提高。要充分发挥团委和学生会等学生组织的力量，积极开展环境卫生保护、就餐秩序维持等主题活动，要精心挑选学生可独立承担，或是教师协助可承担的工作让学生自己亲自处理，如设计主题班会、举办沙龙等。这样，一些使学生终身受益的学习、行为习惯和心理品质，在班级自主管理过程中就会悄然养成，学生学习成绩的提高也就水到渠成了。

2. 要把活动平台提供给学生。多一把尺子，就会多一批优秀学生；多一个舞台，就会多成就一批人才。实践证明，用富有生命力的活动吸引学生的主动参与，在活动过程中巧妙融入多元的教育意图，才能最大限度激发学生的梦想，才能使学生的个性得到自由生长。学校不能因为高中生面对高考的巨大压力，就剥夺他们展现风采的舞台，而是要在根植课堂教书育人的基础上，敢于冲破陈旧观念的束缚，拿出时间和精力，根据学校和学生实际有序组织各种精彩的活动，让学生享受更多演绎精彩的成长舞台和锻炼机会。在精彩纷呈的主题活动中，不仅可以有效传递深刻的教育内容，更为重要的是，学生的面貌会变得更加昂扬，校园生活也会变得更加精彩。

3. 要把社会实践归还给学生。当代中学生是在校园中长大的一代，他们大都缺少社会实践的磨炼和锻炼，缺乏对当前国情、民情的实际了解和认识。毋庸置疑，对于中学生来说，各项社会实践，不仅有利于提高思想道德素质，有利于其明确自己的历史使命，有利于其形成健全人格，而且还是自我锻炼的良好平台，是他们认识社会的有效途径，是学生成长成才的必然要求。但是，由于当前各项社会实践活动不宜组织，特别是安全问题，学校和老师所担负的责任太大。因此，很多学校对此项工作患得患失，说起来重要，做起来次要，忙起来不要。"纸上得来终觉浅，绝知此事要躬行。"每一所有责任感和使命感的学校，都要以高度的自觉意识对学生负责，在把安全隐患和事故减少到最低限度的基础上，大力支持并组织丰富多彩的社会实践，让学生人人有机会、有条件参与其中，亲身感受社会实际，亲耳聆听改革成果，在火热的实践中磨砺意志、增长才干，在千磨万击中历练人生、收获成功，开拓生命的价值和意义。由此，学生们在展现自己的智慧与胆略、体能与心理的同时，练就了较强的生活本领和自理自立能力，培养了强烈的责任意识、竞争与合作意识，这对造就一个个精彩的人生至为关键，对培养符合社会发展、满足社会需求的合格人才意义重大。

（二）对家长负责

当前，家庭教育还存在很多突出的问题，或是家长缺乏必要的教育知识和教育平台，导致"有心无力"，或是家长缺少对家庭教育的足够重视，致使"有力无心"。可以说，家庭教育之所以成为一块短板弱项，既有家长自己的原因，也有学校不可推卸的责任。

《国家中长期教育改革和发展规划纲要（2010—2020年）》明确提出了家庭教育在教育改革和发展中的地位和作用，强调学校教育、社会教育和家庭教育要紧密结合。2014年4月，教育部也在《关于全面深化课程改革落实立德树人根本任务的意见》中强调："加强家长学校建设，推动家长转变教育观念，树立良好家风，提高家庭教育水平，形成家校育人合力。"同时，《中华人民共和国未成年人保护法》也规定："有关国家机关和社会组织应当为未成年人的父母或者其他监护人提供家庭教育指导。"

这也要求学校要在创建家长学校上下功夫，把家长教育纳入学校常规管理，创造条件，搭建平台，给予师资、教材等方面的支持，帮助他们更新家庭教育观念、改进家庭教育方式，切实给广大家长有效的引领，从而更好地发挥家庭教育在育人过程中的作用，助力学生幸福学习、快乐发展。这既是学校的责任之所在，也是对家长负责的具体表现。

让家长明白家教是其应尽之责。

"推动摇篮的手也在推动人类的未来"，家庭教育的重要性不言而喻。但是目前，由于不同的家庭所处的社会环境不同，家长的素质和地位更是参差不齐，以至于部分学生家长认为，孩子交钱上学，学校就要承担全部的教育任务，就要负责培养学生成人成才，家庭教育则是可有可无的。出现这样的认识，归根结底是家长教育意识淡薄和对自身教育责任不明确而造成的。这时候，就需要学校站出来，通过组织主题报告会、家庭教育培训会，或是邀请专家为家长开设主题讲座等，给学生家长以适当教育和有效引导，提高其对加强家庭教育工作重要性的认识，使其牢固树立为孩子终身发展当好引路人的思想观念，认真学习和掌握先进的家教理论和育人方法，为孩子的健康成长奠定坚实的基础。

从法律规定上来讲，教育子女是家长的法定义务和责任。《中华人民共和国婚姻法》中规定："父母对子女有抚养教育的义务。"《中华人民共和国义务教育法》中也规定："未成年人的父母或者其他监护人应当配合学校及其他教育机构，对未成年子女或者其他被监护人进行教育。"《中华人民共和国未成年人保护法》也规定："父母或者其他监护人应当学习家庭教育知识，正确履行监护职责，抚养教育未成年人。"

从教育规律上来说，"人的教育是一项系统的教育工程"，需要家庭、学校、社会等各个方面的力量共同发力。尤其是家庭教育，作为一个人接受最早、时间最长、影响最深的教育，地位突出，功能特殊，具有其他教育无可比拟的优势，对学生的成长具有重要作用。纵观国内外家庭教育发展史，从那些成功人士的成长足迹上，也可以发现这样一个不争的事实，那就是家庭教育的成功与否，直接影响到孩子未来的发展和前途命运。以色列有这样一句名言："一个好母亲胜过100所学校。"家庭是孩子的第一所学校，家长是孩子的第一任老师，家庭文化、家庭习惯、父母言行等等，对学生的一生都会产生至关重要的影响。

因此，家长必须要对家庭教育的重要性高度重视起来，贯彻因材施教的思想，走出家庭教育的误区，全力提升自身教育水平，全面优化家庭教育环境，和学校、社会一起为学生成长成才保驾护航。

让家长掌握对孩子的教育艺术。

家庭教育是一门科学、一门艺术，是一项长期而艰巨的教育工程，也是令很多教子无方的家长头疼的事情。

事实证明，当前很多家长对高中生的教育还存着这样那样的问题，或是在生活中不尊重孩子，或是用一把尺子衡量孩子，或是期望值过高拔苗助长，或是宠惯溺爱并放任自流，或是家庭和学校教育严重脱节，或是教育方法过于简单粗暴，往往重视孩子的文化知识学习，而轻视孩子的道德习惯养成，这种缺乏科学指导和教育技巧的家庭教育，严重阻碍了孩子的成长和发展。

相关调查数据显示：在 135 名违法犯罪的青少年中，父母和家庭成员中有劣迹行为的占 76%，父母离异的占 34%，父母教育不当的占 91%，其中溺爱型的占 48%，放任型的占 34%，粗暴型的占 13%。可以说，家长素质的高低和家庭教育质量的好坏，直接影响着孩子的未来。

《国家中长期教育改革和发展规划纲要（2010—2020 年）》明确指出："充分发挥家庭教育在儿童少年成长过程中的重要作用。家长要树立正确的教育观念，掌握科学的教育方法，尊重子女的健康情趣，培养子女的良好习惯，加强与学校的沟通配合。"著名教育家克鲁普斯卡娅也曾说过："对双亲来说，家庭教育首先是自我教育。"

因此，学校要在充分掌握家长需求的基础上，把每一次家长会开成"培训会"，为家长传授科学的家庭教育方法，提高他们教育子女的能力。要积极引导广大家长在家庭教育方面，下真功夫、学硬本领，全面了解孩子的生理特征和心理特点，牢固掌握教育的科学理论和知识技能；要讲究智慧、注重规律，学会平等尊重，倾听孩子的真实心声，接纳孩子的合理意见；要加强正面引导，多讲道理、少扣帽子，多些正面鼓励、少些负面责备；要培养子女良好的品质和生活、学习习惯；要抓住教育契机，掌握好节奏、把握好火候，增强教育的时效性、有效性和高效性。其中，家长要特别注意言传身教，用实际行动引导孩子的成长，进而使家庭教育不流于形式，真正走进孩子的内心世界。

让家长拥有对孩子的教育舞台。

学校是家长积累教育知识、提高家庭教育质量的有效渠道，也是家长施展教育艺术、发挥教育作用的重要平台。尤其是高中生具有在校时间长、学习压力大、身心发展处于特殊阶段等特点，学校更要为家长提供更多的教育空间，让他们参与到学校教育中来，充分发挥家长们的教育作用。

学校要大力倡导家长参与学校管理。要创造条件，出台办法，鼓励家长们积极参与学校各项工作，为学校的发展和学生的成才争当"智多星"、共谋"金点子"、做好"智囊团"。比如，通过校长接待日、家长校访日、教学公开日、集中开放日以及学生家长座谈会等途径，让教师和家长面对面地共同探讨育人问题；通过设置网络留言箱、校长电子邮箱、意见反馈箱和家长热线等，充分了解家长的意见和建议，全面掌握家长的意愿和想法，及时听取和采纳家长的好建议，认真解答家长提出的疑问，努力创设顺畅的家校沟通环境。

学校要大力搭建家长教育平台。要积极拓展家校合作渠道，充分利用课堂、主题班会、团活动等平台，让家长在学校亲身参与对孩子的教育过程。为此，我校组织开展了系列特色活动：一是家长进课堂为学生上德育课，把德育课变成"亲情课"，让学生和家长共同感受心灵的震撼；二是邀请家长到学校听课和评课，以此强化家长教师的沟通交流；三是邀请家长担任德育活动评委，让家长体验孩子的快乐和幸福；四是请家长到校为孩子监考，让家长见证孩子日常成长过程；五是请家长参与评价各任课教师，以此促使老师们提高育人质量。这些活动极大地促进了学校、家庭、社会之间教育力量的深度整合和教育关系的和谐互动，对深入推进素质教育、促进学生全面成长起到了重要作用，成功开创了家校合作的崭新局面。

学生健康成长、快乐成才是学校和家庭共同的联结、共同的愿景。凝聚家校合力共同育人，才能完成立德树人的根本任务。我认为，对家长负责就是要让家长真正成为学校教育教学的参与者、教育资源的开拓者和良好育人环境的创建者，让家长和孩子在体验和体悟中共同成长和发展，共享教育的幸福。

（三）对教师负责

习近平总书记曾指出："百年大计，教育为本。教育大计，教师为本。""教师是教育事业发展的基础，是提高教育质量、办好人民满意教育的关键。"学校作为教师的坚强后盾，必须以强烈的责任感和使命感，高度重视对教师的关心和培养，为教师的成长和发展营造更和谐的氛围，提供更优越的条件，给予更有效的引领，使教师充分感受教书育人的乐趣和幸福。

关注教师的师德养成。

古语有云："业以师立，师以德馨""善为师者，既美其道，又慎其行"。可以说，师德自古以来就是人们倡导的优秀思想和践行的坚定行为，具有深层次的教育文化内涵，是教师安身立命的根本。习近平总书记认为，"做一个高尚的人、纯粹的人、脱离了低级趣味的人，应该是每一个老师的不懈追求和行为常态。"不过，当前虽然教师队伍总体是好的，但是个别教师仍然存在趣味低俗、盲目拜金、纪律松弛、言行不检、自由散漫等道德败坏、行为失范的问题。教育部《关于建立健全中小学师德建设长效机制的意见》中明确指出："中小学校要把师德建设摆在教师工作首位，贯穿于管理工作全过程。"因此，学校必须对教师的"师德建设"问题给予高度关注，切实将其作为学校教师队伍建设工作的根本遵循和基本依照。

师德建设要有具体化要求。学校要根据有关师德的教育政策法规，以社会主义核心价值观为引领，以立德树人为主线，对老师们的行为提出明确而具体的要求，并将其渗透到老师们日常工作的各个方面，教育、引导老师们主动审视自身不足，严格规范自身的言行举止，给学生以正确引导和正向引领。学校要要求老师们做到政治上不落后，站稳政治立场，分清大是大非；做到经济上不伸手，干干净净工作，踏踏实实做人；做到生活上不露丑，不闯道德红灯区，不触法律高压线，把更多时间留在学校和家庭，把更多关爱留给学生和孩子，对自己和家人负责，让他人和社会放心。

师德建设要常态化推进。师德建设工作不能仅仅停留在嘴上做要求，也不能把其挂在墙上做文章，而是要切实找准具体的抓手和着力点，出实招、出新招，求实效、见实绩。要把师德建设与主题活动结合起来，弘扬主旋律，传递正能量，营造向上的文化氛围。要把师德建设与优化班级管理结合起来，公正对待每个学生，尊重包容每个学生。要把师德建设与落实常规工作结合起来，把高尚师德渗透到每个细节之中，事事有人问，时时有人抓。要把师德建设与提高教育教学质量结合起来，大兴学习之风，努力追求教育教学效益最大化，使学生获得最丰硕的收益。

师德建设要有制度化保障。学校要依据有关法律法规和《中小学教师职业道德规范》，建立健全师德建设激励、惩处、监督和考核等方面的制度办法。要不断浓厚向善氛围，明确问责手段，抓住不讲师德的人，盯住师德败坏的事，坚决做到问题不解决不放过、责任不追究不放过、师生不满意不放过，全力保障师德建设的强力推进和建设成果的有效巩固，使每一名老师都成为业精德馨的人民好教师。

师德论坛

关心教师的专业成长。

教师的专业成长，不仅是现代学校发展的需要，也是学生成长成功的需要，更是教师自身发展的强烈需求。因此，一所学校不能只是学生学习成长的场所，也应该是老师实现生命成长的生态场。

要提醒老师保持强烈危机意识。没有危机就没有压力，就没有激情，就没有提高。学校要想办法、出措施，让老师们看到危机、制造危机、传递危机，时刻保持能力不足的警惕性，切实增强本领不够的危机感。尤其是要给予中老年教师更多关注，帮助他们克服职业倦怠，努力为自身专业成长赢得主动、赢得优势。

要激励老师养成终身学习习惯。习近平总书记曾强调，广大教师要牢固树立终身学习理念。的确，心中有底，手上有法，脚下才有力。学校要采取"请进来讲""走出去学""坐下来读""低下头思"等多种途径，为老师学习搭台子、铺路子、放梯子，让老师们时时想到学习，处处联系学习，事事贯穿学习，在工作中学习，在学习中工作，学以致用，用以促学，学在实处，学在新处。

要鼓励老师积极参与教育科研。"思广则能活，思活则能深，思深则能透，思透则能明。"学校要加大培养老师们科研意识的力度，让老师们切实在思上下真功夫，在研上动大脑筋，着力破除陈旧思维，不断拓展思维深度、提升思想高度，全面增强思考的自主性、目的性。要让老师们明白不仅要研究本学科的知识，而且还要研究其他学科的内容，打破学科界限，跳出单一领域，向学科综合和跨领域转变，人人成为精通各类知识的"杂家"，这样才能有效提升自身的专业化水平和专业化程度。

要指导老师抓好实践教学环节。"知是行之始，行是知之成。"教师只有把学到的知识付诸实践，才能真正将其转化为干好工作的硬本领。在平时的教育教学上，要鼓励老师有意识地实践新想法，运用好创意，并不断总结经验、改正不足，切实让知识做好指导，发挥作用。特别是青年教师，一定要让他们充分利用自己知识新、锐气足、胆子大的优势，尽快进入状态、融入角色，提高水平、提升能力，降低学生学习成本，减少自身成长代价。

教师专业成长，只有起点，没有终点，不会一蹴而就。学校必须牢固树立"培训是最大的福利"的新理念，引领教师时刻以成长的姿态行走在教书育人的道路上。只有这样，才能让专业成长成为老师们的生命自觉，才能让名师大家早日脱颖而出，进而更好地实现教师生命的成长，体现教师生命的价值。

关爱教师的身心健康。

教师的身心健康是完成教育教学任务的前提，提高广大教师的身心健康水平，对深化教育改革、提高教育质量意义重大，影响深远。《国家中长期教育改革和发展规划纲要（2010－2020年）》明确指出，要关心教师身心健康。一个合格的校长，一所负责任的学校，应该时刻关心教师的身心发展，给予他们更多的温暖和关怀，不断增强老师们的归属感、成就感和幸福感，切实把学校建成关爱教师身心健康的"天然氧吧"。

对于学校来说，最好的管理就是服务；对于教师来说，最好的服务就是幸福。因此，学校要全力保障老师们的生活质量，切实为其排忧解难，解决后顾之忧；要不断拓展途径给予老师们心理上的关怀和精神上的关爱，主动与教师沟通和交流，关注其工作状态、工作成绩和工作不足，适时予以提醒、激励、指导和帮助，给教师以情感和精神慰藉，为教师创造一个放松精神、愉悦身心的优质环境；要从生命的角度去认识教师，对老师们进行人性化、科学化、民主化的管理，以共识和情感为基础，着重突出教师的主体地位，严格做到少强制、多尊重，少疑虑、多信任，少不准、多自由，为教师创造一个宽松自主的工作空间。比如，我校的互联网、地热水、天然气等进家庭工程，极大方便了老师们的生活；开展阳光心理素质拓展训练、设立教工驿站、建立心理咨询室等，让老师们愉悦了身心，放松了心情，养成了有张有弛的良好习惯；弹性坐班、双向竞聘、班科双选制等制度，营造了一种互相尊重、平等相待的和谐氛围，让老师干工作更舒心、更高效。

教师培养推进年活动

事实证明，关爱教师的身心健康，关注教师的心理和谐，提高教师的幸福指数，营造充满人情味的校园文化，构建尊重、理解、沟通、信任的人文精神，老师们才能怀着快乐的心情和幸福的心态，以无比振奋的精神面貌投入到工作之中，不断体验工作的尊严，努力实现人生的价值。

（四）对社会负责

社会责任，简而言之就是一个组织对社会应负的责任。学校作为特殊的服务性社会组织，是培养学生、传承文明、服务社会的土壤和平台，应当充分发挥自己独特的社会组织功能，为学生全面而有个性地成长和社会持续和谐地发展做出积极的贡献，真正肩负起相应的社会责任和使命。

为社会培养合格人才。"国家发展靠人才，民族振兴靠人才。"习近平总书记曾指出："我们的教育是为人民服务、为中国特色社会主义服务、为改革开放和社会主义现代化建设服务的，党和人民需要培养的是社会主义事业建设者和接班人。"学校，作为培养人才的摇篮，要牢牢把握"立德树人"这一教育的根本任务，全面贯彻党的教育方针，大力培育和践行社会主义核心价值观，全面实施素质教育，不断提高教育质量，让每一个孩子都能成人成才，为国家的发展培养具有中国心、世界眼、现代脑的复合型人才。

为社会传递向上力量。学校教育的一项重要功能就是示范和引领，不仅要对校内师生进行陶冶教育，还要向社会持续不断地传递正能量。这种能量的来源就是以校园文化为核心的学校文化软实力。它是一所学校通过长期的办学实践积淀而形成，由全体师生员工所认同的价值复合体，是学校区别于其他社会组织的重要象征，是学校管理者、教师和学生共同传承和创造的物质成果和精神成果的总和，是学校赖以生存和发展的重要根基、血脉和灵魂。学校要高度重视自身文化软实力的提高和校园文化品牌的打造，创新校园文化理念，挖掘校园文化内涵，拓展校园文化影响，营造充满激情和奋发向上精神的人文氛围，形成充满旺盛活力和无穷魅力的能量场，对内形成凝聚力、向心力，对外提升感染力、影响力，以更形象化、具体化的形式，悄然渗透到社会的每一个角落，最终实现教育师生和服务社会的目的。

为社会担负更大责任。我国基础教育还存在发展不均衡的问题。如何解决这一问题，除了国家相关部门需要考虑外，我认为学校也要积极进行思考，主动为我国基础教育逐步走向均衡，为越来越多的孩子享受到优质教育做出积极贡献。教育专家刘彭芝曾指出："品牌中学不能'独善其身'，而要增强社会责任感，'兼济天下'"。当前，各学校特别是一些名校，要根据国家相关政策法规，通过联合办学、人才交流、资源共享、校际互动等方式，主动把自己先进的理念和优秀的管理和教学经验进行扩容和辐射，让优质教育资源走出"名校围墙"，扩大优质教育资源覆盖面，真正促进基础教育均衡发展。作为公益性事业单位，学校还要充分利用自身教育资源和优势，组织师生积极参加各类社会捐助和社会公益活动，自觉履行服务社会职能，不断放大品牌辐射效应，为社会发展贡献正能量。

二、当负责任的教师

现代教育的目标是实现人的全面发展，人是教育的首要因素、主体因素和核心因素。因此，现代教育的任何环节，都应该以师生的发展为本，把是否能够促进师生和谐发展作为一切工作的出发点、落脚点和切入点。对于一所高中而言，人的发展包括两方面，一是教师的专业发展，二是学生的和谐发展。一所学校只有以师生为本，让每个人拥有梦想，让每个人充满激情，让每个人追求卓越，使教师在专业发展中播种幸福的教育，使学生在张扬个性中和谐快乐地成长，才能培养出具有"中国心、世界眼、现代脑"的名师和名生，从而形成一所学校的办学特色，积淀一所学校的独有文化，真正实现文化育人。

可见，办好一所学校，人的因素是第一位的，特别是教师的作用至关重要。邓小平同志曾经指出："一个学校能不能为社会主义建设培养合格的人才，培养德智体全面发展、有社会主义觉悟的有文化的劳动者，关键在教师。"习近平总书记在2014年教师节前夕同北京师范大学师生代表座谈时指出，一个人遇到好老师是人生的幸运，一个学校拥有好老师是学校的光荣，一个民族源源不断涌现出一批又一批好老师则是民族的希望。国家繁荣、民族振兴、教育发展，需要我们大力培养造就一支师德高尚、业务精湛、结构合理、充满活力的高素质专业化教师队伍，需要涌现一大批好老师。《国家中长期教育改革和发展规划纲要（2010—2020年）》也指出，"有好的教师，才有好的教育"。教师是学校的希望，是学校的未来。因此，教师的个人综合素质的高低，是一个学校生存乃至发展成败的关键。培养高素质的教师队伍，也是学校工作的重中之重。没有好教师，就没有学生的全面发展；没有教师的追求卓越，就没有学生的天天向上；没有教师的幸福快乐，就没有学生的美好未来。苏霍姆林斯基说过："一个精神丰富、道德高尚、智力突出的教师，才能尊重和陶冶自己的学生的个性，而一个无任何个性特色的教师，他培养的学生也不会有任何特色，他只能造成精神的贫乏。"所以，教师的发展是学校发展的关键，也是广大教师的第一需求，只有打造一支"有理想信念、有道德情操、有扎实学识、有仁爱之心"的教师队伍，才能实现教师的以心育心，以情育情，以德育德，给学校的教育事业和学生的发展带来勃勃生机和不竭动力。

（一）师德是教师的第一专业素质

学校的任务是教书育人，其中，育人是根本。学校培养出的学生如何，直接影响着未来社会的发展，这种影响无论是正面的还是反面的，都是巨大的，而且是不可逆转的。因此，学校要把立德树人放在首要位置，这不仅是学生个人发展的根本要求，更是时代的必然需要。德教为先，修身为本。就国家而言，"德者，国之基也"；就学校而言，"德者，民之信也"；就个人而言，"德者，才之帅也"。一名教师，一定要先修德，再育人。教育工作的特殊性决定着教育贵在引领。特别是我们目前面对的这一代学生，是开放、时尚、个性化、国际化的一代，他们的思想意识、精神状态、思维方式、价值取向等，和以前的学生相比有了很多变化，甚至在某些方面差异很大，这就要求我们的教育，要从当今的现实情况出发，与时俱进。我们对学生的教育，已不能再仅仅局限于管理，而是要通过教师的思想观念、一言一行、高尚人格给学生一种激励、一种唤醒、一种引领、一个目标、一个追求、一个梦想，让他们在一种被鼓舞、被信任的氛围中，在一种被感动、被震撼的状态下，树立正确的世界观、人生观和价值观，积极主动地投入到学习和发展之中，从而激发学生"心灵共识"，产生强大的发展力和创新力。这就要求教师要处处以身作则，不断修身立德，进而以高尚人格影响学生，引导学生，教育学生。高尚的师德，是对学生最生动、最具体、最深远的教育，是教师献身于教育事业的根本动力，更是教师必须终生坚守的职业操守。没有良好的师德，就不是一个合格的教师。一个没有师德的不合格教师，也一定教不出好的学生。可以说，师德是第一教育力，第一影响力，是教师的第一专业素质，抓师德就是抓素质教育，就是抓教育质量。目前，有一些教师师德缺失，甚至成为教育事业的害群之马，让人痛心。有的教师不是把精力放到工作上，而是把心思花到办班赚外快上，课上不好好讲，在课外辅导班上讲。有的老师，经不住一些学校的"高薪"诱惑，扔下即将高考的学生，擅自离职。有的老师，体罚、语罚，甚至辱骂、殴打学生，造成了不可挽回的严重后果……这一切，都是因为师德出了问题。所以，要当一名教师，第一关要过的就是师德关，这一关过不了，就不配做教师。一名教师只有过了师德关，才有资格胜任教育教学工作，才能在成就高尚师德中提升人生境界，在不断升华师德中，以高尚人格引领学生、塑造学生、成就学生，从而做一个幸福的教师，教出令自己骄傲的学生。从这个意义上讲，道德高尚的教师，能够产生超越才智的巨大能量，而这正是学校跨越式发展的不竭动力。

2013年9月9日，习近平总书记在致全国广大教师的慰问信中要求，全国广大教师要牢固树立中国特色社会主义理想信念，带头践行社会主义核心价值观，自觉增强立德树人、教书育人的荣誉感和责任感，学为人师，行为世范，做学生健康成长的指导者和引路人。这就明确要求教师要做师德高尚的人。作为教师，不仅是知识的传递者，更是道德的引导者，思想的启迪者，心灵世界的开拓者，情感、意志、信念的塑造者。做人德为先，育人先育德。面对当今社会多元文化的碰撞交融和纷繁复杂的各种诱惑，作为教师，其职责决定，一定要摒弃浮躁，坚守一份执着，一定要牢记责任，坚守职业道德，一定要坚持梦想，坚守为人师者的情怀与气节，不断加强自身师德修养，以德育德，铸造学生健康人格，培养学生高尚品德。因此，作为一所学校，一定要以师德建设为核心，努力培养教师的最美人格，引导教师把提高人格修养作为第一要务，守住心中的一方净土，高境界做人、高标准做事、高效率工作、高品位生活，远离低级趣味、远离不正之风，把心思用到增强师德修养和提高教育质量上来，并以高尚的道德追求、道德情感和良好形象引导学生健康快乐地成长，推动学校各项工作科学、和谐地发展。

造就卓越品质。

人的一生，无论地位多高，能力多大，如果没有高尚的品德，整个人生就会黯淡无光。作为教师，承担的是教书育人的使命，不仅要给学生传授知识，更要以自身的人格魅力吸引学生、影响学生、教化学生，让学生也具有卓越的品质。陶行知告诫我们："先生不应该专教书，他的责任是教人做人。"欲做学问，先学做人。凡是涉及做人的事，再小的事也是大事。因为，做人是为人之根本、做事之根基。"修身、齐家、治国、平天下"，"修身"放在第一位，其内涵就是我们所讲的"做人"。特别是对于教师来说，做人显得尤为重要。其举手投足学生尽收眼底，其言行举止皆影响着学生的行为，其人格人品均影响着学生的品质。正如丰子恺先生所言，圆满的人格就像一只鼎，真、善、美好比鼎的三足，缺了一足，鼎必然立不成。因此，教师更要具有高尚品格。教师要常思信仰、常思良心、常思道德，在成就卓越品质中提升人生境界。为人师者，要始终把工作当事业，把学生当子女，要先有父母心，再做教书人。要始终牢记使命，时刻心系学生，积极主动工作，努力维护学校的大局利益，时刻考虑学生的健康发展。要做一个有信仰的人。要以宗教情怀，忠诚于自己的事业，如果一个人没有事业心，就不会有奉献意识，就不会有高的追求，就不会有献身精神。如果仅仅追求高的收入，那是体现不出人生价值的。有了事业心，才能全身心投入到教书育人中去，任劳任怨、无怨无悔，奉献一切热情，想尽一切办法，克服一切困难，把自己所负责的工作干好，把自己所带的每一届学生教好。要做一个有良心的人。没有良心，谈何道德？没有道德，谈何法律？一个道德缺失的人，一定是没有法律观念的人，这是最危险的。做人要有良知，要有爱心，要懂得感恩，做事要对得起良心，要令人称赞，而不是遭人唾骂。要以良心铸爱心，爱自己的事业、爱自己的学生、爱自己的学校。以自己出色的教学水平，教出令自己骄傲、令他人满意的学生；以自己突出的业绩，实现自己的人生价值；以自己超凡的贡献，做一个领导信任、同事认可、学生和家长称赞的好老师。要做一个有风骨的人。为人要讲人格，有骨气，在平时的工作中，要勇挑重担，敢于担当。要不计得失，多讲奉献，多比人格，多些付出。要思想纯洁，行事高洁，作风正派，要堂堂正正，做一个走得直、行得正、做得端的人。不能有任何私心，不要把自己的工作作为谋取利益、实现私人需求的手段。

培养高雅气质。

气质体现着一个人的风格、气度和层次。高雅的气质是一种内在的人格魅力。具有高雅气质的教师，更容易具有亲和力和吸引力，更让师生乐于接近。因此，教师要丰富自己的内心世界，树立远大的理想和目标，提高自己的修养，拥有美好的心灵。要勤于学习，一定要多读书，不仅要学习本学科的专业知识和教育理论，还要学习各个方面的知识，开阔自己的视野，提升自己的文化水平。要向书本学，向同事学，向同行学，向学生和家长学。要善于思考，提高自己的人文内涵，要经常思考，我来学校做什么、我要做个怎样的人、我今天做得怎么样？要有品位，要养成高雅的兴趣爱好，提升自己的人生品位。教师不仅要成为自己所教学科的行家里手，更要涉猎广泛，发展其他方面的兴趣爱好和特长，要多学一些音乐、美术等方面的知识和技能，增强自己的艺术修养，努力做一名多才多艺的教师。要注意形象，要向央视主持人学习，着装要得体、言谈要高雅、举止要大方、做人要大气、形象要清廉。要把美的气质和美的德行结合起来，展现出一名教师人格、气质、外表的美好形象。

形成个性特质。

闻其言知其人，观其行知其心。一个人的个性特质也体现着其品德修养。一个老师能否得到学生的喜爱，与其性格特点也有极大的关系。有着良好个性特质的老师，往往最受学生欢迎，其教育教学工作开展得就顺利，其教学成绩就突出，这就是亲其师，信其道。所以，要成为一名优秀的教师，就要拥有能吸引学生的个性特质。要有自己的性格特色，做到乐观、开朗、幽默，有激情、有智慧、有感染力等，从而形成自己独特的性格魅力，吸引学生、感染学生，获得学生的认同。要有自己的教学风格，以自己独有的教学方式和技巧，游刃有余地驾驭整个教学过程，成为学生的引领者，让学生学得轻松、学得快乐、学得深入。要通过独具特色的高效课堂，使自己成为学生的"崇拜者"。要把自己当"学生"，放下老师的架子，深入到学生当中去，亲密无间地融入学生，了解他们的性格、品质、优缺点等基本情况和其内心需求，成为他们的良师益友，从而做到知己知彼，有针对性地对每个学生做到因材施教。

（二）责任是教师的第一工作能力

教育事业不同于其他行业，其工作的优劣成败关乎每一名学生的一生，关系每一个家庭的梦想，影响国家和社会的未来。一个工厂，其生产的产品，如果出现次品，还有机会从头再来，可以重新加工，但教育工作，绝不允许有失误，一旦出现次品，就断然没有弥补的机会。所以，教育工作不能出现任何残次品，否则就是犯罪。让每一个学生都能成才、成人，这就是教师义不容辞的责任。教育，是双肩扛满沉甸甸责任的事业，是一旦选择就要终身付出的事业，也是充满激情与挑战的事业。正如习近平总书记所说，好老师应该懂得，选择当老师就选择了责任，就要尽到教书育人、立德树人的责任，并把这种责任体现到平凡、普通、细微的教学管理之中。选择了当教师，就选择了牺牲、奉献、付出。选择了当教师，就应该把爱心、责任心、事业心、奉献心放大一百倍、一千倍。选择了当教师，就有责任把学生教好，把工作干好。要把激情放大一百倍，带着无限的激情干工作；要把危机放大一百倍，带着无限的危机干工作。责任是师德的重要组成部分，更是师德的核心内容。有责任的教师一定会成为合格的教师。责随职走，心随责走。有了责任，才能忠于职守，才能任劳任怨，才能毫不懈怠，才能自觉奉献，进而把责任落实到每个环节。没有责任是非常可怕的，很多低级错误和重大失误的发生，就是因为缺少责任心，一颗松动的道钉足以倾覆一列火车，一张错误的处方足以危害一个生命。同样，教师的一次不负责任足以毁掉一个学生的未来和一个家庭的希望。一个学生的培养失败了，对于一个教师来说，只是他所带班级的几十分之一，但对一个家庭来说，就是百分之百的希望破灭。所以，作为教师，一定要做一个有责任的人，要为学生、为班级、为学校负责。更要为自己负责，为自己的前途、家庭和未来负责。有的人，工作不认真、不到位，出现失误；有的人带着酒气上课堂，上课期间随意接打电话。有的人教育方法简单粗暴，对学生和家长态度恶劣，出言不逊，甚至和学生、家长成为对立面等，这都是不负责任。学校一定要始终引导教师牢记使命，以敬畏之心勇于担当、尽职尽责。

幸福工作着的老师

做走向卓越的人。

做一名负责任的教师，一定要干好本职工作，以实现持续增值为根本目标，以现在而不以过去论英雄，不仅要做一个优秀的人，更要做一个卓越的人，不断地从平凡走向优秀、走向卓越。要认识到优秀是卓越的最大敌人，为什么有的人很优秀却不能走向卓越，不能取得更大的成功，就是因为满足于优秀，觉得自己优秀，这恰恰是走向落后、走向平庸的开始。从优秀走向卓越，在任何情况下，都要甘于奉献，激情付出，潜心工作，走在永无巅峰的路上，不断地自我突破和提高。教师要寻找抽打自己的鞭子，时时抽打自己，提醒自己，激发自己，永不满足，使自己成为鞭子底下的快马，跑向卓越。为此，教师要做好常规工作。向备课、上课、自习、考试、讲评、批改作业、辅导学生等常规要质量、要效益。教育教学工作中要时时处处体现精心、追求精细、做到精致、打造精品。要把简单的事做得不简单，把平凡的事做得不平凡，用心、用情、用智、用力地做好工作，做到极致。每一位教师都要在"更"字上做文章，在"新"字上下功夫，日日思新，事事思变，主动进行自主性、原始性、集成性的创新。要消除职业倦怠。要永葆创业激情和教育热情，在不断的进取中取得更好的教学成绩和更加突出的工作业绩。学校要创新地利用荣誉的激励、待遇的激励、职称的激励、级差的激励等各种激励手段，针对不同的人采取不同的激励方式，引导老师们消除职业倦怠，消除高原现象或缩短高原期，永远追求、永远进取，崇尚竞争、崇尚名牌，促进每个老师从优秀走向卓越。学校要给老师们提供更大的发展空间，这是进一步提高老师们师德水平的措施之一，也是解决个别老师职业倦怠的措施之一，从而形成人人讲责任、人人创佳绩、人人争荣誉的良好局面，让老师们在追求成绩、获得荣誉中摆正心态、体会快乐、收获光荣、享受工作、成就事业。

做有正能量的人。

做一名负责任的教师，一定要拥有正能量。"正能量"本是物理学名词，英国心理学家理查德·怀斯曼在专著《正能量》中将人体比作一个能量场，他认为通过激发内在潜能，可以使人表现出一个新的自我，从而更加自信、更加充满活力。教师的正能量对学生的影响无疑是巨大的，也必定是正向的。所以，教师一定要想方设法，激活自信、豁达、进取等正能量，消除自私、沮丧、消沉等负能量，始终用自身的正能量激励学生，促进其发展。第一，要凝聚正能量。每位教师都要不断凝聚自己的正能量，把职业道德、知识水平、教学艺术、管理能力等各个方面的正能量都汇聚起来，形成强大的、持久的正能量场，增强自己的实力。同时，一个年级、一个学科、一个班级也要汇聚所有人的正能量，把所有成员紧密团结在一起，形成无坚不摧的集体正能量。第二，要释放正能量。一个有责任感的教师，会在用心爱学生的时候，也让学生感受到来自教师的那种智慧能量。这种能量的释放和传递，让学生有了道德品格的时候，也有了知识与智慧。为此，教师就要充分释放正能量。要让正能量最大限度地发挥其战斗力、攻击力、爆发力和影响力，形成无坚不摧的力量，战胜一切困难、打败一切对手，永创唯一、永铸辉煌。第三，要传递正能量。教师要把自身的正能量通过科学合理的方式传递给学生，让正能量在不断传递中叠加，形成巨大的正能量场，让每一个身处正能量场中的学生都能汲取无穷无尽的学习动力、发展欲望和创新激情，用正能量去净化思想、完善自身、指引方向、创新奇迹。

做敢于突破的人。

作为一名负责任的教师，就要不断突破常态，打破定势，在突破常态定势中绽放人生精彩，追求新的提高，实现新的发展。首先，要突破求新。随着阅历的丰富、经验的积累，教师往往会变得越来越循规蹈矩，于是创造力丧失了，想象力萎缩了，形成了惯性思维，从而使得思维定式成为超越自我的一大障碍。教师就是要突破这种定势，从常态中发现变化，寻找新的突破点、增长点，使优势更优、亮点更亮、常态不平常。其次，要勇于归零。归零是一种境界，也是一种智慧。要把归零作为一种常态，只有保持复位归零，一切从零开始，才能保持清醒的头脑，才能有新的发现、新的提高、新的希望。教师只有具备归零的心态，才有拼搏的勇气，才有超越的动力。再次，要吐故纳新。要不断学习，终身学习，让学习成为第一需求，主动学、深入学、乐于学，在干中学、在学中干、以学促干、以干助学，学透、学精、学活。不断接受新思想、了解新变化、掌握新知识，让自己与时俱进，更有内涵、更有品位、更有成就。最后要超越创新。教师要发展，关键靠创新。没有创新，就没有生机；没有创新，就没有动力；没有创新，就没有突破。教师只有在教育教学工作中不断创新，才能突破"瓶颈"、补齐"短板"、强壮"软肋"。一名教师发展到一定程度，最难的是超越，而学习是实现超越的关键。学习是一名教师升华思想、改变精神面貌、矫正"本领恐慌"的重要手段，是教师最核心的竞争力，是教师事业常青的制胜法宝和持续发展的不竭动力，唯有提升学习力才能提高竞争力，教师才能实现突破，完成超越。因此，作为学校，要采取各项措施推动老师们加强学习，学校要树立培训就是最大福利的理念，采取多种措施促进老师们的专业成长。在教师培训方面投入的钱是投资，是会取得丰厚回报的，培训提高的是老师，最终受益的是学生和学校。作为教师，要结合学校的培训，永远追求超越、追求创新，在超越中创新、在创新中超越。要永不满足、永不松懈、永不停息，做别人不愿做的事、不敢做的事、想不到的事、做不到的事，不断地超越对手、越超自己、超越历史，在超越创新中，绽放人生精彩，缔造人生传奇。

（三）幸福是教师的第一人生追求

每个人都在追求幸福，人人都希望幸福，但有的人一辈子也没有体会到幸福和快乐的真谛。不同的人幸福观不一样，幸福观不同，人生追求就不同，工作终极目标就不同，对自己的要求也就不同，有了正确的幸福观才能成为幸福的人。其实幸福很简单，快乐很容易。工作也好，生活也好，时时处处让别人幸福，就是自己最大的幸福；时时处处让别人快乐，就是自己最大的快乐。我个人认为，真、善、美、爱其实就是教育的幸福，也是做一名幸福教师的真谛，真正把真、善、美、爱这四个字落实到位，那就意味着我们的老师知识在不断增长和丰富，智慧在不断养成和闪光，能力在不断提高和发展，德行在不断养成和陶冶，心灵在不断地充实和宁静，人格在不断地独立和完整，创新在不断地提升和跨越，也意味着自己人生价值的实现。拥有了真、善、美、爱，教师必将拥有无尽的创造力，必能播种幸福的教育，让学生享受教育的幸福。幸福是教师人生追求的目标，也是广大教师的美好愿望。从本质上说，教师的幸福来源于实现其自身工作需要的满足，让更多的学生和更多的家庭实现梦想，这就是教师最大的幸福和快乐。教师有了这一正确的幸福观，工作再忙也不会抱怨，困难再多也不会退缩，压力再大也不会放弃。教师的幸福感就像是一把钥匙，学校用这把钥匙打开了教师的心扉，让教师在关怀中体验幸福，并将这种幸福感带到工作中，转化为工作的激情和热情，进而传递给每一名学生。由此，师生共同幸福成长，校园更加和谐美好。教师的幸福体现在奉献上、付出上、合作上、服务上，唯有如此，才能有幸福的工作和幸福的教育模式，才能走向幸福的课堂，才能培养出幸福的学生。为此，一所学校要大力构建幸福文化，打造幸福校园、幸福班级、幸福学科组，要传播幸福的教育，成就幸福的老师，培育幸福的学生。幸福文化是学校办学水平和发展特色的集中表征，它体现着一所学校的育人理念、理想追求、内在品质和发展境界。学校幸福文化是一种氛围，它决定着师生的精神风貌、精神品质、精神境界和精神品位，决定着学校对师生的内在魅力和吸引力。良好的幸福文化能统一思想、振奋精神、凝聚人心，能启迪学生智慧、陶冶学生情操、净化学生心灵，提高教师素质。良好的幸福文化是提升学校档次，树立学校形象，打造学校品牌的重要因素，更是实现师生幸福发展的必要条件。因此，要实现教师的幸福发展，就必须在幸福文化上多下功夫。要以充满人文关怀的举措，让老师们提升专业水平，提高生活质量，找到归属感，从心底里产生以校为家、为校争光的原动力，迸发出甘于奉献和乐于付出的无限激情，从而心怀幸福去工作，去学习，去发展，实现快乐工作和幸福发展，并培养出幸福的学生。

教师的幸福源于学校的良性发展。

在任何一所学校，教师个人的命运都和整个学校的命运紧密相连，息息相关。学校工作科学推进，蒸蒸日上，日趋完善，实现良性发展，教师才能工作得更顺心，生活得更舒心，才能有业绩、有地位、有尊严。一所能够实现良性发展的学校，必然能给教师带来幸福。一所学校要实现良性发展，第一，必须尊重教育规律。不按规律办事，甚至违背了教育规律，就会与教育的初衷背道而驰，也必然会受到教育规律的惩罚。时代在变，教育形势在变，学生也在变，这就需要我们不断思考，不断探索，不断创新，不断发展。为此，一所学校必须研究教育形势，研究教育规律，研究学生身心发展规律，以学生为本，按规律办事，使教育教学工作更加富有人性、更加科学、更加高效。任何一所实现良性循环发展的学校，必然是走在尊重教育规律的轨道上，这一点至关重要。第二，要形成适合本校校情、具有本校特色的先进办学理念。没有先进理念的引领，学校就无法走上正确的发展之路，更不可能抢抓机遇，实现可持续发展。第三，学校还要建立科学的管理体系，形成独一无二的管理文化。具有丰富内涵的优秀的管理文化，是一所学校可持续发展的动力所在，有了优秀的管理文化，学校将永立潮头，不断超越，经久不衰。要正确理解"管理"

两个字的含义，做到沟通主动，服务到位，引领超前，不断提高管理档次。要增强工作的计划性和预见性。工作中，要明确目标，设计出总体的实施措施和分阶段的实施细则，以此增强工作的计划性和超前性。要注意抓好工作的每个细节。超前谋划好每一个环节，细之又细，精之又精，滴水不漏，把没干过的事干得更干净漂亮。

教师的幸福源于自身的专业成长。

素质教育的核心是实现人的发展，对象是学生，实施者是教师。所以，要推进素质教育，必须全面提升教师素质，使教师真正业精艺湛，把每一个学生教好，让每一个学生成功。可以说，教师的专业发展是促进学生发展和学校发展的关键。没有教师的专业发展，没有专业的教师队伍，素质教育就没法具体实施。

每一个教师，都是具有发展潜质的，更是有着强烈的专业发展需求的，但是，如果长期处于压抑状态，这种潜质就会自行消解，甚至趋于"死亡"边缘。相反，如果经常处于自由状态，这种潜质就会喷薄而出，工作热情和积极性、教学质量与效率就会大大提高，并进而影响学生，激发学生的学习兴趣，这样，学生学习的效率也就高了，取得好成绩也就会水到渠成。因此，学校要尊重教师的发展需求，"给予精神福利"，为教师搭设成长的舞台，促进教师在自我发展中提高业务能力和教学水平，实现自我价值。

教师的幸福源于忘我的无私奉献。

一切成绩都源于实干、成于付出，江山是打出来的、成就是干出来的、幸福是拼出来的。一名教师的辛苦指数和幸福指数是成正比的，没有付出，就不可能有学生的优异成绩和学校的跨越发展，也不可能有师生的幸福。因此，作为教师，一定要全身心地以干事创业的澎湃激情和甘于付出的无限情怀投入工作当中，这样，老师们的幸福指数才能提高，也必将直接带动学生的幸福指数不断提升。学生经常从教师那里感受到快乐与幸福的精神辐射，他们也就会越来越快乐与幸福。处于快乐与幸福状态的学生，学习起来不但不会感到心力交瘁，还会有一种其乐无穷的感觉。当然，学习的效率也就高了，取得好的成绩也是自然而然的事情了。

教师的幸福源于学校的人文关怀。

学校是知识分子云集的地方，知识分子最需要关怀、理解、尊重和信任。作为知识分子，教师更加注重个人事业的发展，更加注重生命价值的实现。因此，我们只有切实从教师的需求出发，持之以恒地给予人文关怀，才能让教师积极、主动、开心地工作，才能让教师获得成功感、幸福感，从而使教师的专业成长和学生的全面发展共生共进。因此，我们的一个工作重点就是关注教师的心灵需求，创建和谐的工作环境，激发教师的工作热情，挖掘教师的工作潜力，让教师充分享受工作的幸福。作为学校，不仅要为师生提供更为广阔的发展空间，还要为教师服务好，服务教学、服务科研、服务生活等，以人性化的管理让教师体验关怀，感受幸福。要真正关心老师，工作上、生活上、教学上和发展上，方方面面都要关心老师。一味让老师去干，不关心关爱老师，就会影响其积极性。关心老师，就会得到老师的理解、尊重和支持，也更能激发老师的积极性，激励老师配合你干好工作。什么是服务，服务就是为师生办事，就是要提高办事的质量。为老师服务要反思，老师们提出来的事办了没有？办好了没有？没提出的事主动办了没有、办了多少？对老师进行业务指导了没有、培训了没有、做表率了没有？老师找的事办了是服务，老师没找的事办了也是服务，对于落后教师要给其指导，对于进步教师要让其更优秀，这同样是服务。为学生服务要反思，学生品德提高了吗？行为习惯改进了吗？学习成绩有进步吗？……要办成一件事，温暖老师心。要引导老师们既要工作，又要家庭；既要学生，又要孩子；既要质量，更要健康；既要发展，更要幸福。要从服务教师上做文章，使服务成为一种常态和文化。学校要始终把对老师们的关怀作为服务的根本，关注教师需求，关心教师工作和生活，如有病必探、有事必帮、有难必助等，真正解决老师们的后顾之忧。

三、做负责任的学生

青年一代有理想、有担当，国家就有前途，民族就有希望。

——习近平

　　责任，是学生成长成才的需要和基础，也是国家对青年学生的基本要求。一方面，当一个人有了梦想、目标，有了责任感、使命感，就有了持续不断的发展原动力，就能激发出无尽的挑战力，就能迸发出无限的创造力，从而更好更快地成长。另一方面，青年兴则国家兴，青年强则国家强。青年学生永远是国家保持生机与活力的根本。青年一代是否有责任感，是否有担当精神，直接关系国家强弱和民族兴衰。这就要求广大青年学生必须牢记使命、胸怀梦想，在增长学识的同时，还要实现道德的成长，获得精神的丰盈，并自觉投身到实现中国梦的伟大实践中，真正做一名负责任的学生，切实肩负起应该担当的使命。

（一）牢记"梦"字，做一个拥有梦想的人

梦想，是生命的灵魂。有梦想就会有方向，就会有希望，就会有力量。学生时期是一个充满梦想、洋溢激情的时期。尤其是高中生，随着生理和心智逐渐趋于成熟，对未来的向往和期许也更为强烈，他们正处在最佳的做梦年龄和相对单纯的圆梦阶段，更需要梦想的正确引领和正向激励。

梦想重在愿景构建。

愿景决定前景，梦想决定方向。苏格兰谚语说："对于一个没有方向的船，任何方向的风都是逆风。"愿景的构建就是要明确自身的奋斗目标，就是要给自己的人生航船设定方向。这对一个人的一生具有重大意义和深远影响。因此，广大高中生要高度重视对自身愿景的构建，使其真正在自己的人生发展进程中发挥作用。在此过程中，高中生需要注意以下几点。一是愿景构建要坚持正确的价值导向。个人梦想必须符合社会发展的方向和需要，必须符合社会主导的价值原则和观念。具体来说，就是要发挥社会主义核心价值观的方向性引导作用，冲破拜金主义、功利主义等错误观念，树立向上向善、健康积极的梦想，自觉将个人前途与祖国发展紧密联系起来，为个人幸福、社会进步、国家富强而不断成长、不懈奋斗。二是愿景要具备较强的引领性作用。梦想的目的是指向未来，要有一定的超前性和超越性，从而才能发挥规划性、指向性的作用。"远大的志向如同太阳，唯其大，才有永不枯竭的热能；如同灯塔，唯其高，才能照亮前进的航程。"古今中外，无数仁人志士无不心存大志向、大梦想。因为有了翱翔天际的梦想，莱特兄弟发明了飞机；因为有了救国图强的梦想，毛主席领导全国人民建立了新中国。广大高中生必须胸怀宏图大志，心存宏伟梦想，为人生树标杆，为未来绘蓝图。不过还要注意，梦想虽然是对未来的向往，却立足于现实。所以，梦想还要有较强的可行性，适合自己的愿望抱负，

更要符合自身的实际能力，"跳一跳"能够摘到桃子，不能眼高手低，否则只能一事无成。三是愿景构建要符合灵活性原则。毋庸置疑，梦想应该是坚定的，一旦确定下来，就不能患得患失留有余地，就不能朝三暮四寻找退路。但是，在具体实现梦想的实践中，如果发现在构建愿景时存在重大失误和原则性问题时，必须要适时调整，使自己的人生轨迹和奋斗目标回归正道。

梦想贵在立即行动。

清代学者彭端淑在所著《为学》中记载了一个小故事：

蜀之鄙有二僧，其一贫，其一富。贫者语于富者曰："吾欲之南海，何如？"富者曰："子何恃而往？"曰："吾一瓶一钵足矣。"富者曰："吾数年来欲买舟而下，犹未能也。子何恃而往！"越明年，贫者自南海还，以告富者。富者有惭色。

故事中贫富两个和尚都有去南海的梦想，富和尚有梦想、没行动，所以没到达南海，而穷和尚既有梦想又有行动，最终成功到达南海。从中我们可以受到启发，"心动不如行动"，行动才是梦想成真的坚实保证，再好的梦想，再美的蓝图，不去行动就是白日梦，就是海市蜃楼。梦想的实现容不得片刻等待和丝毫犹豫，想好了的梦想就要立即行动，去学习、去完善，去奋斗、去超越。当前，很多学生是有梦想的，也有进取的想法和意愿，但往往缺乏具体实际的行动。比如，有些学生会通过 QQ 空间、朋友圈等社交平台，转载很多励志类的名言、故事，来激励自己去追求梦想、战胜困难。但这也仅仅只是"雨过地皮湿""三分钟热度"，之后就会"束之高阁""抛之脑后"，再也不闻不问，更不会有实际的行动。因此，学校在平常的教学和实践活动中，务必要把培养学生的行动力作为一项重要内容来抓，加强学生自律教育，强化学生责任担当。学生也要严格要求自己，主动养成立说立行的习惯，想好的事情就去干，认准的目标就去追。同时，在追求梦想的过程中，广大青年学生还要谨记，千万不能一味地去盲干和蛮干，要讲究智慧和艺术，把科学态度与实干精神结合起来，把尊重规律与积极作为结合起来，把着眼长远与抓好当前结合起来，真正做到智慧实干、灵活行动。

梦想成在坚定执着。

孟子言："天欲降大任于斯人也，必先苦其心志，劳其筋骨，饿其体肤，空乏其身，行拂乱其所为。所以动心忍性，曾益其所不能。"可见，梦想的实现不可能一蹴而就，圆梦的道路不可能一路坦途，必然会面临重重阻碍和困扰，遭遇难以预测的挑战。众所周知，司马迁对于《史记》是坚定执着的，在他踏遍大江南北、历尽烈日朔风、万事俱备之际，命运却向他开了一个天大的玩笑，但就是这样，狱中的他依然没有改变自己的执着，由此，多年的坚守化作了伟大的文字，化作了史家的绝唱。再如，守住对自由执着的陶潜，守住对高洁执着的周敦颐，守住对豪情执着的苏轼，还有广场上布鲁诺坚定的笑容、居里夫人家简陋的摆设、傅雷夫妻房梁上的那条纯洁的白绫……当然，不只是古代，看当今，执着正义的闻一多，执着拼搏的王进喜，执着奉献的雷锋，他们在危机、在艰难、在贫困的摧残下，守住执着该有多么不容易。然而，他们做到了，并成为人们心中的楷模，成为成功路上的先驱。因此，越是出现困难和阻挠，就越要有坚韧不拔的意志、久久为功的韧劲和驰而不息的精神。要把梦想刻进骨髓，溶入血液，扎根心中，以更强大、更充实、更耐挫的内心直面人生，笑看成败，一步一步地把事情干好干成。要事不避艰，行不畏难，时刻保持"狭路相逢勇者胜"的气概，像铁锤打铁一样迎难碰硬，像啄木鸟啄虫一样攻坚克难，敢想敢干、敢拼敢赢、敢为人先，不服输、不服软、不服气，和高者比、和强者拼、和快者争，困难面前吓不倒，挫折面前不屈服。这样，才能最终打赢一场为实现终极梦想的"持久战"，才能让梦想早日照进现实。

学生们放飞代表希望和梦想的许愿气球

（二）坚守"信"字，做一个信仰坚定的人

"人生如屋，信仰如柱；柱稳屋立，柱倒屋塌。"信仰是对一个人的人生观、价值观和世界观的集中概括和高度凝练，其关键价值在于对人的发展具有支柱作用。存在主义哲学家雅斯贝尔斯说过："具有一种信仰的真挚的人就达到了崇高。"对于高中生来说，自觉培养坚定信仰，对自身发展具有重要的意义。有坚定信仰的学生，追求目标是明确的，精神家园是纯洁的，意志品质是顽强的，把握发展机会的能力会更强，改变自身命运的力量也会更大，知识、能力的提高和人格、品质的养成自是水到渠成，进而会对社会源源不断传递更多正能量。

青年学生要坚持追求真理的精神。

追求真理的精神，就是一种热爱科学、崇尚知识的精神。亚里士多德，一生坚持"吾爱吾师，吾尤爱真理"的求知精神，最终使自己的影响超过了恩师柏拉图，成为中世纪欧洲更有影响力和更有权威的"最博学的人"。同样，哥白尼也说过："人的天职就是勇于探索真理。"作为学生，必须把学习知识、探索真理作为一生的信仰去追求、去探寻，这是青年学生应当具备的基本素质。毋庸置疑，现在很多学生对待学习，仍然带有很强的功利性倾向。他们认为高中学习就是为了对付高考，就是为了上一所好大学，所以高考一结束，很多学生就会把平常苦苦学习、日日积累的知识一股脑地抛到脑后。这种纯粹把学习当工具来用的做法，诚然是没有真正认识到学习的意义，但也是当前社会所弥漫的功利学习、浮躁学习大环境使然。因此，学校需要创设更好的学习环境，营造更浓的学习氛围，积极引导学生认识到学习不仅是谋职位、挣票子的手段，更是修身养德、增长智慧的过程，积极引领学生走向学习的正轨，享受教育的幸福。学生也要自觉端正学习态度，明确学习目的，切莫把学习当作一种负担和任务，一味地为了学习而学习，要把学习知识、探索真理当作充实自己、提高自己、完善自己的过程，努力做到学以修身、学以养德、学以明志、学以增智、学以致用，真正通过学习获得全面而有个性的发展，让学习为自己的终身发展奠基。

青年学生要坚守真善美爱的家园。

《人民日报》评论部主任卢新宁，在北大中文系学生毕业典礼上做的《在怀疑的

时代依然需要信仰》致辞中指出，我唯一的害怕，是你们已经不相信了——不相信规则能战胜潜规则，不相信学场有别于官场，不相信学术不等于权术，不相信风骨远胜于媚骨。的确，现在社会上的一些不良风气正在侵染纯洁的校园，这是一个不争的事实。家长为了孩子受到更好的关注宴请老师，学生为了竞选班干部用"零食"拉选票，学生之间比阔气、讲排场等，这些虽然属于个别现象，但也必须引起我们的注意。作为学校，应该想办法，为孩子们提供一处有益于学习生活、有益于成长发展的"精神特区"，让学生自由地放飞心灵、放飞梦想。但是，学校这一"精神特区"，并不是一堵精神的围墙，把学生从社会中隔离出来，而是要开启一种全新的校园文化空间，让学生在学校这片"道德净土"中，通过高尚师德的引领、高尚价值观的指引和高远人生目标的激励，解决与生活密切相关的种种文化与道德冲突问题，让他们内心深处最原始的优秀品质生根发芽，并得以彰显内化，从他律走向自律、从自觉走向自愿，更多地去关心他人、爱护他人，更好地认识人生、认识社会，学会共同生活，学会道德判断，最终生成正确的人生信仰。在个人成长的关键时期，学生也务必要保持纯洁天性，相信真善美，鞭挞假恶丑，主动抵御不良思想文化侵蚀，培养高洁志趣，规范日常行为，养成完善人格，自觉用榜样力量激励自己，用典型事迹鼓舞自己，用高尚道德充实自己，用知识食粮提高自己，以自己的实际行动和高洁行为，努力做真的追寻者、善的传播者、美的创造者、爱的践行者，感受成长之幸福、生命之意义。

青年学生要坚定迎接挑战的信心。

毛主席说："世界是你们的，也是我们的，但归根结底是你们的。你们青年人朝气蓬勃，正在兴旺时期，好像早晨八九点钟的太阳。"可以说，广大青年学生是最富朝气、最富活力的群体。同样，他们身上所肩负的责任也很重，他们所面临的困难也很大，挑战也很多。就拿高中生来说，在当前教育形势下，沉重的课业负担、繁杂的考试训练、激烈的高考竞争等，就像一座座大山等待他们去攀登、去翻越。怎样才能坚定学生们的信心，勇敢面对人生路上的各种挑战呢？我认为，一是要正确认识自己。锐气、创新、敏捷、聪颖等，都是青年一代身上的鲜明标签。学生要注意关注这些优势，并充分发挥它们的作用。二是要正确认识困难和挑战。正所谓"艰难困苦，玉汝于成"，当你感觉累的时候，说明你正在走上坡路。挫折和逆境就是成功之路上的垫脚石，所以，越是艰难困苦越是要坚定执着。三是要敢于正视困难和挑战。据说，世界上80％的人见了困难就躲避，这样的人最终一事无成；15％的人见了困难能勇于面对，这样的人是成功人；5％的人是打着灯笼找困难的人，这种人将成为登峰造极的人物。这项统计可能有些偏颇，但是也不无道理。只有敢于正视问题，才有解决问题的可能，保持乐观、积极的态度，战胜困难的机会将更大。四是要从挑战和困难中汲取营养。战胜困难、赢得挑战不是最终目的，而从中吸取教训、总结经验才是最重要的。这样，才能让自己得到真正的提高和发展，从而为迎接更大的挑战和困难增强信心、加油蓄力。

（三）抓好"学"字，做一个终身学习的人

关于学习的重要性，古今中外有无数的论述。毛主席所说的"好好学习，天天向上"，应该是广为人知的一句经典。不错，学习是文化传承的通道，是人类进步的阶梯，也是个人成长的支柱。忽视学习就会知识透支、能力疲软，只有不断学习，才能为人生的可持续发展提供强劲动力和不竭源泉。高中生是学习的黄金时期，学习是高中生的首要任务。作为学生，不仅要认认真真完成学业这一天职，更要保持长久的学习激情，养成终身学习的好习惯，把学习和今后的工作生活融为一体，使学习成为终身发展的一种需要、一种责任和一种境界，这样才能发现更美的世界，造就不一样的自己。

学习力是一切能力的根基。

学习有狭义和广义两个定义。狭义：通过阅读、听讲、研究、实践等获得知识或技能的过程，是一种使个体可以得到持续变化（知识和技能，方法与过程，情感与价值的改善和升华）的行为方式。广义：是人和动物在生活过程中，通过获得经验而产生的行为或行为潜能的相对持久的适应性变化。从以上两个定义中，我们可以发现，学习是人类进化和个体发展必不可少的手段。歌德说："人不只是靠他生来就拥有的一切，而是靠他从学习中所得到的一切来造就自己。"阿尔温·托夫勒也说过："未来的文盲不再是不识字的人，而是没有学会怎样学习的人。"可以说，只有学习才能赢得未来，只有会学习才会有不平凡，学习力就是竞争力，就是发展力。正是学习力的差别造就了人与人之间的差距。那么，什么是学习力呢？学习力是由

学习动力、学习毅力直接驱动而产生的接受新知识、新信息并用所接受的知识和信息分析问题、认识问题、解决问题的能力。培养学习力，首先，要培养自己对学习内容的兴趣，进而激发无限的学习动力。其次，要勇于坚持，稳得住心神，抵得住诱惑，脚踏实地，持之以恒，铸就无穷的学习毅力。最后，要通过各种实践活动来总结学习的方法和技巧，通过亲身体验培养发现更多新知识的学习力。作为高中生，一定要有侧重地培养自己的学习力，要充分利用学校的图书馆、阅览室和师资力量等资源，使自己的学习更得法、更有效，为自己以后更快地成长、更好地发展奠定坚实基础。

学习需要明确学习的内容。

梳理学习的要点、明确学习的内容是做好学习的前提。很多人认为，高中生学习的主要任务就是学好需要高考的几门课。这种想法是不对的，是对高中学习的一种僵化认识。《国家中长期教育改革和发展规划纲要（2010－2020年）》明确指出："提高学生综合素质，使学生成为德智体美全面发展的社会主义建设者和接班人。"因此，高中生在认真学好各种基础知识之外，还要秉承"缺什么、补什么"的原则，根据自己的兴趣、爱好，不断拓展自己的知识领域，充实自己的知识结构。比如，可以通过学习国学，认真汲取中华优秀传统文化的思想精华和道德精髓，深入挖掘和感悟中华优秀传统文化讲仁爱、守诚信、崇正义的时代价值，努力用中华民族创造的精神财富来滋养、丰实自己。同时，学生对各种信息要学会价值判断，能甄别好坏、分清轻重，批判性地看待。另外，学校也要针对学生的实际，不断拓宽学校教育领域，拓展学校教育内容，逐渐探索一种适合学生发展、满足学生需求的新型人才培养模式。要在尊重教育规律的基础上，尊重学生的正确选择，满足学生的成长需求，提供更多的平台和机会，助力学生得到全面而有个性的发展。比如，我校在做好奥赛、国际教育的基础上，还成立了50余个社团，如国学社、国画社、民乐社、飞扬合唱团、舞蹈团、机器人爱好者协会等，而且还开发了"走进数学大师""化学趣味实验""京剧艺术欣赏"等50多门校本课程，内容涉及学科、科技、艺术、体育、文化、生命教育、竞赛等诸多方面，并且全部实行走班教学，学生流动上课，选择自己喜欢的老师，学习自己感兴趣的科目，使学生上课心情更加愉悦，更加专心用功，很好地满足了不同层次、不同兴趣爱好学生的需求，有效促进了学生的发展。

学习需要保持幸福的状态。

当学习处于一种"幸福"状态时，才能感知到学习的乐趣，才能领悟到知识的真谛，才能得到深刻的成长体验，才能获得和谐的身心发展。幸福学习的学生，学习环境应该是和谐、开放、轻松的，学习状态应该是自信、主动、愉快的，学习效果应该是全面、个性、终生难忘的。那么，学生怎样才能保持幸福的学习状态呢？一是学生要做学习的主人。冰心老人曾说："我们可以给孩子以指导，但不能给孩子以思想。"素质教育的本质就是解放学生，其主渠道在课堂教学，其目的是唤醒学生的主体意识和探索精神，使其主动学习、积极探索、幸福成长、快乐发展。因此，在老师正确教育引导的基础上，学生要积极主动地抓住更多的发展自主权，自我设计、自我管理、自我构建、自我努力，进而实现自我成长。老师也要为学生搭建更加自由的成长舞台，创设更为平等的和谐课堂，鼓励学生提出不一样的见解，敢于发表不一样的观点，在平等对话、沟通交流与和谐分享中完成学习任务，让他们自己通过自己的大脑、自己的手真正参与到整个教学之中，让他们通过自主探究、亲身实践去分析和解决问题，充分展示自己的情感与智慧。这样，学生情感的闸门会不断被开启，智慧的火花也会不断被点燃，学习就会变得越来越幸福，收获也会越来越大。二是学校要注重人性化管理。罗曼·罗兰曾经说过："所谓内心的快乐，是一个人过着健全的、正常的、和谐的生活所感到的快乐。"其实，让学生学习得快乐，生活得舒适，就是幸福的教育。这就需要对学生实施更加人性化的管理，而不是简单地督促、检查、评价，要在尊重教育教学规律的前提下，注重沟通、服务和引领，主动关心学生的基本诉求、精神追求和心理需求，寓力量于无形，施教化于无声。

（四）突出"德"字，做一个道德高尚的人

"德"字贯穿中华文明古今，是中国人最为珍视的精神情感和最为推崇的价值圭臬。"人无德不立，国无德不兴"，"修身、齐家、治国、平天下"等，无不体现出中华传统文化对道德建设的重视。党的十八大也明确指出，要把"立德树人"作为教育的根本任务。教育部在《关于培育和践行社会主义核心价值观进一步加强中小学

德育工作的意见》中也提到："各级教育部门和中小学校要大力开展公民意识教育，培养公民美德，发扬社会公德。"这就进一步明确了学校育人的最终落脚点，也把道德教育和道德建设作为一项极为重要的战略任务，提升到了更加重要的位置。

青年学生自觉加强自身道德建设，无论对个人成长，还是对整个社会的发展都具有重要的意义。从个人层面来说，"德高望重""德才兼备""德艺双馨"，都是对人的最高评价。陶行知先生也曾说过："因为道德是做人的根本。根本一坏，纵然你有一些学问和本领，也无甚用处。"可以说，一个人有德性就会受到大家的尊敬和尊重，没有道德就会如同无根之水，无本之木，不可能有长久、可持续的成长和发展。从社会层面来说，习近平总书记曾指出，"一个民族的文明素养寄托在青年一代的道德水准和精神风貌上"。国家的精神、民族的气质和社会的风尚，无不与个人的道德境界和道德行为密切相关，而青年则是引领社会风尚极为重要的力量。因此，广大高中生一定要鼓足强烈的道德热情，向往和追求高尚的道德情操，积极投身到生动活泼的道德实践中去，做一个讲道德、尊道德、守道德的人。

培育正确的道德认识。

当前，面对"宁愿坐在宝马车里哭，也不愿坐在自行车上笑"的物欲追求，面对"老人倒地，扶还是不扶"的道德拷问，面对个人主义、享乐主义的暗中滋长，广大高中生在保持清醒、保持警惕、自觉抵御的前提下，还应更为深刻地认识到，这些丧失道德底线的行为和种种假恶丑的现象，不仅仅是个人道德水平的问题，更重要的是整个社会缺乏价值观的支撑。针对这种现象，国家用"三个倡导"：倡导富强、民主、文明、和谐，倡导自由、平等、公正、法治，倡导爱国、敬业、诚信、友善，从国家、社会和公民三个层面凝练概括了社会主义核心价值观的价值目标、价值取向和价值准则。其中，"爱国、敬业、诚信、友善"，正是从个人层面提出的价值准则，涵盖了社会公德、职业道德、家庭美德、个人品德等各个方面。社会主义核心价值观，继承了中华优秀传统美德和社会主义新时期的优秀传统，是全社会对基本道德规范的认同与遵循，凝聚了全社会的道德共识。为此，青年学生一定要把社会主义核心价值观作为思想的压舱石和价值的定盘星，将其作为日常行为的准则和自觉奉行的信念，努力在自己的思想理念中注入尚德、责任、包容、感恩、进取、良知、诚信、谦虚、勇敢、创新等崇高美德，并内化为一种健康向上的意识，形成自己的灵魂和精神，进而切实形成正确的价值观、人生观和科学的世界观。

陶冶高尚的道德情操。

有了正确的道德认识，更要有高尚的道德情感和操守。一是要有爱国精神。爱国，是国家和民族对公民的基本道德要求。作为高中生，要深入了解祖国的历史和民族的文化，继承和弘扬中华民族的优秀传统，主动了解国家民生发展的伟大成就，不断增强自身的民族自豪感。二是要恪守诚信品格。诚信是人类交往中最根本的道德规范，也是一切道德的基础。广大学生要努力做到言行一致，言而有信，不弄虚作假，不欺上瞒下，以信立身、以诚处世、以诚待人，将诚信二字内化于心，外化于行。三是要保持友善态度。友善是建立和谐人际关系的基本前提。只有坦坦荡荡做人，才能真心真意求知。对待身边的人和事，要有一颗纯真不伪的心，时刻保持谦和友善的态度，尊敬师长、关爱同学，会倾听、会沟通，真正善待他人、乐于助人，努力做到与人为善、成人之美。

要有积极的道德实践。

每个人心中蕴藏的道德力量，唯有付诸行动才能实现价值。《关于培育和践行社会主义核心价值观进一步加强中小学德育工作的意见》明确指出："要将社会主义核心价值观细化为贴近学生的具体要求，转化为实实在在的行动。"因此，高中生要努力做到知行统一、身体力行，从身边做起，从小事做起，从最基本的道德规范做起，自觉培育和践行社会主义核心价值观，弘扬真善美，传播正能量。在家就要孝老爱亲、勇担责任，在校就要见贤思齐、向上向善，在社会就要重信然诺、积善成德。通过自身模范行为感召和带动更多人，自觉做良好道德风尚的践行者，做社会文明进步的推动者。同时，学校也要积极参与到道德实践活动之中，要在深刻理解、准确把握培育和践行社会主义核心价值观的基本要求、丰富内涵的基础上，牢牢把握"立德树人"这一根本任务，紧紧抓住中华优秀传统文化教育这一关键环节，努力为学生搭建更多道德实践平台，在落细上下功夫，在落小上做文章，在落实上花气力，使学校各项工作向德育聚力、向育人聚焦。比如，我校在推进和深化社会主义核心价值观教育过程中，通过文化建设、课堂教学、实践活动三大措施，营造了向上向善的校园氛围，培养了师生正确的价值遵循，有效提高了师生的实践能力，取得了很好的教育效果。

（五）肩负"责"字，做一个胸怀家国的人

2014 年 3 月，教育部印发了关于《完善中华优秀传统文化教育指导纲要》的通知（教社科〔2014〕3 号）。其中，特别提到"开展以'天下兴亡、匹夫有责'为重点的家国情怀教育"的要求。《国家中长期教育改革和发展规划纲要（2010—2020年)》中也指出："着力提高学生服务国家人民的社会责任感。"可以说，国家已经把对学生的家国情怀教育放在了一个非常突出的位置，这也反映出了当前中学生家国情怀匮乏的现状。有一句话说得好，"没有准备承担责任的人，就是准备失败的人"。作为新时期的高中生，培养自身的家国情怀，既是国家和社会的客观需要，也是自身成长和发展的主观需求。只有拥有了无限的家国情怀，才能真正成为对社会有用的人。

党的十八大以来，中国梦的概念一经提出，迅速点燃了亿万华夏儿女心中的无尽激情，在广袤的中华大地凝聚起了巨大正能量。中国梦，为什么会有这样强烈的反响？为什么会产生如此大的能量呢？"欲安其家，必先安于国""国家好、民族好，大家才会好"，个人的前途和幸福与祖国的兴旺发达密切相关，国家的兴衰和每一个中国人的命运紧密相连。如果没有祖国的发展、强大，个人的本领再大也难以充分发挥作用。每一个个体只有将自己的向往和追求同国家的前途、民族的命运相结合，才是有意义的，才能走向成功。可以说，家国情怀正是谋求自己永久利益和最大幸福的根本。历史上众多的志士仁人、英雄模范和对国家、社会做出重大贡献的科学家、艺术家，他们的灵魂深处无不有着深厚的爱国情怀和远大的报国志向。今天的中国梦现象，所彰显的正是国人强烈的家国情怀。

中学生正处于梦想的年龄，他们有着对美好生活的憧憬，有着对快乐、幸福的企盼。中学生大力培养自身的家国情怀，有益于剥离当前的虚无价值，进一步加强对民族和国家刻骨铭心的热爱，也有益于冲破个人主义的狭隘价值观，进一步强化对家与国的民生发展憧憬和责任意识。广大高中生要自觉培养家国情怀，把个人的命运与国家和人民的命运联系在一起，胸怀祖国，服务人民，积极强化自身享受幸福、感知幸福的意识，主动唤醒对小家、家乡、学校、国家民生的幸福感，提高对现实生活的幸福感知度，主动参与各种爱国主义实践活动，不断增强对家国的热爱之情。

培养学生的家国情怀，其主阵地一定在学校。学校务必要把这项工作作为重要着力点和落脚点，努力通过各种途径引导、教育学生，增强国家认同，培养爱国情感，树立民族自信，形成为实现中华民族伟大复兴的中国梦而不懈努力的共同理想追求，引领每一名学生人人争做有自信、懂自尊、能自强的中国人。

在教育的过程中，学校要时刻注意，家国情怀教育绝不是空洞无味的说教、灌输，而是要突出学生的存在，关注学生的情感体验。其中，主题活动就是一个很好的教育载体。在这项工作上，学校要舍得下功夫、花时间，让所有活动过程都富有生命力，都具有感染力，使每一项活动都成为校园盛事。这样才能吸引学生主动参与，给学生心灵强烈的震撼，进而激发出无限的责任担当和豪情壮志，让他们在体验中主动唤醒自我的生命感和价值感。此外，为了进一步实现教育意图，巩固教育效果，真正给学生留下终生难忘的教育，在做精、做细各项品牌活动和主题教育的基础上，学校还要把教育与生活结合起来，把知与行结合起来，努力将对学生的家国情怀培养融入学生日常学习、生活之中，让学生时时刻刻、时时处处都能思考，都受教育。比如，我校每天都要求学生进行"三省十问"，让学生在自我反思、自我剖析中，自觉祛除浮躁、自私、狭隘、功利思想，懂得为什么要为他人和集体担当，应该如何担当，并启发他们思考未来，增强使命感。

培养学生的家国情怀，既要发挥学校主阵地作用，更要坚持学校教育、家庭教育相结合。福禄贝尔说过："国家的命运与其说是掌握在当权者的手中，倒不如说是掌握在母亲的手中。"苏霍姆林斯基也说："家庭在塑造个人成长的诸多因素中排名第一。"他们都深刻地阐明了家长在子女教育中所起到的作用。可以说，家国情怀的教育培养，必须要从家长着手。

毋庸置疑，当前，很多家长的眼光都集中在抓好孩子学习、让孩子考个好成绩、上个好学校，认为什么祖国的命运、国家的使命跟自己的孩子关系不大。这些认识上的偏颇，是学校开展家国情怀教育的最大难点。我们必须让家长明白，具有家国情怀，有责任意识和勇于担当，是孩子成长进步最大的精神动力。有的家长会认为，"这简直是天方夜谭，现在都什么年代了，还进行这样的教育"，这显然是极其错误的。当代中学生恰恰需要这样的教育，这样的教育是很多学校进行得太少了，进行得很不够。中学时期是最容易产生激情和梦想的时期，在这个时期，没有什么能比家国情怀激发他们的学习、激励他们的成长更有效了。当他们的学习和发展，是为了国家、民族和人民的时候，追求的目标和心中的梦想是远大的时候，那么，他们的学习是强烈的，更是持久的。反之，如果孩子的心中没有服务社会、报效祖国的内在动力，那么他们的学习成绩很难优秀，他们的人生更不会卓越，走上社会后迟早要被淘汰出局。

要让家长走出认识上的误区，最为简单可行的就是充分利用家长会，把每一次家长会都开成培训会、提高会、研讨会，努力把家国情怀教育的重要性向家长们讲实、讲清、讲透，以此赢得每一位家长的认同并使其走入每个家庭。同时，学校还要紧密结合当地实际情况，编写有关家校合作开展家国情怀教育的校本教材，帮助家长更加全面地掌握家国情怀教育的内容，更加深刻地理解正确引导孩子的方式，从而使孩子们发挥最大的潜能，和谐健康地成长。由此，对学生家国情怀教育，就由校园、课堂延伸到了家庭，由教师拓展到了家长。如我校组织开展的家长进课堂活动、以感恩为主题的"八个一"教育实践活动等，都给了学生心灵的触动和深深的震撼，进而使学生更加自觉地投入勤奋学习、服务他人、奉献社会的时代大潮中。

张文茂校长和学生在一起

　　随着家国情怀教育的深刻、有效开展，学生明白了对亲情、对集体、对社会、对国家的担当都是自己义不容辞的责任，并且懂得了如何履行自己的责任担当，其信念变得更加坚定、理想变得更加远大、动力变得更加强劲、学习变得更加刻苦、修身变得更加自觉，相信随着时间的推移，广大青年学生必将成长为可堪大用、能负重任的栋梁之材，奏响无愧于人民、无愧于时代的青春乐章。

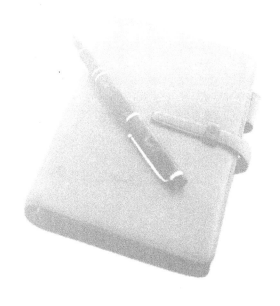

我的实践探索

一、强化师德师风建设

习近平总书记要求，"要从战略高度来认识教师工作的极端重要性"，用词之重，足见对教师培养的重视。从衡水中学 60 余年的发展中，我们也清醒地认识到，教学质量是办学成功与否的主要衡量标准，而教学质量很大程度上取决于教师队伍的整体素质，所以从这个意义上来说，教师素质是决定学校存亡和发展的关键，而职业道德水平又是教师素质的核心内容。因此，一所学校如果没有好的师德师风，就不会有良好的教育教学氛围，更不会有好的教育教学成绩，学校的发展活力和动力也会成为无本之木，无源之水，可持续发展更是无从谈起。因此，要办好负责任的学校，不断培养出高素质的学生，务必要加强师德师风建设，把学校建成人人依恋的精神家园。

（一）创新师德建设理念

教育实践告诉我们，中学生的情感特征具有明显的两极性，他们常常对信服的人表露钦佩，对厌恶的人却充满敌视。因此，当学生们面对的是一个师德缺失的教师时，常常会因为反感而抵制其教育，但如果他们接触到的是一个好老师，那么就会打心眼里信服老师，这无形之中增强了教师的教育力。不仅思想道德教育如此，课堂教学也是如此。从这个角度讲，教师的人格魅力和思想境界本身就是教育力，就是教育质量。习近平总书记强调做好老师有四个标准，其中之一就是教师要有道德情操。孔子说，"弟子，入则孝，出则弟，谨而信，泛爱众，而亲仁。行有余力，则以学文"。著名教育家陶继新也说，"古代大儒们所进行的学校教育，无一例外地将修身做人的教育放在第一位"。看来，做学问是在学做人之后的。那么，要让学生学会做人，教师首先要把人做好。因为教师的一言一行，都会对学生产生影响，甚至是终生的影响。所以，教师人格高尚了，学生也会"学而时习之"。教师要做出教师的样子，让学生有一种"仰之弥高，钻之弥坚"的感觉，才会亲近之，敬仰之，信其道。相反，如果教师在学生面前呈现的是一个不好的形象，甚至是一个有严重问题的形象，学生就有可能"隐其学而疾其师，虽终其业，其去之者必速"。所以，加强师德建设，以此促进教育教学质量的提高，这已成为时代发展的一个重要课题，是教育事业发展的大势所趋。

众所周知，20 世纪 90 年代以来，科学技术迅猛发展，经济全球化进程明显加快，人们的道德观念、价值取向也受到了极大影响。多元文化泥沙俱下，资本主义的价值观、道德观乃至腐朽的西方文化和生活方式伴随着经济产品不可避免地一同流入我国，互联网更是起到了推波助澜的作用，不仅整个世界的政治经济和社会事件可以瞬间出现在网上，而且像文化艺术、宗教习俗等直接或间接带有精神影响力的内容也层出不穷。学校外部环境的深刻变化必然会影响到校内教师的价值认识和价值取向，一些教师的思想产生了混乱，虚无主义、享乐主义、利己主义泛滥作祟，于是开始不安心工作，也不甘心清苦了，为了一己之利或忙于办补习班捞外快，或接受学生家长的宴请和礼品……他们既不能有效地建构起自己的人生信仰，又缺少为人师表的基本道德规范，其道德人格严重扭曲，淡泊名利、敬业奉献、爱生如子等高尚师德距离一些教师越来越远。而这种价值错位，严重影响到教师的工作质量，更重要的是，他们还会在有形无形之中，将这种思想传播给学生，从而让原本思想单纯的学生，也受到了精神的污染。很多学生由此变得无所适从，或自我沉沦，变得胸无大志；或只关心个人生活，自我陶醉，严重脱离集体；或趋时媚俗，小进则满，学习上舍不得下苦功、花精力……思想的幼稚、经验与能力的缺失使他们堕入了道德相对主义泥淖，崇尚商业价值、追求感官享乐、信奉个人主义等没落人生观对学校的影响日渐突出，传统的价值观念和伦理道德遭到了前所未有的猛烈冲击。在这种现实情况下，进行师德建设必然要受到方方面面的影响，如何克服这些不利因素，使师德建设变得有血有肉并鲜活起来，成为摆在我们面前的一大难题。

为了攻克这一难题，我校进行了反复的思考和探索，我们认为，学校教育的一项重要功能就是示范和引领，因此，学校应成为一片道德净土，在这个圣洁的环境中，教师应以精神境界的提升摆脱功利的羁绊，用充满爱心和责任感的言行，潜移默化地感染和影响学生的精神生活，唤醒学生的生命感和价值感，进而让其体验学习的乐趣、成长的幸福、生命的意义。于是，1996 年，一种奇特而又大胆的想法浮出水面：深圳是经济特区，港澳是政治特区，那么能不能把学校建成一个精神特区，以此促进教师高尚师德的形成呢？经过反复的研究论证，我们认为，把学校建成一个精神特区，可以优化学校小环境，使教师有效抵御各种腐朽思想和文化的侵蚀，强化教师特别是青年教师的集体观念和国家意识，提高广大教师的师德修养和人格力量，从而巩固教师的高尚师德，并以此去影响和解决与学生生活密切相关的种种文化与道德冲突问题，进行价值澄清，使学生从他律走向自律、从自觉走向自愿，更多地去关心他人、爱护他人，学会共同生活、学会道德判断，从而自然生成正确的人生信仰。更主要的是，可以把创建精神特区作为抓手，把无形的师德培养变成有形的自觉行为，把抽象的师德建设变成具体的师德养成过程。由此，就可以开启一种和谐共生的校园文化空间，创造一个尊重人的价值和精神存在的环境，进而为师生的幸福发展、携手共进奠基。

"精神特区"课题开题论证会

这是由未来的价值取向决定的。

信息社会的价值体系将由物质价值转向精神价值和文化价值，与之相适应的现代教育其未来价值体系的取向由此也发生了重大转变，它更加体现全面的人本关怀——重视人、尊重人、关心人、发展人，更加注重人性的完善——责任心培养、诚信教育、同情心与爱心激发。为此，从某种意义上说，学校教育更要时刻关注学生的生存状态、自由人格、理想追求、人生意义与终极发展。为了达到这一目的，我们必须在校园内营造一种具有人文关怀的意识形态，创建一个让师生依恋的精神家园，让学生在这样的环境中产生真切的生命体验，从而有效地促进人与人的相互关爱、人与环境的和谐发展、人与自然的和谐相处。只有关注人的精神存在，我们的教育才能更加趋于符合时代理性。

这是由学校的工作性质决定的。

学校的任务是育人，其劳动对象是广大的青少年学生。学生作为受教育者，是学校教育活动中最为重要的人的因素，他们有思想、有感情、有理想、有追求，充满智慧和活力，富于想象和情感，是集生活、学习、审美为一体的完整的、活生生的人，这一特点就决定了学校不同于工厂、农村以及其他机关企事业单位，学校应处处充满书卷气息和儒雅氛围。教师也不同于其他的职业者，他的思想言行不能有一点污渍，否则就会污染学生。教师必须用先进的思想、优良的品质、高尚的情操潜移默化地去影响学生，让学生的心灵得到净化，素质得到提高，精神得到升华。

这是由孩子的圣洁天性决定的。

"人之初，性本善"，孩子稚嫩的心灵是一片纯净圣洁的天空，他们与生俱来的天真无邪是成年人所没有的，成年人已经世俗化。孩子的童真、孩子原生命形态里一切美好的东西都是一种稀缺的资源，弥足珍贵，因此，学校应该像国家设立自然保护区保护稀缺自然资源那样，为孩子创建一个"无菌"区，保护孩子美好的精神品质，不让孩子的心灵受到污染。不仅如此，每一个孩子都是一片有待开发或进一步开垦的土地，其身上都存在着"不完善"和"未确定性"，为此，我们还要为孩子们提供阳光雨露，让他们最原始的内心深处的优秀品质生根发芽，并得以彰显，从而逐渐内化为较为稳定的品格。

这是由学生的认知特征决定的。

中学生是一个正在发展中的特殊群体，学生时期正是一个人的认知能力由较低水平向较高水平发展的时期，也是由幼稚走向成熟的过渡时期，是处于半幼稚、半成熟即独立性和依赖性、自觉性和幼稚性相伴存在的时期。在此阶段，他们对事物的鉴别能力还较差，自我监督的能力也不高，免疫力低下，往往瑕瑜不分，糟粕不捐，因此，极易被社会上形形色色的人、事、物所"同化"，被社会这一大染缸所污染，尤其在社会不良因素的影响下更容易走上歧途。花朵在空气新鲜的环境中，才能开得更加绚丽多姿。许多研究者也证实，孩子长大后做出不道德行为，主要是受后天环境的影响。古语有"孟母择邻"，"孟母"也许有同感吧！基于此点考虑，我们必须把学校建成一个"精神特区"。

这是由学生的情感特征决定的。

青少年最大的情感特点是好动感情，而且爱憎分明，具有明显的两极性，他们常常对喜爱的对象表现热衷，对厌恶的人却充满敌视，甚至仇恨，对不平之事表示愤慨，常触景生情。因此，当学生们面对的是一个精神境界不高的老师时，往往会对其产生强烈的逆反甚至敌对情绪；但如果他们接触到的老师是一个充满人格魅力的人，是一个有事业追求的人，是一个高尚大写的人，老师说的话他们就特别爱听，其教育力和影响力于无形中倍增。"亲其师，信其道"也是这个道理。从这个角度讲，师德本身就是教育力。把学校建成一个精神特区，可以提升教师师德修养，进而提高学校的教育教学质量。

基于以上几点，我们认为，把学校建成一个"精神特区"，是学校持续发展的核心理念，当绝大多数教师都在为学校的发展与自身价值实现而努力拼搏，绝大多数学生都在为实现美好理想而奋斗的时候，就会形成一种浓郁的向上向善的精神氛围，积极的能量就会越积越多，精神的品质也就越积越美。而且，"精神特区"不是一个封闭的系统，其特点是变得更加开放，在这里，学生们在高尚价值观的指引下，在高远人生目标的激励下，认识人生、认识社会、认识世界，自由地放飞心灵、放飞梦想，以坚强的意志，感受着学习之乐趣、成长之幸福、生命之意义。可以说，创建精神特区，是学校的职责所在，至高境界之所在。

（二）大力创建精神特区

"精神特区"作为一种理念和实践，可以说是全新的，没有现成的道路可以走，也没有现成的理论和方法可供参考借鉴。为此，我们在探索中前进，在前进中完善。其间，我们以独立承担的教育部重点课题《普通高级中学构建精神特区与师生共同发展的实践研究》为抓手，全校联动，全员参与，全程探索，全面启发，有效唤醒了师生的生命感和价值感，使得我们的师生更加有气质、更加有思想、更加有内涵、更加富有激情和活力。

创建怎样的精神特区。

把学校建成一个精神特区，旨在创造一个尊重人的价值、尊重精神存在的环境，使他们能够认真追问生命的意义，探索并确定自身存在的立足点，从而让自己的一生始终处在昂然进取、发奋建树、渴望勤勉之后的灿烂和灿烂之后的淡泊这种最佳境界。而唯有这种积极有为、高度自觉的人生，才能不断开发出生命的潜智、潜能和潜质。可以说，我们身处其中的每位师生，都应该具备以下三个特点。

1. 思想境界特别高尚。教书育人是一种深入学生内心而外界难以直接监督的自觉劳动，是一种极为细致复杂的艰辛劳动，教师只有具备了高尚的思想境界，才能以强烈的责任心和使命感把教书育人转化为个人的内心要求和自觉行为。因此，这就要求教师要像制造"两弹一星"的元勋那样不计个人得失，表里如一，甘当无名英雄，有一股子大气；像干部楷模焦裕禄那样艰苦奋斗、无畏困难，甘于奉献，鞠躬尽瘁，有一股子正气；像下水管道工徐虎那样勤奋敬业，忘我工作，不以善小而不为，有一股子朝气；像广东省中医院护士长叶欣那样以人民为重，无私无畏，冲锋在前，有一股子勇气；像海尔集团总裁张瑞敏那样胸怀振兴民族工业大志，与时俱进，锐意改革，有一股子锐气。同时，老师们更应该洞彻地学习这些先进典型的快乐人生、激情工作、热爱生活、关心家庭的内在精神品质，并把他的精神植入思想深处，内化于心，外化于行，从而更好地做人做事，努力实现人生价值，推动和谐社会发展。俗话说，身教重于言教。在这样一个处处充满崇高的环境中，学生也会因此受到强烈的情感震撼和灵魂洗礼，其精神品位也会不断得到提高，其思想境界也得以不断提升。为了实现中华民族的伟大复兴，他们信念坚定，英勇无畏，发奋读书；为了将来能够参与国际交流，挑战国际竞争，他们勤学苦练，尽职尽责，精益求精。高远的目标，富有的精神，充实的思想，以及对祖国无限的热爱，对人民无限的忠诚，这一切将使他们成为所有中学生的榜样，甚至所有青年人的楷模。当师生拥有了特别高尚的思想境界，他们的学习、工作积极性就会像源头活水一样喷涌而出，学校这条大河就会波涛滚滚。

2. 精神风貌特别振奋。创建精神特区，就是要关注人的精神存在，改变人的精神面貌。随着社会的发展，一些消极现象正在腐蚀着师生的精神：有的人安于现状，不思进取；有的人追名逐利，心态浮躁……如此这般，将直接影响个体生命的发展和教育事业的推进。创建精神特区，就是要坚决制止这种精神状态的继续存在和蔓延，促使广大师生员工把完成学校的奋斗目标和实现自身价值的愿望和谐地融为一体，以昂扬的锐气和蓬勃的朝气，奋发进取、敢为人先、追求卓越，挥洒汗水、奉献青春、建功立业。在精神特区里，广大教师无怨无悔、竭尽全力地向前跑，并且义无反顾，勇往直前；莘莘学子以充沛的精力和旺盛的斗志顽强拼搏，努力奋争，从而爆发出青春的活力，校园内处处都充满着勃勃的生机。无论是教师，还是学生，当他们真正拥有了"笑向磨难唱大风"的乐观时，才能像荒漠跋涉者看见了绿洲、像朝圣者发现了净土一样，眼前就会闪烁着无限的希望之光；无论教师，还是学生，当他们内心深处时刻涌动着创造的热情和无尽的激情时，才能自力更生不依赖，处于弱势不自卑，遇到挫折不言败，身处逆境不自弃，获得成功不自满，开拓创新不止步，从而极大地提高学习、工作效率，极大地挖掘自身潜能，真真切切地体验到生命的意义，感悟到精神的存在。

3. 行为习惯特别高洁。有位哲人说："播种行为，收获习惯；播种习惯，收获性格；播种性格，收获命运。"确实，良好的行为习惯是一个人独立于社会的基础，又在很大程度上决定了一个人的工作效率和生活质量，并进而影响他一生的成功和幸福。试想，一个人如果随手乱抛杂物，不讲文明礼貌，不讲公共道德，不遵守公共秩序，作风拖沓懒散，缺失诚实守信品质，那他无论如何也不会赢得他人的尊重，当然他也就无法享受生活的乐趣，更不用说体验和感悟生命的意义了。"己所不欲，勿施于人""己欲达而达人"。在精神特区里的每个人，都应该是男不粗俗，女不妖艳，谈吐文雅，落落大方，每个人都是集真善美于一身的光彩榜样；在这里，每一个人脸上都应该洋溢着真诚的而非做作的微笑，每一个角落甚至盆花上的每一片叶子都应该擦拭得一尘不染……而从这个环境中走出去的每一个人，都应该言行一致、表里如一，情绪饱满、心态积极，和蔼可亲、平易近人，艰苦朴素、勤俭节约……这一切都是高尚师德作用于人并内化于心的具体表现。

从创建精神特区入手狠抓师德建设，把师德建设的最终目标锁定在学生的全面生动发展上，让每一个人有激情、有追求、有向往，让每一个人都生发出强烈的实现自身价值的欲望，精神特区建设才抓到了根本，师德建设才收到了实效，而这也正是我们每一所学校孜孜以求的。

精神特区的构架探索。

创建精神特区就是为了打造一片精神的净土，让师生始终充满激情，怀有梦想，永远追求。创建精神特区的关键在于教师队伍建设，要把教师团队打造成师德高尚、专业过硬的专家型、科研型、学习型队伍。经过几年的实践与探索，我们完成了以"追求卓越"校训为引领、以"六·四框架"为主体的精神特区内涵建设。其具体内容为：班子成员思想上要达到"四种境界"，工作中要遵循"四种要求"；教职员工必须落实"四个远离"，始终做到"四个牢记"；大力倡导"四种精神"，力争实现"四个目标"。

1. "四种境界"和"四种要求"。我校的校训是"追求卓越"，它并非仅指一种成就，更是全校师生一种全力以赴、永不满足的追求过程和快乐的心理状态。据此，校党委对领导班子成员在思想和工作上做出了明确要求，即思想上要达到"四种境界"——从大局出发、以事业为重、对未来负责、为师生着想，时刻牢记权为师生所用，情为师生所系，利为师生所谋；工作中要遵循"四种要求"——办事公道、作风正派、无私奉献、示范引领，尽全心，负全责，出全力，要老师们做到的，首先自己要做到，要老师们不做的，首先自己要不做，一身正气，严于律己，切实为师生搞好服务，为教育教学一线搞好服务。这样就确保了领导班子始终处在科学、民主、和谐的状态，从而构建起了一个有战斗力、凝聚力的坚强领导集体。"立德树人，先正风气，欲正风气，领导带头"。这也是我校领导班子始终以实际行动践行的一句话。为此，我们提出了有学生的地方一定有老师，有老师的地方一定有领导干部，要求学校领导干部带头树风气，正风气。学校领导，只要没有出差等特殊情况，每天都早起晚归，时刻陪着师生，始终和师生战斗在一起，为师生排忧解难。学校的中层干部，很多人既要任课，又要当班主任，还要负责分管的部门工作，可以说是身兼数职，重担在肩，但是他们仍然想在老师们前面，冲在老师们前面，干在老师们前面，他们是学校付出最多、最辛苦的人。学校要求中层干部每周都要做到"十个一"，一是每周至少和老师交流一次；二是每周至少和学生交流一次；三是每周至少要发现一个问题；四是每周至少提出一个好建议；五是每周至少听两三节课；六是每周至少参加一次教研；七是每天至少查看一次卫生；八是每天至少看一篇报刊文章；九是每周开一次处室部门会议；十是每月至少实施一项新举措。我们通过"十个一"活动，推动中层干部深入一线，广泛调研，提升管理水平，提高工作效率，把工作做得更好、更精彩，进而引领师生不断付出、不断创新、不断提高、不断领先。领导干部的身体力行、带动引领，老师们都有目共睹、深受感动、倍受感染。在这样的氛围熏陶下，广大教师的内驱力被充分激发，工作热情空前高涨，全校上下形成了"校风正、干劲足、齐心谋发展"的良好局面。对此，我校教师郭春雨深有感触地说道："领导一身正气，为老师们做出了表率，也引领老师们人人比责任、比奉献、比人格，一心扑在工作上，全心放在事业上，学生们受到老师的感染，也更加富有激情、更加有担当、更加爱学习。全校上下自然形成了一股好风气，产生了一种正能量。""有为才有位"，一个国家、一个民族是这样，一所学校也是如此。班子成员以对人民、对国家高度负责的精神，时刻追求"四种境界"，身体力行"四种要求"，寓力量于无形，施教化于无声，从而有效地营造出一个勤业敬业、无私奉献的工作氛围和工作作风。

2. "四个远离"和"四个牢记"。作为一名教师，有几种行为会严重损害师德形象，影响学生的进步，影响精神特区的创建，必须予以严格禁止。于是，学校对全体教职员工提出了具体要求，规定了一个行为底线，要求每一位老师都必须做到，即严禁教师吃请受礼，远离庸俗堕落；严禁教师搞家教办补习班，远离腐败铜臭；严禁教师搓麻打牌和校内吸烟，远离低级趣味；严禁教师拉帮结伙和大搞派性，远离不正之风。有些事情在社会上看来很自然、很正常，但拿到学校里来就不合适，这就是学校的特殊之处，因此，我们也必须进行特殊的管理。教师作为这个特殊环境里的特殊的人，只有耐得住寂寞，经得住平淡，抵得住诱惑，始终保持蓬勃朝气、昂扬锐气、浩然正气，扎扎实实、踏踏实实地工作，才能不断为党和人民建立新的业绩。针对"四个远离"，学校提出了四个牢记——牢记以生为本、牢记以德修身、牢记肩负责任、牢记个人追求。引导教师以事业为重，把精力放在教育教学上来，把时间花在学习发展上来。同时，学校制定了系列约束措施，措施出台后，学校领导严于律己，未出现一例违规现象，对于老师中出现的几例吃请事件，学校不手软、不留情，一律按制度进行了严肃处理。廉生威，公生明，学校领导廉洁自律，秉公办事，使学校令行禁止，校风肃然，精神特区得以顺利创建。

3. "四种精神"和"四个目标"。创建精神特区伊始，我们就在全校师生中大力倡导"四种精神"——奉献精神、进取精神、求实精神和创新精神，以期把这些优秀品质转化为全校师生员工的内在需求和自觉行为。为了实现这一目标，我们始终注意坚持正面教育引导，弘扬正气，弘扬主旋律，抓住典型人物的示范影响作用，歌颂光明，宣传先进，激发师生奋发向上，求实进取。近年来，我们每年都要在全校师生中开展"最受欢迎教师""青年教师希望之星""最佳仪表教师"以及"校园之星""十大学星"等系列评选活动，大力挖掘师生中的先进典型，特别是那些带有普遍意义的好思想、好作风和好经验，学校总是利用报纸、电台、电视台等多种媒体进行大张旗鼓的宣传，并在校园内显要位置张贴他们的照片，在校门外的荣誉墙上展示他们的成绩，宣传他们鲜活生动的事迹，校园内处处生机盎然。这不仅使典型人物产生了极强的成就感，而且也使广大师生产生了强烈"共振"，极大地激活了蕴藏在广大师生内心深处的忠诚奉献意识、追求事业意识、改革创新意识和主人翁意识。为了更好地创建精神特区，我们还提出了"四个目标"，就是在校园内有效实现"和谐的人际关系、温馨的人文环境、奋发向上的精神面貌和充满激情的工作学习状态"，从而让广大教师在平淡中体验辉煌，在平淡中感悟人生的意义，实现人生的价值。

"十大杰出学星"竞选大会

精神特区的创建措施。

围绕广大教师的师德建设，我们对创建精神特区进行了长期的摸索和实践，不断总结反思，不断完善丰富，采取了一些行之有效的措施，从而使精神特区内涵日趋丰富。

1. 引导教师摆正观念。教师的师德本身就是教育力，我们必须把它放在学校发展的首要位置上。为此，我们在师德师风上花大精力，引领教师形成正确的观念。一是从 2008 年开始，我校先后推出了学习提高年、创新提高年、素质提高年、管理提高年、师德提高年、培养推进年、质量效益年等系列活动，并把提高师德作为重点，提出教师要比忠诚、比付出、比奉献、比人格。要求教师要做一个有责任的人、一个有信仰的人、一个有良心的人、一个有道德的人。二是制定了"衡中三省"和"每日十问"。"衡中三省"，即"我来衡中做什么、我要做什么样的人、我今天做得怎么样"，其目的是引导师生特别是老师们经常"回头看"，看问题，看不足，看差距，看进步，看收获，看方向。"每日十问"内容包括：尊重学生人格了没有？激励表扬学生了没有？回应学生问候了没有？与学生沟通了没有？课上学生到齐了没有？班会前备好课了没有？注意学生表现了没有？和家长沟通了没有？班级活动参与了没有？总结今天得失了没有？"三省""十问"被老师称为自省自律的法宝，也是衡中形成好风气的源泉。随着时间的推移，每个人都成了"三省""十问"的忠实践行者。三是在总结反思师德建设方面一些做法的基础上，为了让教师真正把精神特区建设内容落实到教育教学行为中，我们制订了衡中教师誓词：我是光荣的衡中教师，我要恪守追求卓越的校训，志存高远，务实求真，团结敬业，开拓创新；用爱心托起爱心，用智慧启迪智慧，用人格塑造人格；为学生的终身幸福，为衡中的持续发展，为民族的伟大复兴，奉献终生！这个誓词，一是体现了教师应该具备的工作态度和方向；二是体现了教师工作的过程和情感；三是体现了教师的工作目标和价值。每学期，在第一次全体教职工大会上，我和几位副校长都会带领老师们宣誓，重温教师誓词。四是结合"精神特区"建设，坚持把师德和教学常规、工作实际、专业成长相结合，全力提高教师队伍师德水平。围绕师德建设，学校还陆续开展了系列活动，如开展了微笑在衡中、争当新闻主角、十大德育创新标兵评选等活动，引领教职工高境界做人、高标准做事、高效率工作、高品位生活。再如，为了消除教师的职业倦怠，学校开展了评选校内首席教师、星级教师等荣誉的夺首争星活动，这些荣誉分别对应着不同年龄段，只要努力工作，拼搏进取，在相应年龄段内，人人都有机会夺首争星，从而形成人人讲责任、人人创佳绩、人人争荣誉的良好局面。对于这些活动，学校注重过程，大张旗鼓地宣传造势，让教师亲历如何走向高尚，让学生切身感受师德新风，弘扬正气，弘扬主旋律，营造了一个奋发向上的文化氛围。引领教师远离低级趣味，远离不正之风，把心思用到提高师德、提高专业发展上来，并以高尚的道德追求、道德情感和良好形象引导学生的健康发展。五是制定了衡水中学教师"八荣八耻"。2006 年，胡锦涛同志提出了"八荣八耻荣辱观"，这给我们的师德建设指明了方向。于是，针对教育中出现的一些问题，我们提出了衡中教师的"八荣八耻"荣辱观——

以践行八荣八耻为荣，以背离八荣八耻为耻；以客观公正教育为荣，以主观片面教育为耻；以关心爱护学生为荣，以漠视歧视学生为耻；以团结帮助同事为荣，以嫉妒贬低同事为耻；以自动自发工作为荣，以消极应付工作为耻；以有序直面竞争为荣，以无序逃避竞争为耻；以刷新历史纪录为荣，以抱守现有成绩为耻；以热爱维护学校为荣，以损害背弃学校为耻。

我们的"八荣八耻荣辱观"，让老师们更加清楚应该坚持什么，反对什么，倡导什么，抵制什么，对明确是非善恶、美丑界限，端正教育态度，形成良好的校园风气起到了积极的作用，进一步丰富了精神特区建设以及师德建设的内涵。

2. 活动渗透打造师德高地。为了让老师们进一步从优秀走向卓越，我们把 2012 年确定为"师德提高年"，大张旗鼓地开展师德提高活动，以道德立身为根本，以自主管理为基础，以言行高标为重点，以常规落实为抓手，强化师德教育，力行师德规范，优化制度环境，塑造人格魅力，用行动去证明，用数字来说话，带教风，促学风，转作风，优行风，推动了各项工作的持续发展。

衡水中学"师德提高年"活动实施方案

学校发展，教师为本；教师素质，师德为本。教师的思想政治和职业道德水平，直接关系到学生的健康成长，关系到学校又好又快的发展，关系到国家的前途和民族的未来。为全面贯彻落实全教会精神，不断推动学校的和谐发展，经学校研究决定，将 2012 年确定为"师德提高年"。现制订如下方案。

师德提高年动员大会

一、指导思想

高举科学发展观伟大旗帜，以质量提升为核心，以专业发展为目的，以道德立身为根本，以自主管理为基础，以言行高标为重点，以常规落实为抓手，强化师德教育，力行师德规范，优化制度环境，塑造人格魅力，用行动去证明，用数字来说话，带教风，促学风，转作风，优行风，推动各项工作持续发展，加速创建人文化、品牌化、国际化特色学校。

二、活动主题

从优秀走向卓越

三、基本原则

1. 坚持改革创新。更新师德观念，丰富师德内涵，转变工作思路，创新活动形式，破解发展难题，让创新为师德建设注入活力。

2. 强调严格管理。进一步提高认识，不断强化制度建设，努力探索长效机制，推行一票否决制，靠制度规范教职工的师德行为。

3. 突出自我教育。调动教职工自主成长的积极性，自我选择，自我约束，自我创造，自我提高，让自主发展成为一种行为习惯。

4. 注重正面引领。全面总结反思，加强正面引导，树立先进典型，弘扬优秀品德，形成学先进、比奉献、树形象的良好氛围。

四、主要举措

1. 把师德建设与创先争优活动结合起来。师德师风建设是创先争优活动的重要内容。要进一步提高师德修养，并将其转化为职业自律，转化为专业能力、工作态度，为创先争优注入强大动力，创造更加卓越的业绩。

2. 把师德建设与提高专业能力结合起来。既要切实强化师德师风建设的各项措施，又要努力促进教师专业能力的提高，培养高尚的师德，养育博大的情怀，打造精湛的技艺，施教化于无声，享受教育的幸福，实现人生的价值。

3. 把师德建设与优化班级管理结合起来。融高尚师德于班级管理之中，胸怀大爱与责任，奉献汗水和智慧，公正对待每个学生，尊重包容每个学生，不讽刺、不挖苦、不体罚，让班级管理更有效、更精彩、更阳光。

4. 把师德建设与落实常规工作结合起来。融师德师风建设于常规管理，把高尚师德渗透到每个细节之中，事事有人问、时时有人抓，创新得抓、有效得抓、持续得抓，实现师德建设常态化，把各项工作推上新的台阶。

5. 把师德建设与提高教学质量结合起来。师德无形，润物有声。要化"无形"为"有形"，精力用在课前，智慧用在课上，心血用在课后，努力追求教学效益最大化，使学生获得最丰硕的收益，不断创造新的高考奇迹。

6. 把师德建设与创优成长环境结合起来。既要以首席星级评选、校内聘任制、荣誉申报制等举措引领师德建设，又要切实为教职工服好务，在服务师生中进位夺标，让师生在服务中更加幸福，让和谐之花绽放得更精彩。

五、具体目标

1. 学会忠诚，感恩意识更加强烈。忠诚，就是对团队、对学校和家庭的无比热爱，就是在平凡岗位上建功立业的牺牲奉献。全校教职工都要做有道德的人，筑牢防线，拒绝诱惑，忠于岗位、忠于团队，感恩学校、回报学校，使荣校、兴校之情空前浓厚。

2. 学会奉献，工作热情明显增强。要进一步坚定职业理想，把工作当成一种使命，心无旁骛的想工作，专心致志的干工作，惜岗敬业，埋头苦干，释放激情，以饱满的热情、昂扬的斗志，主动打好进攻仗，夺取每一场战役的绝对胜利。

3. 学会担当，育人水平持续提升。要自觉承担教书育人重任，提高管理水平，提升工作艺术，了解学生情况，熟悉学生禀赋，理解学生需求，因材施教，按需施教，文明执教，善待每个学生，提高每个学生，让学生全面而有个性地成长，让自己幸福而快乐地发展。

4. 学会负责，教学质量显著提高。要做懂得负责的人，主动强化危机意识，放大危机效应，高起点定位，高标准要求，纵向比增值，横向找差距，立足现状，扬长补短，履职尽责，精益求精，追逐高分，追逐荣誉，向学校和社会交上一份令人震撼的答卷。

5. 学会自律，作风建设再上台阶。全面贯彻落实职业道德规范，自觉遵守有关纪律要求，廉洁从教，依法施教，不搞有偿家教，不酒后接触学生，杜绝一切有悖于教师职业道德规范的现象，杜绝一切有悖于教育教学规律的行为，杜绝一切有损于教育良好形象的各种问题。

6. 学会博爱，人文环境更加和谐。要做高品质的人，经常换位思考，能替他人考虑，团结协作，相互关心，尊重家长，给力同事，纯洁人际关系，倡导阳光交往，着力构建相互尊重、相互学习、相互促进的氛围，全力营造诚信友爱、和谐有序、充满活力的人文环境。

六、实施步骤

1. 动员部署阶段（2—4 月）

（1）宣传动员：组织召开动员大会，统一思想，提高认识，明确活动目的、意义和要求，全面进行部署动员。

（2）学习讨论：要组织学习相关文件和实施方案，如教科处要结合读书学习活动，组织学习《中小学教师职业道德规范》等；教务处要组织开展师德大讨论，制定《衡水中学教师师德十不准》，组织特级教师师德报告会；教育处、团委会要邀请全国师德标兵到校做先进事迹报告。各学科中心教研室、各处室都要围绕此活动开展讨论学习，并认真撰写心得体会，增强教职工净化心灵、提升道德的积极性和主动性。

2. 查找问题阶段（5 月）

（1）开展自查。要组织开展"两对照、两剖析、两查看"活动，一是对照职业道德规范基本要求和"十不准"，剖析思想观念上存在的问题，查看在教育目标、思想和行为等方面有无违背教育方针政策的言行；二是对照全国师德标兵与身边典范，剖析道德素质上存在的问题，查看是否有激情、有劲头、有奉献精神，有没有讽刺、挖苦和体罚等现象，有没有自律意识不强、作风涣散，言行不妥、形象不佳的问题，有没有工作方法简单、有损教师形象和衡中声誉的问题。

（2）广征意见。在个人自查的基础上，要通过多种形式和途径，主动听取方方面面的意见和建议，并进行梳理归纳。最后，要形成自我剖析材料，装入个人师德档案。

（3）民主评议。结合学生评教，对师德表现进行评议。评教分数60分以下的教师，要认真分析并查找不足，写出师德师风自我剖析报告，实事求是地分析问题根源。对不能自觉查找问题的，要给予严肃批评。

3．整改提高阶段（6—11月）

（1）制订整改方案。要根据查找到的问题，拿出改进措施，明确努力方向。教师个人的改进措施由相关主任把关，中层干部的改进措施由主管校长把关。

（2）强化整改落实。要依据整改目标，诚恳听取意见，交流沟通思想，及时进行规范和整改，不打折扣地落实好各项常规，进一步提高自身的师德师风水平。

（3）建立长效机制。一是建立师德档案，详细记录日常表现，做好师德考核，并将其作为评先评优、岗位聘用、职务评聘和绩效工资分配的重要依据。二是利用职业道德津贴、首席星级评选等举措，不断健全和完善奖惩机制。对师德水平低的教师，坚决实行"一票否决"。

4．总结表彰阶段（12月）

（1）选树典型。要通过活动的开展，深入挖掘，发现和选树一批师德标兵。年底，各学科中心教研室都要推荐3—5名典型人物，学校将通过不同形式，表彰一批师德建设优秀教师。

（2）宣传表彰。相关处室要在广播、报刊、网站等媒体上，大力宣传模范教师的典型事迹，在全校形成崇尚先进、学习先进、赶超先进的良好风气。

七、几点要求

1．组织机构。成立专项工作领导小组，校长任组长，各副校长任副组长，成员包括全体中层干部，其中，主管德育工作的副主任专抓本年级此项活动的开展和推进。

2. 高度重视。要站在推进学校科学发展的高度，认真对待这次活动的开展，事事抓在手上，时时放在心上，以高度的责任感搞好活动的开展和落实。

3. 落实责任。要把师德师风建设摆在队伍建设的首要位置，精心组织安排，切实找出不足，认真进行整改，防止流于形式；要上下协调一致，部门分工负责，共同推进活动的深入开展。

4. 营造氛围。要大力宣传其精神实质、根本要求和重大意义，宣传师德师风建设的先进典型，宣传相关部署、做法、经验和成效，及时报道进展情况，扩大社会影响力。

5. 统筹兼顾。要做好统筹协调工作，把"六个结合"落实到位，两手抓两不误，以活动的大推进，加快各项工作的开展，努力掀起新的创业高潮。

为深入落实该实施方案，我们组织全体教职工隆重召开了专门的动员大会，以期把这一活动轰轰烈烈地开展起来。在"师德提高年"动员大会上，我对教职工提出三点要求：首先，我希望老师们成为一个道德高尚的人。道德是做人的灵魂和根基，崇高的道德会让人问心无愧，心胸开阔，走向成功。做道德高尚的人就要不断学习。学习是对自己生命的尊重，学习者强，不学习者弱，学习者领先，不学习者落后，我们是强者还是弱者，是领先者还是落后者，也要从学习上找原因。要反思每天的学习状况，虽然我们每天很忙碌，但是只要我们认识到学习的重要，只要我们能静下心来学习，每天就能挤出很多时间学习。做道德高尚的人还要不断总结，人生贵在经历，人生赢在总结，所以，我们每学年、每学期、每天都要进行总结，从感性上升到理性，使总结对处理明天的问题有借鉴意义，对今后的工作有指导作用。我们通过不断地学习、总结、反省，知足知不足，不断提高自身道德水平。第二点，我希望老师们做一个幸福快乐的人。每个人都在追求幸福和快乐，但有的人一辈子也没有体会到幸福和快乐的真谛。其实幸福很简单，快乐很容易。让别人幸福就是我们最大的幸福，让别人快乐就是我们最大的快乐。对于我们教师来说，让更多的学生和家庭实现梦想，就是我们最大的幸福和快乐。我们要有正确的幸福观，不同的人幸福观不一样，幸福观不同，人生追求就不同，工作终极目标就不同，对自己的要求也就不同，有了正确的幸福观才能成为幸福的人。有了正确的幸福观，工作再忙也不会抱怨，困难再多也不会退缩，压力再大也不会放弃。作为老师，工作的重中之重是讲台，讲台高于一切，事业重于生命。当老师必须有崇高师德，必须有教育信仰，必须有阳光心态，才能走向幸福的课堂，才能培养出幸福的学生。我们要大力构建幸福文化，打造幸福校园、幸福班级、幸福学科组，我们要传播幸福的教育，成就幸福的老师，培养幸福的学生。我们要在学习、工作和生活中，真正地感到幸福，并让学生体验学习的幸福，成长的幸福。学校将不断为老师们创造幸福工作、幸福学习和生活的条件，力求让老师们成为全省乃至全国最幸福、最快乐的老师。第三点，我希望老师们争取做一个真正卓越的人。我们的校训是"追求卓越"，这四个字有着深刻含义，它要求我们不仅要做一个优秀的人，更要做一个卓越的人，卓越的内涵很多，比如卓越的学识、卓越的能力、卓越的修养和德行、卓越的业绩等，从平凡走向优秀不容易，但很多人都可以做到，我们的老师大多数都已经做到了这一点，但我们要从优秀走向卓越还有一段距离，从优秀走向卓越则更难、更重要、要求更高。这就要求老师们必须耐得住寂寞、经得起挫折、守得住成功，从成功走向更大的成功。从优秀走向卓越，就是要走在永无巅峰的路上，不断地自我突破和提高；要寻找抽打自己的鞭子，时时抽打自己、提醒自己、激发自己，永不满足，使自己成为鞭子底下的快马，跑向卓越。老师们要自觉加强三项修炼——愿景修炼、业务修炼、心智修炼。愿景修炼，即不断追求卓越，使自己成为一个永不停歇的行者；名师的诞生是追求卓越的结果，追求卓越就是要不断超越，做到更好。业务修炼，即提升业务素养，使自己成为一个孜孜不倦的学者。心智修炼，即学会哲学思考，使自己成为一个独具慧眼的智者。真有智慧的人关键之处不在于他总能解决问题，而在于他总能正确地做事情，总能不断地自我超越，逐步走向卓越。

这几年，刚刚参加工作的青年教师很多，他们的师德师风建设必须加强，这也是我们这几年重点做的一项工作，不仅每年上岗前半个月的岗前培训要大谈特谈师德建设，而且日常工作中每个处室、每个学科组织的所有会议，如青年教师阶段培训会、青年教师拜师仪式、五四青年节座谈会乃至班主任例会等，都要把师德建设作为一项重要内容来讲。这几年，在我的倡议下，学校还组织开展了"学习央视主持人"活动。央视主持人面对的是全国的观众，而教师面对的是未成年的学生，所以都需要注意自己的言谈举止，从一言一行做起，从自身形象树起，时时刻刻想到无数双眼睛在关注着我们，不然，业务即使再好，也得不到别人的认可。我们通过这一活动，引导老师们学习央视主持人认真严谨的工作作风、忠于职守的工作态度、乐观向上的生活精神以及渊博的学识、良好的仪表、文明的谈吐、大方的形象。

3. 榜样示范传递精神圣火。这些年，我们的师德师风建设，取得了明显的成效，情溢校园，爱满校园，涌现出了一批师德模范的典型。对于这些典型，我们大张旗鼓地进行宣传和表彰，使他们的崇高精神得以蔓延和扩大，使他们的高尚品德不断传递弘扬，产生越来越多的道德榜样，形成了爱岗敬业、爱生如子的良好氛围。在我校举办的师德报告会上，从教 40 年的数学特级教师，被学生尊称为"数学爷爷"的李朝山老师，饱含深情地说："有人说我是工作的机器，我不管，一如既往地最早来到办公室，最后离开办公室；有人说我是傻子，我不理，日复一日年复一年重复着昨天的故事；有人说我是老黄牛，我不睬，我干脆把'老牛自知夕阳晚，不用扬鞭自奋蹄'贴在我的桌上作为座右铭；有人说我是一本丰厚的书，把最美好的献给了学生，我不喜，仍像园丁一样让每朵花都散发出芳香；有人说我像普罗米修斯，给孩子们带来火种，成就了他们一生的幸福，我不傲，依旧默默无闻、无怨无悔地做我该做的事。不被荣辱所惊，不为毁誉所动，这一切，成就了我的事业，也给了我硬朗的体格，年逾花甲，精神矍铄还踌躇满志。有人说'夕阳无限好，只是近黄昏'，我要说'莫道桑榆晚，为霞尚满天'，我的事业刚刚开始。"

当时刚刚参加工作四年的青年教师李军燕在师德报告中说："踏入师范大学的那一刻，儿时的梦想在耳边回荡；与衡中签约的那一刻，我找到了梦起飞的地方；来衡中工作一周年时，我发现自己悄悄地爱上了她；决定要在衡水安家的那一刻，我对自己说，我要嫁给衡中。"在我们学校，类似的感人事例和肺腑之言还有很多。每一次师德报告会都成了一堂深刻的师德师爱课，讲得精彩，听得动容，感动了每一位教师，净化了每一颗心灵，升华了每一个人的思想境界。同时，师德报告会也是一次震撼心灵的精神盛宴，有效发挥了高尚师德的引领作用，影响和带动更多的老师不断走向新境界。

韩愈说过："师者，所以传道受业解惑也。"这里所说的"道"，指的是伦理道德，也就是一个人的品质。可见，千百年来，人们对教师的要求，一直都没有改变，就是道德品质为上。作为新时期的老师，当然也更应该具备良好的道德品质，具备奉献精神，始终对教育事业充满着热情。只有教师具备了这些良好的道德品质，才可能为学生"传道"。我校特级教师孙文盛也用自己的实际行动对师德、师爱进行了很好的诠释。她年迈的父亲生病住院时，她的学生正到了高三的关键时刻，一边是浓浓的父女情，一边是深深的师生爱。她说："我不能为工作而不顾父亲，也不能为了父亲而放下我的学生！那就只能超越自己了。"于是，在五个月的时间里，她白天照常上班，晚上照顾父亲，给父亲翻身、喂药、吸氧和喂水的时间一般不少于两个小时，而早晨不到7点就赶回学校。高考后，她的班级取得了优异的成绩，父亲的病也康复了。孙老师说："这好像是上帝在让我经受炼狱般的考验，但是我挺住了。我无愧于父母的养育，无愧于学校的培养，无愧于学生的信任，也无愧于自己的良心！"

郗会锁老师也是我校师德模范中的一个优秀代表。他有句话说得非常好，胸怀大爱方能成就未来，情系学子才能传递大爱。有一年，一个学生因母亲下岗待业，家庭非常拮据，在上高三的时候，父亲又在一次事故中成了植物人，雪上加霜，祸不单行，孩子一下子陷入了痛苦无助的深渊。在孩子面临最大的困难之际，郗会锁老师把两千块钱悄悄塞到了孩子手上，鼓励他坚强起来。两千块钱，现在看来也许微不足道，在当时却是两个月的工资。孩子受到老师的帮助和激励以后，迸发出了巨大的学习动力，最后以优异成绩考入了北京大学。现在，这个学生早已北大毕业，并且也开始了对贫困生的资助。爱心能够传递，让人倍感欣慰，因为它不仅会改变孩子的一生，改变一个家庭的命运，甚至还有助于良好社会风气的形成。类似这样关爱学生、帮助学生成才的故事还有很多，郗会锁因为突出的师德表现，不仅赢得了学生的爱戴、同事的尊重和社会的认可，更助力他取得了突出的工作业绩，先后被评为"全国模范教师""全国优秀班主任""特级教师"。

特级教师王文霞说："有一首歌最为动人，那就是师德；有一种人生最为美丽，那就是教师；有一种风景最为隽永，那就是师魂。曾经怀着对远方的热切向往，我选择了教师；曾经怀着对教育的执着追求，我踏进了衡中这块热土；为了朝拜我远方心中的圣地，我日夜兼程无怨无悔。因为我骄傲，我的名字是教师。"

学校应当是一个精神圣地，教师则应当是传递精神圣火的人。前面所谈到的几位老师，只是我校教师中的一些师德典型。但他们却成为整个教师队伍的榜样，在他们的示范带动下，我校教师成为一个充满爱心的团队，一个具有良好精神风尚的

师德与幸福女教师发展论坛

团队，一个不断创造奇迹的团队。

　　"其身正，不令而行；其身不正，虽令不从。"孔子的这句话，至今依然有着现实的意义。我们感觉，这些年来，通过精神特区的构建，整个学校的精神面貌的确发生了巨大变化，广大师生员工的思想境界和人格魅力得到极大提升，每个人都由此产生了一股想成名成家的志气，为校为生的正气，勃勃向上、锐意进取的朝气和不怕困难、敢打敢拼的勇气。学生们为了实现自己的理想，克服困难，奋发图强，你追我赶，你扶我帮，其乐融融，乐在其中，人人服务于他人，人人争做班级的主人。许多教师更是夙兴夜寐、勤奋工作，为了公务忘了家务，为了大家舍了小家，为了学子冷了孩子。有的老师遭遇车祸，腿脚受伤，在未痊愈的情况下，忍着痛，瘸着腿，走上了讲台；更有一些老师为了带好自己的班级，无论春夏秋冬，天天早来晚走，备课到深夜；学校每次大型考试后，老师们总是连夜把试卷看完……这样的事例不胜枚举，在衡中每天都有一首可歌可泣的故事发生，每天都有一曲忘我奉献的主旋律奏响，充满激情的工作状态和奋发向上的精神成为衡中一种人格背景和职业文化景观。我们的班子成员也好，老师也好，干在其中，爱在其中，乐在其中，享受在其中，老师们之所以能达到如上境界，是因为全校上下对"精神特区"的内涵理解得透彻，落实得到位。

我们认为，教育就是这样，就是人格引领人格，心灵感染心灵。我校创建精神特区，就是要让每一个人有激情、有追求、有向往，从而最终形成爱生、严谨、善诱、创新的教风，厚积、有恒、深思、求异的学风和博学、笃行、合作、进取的优良校风，校园成为师生喜爱、依恋和维护的精神家园，师生在这里共同成长，都很快乐。《中小学管理》杂志副主编沙培宁亲自到我校考察后，这样评价："每一位到过衡中的人，都会被弥漫在整个校园中的一种看不见却分明可以触摸的东西所感染。它无法量化，但可以感知；它无形无声，却有着撼动人心的力量。它，就是衡中特有的一种'精神'、一种'生态'。"对于这种"精神"和"生态"，我有着自己的理解：有人说，一个好校长是一所好学校，其实，校长固然重要，但决定学校好坏的关键不是一个人，而是学校整体的良好风气和良好氛围。我校的好风气和好氛围正是来源于我们所创建的"精神特区"，这也是衡水中学能够不被超越、屡创奇迹的根源所在。

（三）巩固师德建设成果

事实证明，我校精神特区创建工作获得了成功，得到了社会各界的广泛认可和普遍赞誉，许多单位带领老师来我校考察学习关于精神特区创建的做法，给了我们很多的鞭策和鼓励，同时也给了我们更大的压力和动力，促使我们进一步拓展深化这种价值取向，进一步丰盈这种精神气场。我们认识到，取得这一成果不容易，巩固和发展更重要。为此，必须建立一整套长效保障机制，要高度重视组织领导，抓好建章立制环节，在建设中巩固，在巩固中坚持，在坚持中完善，要严格问责机制，明确惩处办法，加强有效监督，切实强化老师们对自身职业道德修养的自律、自觉意识，同时还要充分肯定教师劳动的作用和劳动的成果，激发和保护他们敬业、乐业和精业的精神，从而使其更好地认同和遵守教师行业的职业道德。

强化师德建设的组织领导。

师德建设是一项长期的系统工程，需要学校坚强有力、一以贯之地组织领导，才能真正落到实处、取得长效。为此，学校在师德建设取得一定成果后，并没有沾沽自喜、放松警惕，而是付出更大努力，投入更多精力，努力做到工作不松、力度不减、细节不丢，进一步加强对师德建设工作的组织领导。

1.进一步落实领导责任。为保持师德建设工作的高标准和强力度，确保取得更加卓著的成果，学校针对师德建设工作，进一步落实了领导责任，全面强化了工作职责。一是由我亲自牵头开展，并担任学校师德建设工作领导小组组长，副组长由其他校级领导担任，成员由中层以上干部组成，统一谋划，统一调度，明确分工，明晰任务。领导小组下设办公室，由一名中层干部兼任领导小组办公室主任，负责协调组织工作，做好日常工作分工，制定具体工作目标，协调组织和领导以及指导学校的师德建设工作，切实保证"五个到位"，即机构到位、人员到位、经费到位、工作到位、措施到位，从根本上保证了师德建设工作的顺利开展。二是建立健全师德建设工作领导责任制，学校"一把手"履行"第一责任人"的责任，其他校级领导履行直接责任人的职责，真正把师德建设工作抓在手上、放在心上，把好方向、把握政策，切实加大推进指导力度，及时研究解决重大突出问题，做到了一级抓一级，层层抓落实。三是把师德建设工作纳入了学校工作计划和目标管理，定期召开专门会议，进行研究、布置，同时学校领导班子和中层干部主动发挥带头作用，针对自身存在的师德缺失、行为失范等问题积极开展自查自纠，认真进行整改工作。特别是在每周五晚上召开的党班联席会上，我经常对中层干部给予指导性意见和建议，确保师德建设工作扎实有序健康地开展。

2.进一步加强宣传引导。学校充分运用专题《简报》、校报、校园广播、网站、橱窗、板报等平台，大力传达落实师德建设相关文件精神，及时反映师德建设工作的进展和成效，发现和挖掘一批叫得响、立得住的先进典型，同时还要曝光违反师德的反面典型，以点带面，典型引路，用身边鲜活生动的事例教育身边人，形成正确的舆论导向，营造良好的舆论氛围，为师德建设的深入推进奠定了坚实基础。一是建好了"一网"，即在校园网上开辟了最美教师宣传专栏、名师风采专栏等，展现当代教师的精神风貌，利用法律法规、典型案例集锦等，对广大党员干部进行师德师风培训教育。二是办好了"一报"，即校报《衡中时空》，积极宣传报道师德建设工作的思路、举措、做法、成绩、先进人物和典型事迹，营造了良好的舆论氛围。三是开办了"一台"，即校园天地广播电台，开设了"师德师风"专栏，通过故事、访谈、播报等形式，倡导师德新风尚，宣传师德好榜样，教育教职员工清心自守、清醒自重、清正自励，筑牢道德防线，坚守为师底线。四是设置了"一栏"，即校园宣传栏，或张贴各种报刊，或刊发名人名言，或报道典型教育事迹，引导老师们永葆教师教书育人的鲜明本色。五是利用了"一屏"，即 LED 大型电子显示屏，坚持每天播报一条师德建设快讯，启发老师们以敬畏之心对"权"，以感恩之心对"位"，以平常之心对"名"，以知足之心对"利"。

健全师德建设的保障制度。

无规矩不成方圆。制度建设是师德建设顺利推进和成果巩固的基础和保障。学校依据有关法律法规和《中小学教师职业道德规范》《中小学教师违反职业道德行为处理办法》等，不断加强学校师德建设制度创新，强化制度规范的执行力，对违规违纪行为"零容忍"，使规章制度真正起到防火墙、防风林的作用，在全体教职员工内心深处架起了一道道高压线和警戒线，切实保障师德建设工作有计划、有目标地开展，使学校的领导制度更加健全，决策机制更加完善，形成了有章可循、有制可依的良好局面。

1. 大力推行"七条禁令"。即禁止教职工酒后进入教室和学生宿舍，且不能和家长以及学生谈话；禁止无故旷工、旷课、旷会等现象发生，违者一律按教学事故论处；禁止体罚、语罚学生以及变相体罚、语罚学生，违者一律一票否决；禁止教师组织有偿性补课，寒暑假及节假日也不能办班搞有偿家教；禁止教师集体吃请及接受学生家长的礼物，更不能向家长索要礼物；禁止教师组织或诱导学生征订、购买各种教辅资料和盗版图书等；禁止教职工拉帮结伙、痴迷网络以及搓麻打牌等不良现象的发生。凡是触犯底线的教职工，学校都会给予相应处理。对师德偶尔失范者及时戒勉，对师德多次考核不合格者严肃处理，对有严重失德行为、情节严重、影响恶劣者予以解聘，触犯刑律的及时移交司法机关处理。我校曾有一位历史教师利用假期办补习班，学校知道后，严格按规定对该教师做出了"限期调离"的处理决定。现在，每到假期，教师们无一人搞有偿家教或办补习班，而是把精力投入到继续学习、提高业务素质上。

2. 建立师德监督机制。加强督促检查是强化师德建设的有效手段。只有发挥好督促检查的作用，才能保证师德建设工作持续取得实实在在的成效。为此，学校逐渐构建起了学校、教师、学生、家长和社会广泛参与的师德监督体系。一是校纪委依其职能对党员及领导干部进行全面监督，重点是对党员干部是否廉政、勤政等方面进行监督。督查室采取常态检查、定期抽查等方式，抓住体罚语罚、集体吃请等重点环节、重点领域搞好督导，有效传导压力，及时解决问题。教代会依法行使监督权力，并以投票方式对学校领导和各职能部门的工作进行考核，使民主评议监督权得到落实。二是搭建师德投诉、举报平台，不断拓展师德监督渠道，及时获取掌握师德信息动态。通过"三会一日"——社会监督员、学生家长和师生代表座谈会以及集中接待开放日，"三箱一线"——网络留言箱、校长电子邮箱、意见反馈箱和行风热线，广泛征询意见建议，接受广大师生、家长和社会的监督；成立了学生家长委员会，其成员参与学校办学，进行听课、评价教师等活动；推行了学生调研员制度、义务监督员制度等，学生调研员由各班不同层面的学生组成，每周向学校反馈一次师德、教学等方面的信息。

3. 实行开放评价机制。学校在坚持过程性评价与终结性评价相结合、定量评价与定性评价相结合、自我评价与他人评价相结合等"三结合"的基础上，制订了开放式的教师分层评价方案，构建了全方位的动态性教师教育教学评价体系，主要包括：自我评价、学生评价、家长评价、学校评价。评价内容涵盖教师的职业道德、学识水平、业务能力、学生和家长满意度等方方面面的内容。评价结果不仅及时予以反馈，而且还列入教师年度考核，作为评优选模、聘任以及年度考核的重要参考依据。与此同时，为了促进教师的整体发展，学校还特别重视对各教研组的集体评价。开放式的评价方式，实现了评价过程的动态化、评价主体的互动化、评价内容的多元化，促使教师不断从经验型成长为反思型、专家型教师，工作积极性与主动性空前高涨。

4. 推行全员聘任机制。学校本着"任人唯贤，扬长避短，人尽其才，职尽其用"的宗旨，改革旧的人事聘任制度，按照"竞争上岗、双向选择、择优聘任"的原则，制定出台了《衡水中学竞争上岗、择优聘用工作暂行办法》。每年暑期，学校都要根据《暂行办法》的具体规定进行全员聘任，全校教职工在认真反思自己的工作情况后填写《工作志愿表》，自主申报学校编制内的任何一个或多个工作岗位，而竞争什么样的工作岗位，唯一的筹码就是自己过去的工作业绩。工作业绩突出者，就有了选择岗位的资本，这样一来广大教职工的工作热情被极大地调动了起来。

5. 落实工资动态机制。 本着"多劳多得，优劳优酬，拉大差距，体现层次"的原则，在将国家财政下拨的工资作为基础工资的前提下，大力改革津贴发放办法，不断增大浮动力度，不断向教学一线倾斜，不断向高三年级倾斜，破除平均分配，同时推行高职低聘、低职高聘制度，有效调动了广大教职工的积极性。

师德建设不能一蹴而就，也不会一劳永逸，没有休止符，永远在路上，需要常抓常新、抓长抓细。我们把精神特区创建作为师德建设的载体，努力打造一支学生尊重、家长信赖、社会满意的教师队伍，这让每一位教职工都生发出强烈的实现自身价值的欲望，教师播种幸福的教育、学生享受教育的幸福成了校园里一道靓丽的景观。

二、促进教师专业成长

习近平总书记强调，努力培养造就一大批一流教师，不断提高教师队伍整体素质，是当前和今后一段时间我国教育事业发展的紧迫任务。《国家中长期教育改革和发展规划纲要（2010—2020年）》也明确指出，要努力造就一支师德高尚、业务精湛、结构合理、充满活力的高素质专业化教师队伍。可以说，教师专业成长是国家对教师队伍建设提出的战略目标，对于推动教育事业科学发展具有深远意义，已成为每一所学校面临的一个时代课题。鉴于此，我校始终把教师专业成长作为一项基础性、长期性和全局性的大事来抓，不断创新形式，大力活化载体，努力做实过程，不断提高教师队伍的整体素质。

（一）加强教师专业发展学校建设

百年大计，教育为本；教育大计，教师为本。面对日益发展的教育新形势，学校清楚地认识到，学校要发展，教师是关键，只有不断加快教师队伍的专业成长，才能实现学生的发展，实现教育教学质量的提高。因此，学校牢固树立教师专业成长和岗位终身学习理念，坚持把建设好教师专业发展学校作为矢志不移的追求目标，通过行动跟进、感悟体验、机制保障、内化价值等途径，努力创建教师专业成长文化，并使其贯穿到整个办学过程中，渗透到每一项具体工作上，进而培育了一大批在省内外有影响的名师。

高度重视，健全组织。

一是成立了由我任组长、其他校领导任副组长的教师专业发展学校建设领导小组，成员由中层干部组成，小组成员分工明确、责任到人，扎实履行领导、指导和监督的责任。二是成立专门的管理机构——班主任专业化发展研究室，认真抓好教师专业发展学校各项工作的组织实施，确保月度有检查，学期有总结，学年有考核评价和奖惩。同时，学校撤销了教研组，成立了各学科中心教研室，以方便学科组发挥作用，切实加强教师专业方面的培训。学校还进一步明确了班主任专业化发展研究室与教科处、教务处、年级部和各学科中心教研室的职责和任务，做到职责清晰，分工合作，协调联动，扎实推进各项工作的开展和深化。三是制定了《衡水中学教师专业发展学校发展规划》，把教师专业发展学校建设纳入了学校工作计划和目标管理之中，明确了建设和发展目标，力争培养一大批在全国有较大影响的专家型名师，全力以赴创建全国示范性教师专业发展学校。四是制定了《教师个人发展规划》，并自主开发了《师生发展管理系统》，每位教师据此制订了自己的专业发展计划，目标明确，任务具体，完善了教师业务档案管理，极具操作性和可行性。

建章立制，科学管理。

学校坚持以人为本的原则，先后制定完善了相关规章制度 50 余项，一是继续教育类，如《衡水中学关于教师在职和脱产进修的暂行规定》《衡水中学教师全员岗位培训细则》等，对教师的学历进修和校本培训提出明确要求。二是教学研究类，如《任课教师听评课制度》《教师集体教研制度》等。三是评价激励类，如《关于教师工作岗位竞争的暂行方案》《教师教学情况学生问卷调查方案》《关于学生家长评价科任教师的规定》《教育教学科研成果评选办法》《优秀备课组评选办法》《班主任职级评定及津贴发放暂行办法》《首席教师、星级教师评聘方案》《首席班主任、星级班主任评聘方案》《星级服务标兵评选方案》等，不仅建立起了教师、家长、学生均能参与其中的多元化评价体系，而且有效构建了完善的教师专业发展评价激励机制。

这些规章制度，确保了教师享有专业发展的各种权利，大大激发了教师追求专业发展的主动性和积极性。

优化设施，完善硬件。

为切实推进教师专业发展学校的工作，学校在硬件和经费上给予了鼎力支持。一是筹建了面积达 5500 平方米的图书馆，馆藏纸质图书 15 万余册，电子图书 22 万余册，音像资料 4000 余盘（套），学科资源库约 3400GB，并订阅了各种期刊 330 余种，满足了教师多元发展的需要。在此基础上，学校每年都要至少拨付 30 余万元专款，不断更新和丰富各种图书资源。二是先后投资 2000 多万元用于现代教育技术基础设施建设，构建了规范完善、功能健全的数字信息校园网络，如教学子网、办公子网、图书馆子网、财务人事子网等。其中，教学子网包括微机校园网、多媒体教学系统、教学观摩系统、智能广播系统等，校内所有区域相互连接，教师人手一台电脑，多媒体进入了每个教室，且和因特网互联互通，一个人文化、数字化校园业已建成。三是设立了教师专业培训、发展专项经费，并能按时到位。同时，学校还想方设法筹措资金支持教师专业发展学校的建设和发展，每年都能筹措数十万元资金，大大加快了该项工作的建设和发展步伐。

（二）营造教师专业发展和谐环境

学校只有切实从教师的需求出发，持之以恒做好人文关怀，营造一个和谐的良好发展环境，才能让教师积极、主动、开心地工作，才能让教师获得成功感、幸福感、责任感，从而使教师的专业成长与学生的全面发展共生共进。

强化人文关怀，滋养教师生命成长。

我们认为，教育是做人的事业，管理者要走入被管理者的心灵，探求到他们生命中最渴望的东西，并加以引导，以人性化管理促个性化发展。有关研究资料证明，广大教师对于民主、平等、尊重的渴求，对于参与学校管理的欲望，较其他社会群体有着更加强烈的追求，更加注重个人事业的发展，更加注重生命价值的实现。明确了这一点，我们的重点工作之一就是致力于关注教师心灵需求，创建和谐的工作环境，激发教师的工作热情，挖掘教师的工作潜力。我们主要从四个方面做了有益尝试：

1. 放下位子观念，让教师做主人翁。其实，这也是"以教师发展为本"的重要体现。为此，我校进一步完善了工会和教代会制度，凡是关系学校发展和教职工切身利益的事，都要通过教代会广泛征求教职工的意见和建议，努力把治校意图转化为教职工的积极意愿，以形成强大的凝聚力、向心力和创新力。教代会定期听取并审议学校的重大决策及工作报告，并对学校工作提出意见和建议。另外，为了让更多的教职工参与学校管理，我们还成立了校务咨询委员会、年级事务咨询委员会，推行了教学副主任制度、德育副主任制度、学科副主任、科室调研员制度、义务监督员制度、财务监督员制度等，对学校的发展和各项工作予以监督、参与管理、提出建议。此外，学校还通过设立校长心桥信箱、网上留言箱、召开恳谈会、组织问卷调查等途径和形式，一方面接受教职工的监督，另一方面收集他们对学校的建议，并提交学校党政联席会研究解决。正是由于学校创造了让教师参与学校管理和决策的机会与条件，广大教职工深切感受到了来自学校的尊重、关注、理解和信任，由此变得活跃、和谐起来。这样，学校内部"无疆界"的信息沟通与共享，激发了教师的专业发展愿望，成为自觉的创新主体。正如心理学家艾曼贝尔所说："当人们被工作本身的满意和挑战所激发，而不是被外在的压力所激发时，才表现得最有创造力。"

2. 满足生活需要，使教师专注工作。只有帮助老师们解决了生活中的后顾之忧，他们才能将注意力全部转移到工作上来。为此，我校始终把老师们的呼声当作第一信号，把老师们的需要当作第一追求，把老师们的满意当作第一标准，想教师之所想，急教师之所急，办教师之所需。于是，无论是青年教师婚恋问题，还是老师们家里遇到红白大事，或是水电暖出了问题，学校总有专人在第一时间为老师们解决。只要是把工作干好了，房子、荣誉、职称等，学校都会替老师们做好。把教师从琐碎的生活事务中解脱出来，让他们衣食无忧、安居乐业。这一切，让广大教职工感到他们就是学校的一员、就是学校的主人。我们为老师提供的支持越多，老师们的工作就会越努力。实践告诉我们，满足教师需求、做好人文关怀是促进教师专业化发展的基础和前提。只有这样，才能激发教师专业发展的内驱力，才能发掘教师的潜能潜质和鲜明个性，才能促使广大教师真正成为学校的主人，其事业的成功、人生价值的实现也就水到渠成了。

3. 注重情感引导，用心灵赢得心灵。"感人心者，莫先乎情"，情感是人类个体思想意识、道德行为强有力的发动者和鼓舞者。而学校是知识分子成堆的地方，知识分子最重感情，最需要领导的理解、尊重和信任。我们的具体做法就是班子成员始终做到"三个经常"：一是经常深入教育教学第一线。学校规定领导班子成员每周听评课节数不能低于四节，而且还要参加各种教研活动，召开座谈会，及时掌握广大教师业务上的第一手素材，了解他们在追求事业成功的道路上最需要什么，最缺少什么，并及时给予解决。例如：目前，我校所有的一线任课教师，哪个教师担任什么课程，教哪个班的课，教学上有什么特点，性格如何，家庭情况怎样，几个校长都心中有数。二是经常与教师进行个别谈心，这也是我们所有管理人员每天的一项重要工作。例如：我们的各项工作都有检查、记录和评比，像出勤、教研、期考、班级管理等，其结果通过一定的形式，在一定范围内公开，但基本上不与奖金挂钩，不牵涉其经济利益。对于表现欠佳的教师，学校不是对其一味责备训斥，总是照顾他的自尊和面子，找其谈心交流，从他们的前途和荣誉出发，帮其分析原因，老师们都很受感动。说实话，老师们非常在乎这种被关注、被尊重、被重视的感觉。和谐的情感交流，不仅使我们了解了广大教师的思想状况和思想动态，而且增进了干群之间的亲情。三是经常参加广大教师的文体活动。教工拔河比赛时，我们会去加油助威；元旦文艺联欢时，我们还要出个节目，等等，我们和老师感情上贴得很近，增强了教师的干劲和拼劲。

老师们的生存状态和情感状态得到了关爱，这一切都转化成了老师们专业成长中的动力。广大教师精神面貌无比振奋，人人都想干一番事业，个个都想追求更高的人生价值，提升自身水平的需要自然而然就摆上了他们的生活日程。一位老师对我说，她在外地参加观摩课大赛前夕，收到了我的一个问候与祝福的短信，她感动得热泪盈眶。她说，校长的工作千头万绪，可是，却没有忘记给她以鼓励。那一刻，她不但感动得流泪了，更重要的是，她的心里充盈了一种无法言说的自豪感。同去参赛的外地教师，没有收到这样的短信，他们的羡慕，让她有了更大的自豪感。那一次，她得了一等奖。她说，她很自豪、很兴奋，学校领导无微不至的关心与照顾，让他们感到更幸福。因为老师们想到的，学校想到了；老师们没有想到的，学校也想到了。没有了后顾之忧，有的只是好好工作。

重视团队合作，营造和谐发展氛围。

21 世纪是一个合作的世纪，单打独斗与信息共享化、全球一体化的时代潮流背道而驰。古人云："独学而无友，则孤陋而寡闻。"孔子、范仲淹、普鲁斯特等，古今中外许多成大器者，都十分重视交流与合作，其道理就在于此。特别是对于投身新课程改革的广大教师来说，交流与合作已成为现代教师的一种优良品质。因为，交流与合作是教育灵感的重要来源，也是教师专业发展的重要途径。但在实际工作中，由于教师这一职业的特殊性，有的往往只关心自己的"自留地"，不懂得沟通、不善于交流、不乐意分享，不要说带徒弟了，甚至同事听节课都不愿意，久而久之，必然会形成故步自封的职业僵局。戏剧大师萧伯纳说，你有一个苹果，我有一个苹果，彼此交换，每人还是一个苹果，但你有一个思想，我有一个思想，彼此交换，每个人就有两个甚至多个思想。因此，要推动教师专业化发展，就必须积极营造合作型校园文化，把共生共赢作为发展基础，把团结合作作为发展法则，高度重视交往与合作能力的培养，研讨、对话、分享，不断加强个体间的沟通和交流，如教师之间、师生之间、学科之间、校际之间等，在合作中竞争，在竞争中发展，才能创造出富有个性的课堂教学，才能形成特色鲜明的教育风格，才能走向可持续的专业发展之道。

班主任读书报告会

在我校当前的教育教学工作中，交流与合作体现得尤为突出，老师们在竞争中合作，在合作中竞争，打造团队精神，逐步走上了合作共赢的道路。其间，学校特别提出了"三年一盘棋"的思想，并在教育管理、教学安排等方方面面都有体现。学校还想方设法挖掘中层干部协作体、年级协作体、学科协作体、班级管理协作体的潜力和活力，使之成为责任协作体、质量协作体、利益协作体，要求每一位教师都要提高认识，通盘考虑，顾全大局，全心全意服务于各协作体的整体发展。同时，我校还通过"捆绑"考核，把对个人的考核放到团队中去，如高考奖惩方案的制订、红旗备课组的评选等，都重点突出了对整个团队的考核评估。此外，学校还实现了学案、自助餐、作业、课件等教育资源的完全共享。如，任何教师通过教学观摩系统，在校内任何一台计算机上，都可以观摩学习任何一个教室内的教师授课情况。再如，每周的教研、青年教师听评课等，都是老师们互相学习的机会。有的老师外出赛课时，为准备一节课，全组老师一次次听评，一次次修正，每一次都是不遗余力，因为大家知道，这节课代表的将是全组的水平……在我们衡中，大家会感到，每天你都在为团队工作，团队也在为你工作，凝聚力由此而来。正如王小铭老师在文章《把备课组像自己的家一样经营》中写到的："我们经常说的一句话就是——我就是学科组，学科组就是我。大家真的如兄弟姐妹般在这个'家'里生活，其乐融融。所以，这个家里才有了如此温馨的故事：一位老师麦麦去江苏考察学习几天，从走后那天起，组里的同事就天天盼着她回来，到第三天时，一位同事说，我们亲爱的麦麦带着江苏的气息正在一步步靠近我们……"

创设公平氛围，激发教师成长欲望。

一是无论高一新生入学分班，还是文理科分班，学校都采取按分数、性别各一条龙，微机排队，班主任随机抓阄任命的做法。任何人，包括校领导都不能搞小动作。这样，所有的班级、所有的教师就站在了同一个起跑线上，竞争有了公平性、可比性、挑战性。二是在各班教师的配备上，充分考虑性别、上过高三和没上过高三等因素进行均衡搭配。在教师教学成绩的评价上，学校创新推出了增值评价的方式，使之更为公平、客观。三是外出作课、对外做报告或上公开课，每个教师一般只有一次机会，这样就使每一位教师都有了机会。四是打破论资排辈、平均主义思想，让能者上得去，庸者下得来。老教师和新教师从来都是站在同一起跑线上。每年暑假，学校都要进行竞聘，从刚毕业的大学生中选用一半左右的教师担任班主任，让他们一踏上工作岗位，就面对一系列机遇和挑战，开足马力，全力以赴，在不断克服困难的过程中经受了锻炼，增长了才干，增强了自信，获得了成功的愉悦。除了每个年级的班主任由学校统一安排外，其他的任课岗位，都要实行"班科双选"，班主任和任课老师之间相互进行选择。一切都是公开进行的，每个人的机会都是均等的。如果你的表现不好，可能就要下岗了。每年都会有新生力量进来，淘汰不可避免。学校规定第一次上高三的青年教师比例均不低于二分之一，在我校，能够到高三任教，对老师首先是一种荣誉，再就是一种认可和信任，也正是有了这种认可和信任，青年教师的工作激情、主动性、积极性被极大挖掘出来，加上初生牛犊不怕虎的精神，初上高三就创造高考奇迹的大有人在，一些青年教师刚刚工作两三年就成为高三教师，有的还担任了学科组长，甚至中层干部。学校为教师创设了公平的成长环境，只要肯干事、干好事、干出实绩，学校就认可你、承认你，就会给其相应的待遇，积极进取成了学校的主旋律。

（三）提高广大教师的专业化水平

培训、进修是教师专业成长之源。为此，我校不断强化和创新培训模式，努力拓宽培训渠道和途径，大力创设教师专业化发展平台，加快了教师专业化发展的进程。

学校举办全国教师专业发展论坛

强化学习，加快提升教师理论素养

学习是前进的基础，比如毛泽东，一部《资治通鉴》读过十七遍；又如比尔·盖茨，每周至少阅读五本书……素质以学习来奠基，人生靠读书来塑造，荣誉用成功来彪炳。特别是随着教育形势的变化，广大教师必须树立终身学习的理念。为此，我要求老师们始终保持愚蠢，保持饥饿，不要把自己看得多么高大，多么聪明，要把别人看得聪明一些、看得高一些，把自己看得低一点、"愚蠢"一点，不断学习思想政治，学习业务理论，学习如何做事，学习如何做人，从依赖、依靠到自主、自觉，从"被提高""被成长"到主动发展，不以工作忙为借口，不以事务多为推托，毫不懈怠地学、不遗余力地学，积极转变教育观念，主动拓宽知识视野，努力吸纳各种新知，不断更新知识结构，在学习中工作、在工作中研究、在研究中发展，做人要知足、做事知不足、做学问不知足，不容忍一个"过得去"，不原谅一个"小差错"，不放过一个"低标准"，全力提升人格魅力，全面提高专业水平，努力成长为一名德艺双馨的学习型教师。由此，广大教师才能不断提高执行力和创新力，才能不断找出差距，经常发现不足，从而创新不断，跨越发展，使自己成为学生的"源头活水"，才能适应时代对教育提出的新要求，立足岗位创先争优，为学生的幸福和学校的发展做出更大的贡献。

为此，学校连续开展了"学习提高年""素质提高年"等主题年活动。就拿"教师培养推进年"活动来说，学校精心制订了《教师培养推进年活动方案》，通过创新学习机制和学习方法，营造了浓厚的学习氛围，掀起了学习的新高潮，进而让教师不断提升素质，不断发展自我，高标准工作，高境界做人，高品位生活。

衡水中学"2013教师培养推进年"活动实施方案

为深入学习贯彻落实党的十八大精神，培养教师高尚品德，促进教师专业发展，提高队伍整体素质，打造名优教师团队，促进学校持续发展，现结合学校实际工作，特制订本活动方案。

一、指导思想

深入践行刘延东视察我校时所提要求，全面贯彻党的教育方针，全力推进素质教育，以立德树人为根本，以师德建设为基石，以专业成长为核心，以课堂教学和特色活动为载体，多措并举，研培结合，贯穿全程，激励教师人人争做真的追寻者、善的传播者、美的创造者和爱的奉献者。

二、目标任务

要构建全覆盖、全方位、高效能的教师培养机制，让广大教师在职业道德、教育理论、专业知识和文化修养上有新提高，在教育理念、教学方法、教学效果和教学业绩上有大变化，彰显自身的教学个性，形成鲜明的教学风格，培养一批师德高尚、专业过硬、心理阳光的创新型教师。

三、组织机构

学校成立专项工作领导小组，校长任组长，其他校级领导任副组长，成员包括全体中层干部。此项活动由教务处牵头，具体负责活动的安排、部署、开展以及推进。

四、具体内容

要重点在师德、师能、师艺三方面下功夫，进一步完善评估和考核激励机制，促使教职工释放巨大正能量，最大限度提高自身专业水平。

1. 召开"三三三"教学法研讨会。一是从学校层面对其归纳总结和提升，研究拿出指导性文件，引领教师进行个性化教学改革；二是从学科角度分别对其进行理论总结提升，并把具有学科特色的教学法写入本学科教学纲要。

2. 对各种课型进行全面系统研究。紧密结合"三三三"教学法，各学科5月底至少完成对三个课型的研究，每个课型至少配有一个典型课例，力争年底编辑出版《学科规范手册》。

3. 认真组织开展优质课比赛活动。从实践层面上进一步完善和深化"三三三"教学法。赛后，各学科均要拿出"三三三"教学法典型课例。

4. 组织好师德报告会等相关会议。教务处要把重心放在师德建设上，进一步增强师德建设的力度，引领教师学会忠诚，懂得担当，甘于奉献，乐于包容，人人成为有责任、有良心、有道德的人。

5. 进一步深入推进知识富脑工程。要把《做幸福教师》一书作为必读书目，认真研读，汲取营养，净化师德，提高师能，锤炼师艺，让教学更富艺术性，让工作更具创造性。

6. 切实把相关教学常规做出新意。如"一课一研一思""点课、邀课、宴课"等，以常规为载体，开展岗位培训，提升教师实施新课程的能力和水平，促进教育教学质量的全面提高。

7. 做好青年教师"过五关"考核。要创新举措，拓展内容，丰富形式，使其在学习、实践、研究、反思、总结中提高，形成良好的师德规范，树立先进的教育理念，掌握科学的教育方法，尽快成长为独具教育教学魅力的优秀教师。

8. 认真组织召开教学创新研讨会。要精心谋划，认真把关，全面筛选，充分发挥各学科所推选优秀代表的示范作用，引领广大教师构建鲜明的教学个性。

9. 全面组织开展学科文化节活动。要制订学科实施方案，组织开展系列活动，使其最大限度吸引学生，让学生在参与中提高学科素养和能力。年底，开展"最受学生欢迎的学科文化节"评选活动。

10. 切实组织好各项培训提高活动。如班主任素质大赛、外出学习考察、各类大型会议以及青年教师希望之星评选等，学习新知识，掌握新技能，提高新能力，增长新经验。同时，要编辑出版《学科组长工作手册》《班主任工作手册》等书籍，以此为载体，提高参编教师的理论水平和综合能力。

五、实施步骤

1. 发动阶段（2月）。组织召开动员大会，统一思想，提高认识，明确目的、意义和要求，全面进行部署，进行广泛发动，浓厚活动氛围。

2. 实施阶段（3月—11月）。相关处室、级部、学科中心教研室要分别结合日常工作，全面发动，精心组织，认真落实，关注细节，注重过程，强化管理，正面激励，确保取得实效。

3. 总结阶段（12月）。要分别组织研讨交流会，查找差距，总结经验，梳理和挖掘专业成长较快教师的发展规律，宣传和推广他们的成功经验和先进事迹，征集材料，汇编集册，形成成果。

六、活动要求

1. 高度重视。要站在推进学校持续发展的高度，充分认识活动的重要性和必要性，时时放在心上，事事抓在手上，以高度的责任感和强烈的使命感，全面搞好动员，营造良好氛围。

2. 狠抓落实。教师专业成长是一项系统工程，要根据不同岗位不同学科教师的工作实际和特点，精心组织安排，全面进行提高，不图形式，不走过场，共同推进活动的深入开展。

3. 注重过程。紧紧抓住日常每个提高发展的契机，并且充分利用日常各种会议，交流沟通，相互学习，定期调度，强化考核。6月份，要分别进行阶段性总结，制定下半年推进措施。

4. 完善机制。要完善教师专业成长管理和评价机制，科学推进活动的深入开展，并于年底对先进典型进行表彰。其中，要注意适时推介，大力宣传，树立形象；要注重文字积累，形成档案资料。

另外，学校也深刻地认识到，在人类几千年的教育发展史中，创造和积累了许多宝贵的教育思想，这些财富保存的载体主要就是教育经典著作。阅读经典，与教育家对话，与智者牵手，是教师成长的基本条件，也是教师教育思想形成与发展的基础。在新课程理念指导下的教师专业化发展，应该把教师读书放在战略地位上。鉴于此，从2004年开始，我校开展了推进知识富脑、创建书香校园活动，出台了《关于组织教师开展读书活动的实施方案》，把读书活动纳入学校学期工作计划当中，有组织、有计划、有目标地在全校大力开展"知识富脑"活动，全力打造书香校园。学校每年举办一次读书节，规定每学期每位教师可购买两本图书，一本由学校统一配备，另一本由老师个人选购，学校报销书费。几年来，老师们先后通读了《自动自发地工作》《爱心与教育》《爱的教育》《给教师的建议》《责任决定成败》《世界经典教育案例》《班主任兵法》等教育书籍，很多老师的读书笔记都写了十几本，极大地开阔了教师的视野，激发了教师读书的欲望与需要。同时，学校坚持"学、考、讲"相结合，组织了读书报告会，我们校领导和老师们轮流上台演讲交流，畅谈读书收获，交流所思所想，实现了学习资源的共享，让教师在学习交流中提升了专业理论素质。读的书多了，老师们的理论水平上升了，需要更多地交流沟通平台，于是，从2008年开始，我们在校园网上为老师们创建了"书香博客"，并每学期组织一次"十佳书香博客"评选活动,这样,就给每一位教师开拓了读书、写作、交流的更大平台,论坛式的交流在衡中校园悄然形成。此外,学校每周的党政联席会首项内容就是集体学习,雷打不动。学校还分别在三个年级的备课区内开设了小型阅览室,并装备了各种专业理论图书,为教师的理论学习和专业发展创造了便利条件。

创设平台,全面促进教师专业成长。

1. 请进来讲。与大师牵手,和名家对话,是我们给全体教职工送上的丰富精神给养。因此,我提出,要周周有讲座,月月有专家,不但要有教育方面的大家,还要有各行各业的优秀人物讲座、名人讲座,要走近名人、学习名人、成为名人。于是教育专家走进了衡中,如全国著名的教育改革家魏书生、全国优秀班主任任小艾、反思型教育专家李镇西、中国教育学会原会长顾明远、全国优秀班主任丁榕、青少年教育专家孙云晓、教育改革家李希贵、诱思探究教学理论创始人张熊飞、上海建平中学程红兵校长等。同时,相关学者、名人等优秀人物也应邀来到了衡中,如外交部原部长李肇星、"百家讲坛"名嘴纪连海、中国浦东干部学院教授郑金洲、北京开心妈妈工作室屈开、河北青年五四奖章获得者李玉奎等。他们从不同角度、不同领域为老师开设讲座,让我们的老师站在更高的层次上审视自己的执教思想和教育教学行为,极大地开阔了老师们的视野,加强了高层次的专业引领,有效地提升了老师们的专业化水平。

2. 走出去学。俗话说得好:他山之石,可以攻玉。走出去,眼界开阔了,思想就能受到启发,就会萌生很多新想法。"走出去学",最初的想法是让老师们走出衡中,学习他人,为我所用。后来,伴随着实践,我们的思考也在不断深入,其实,"走出去学"绝不是简单地现学现卖,它还有着更为深远的意义,一是"跳出衡中看衡中",到全国各地的名校去参观学习,客观反思、审视我们的教育教学。比如,我们每学期都要分期分批组织全体教师去京、津、沪、苏、鲁、皖、鄂、晋、陕等地的名校去参观考察,每学期每位教师至少出去一次,各科室自己选择对口较强的学校,去参观考察。二是"跳出学校看学校",组织老师们到企业、到工厂、到科研院所等去学习。比如,带领老师们去海南三亚海军基地、山东青岛海尔集团、革命圣地西柏坡、天安门国旗护卫队等去参观考察。正所谓:看窗外别样风景,谋自身专业发展。三是"跳出教育看教育",让老师们到文化古迹、旅游胜地等去学习。向大自然学,向各民族学,向中华民族的优秀传统文化学。人文景观与自然景观,当成教师必需"阅读"的"无字之书"。而且,在"阅读"的时候,它会通过间接性的刺激,让教师心理生成一种特别的愉悦之情。这不只有利于调节教师的心理,也可以让他们从中学到课本上学不到的东西,甚至会产生一些平时教育中不可能产生的感悟。

3. 送出去训。学校遵循"培训就是最大的福利"这一理念,先后选送130余位优秀教师到英国、美国、澳大利亚、新西兰、日本、韩国、印尼、新加坡等近20个国家培训交流,我们所有的英语老师都已出国培训一次,长的有2年,最短的也有3周。同时,学校出资几百万元先后选送200余名教师参加东北师大、天津师大研究生课程进修班学习,所有教师均取得结业证书,部分教师取得了硕士学位毕业证书。每年,还会有计划地选送优秀教师参加国家级、省级骨干教师培训,现在各学科几十位备课组长都已参加过此类培训。在衡中,每学期基本上没有一天全体教职工全勤过,每一天都有老师在外面培训学习,或是参加各级各类比赛。"开阔视野",不仅是认识广度的拓展,还包括认识深度的延伸;办教育不能只研究教育,更应站在教育之外以大的胸怀、大的境界去审视我们的教育,从另一个视角再看教育时,就会有新的发现、新的思考,就会越来越贴近教育的本质。这么多的教师外出进行高端培训,得到了在课堂教学中得不到的智慧,有了长足发展的潜力。当他们学成归校之后,就有了新知识、新思想、新方法,再进行课堂教学的时候,就有了高水平。而且,对于学校花如此多的钱让他们提升,老师们也都从内心里感激不已。这些,都能够转化成一种积极向上的能量,从而让一些难以量化的工作变得更加精彩非凡。这当是一个良性循环,越是优秀,越是学习;越是学习,教学水平越高,越是学校关心他们,他们越是想着将工作做得更好。

4. 岗位上练。在我校,青年教师占了全体教师的1/2,青年教师是衡中的未来和希望,他们能否尽快成为中流砥柱,直接关系着学校的发展势头,他们专业素质的高低,直接决定着学校的前途和命运。为让青年教师形成较高的专业素质,练就过硬的专业本领,我校坚持把这项工作当成一项日常事务来抓。我们出台了《关于加强青年教师培养与管理工作的实施意见》,确定了青年教师的培养目标和培养计

衡中教师到加拿大进修

划，通过"岗前培训、岗中结对、岗位过关"三步走措施，让青年教师尽快提高专业素质，并全面落实"五个一"工程，督促青年教师勤练内功，为广大青年教师业务能力和教学艺术的不断提高搭建了成材的梯子。

一是岗前培训。在每年暑期开学前，新分配到我校的优秀大学毕业生都要进行为期两周的岗前培训，培训有详细的工作计划，其中不仅规定了培训内容、培训时间，还规定了主讲人员。培训内容大到衡水的风土人情、衡中的校史沿革、师德师风建设、教育思想和观念，小到班级管理、教案书写、喜迎新生等，最后对于相关培训内容如教学理论等要进行笔试，培训考试合格的方能上岗任教。由于岗前培训抓得扎扎实实，青年教师学得认认真真，所以每次都能达到预期目的，青年教师来之能战，战之能胜，取得了好的效果。

2014 年新加盟衡中教师岗前培训安排				
日期	时间		主讲人	培训内容
2014－7－2 （周三）	上午	8：00－10：30	办公室	参观衡中校园
		10：40－11：30	李建国	生活安全指导
	下午	14：05－15：35	王　焕	如何备课、上课、组织教学
		15：45－17：20	韩志武	如何听课、评课、教学反思
	晚上	19：10	办公室	与学校领导见面
2014－7－3 （周四）	上午	8：00－9：30	高一各学科主任	熟悉教材、备课1
		9：50－11：10	高一各学科主任	观看优质课录像，并点评
	下午	14：05－15：35	高一各学科主任	教学常规及教学管理制度
		15：55－17：20	高一各学科主任	熟悉教材、备课2
	晚上	19：10－21：00	高勇军	多媒体设备的使用
2014－7－4 （周五）	上午	8：00－09：10	王建勇	主题报告：人要有一点精神
		09：20－11：10	高一各学科主任	熟悉教材、备课3
	下午	14：05－16：15	高一各学科主任	试讲、评课1
		16：30－17：30	王丽娜（心）	室外拓展训练
	晚上	19：10－21：00	高一各学科主任	熟悉教材、备课4
2014－7－5 （周六）	上午	8：00－9：30	康新江	主题报告：衡中特色文化解读
		9：50－11：10	梁　辉	从学生到教师的转换
	下午	14：05－15：25	高一各学科主任	熟悉教材、备课5
		15：35－17：20	高一各学科主任	熟悉教材、备课6
2014－7－6 （周日）	上午	8：00－11：00	张露颖	参观衡水湖
	下午	自主安排		
	晚上	晚三	教育处	听高二、高三年级班会课
2014－7－7 （周一）	上午	8：00－9：10	康彦华	主题报告：越努力越幸运
		9：20－11：10	高一各学科主任	听高二、高三课1
	下午	14：05－15：25	褚艳春	主题报告：课堂成就梦想
		15：35－17：20	高一各学科主任	试讲、评课2
	晚上	19：10－21：00	高一各学科主任	解读2014高考全国卷
2014－7－8 （周二）	上午	8：00－9：10	孙爱虹	主题报告：做负责任的教师
		9：20－11：10	高一各学科主任	听高二、高三课2
	下午	14：05－15：25	孙文盛	主题报告：打造精品课堂
		15：35－17：20	高一各学科主任	熟悉教材、备课7
	晚上	19：10－21：00	高一年级	观看魏书生演讲录像

续表

日期	时间		主讲人	培训内容
2014—7—9（周三）	上午	8：00—9：10	信金焕	主题报告：教育情怀与生命成长
		9：20—11：10	高一各学科主任	熟悉教材、备课8
	下午	14：05—15：35	李红奕	教学规范
		15：55—17：20	高一各学科主任	熟悉教材、备课9
	晚上	19：10	高一级部	衡中文化知识及教学培训测试
2014—7—10（周四）	上午	8：00—9：30	张玉滨	主题报告：衡水中学特色德育解读
		9：50—11：20	高一各学科主任	熟悉教材、备课10
	下午	14：05—15：25	郭春雨	主题报告：如何打造班级文化
		15：35—17：20	高一各学科主任	试讲、评课3
	晚上	19：10—21：00	高一年级	观看师德报告录像
2014—7—11（周五）	上午	8：00—9：10	张立杰	主题报告：发挥班级协作体作用
		9：20—11：00	高一各学科主任	熟悉教材、备课11
	下午	14：05—15：25	李续赏	主题报告：德育之花在创新中绽放
		15：35—17：20	高一各学科主任	熟悉教材、备课12
	晚上	19：10—21：00	高一各学科主任	做2014各地高考试卷
2014—7—12（周六）	上午	8：00—9：00	尚凤奎	主题报告：做一名成长型的班主任
		9：10—11：10	高一各学科主任	听高二、高三课3
	下午	14：05—15：25	赵魁英	主题报告：做一名合格的班主任
		15：35—17：20	高一各学科主任	试讲、评课4
	晚上	19：10—20：40	高一年级	"筑梦衡中"——新加盟教师联欢会
2014—7—14（周一）	上午	8：00—8：45	郑彦星	主题报告：思维闪光，以心制胜
		9：00—11：10	高一各学科主任	熟悉教材、备课13
	下午	14：05—15：35	王 剑	主题报告：让学生成长为合格公民
		15：50—17：20	高一各学科主任	熟悉教材、备课14
	晚上	19：10—21：00	高一级部	观看教学创新评选大会录像

表题：2014年新加盟衡中教师岗前培训安排

续表

日期	时间		主讲人	培训内容
			2014年新加盟衡中教师岗前培训安排	
2014—7—15（周二）	上午	8：00—9：10	王晓铭	主题报告：班主任管理之鼓励教育
		9：20—11：10	高一各学科主任	听高二、高三课4
	下午	14：05—15：35	代　忖	主题报告：衡中逐梦，生命花开
		15：55—17：20	高一年级	试讲、评课5
	晚上	19：10—21：00	高一级部	观看青年教师希望之星评选录像
2014—7—16（周三）	上午	8：00—9：10	杜宗超	主题报告：做一名智慧型的班主任
		9：15—11：10	韩　瑞	考试规范培训
	下午	14：05—15：35	潘宿奎	主题报告：做一名幸福的班主任
		15：50—17：20	高一各学科主任	试讲、评课6
	晚上	19：10—21：00	高一各学科主任	做2014各地高考试卷
2014—7—17（周四）	上午	8：00—10：05	王文霞	主题报告：班主任成长四要素
		10：20—11：30	高一各学科主任	熟悉教材、备课15
	下午	14：05—15：35	李军燕	主题报告：让生命绽放精彩
		15：50—17：20	高一各学科主任	熟悉教材、备课16
	晚上	19：10—21：00	高一级部	案例解答及德育培训测试
2014—7—18（周五）	上午	8：00—11：00	高一级部	教学基本功比赛
	下午	14：05	教务处	培训总结

逐　梦　衡　中

——岗前培训总结

语文教师　李呈财

时光飞逝，转眼间我们已经来到衡中18天，18天里，我们收获了感动，点燃了激情，播种了梦想。

在衡中的每一天，我们都被浓浓的爱包裹着，学校的每一位前辈都让我们真切地感受到，衡中不仅是一个传播知识的地方，更是一个充满温馨的大家庭。这里，有太多的回忆让我们铭记；这里，有太多的瞬间值得我们感动。游衡水湖观赏美景，逛博物馆感受文化，饮老白干品鉴历史，这是我们与衡水的一次对话。与前辈们一起合作共事，欢饮长谈，这是我们初入职场的一次启迪，听学校领导说得最多的一句话就是："有什么困难你们就提，我们就是你们坚强的后盾。"从他们的眼神中，我看到的是温情的衡中，人性的衡中，如家般的衡中。

在整个培训过程中，我们结识了很多新朋友，收获了很多新知识，更幸运的是能得到这么多优秀教师不遗余力的帮助。一场场精彩的讲座，一个个真实的案例，我们第一次知道，有时学生的心灵也是很脆弱的，需要我们细心关怀，不断鼓励；我们第一次知道学生的世界是多么单纯，需要我们真诚相待，以心交心。每一位衡中老师都在用实际行动告诉我们，"先有父母心，再做教书人""以终生难忘的教育培养和谐的人"，这就是我们真切感受到的衡中文化。每一次试讲，每一次评课，不管多忙，不论多晚，老教师们都耐心指导，细心点评，而且点评总是一针见血、切中要害。十几天下来，我们发现，原来衡中老师不仅有优秀的教学成绩、丰富的教学经验，更有让人折服的人格魅力。记忆最深的是那次我的师傅郑老师、袁老师给我评课的场景：集体点评之后已经下午六点了，可两位老师还是面对面一对一地给我指导，并语重心长地对我说："别灰心，别放弃，只要肯努力，肯下功夫，咱们就一定能站稳讲台，讲课水平一定能有所提升。"时间一分一秒地过去了，等到结束时，我发现，两位老师的鬓角已经露出了清晰可见的汗珠，可是眼神却依旧那么坚定，那么执着。我暗暗下决心，要像他们一样，做一名负责任的教师，做一名优秀的教师。

在衡中的每一天，我们都被一些东西感动着。衡中已不是简单的一个称号，而是一种精神的象征。它是一种精神，鼓舞着衡中人奋发进取；它是一种理念，引导衡中人超越自我；它是一个激情燃烧、燃烧激情的校园。衡中的每一位教师都有着一种昂扬向上的、激情迸发的精神面貌。我们听取的班主任工作报告、师德报告，无论是老教师还是青年教师的身上都体现出了共同的特质：积极乐观、严谨认真、兢兢业业。也许我们现在一无所有，但是我们有的是精力，有的是时间，有的是激情。衡中，给了我们成长的机会，发展的平台，实现梦想的舞台。我们要多听课、多看书、多学习、多反思、多与学生交流、多向老教师请教，努力发展自己、完善自己。我们相信，在快节奏、高效率的环境中，在人人争先、唯恐落后的集体里，在每天学习、每天进步的氛围里，我们的成长会比同龄人更扎实、更迅速。我们相信，只要拿出干劲，团结协作，勤于反思，务实求真，把教书育人当作事业来做，我们就可以逐梦衡中，就可以筑梦衡中，就可以创造更加辉煌的明天。

　　二是岗中结对。每一名新分配到我校的青年教师，在教育教学工作中都要拜一位师傅，师徒关系要在双方自觉自愿的基础上建立。每年10月份，学校都要组织隆重的拜师仪式，签订师徒协议，明确规定师徒分别应该履行的职责和义务。协议对师傅应承担的责任与义务做了10条规定。其中规定，徒弟的教案都要经过师傅签字同意后才能上课。不仅如此，师傅还要关心徒弟的工作和生活，关心他们的成长，鼓励他们自奋、自律、自强，使青年教师以愉快的心情投入到教育教学活动中去。师徒关系一般稳定在三年以上，其目的就是让师傅对徒弟的整个成长过程负责。在聘任、排课时充分考虑师徒关系，师徒一般在一个年级任课，若徒弟不能上高三，师傅也不能上高三。徒弟能够胜任高三年级授课及教育管理后，学校组织出师仪式。学校除了阶段督促检查外，还设置了"人梯奖"，每年对培养青年教师做出突出贡献的师傅进行表彰，并在评优选模、进职晋级时给予政策倾斜。

师徒协议签订仪式

师徒协议

　　按照学校工作计划，为加快青年教师成长，本学期继续实行导师制。为明确师

（甲方）徒（乙方）双方的职责，增强师徒的责任感，现签订如下协议：

一、甲方的责任与义务

1. 要加强徒弟的师德师风教育，以自己的模范行动带动和影响徒弟。

2. 要正确对待师徒关系，思想重视，态度端正，切实关心徒弟成长。

3. 在签订师徒协议后，一个月内协助徒弟制订出具体的成长计划。中期要进行阶段总结，学期结束前写出本学期培养总结。

4. 指导徒弟研究学期教学计划，及时帮助徒弟分析教材、明确重点难点、制定教学目标、指导教学方法，对其教案、课堂教学把关，履行签字手续。

5. 每周至少要听徒弟新授课两节以上，课后及时评价，共同研究改进措施并做好记录。每学期，指导徒弟面向年级、学科组上一节汇报课。

6. 每学期指导徒弟学习一本教育教学理论书籍，并指导徒弟结合实践写一篇教育教学论文。

7. 要协助徒弟做好"过五关"工作，使其能够胜任各年级教学工作，尽快成长为教学骨干。

8. 根据师徒结对的综合成绩，每学期考后由年级负责评选"优秀师徒"，期末总评评选校级"优秀师徒"。

9. 要确保徒弟的教学成绩离中幅度为正值、评教中游以上。

10. 除因身体原因外，确保徒弟能顺利跟上高二、高三年级。

二、乙方所承担的职责

1. 加强师德师风建设，学习师傅的高尚品质，确保下学期顺利聘任，并能跟上高二、高三年级。

2. 对待师徒关系态度严肃、端正，认真钻研教育教学理论，严格落实教学常规，尊重师傅，虚心学习，有疑必问，主动争取师傅的帮助。

3. 在签订师徒协议后一个月内，在师傅的指导下制定出成长计划，并交教务处存档。中期要进行阶段总结，学期结束前写出学期总结。

4. 在师傅的指导下备好每节课，教案要主动征求师傅的意见，并由师傅签字。

5. 每周至少听师傅新授课的一半以上。

6. 每学期至少上一节汇报课或优质课。

7. 每学期至少撰写一篇教育教学论文。

8. 认真做好"过五关"工作，能胜任各年级教学，尽快成为教学骨干。

9. 要力争教学成绩超过师傅，确保离中幅度为正值、评教中游以上。

10. 要主动帮助师傅做一些力所能及的事情。

三、说明

1. 本协议内容将列入教师个人年度考核及教师业务档案。

2. 本协议自签订之日起生效，协议期限为一学年。

3. 协议书一式三份，甲乙方各执一份，学校存档一份。

甲方（师傅）签字：＿＿＿＿＿＿

乙方（徒弟）签字：＿＿＿＿＿＿

河北衡水中学

三是岗位过关。青年教师经过岗前培训后，在师傅的引领下，要在四年内过"五关"，即思想品德关、教学技能关、教材教法关、教育管理关、教学科研关。为此，学校专门制定了每一关的过关标准，由学校领导和教务处、教科处等相关处室共同组成评委会，根据青年教师平时表现和教学成绩，每年对青年教师进行一次过关考核，五关全部通过之后，才是"合格教师"，才能"持证上岗"，成为一名正式的"衡中教师"。

衡水中学青年教师过关考核方案

青年教师是事业发展的希望，提高其思想政治和业务素质，是当前一项重要而又紧迫的任务。为此，学校要求青年教师毕业四年内过五关，即思想品德关、教学技能关、教材教法关、教育管理关、教育科研关，具体过关考核办法制定如下：

一、思想品德关

1. 按照《中小学教师职业道德规范》要求，根据平时表现，由学校和级部成立两级评委会，学校评委会对全体参评青年教师进行排队，级部评委会对本级部青年教师进行排队，去掉最高分和最低分，然后计算平均分，按评委打分排队。校级评委打分第一名20分，最后一名10分，级部评委打分第一名50分，最后一名25分，其他按比例折算。

2. 依据评教"工作态度"和"为人师表"在所任课班级得分，最高为30分，最低为15分，其他人分数按公式：分数＝15＋15×（本人得分—最低得分）／（最高得分—最低得分）进行折算。若任多个班的课，则取任课班级得分的平均值。

3. 在前两项的基础上，实行加减分：

（1）被评为"青年教师希望之星"者加 10 分；

（2）在过去一年年度考核"优秀"者加 10 分；

（3）学年内被评为"衡中成长奖"者加 10 分；

（4）学年内参加师德演讲、获年级榜样分别加 10 分；

（5）学期内体罚、语罚学生发现一次扣 5 分；

（6）对违反校规校纪、违背职业道德的一票否决；

（7）对出现旷工现象以及违法违纪的一票否决。

说明：

（1）"一票否决"即视为该项得零分；"视情况加分或减分"由年级考评领导小组集体研究决定。

（2）过关条件：本项总得分大于或等于 70 分。

（3）获"师德标兵""十最教师"者直接过关。

二、教学技能关（各学科中心教研室负责）

1. 每学年组织一次教学基本功比赛，根据比赛情况按教研组进行排队，第一名 20 分，最后一名 10 分，其他人分数按公式：分数＝10＋10×（本人得分—最低得分）/（最高得分—最低得分）进行折算。

2. 青年教师学科知识测试成绩。第一名 20 分，最后一名 10 分，其他人分数按公式：分数＝10＋10×（本人得分—最低得分）/（最高得分—最低得分）进行折算。

3. 依据评教"课堂教学"一项得分第一名 20 分，最后一名 10 分，其他人分数按公式：分数＝10＋10×（本人得分—最低得分）/（最高得分—最低得分）进行折算。教多个班级的，取平均值。

4. 在本学年度所有考试中，按离中幅度在所任教系列排队，第一名 40 分，最后一名 20 分，其他人分数按公式：分数＝20＋20×（本人离中幅度—最低离中幅度）/（最高离中幅度—最低离中幅度）进行折算。如无离中幅度，则该项得分折算到 1、2 两项之中去。

5. 在前三项的基础上，实行加减分：

（1）本学年被评为优质课者加 10 分。

（2）教案书写不规范扣 1—5 分，每少 1 个教案扣 2 分。

（3）被评为"最受欢迎教师"等称号者加 10 分。

说明：

（1）本项得分 70 分以上者视为过关。

（2）在省级以上教学比赛中获一、二、三等奖，或在市级比赛中获一等奖以及荣获"高考明星教师"称号者直接过关。

（3）第一学年上、下学期分别进行两次考核，两次均过关则认定为过关。

三、教材教法关

同时满足以下三个条件者，即认定为过关：

（1）能够胜任高三年级课程，并被聘为高三任课教师。

（2）年内期考平均分总评不低于年级平均分（各次离中幅度之和大于或等于 0）。

（3）评教"课堂教学"一项得分在本系列本学科平均分以上。

说明：

在省级以上教学比赛中获一、二等奖，或在市级比赛中获一等奖以及荣获"高考明星教师"称号者直接过关。

四、教育管理关

1. 班主任工作（40 分）

任班主任者按同年级同系列班级量化，最高 40 分，最低 20 分，其他人分数＝20＋20×（本班分数—最低班分数）/（最高班分数—最低班分数）进行折算。任见习班主任者按见习班主任量化排名，最高 20 分，最低 10 分，分数＝10＋10×（本班分数—最低班分数）/（最高班分数—最低班分数）进行折算。

2. 班级考试成绩（30 分）

任班主任者，按照所任班级期考成绩在同系列中的排名，第一名 30 分，最后一名 15 分，其他人分数＝15＋15×（本班分数—最低班分数）/（最高班分数—最低班分数）进行折算。该班见习班主任得分为班主任得分的一半。未担任班主任的，所教班级得分平均分的一半。

3. 评教（20 分）

担任班主任的依据评教"思想工作"一栏得分在班内排名，第一名 20 分，最后一名 10 分，其他人分数＝10＋10×（本人分数—最低分数）/（最高分数—最低分数）进行折算。未担任班主任的依据评教"思想工作"一栏得分在班内排名，第一名 100 分，最后一名 50 分，其他人分数＝50＋50×（本人分数—最低分数）/（最高分数—最低分数）进行折算。

4. 教案（10 分）

按照班会教案数量和质量评定分数。未任班主任的写班级问题分析、成长建议，组织评委打分，得出相应分数。

5. 加减分：公开发表教育管理方面论文，或教育管理论文被评为学校优秀论文 1 篇以上（包括 1 篇）加 5 分。班主任论坛或班主任工作经验交流会发言加 5 分。体罚或变相体罚、讽刺、挖苦学生每发现一次扣 5—10 分。

6. 不担任班主任的需过关教师，到教室听一次班会加 1 分。

说明：

（1）班主任未任满一年者，根据任班主任时间长短按比例折算。

（2）本项考核分数达到 70 分以上者，既可认定过关。

（3）连续两个学期被评为"模范班主任"者直接过关。

（4）担任班主任或见习班主任的按 1—5 计分，未担任班主任的按 3 计分。

五、教育科研关

1. 教改情况（40 分）

（1）日常教学中，教改力度大，效果好，得到同事的肯定。由本组教师及学校评议组打分，排名前三分之一的 10 分，排名后三分之一的 5 分，其他 7 分。

（2）主讲教改展示课，计两次分数的平均分。教科处每学期安排 1 次，青年教师自主申报，本学科组老师及教科处调研员参与听评并打分，最高 30 分，最低 15 分，其余依差值比例计分。

2. 论文情况（10 分）

（1）按照学校要求完成论文撰写，无抄袭情况，得 10 分。

（2）论文被评为校级优秀论文，每次加 5 分；论文在市级刊物上发表每篇加 6 分、在省级刊物上发表每篇加 8 分、在国家级刊物上发表每篇加 10 分。

3. 教研情况（10 分）

（1）按时参加教研活动得 5 分。未请假或无正当理由不参加教研活动，一次减

1 分。

（2）积极完成本学科共同承担的教学教研任务，得 5 分。

4. 教学反思（10 分）

按要求及时完成自录课反思，无抄袭情况，计 10 分。被评为优良的，加 5 分。

5. "书香博客"（10 分）

经常利用"书香博客"发表教学感悟，被评为"十佳博客"的计 10 分，评价较好的计 5 分。

6. 教改理论测试（10 分）

每学期进行一次教改理论测试，满分 10 分。

7. 其他

（1）本人主持的市级课题通过结题验收的加 20 分，本人参与的市级课题通过结题验收的加 10 分。

（2）本人主持的国家省级课题通过结题验收的加 40 分，本人参与的国家省级课题通过结题验收的加 20 分。

8. 说明

（1）本项考核由教科处组织实施。

（2）所有量化分数不做说明的，都是指过关考核年度所得分数，分学期计分的，取两个学期的平均分。

（3）教育科研关过关分数为 80 分。

六、说明：

1. 程序：根据方案由教师个人提出书面申请，提供相应奖励证书，然后相关处室、年级、学科进行评选。

2. 考核评教数据、离中幅度、基本功比赛数据、考核情况等涉及相关科室提供数据，具体核算统计由过关老师所在年级部负责。

3. 在四年内过"五关"情况，将作为聘任教师的重要参考依据。

衡水中学

2014 年 8 月

　　四是落实"五个一"工程。在严格落实教育教学常规的基础上，组织青年教师大力推进"五个一"工程，并将其作为期中、期末工作考核的主要指标。即：青年教师每学期要读一本有关教育、教学基础理论的书籍，并做好读书笔记，教科处定时进行检查；青年教师每周要向教务处交一篇钢笔字和一板粉笔字，每两周交一篇不少于500字的教学随笔；青年教师每学期要参加一次由学校组织的限时备课微格教学比赛，促进青年教师教学基本功的提高；青年教师每学期要上一堂研究课，教科处和教研组进行集体听评，开展教学模式研讨和学习方法研究；青年教师每学期要撰写一篇高质量的教育教学工作总结或论文，以此提升青年教师的教育教学能力。

　　这一系列措施扎实推行后，我们发现青年教师成长很快，很多青年教师一上讲台就获得了好评，教学成绩出色，班级管理到位，赢得了良好的口碑。应当说，我们所进行的青年教师培训是有效的，不断促使青年教师从"教书匠"走向"教育家"。

　　5. 创新载体，让优秀教师脱颖而出。"心有多大，舞台就有多大。"我经常对老师们说，你有多大的能力，学校就给你创设多大的舞台。因为我知道，一名教师经过一次历练，对他来说，就可能是一次人生的飞跃。

　　一是建平台。为了让青年教师有初试锋芒的机会，学校努力为他们搭建各种平台，如开辟了"教学论坛""班主任论坛""课堂教改探讨会""教学反思研讨会""读书报告会""班主任经验交流会""备课组长经验交流会""师德报告会""妇女论坛"等，就当前教育教学和教师专业化成长中的困惑或典型问题进行研讨，激发老师们的创造潜能，为教师提供展示才华的舞台，也为教师的脱颖而出创造机会。

　　二是摆擂台。学校组织了青年教师基本功大赛、班主任素质大赛、班级成长设计比赛、班会展示点评等活动，摆设了多种多样的擂台，让老师们竞技交流成长。同时，学校还与市教研室联合举办了"专业成长优秀教师"评选活动，大大提高了各层次教师发展的积极性。在这样的舞台上，每个人都使出浑身解数，展现自我，青年教师初生牛犊不怕虎，意气风发；中老年教师年富力强，宝刀不老。我们通过这样的措施，引导青年教师由"合格教师"向"优秀教师"转变；对中老年教师来讲，这些活动能破除职业倦怠，激发潜能。我们承认过去，但永远开拓未来，不以过去业绩论英雄，这样，就让许多优秀教师脱颖而出。

　　三是登舞台。学校积极创设条件，鼓励老师们走出衡中，冲向全省乃至全国。如积极组织青年教师参加衡水市、河北省乃至全国的各种教育教学擂台赛进行锻炼。

短短几年，就有 100 余位教师在省级以上教学大赛中获特等奖或一等奖。同时，学校每年都会组织全国高中教师专业发展论坛、中国卓越校长峰会等全国大型会议，每一届都选派不同的老师登台主讲，极大提高了我校教师专业化发展水平。另外，我校本着"不求所有，但求所用，不求独用，但求双赢"的原则，经常和一些名校进行教师互访、兼课、学术研讨，还鼓励青年教师到省外交流、讲学、介绍经验，把老师们推出去，在更加广阔的舞台上锻炼自己、成就自己，我校目前已有 300 多位教师到全国各地开设教育教学讲座或上公开课，最年轻的教师毕业只有短短四年。通过这样的措施，校园内形成了你追我赶的良好氛围，在活动中提高，在活动中成长，在活动中走向成功，已成为广大教师发展的共识。如康彦华，一名参加工作短短几年的年轻教师，这样讲述了她破茧化蝶的过程：刚刚进入 12 月份，三项重要的活动同时落到了我身上——"第三届读书报告会"主持、"十佳德育创新标兵"竞选、河北省心理研讨会公开班会。忘不了同事在身边真诚的鼓励和关心，忘不了学校组织专门的调度会，邀请多位优秀班主任为我的公开班会出谋划策。为了展示我的"新招"，我用了三个通宵整理自己从教两年来的班级管理反思；为了开好那节公开班会，我写了整整 20 页的班会教案……

组织老师们到各地名校学习、交流

（四）加速教师专业化发展的步伐

随着教育改革的不断推进，教师的研究能力越来越成为专业发展的重中之重。因为，"研究型"教师会批判、会创新，能不断增强自身的道德素养和教学能力，能发现和解决工作中的一些实际问题，更能影响一批教师携手提高教育教学质量。因此，着力提高教师的研究能力，其现实意义不言而喻。什么是不简单？把简单的事情研究透彻就是不简单。这不仅可以提高教师工作的自主性和创造性，而且能让教师在实践中获得理性的升华和情感的愉悦，提升精神境界和思维品质，从而改变教师的生活方式，更好地体现生命价值。同时，也悄然培养了一大批高素质创新人才，有效实现了个人价值和学校发展的双赢。为此，我校坚持"教育科研就是生产力、教育力、增值力"的理念，努力把教育科研作为促进教师专业化发展的突破口，一以贯之的大力推进科研兴校、科研强师、科研提质工程，有效加快了广大教师专业化发展的步伐。

引领教师养成自觉反思的习惯。

"反思"一词源于哲学，本指思维，即反思性思维。"吾日三省吾身""君子博学而日参省乎己，则智明而行无过矣"，这是儒家先圣孔子与荀子的见解。人贵自省，作为肩负"传道、受业、解惑"重任的教师，"反思"对其专业成长显得尤为迫切。威廉·杜拉姆在《思维的革命》一书中指出："假如一个人掌握了思维的力量，那么就会加速成功的频率"，预示着我们已经进入了一个反思的时代。

自我反思是教师以自己的教学行为为思考对象，是教师用批判和审视的眼光对自己的教学理念、教学方法、教学行为、教学过程、教学结果等进行的自我回顾和分析的过程。自我反思是教师的自我对话，自己挑自己教学中的"毛病"。自我反思不是一般意义上的"回顾"，而是反省、思考、探索和解决教学过程中存在的问题，具有研究性质。教师的自我反思是教学的动力，反思是教师自我发展的重要机制，反思对于提高教师专业水平具有重要意义。但当前的现状是，很多教师或陷于试题之海，或困于作业之山，精神疲倦，身心困乏，他们往往只是疲于奔命，而无暇顾及自身的反思，长此以往，其教育教学水平必将停滞不前，甚至还失却了当年的朝气和勇气。

新课程改革明确指出，教师要不断培养和提高反思能力，努力成为一名反思型教师。教育是一项存在遗憾的事业，教学是一门存在缺憾的艺术。因此，无论班级管理，还是课堂教学，不管你想得多么细致，工作做得多么到位，措施定得多么具体，事后总能找到瑕疵，任何人都不可能达到无可挑剔的境界。由此，自觉反思就显得弥足珍贵。它既是专业成长的"矫正器"，也是专业发展的"助推器"。为此，我向全体教职工提出了"一日三思"的要求，即"我到衡中来做什么、我要做什么样的人、我今天做得怎么样"，其目的也是希望老师经常"回头看"，看问题，看不足，看进步，看收获，看一看我们还有哪些不足，想一想我们还有哪些漏洞，找一找我们还有哪些差距，把问题原因找准，把突破思路弄清，把整改措施抓实。其中，"我要做什么样的人"，是三句话中的核心命题。其答案不言而喻，我们就是要用极其负责的态度对待学生，用极其严格的要求对待自己，用极其信任的肚量对待他人，做一个经得起时间考验的人、一个具有高度责任心的人、一个让他人看得起的人、一个让师生满意的人。可以说，找到了差距就有了动力，看到了长处就有了信心，明确了目标就干劲倍增。"一日三思"，已成为我校教师快速发展的法宝、克敌制胜的利剑。

首先，反思要用好"纵尺"，教师从自我的视角，思考成长历程，自己和自己比较，今天和昨天比较，这样，才能发现自身的差距，才能找到努力的方向，才能产生求变的动力，才能脱离"被发展"的藩篱，进而跳出"小圈子"，融入"大世界"，获得"大飞跃"。为此，我校给老师们每人配备了一台电脑，每个教室都安装了教学观摩系统，以方便老师们录制自己的课堂教学，课后自己及时进行反思提高。同时，我们还要求，老师们每学期都要进行两轮自录反思，自己录课，自我反思，并写出反思性的文章。

在反思中进步成长

高二年级　吕田田

回顾初登讲台的这一年，是机遇与挑战并存的一年。其间，我们遇到了很多问题和困难，也探寻到了不同的解决方法。为更好地提高进步，现总结反思如下。

一、成长方面的经验

1. 强化课堂设计，突出学生主体地位。好的课堂教学，教师必须充满激情、万分投入，让学生体验到教师的热情，让学生自发地进行互动，努力调动学生的积极性，这是我们一直的思考和追求。课堂要以多种形式呈现，大胆创新，注重课外知识，如各国地理、风俗文化等知识的积累。经过努力后，课堂教学由起初的要求学生发言，逐渐转变为学生主动发言，学生思维变得越来越活跃。

2. 重视习题讲评课，注重知识的迁移。一篇阅读理解，或是一个文本，除了试题本身之外，还有很多东西值得挖掘。习题讲评课也需要精心设计，也需要引导学生思考，最大限度激活学生的思维，尽可能增大学生的思维量。

3. 提醒督促学生，培养良好学习习惯。通过灵活多样的督促提醒，让学生形成更好的规范，如改错本、习字本等，按时改错，按时练字，决不放松，在高一阶段就养成良好的习惯。

4. 注重沟通交流，密切与学生的关系。因为我们和学生的年龄差距小，更容易亲近学生。为此，我充分利用这一优势，课下尽可能多地抽出时间与学生进行交流，密切关注学生，时时注意站在学生的角度思考问题，对学生进行全方面地了解，进而更好地把握自己的课堂教学。

5. 高度重视反思，力争做到精益求精。每一天，我都认真记录自己课堂上的亮点、不足，力求精雕细刻，精益求精。我经常拿出时间来看看自己的反思本，看看自己哪些方面已经得到了改进，哪些方面依旧存在缺憾，以此把好的措施付诸行动，以后必定会进步。

6. 坚持多做题，特别是历年的高考题。学生多做题会有语感，同样，老师做的题多了，知识储备的多了，课堂教学就会游刃有余，教学能力也会得到提升，教学质量自然会提高。

7. 超前备课，有利于更好把握课堂。每个单元授课之前，坚持将课本学案作业都做完，以此熟练掌握本单元知识的重点和难点，从而在教学中能够把各知识点灵活贯通，并根据班级学生实际适当调整课堂教学节奏和进度。

8. 进一步增进组内工作的交流沟通。之前，虽然有每周教研，但具体到每节课的内容，并不能真正做到有效沟通。近来，我们几个青年教师在这方面有了很大改进，如每个单元的 reading 部分知识点，在备课时会一起讨论重难点，跟有经验的前辈教师交流，然后统一呈现到 PPT 上供大家参考。

二、总结反思不足之处

1. 与学生沟通有适当的力度，但有效性还不够。有时与学生交流的时间很长，但收到的效果并不能与时间成正比。因此，我们还需要在交流能力、技巧等方面，经常向有经验的老教师请教。

2. 课堂容量不够大，课堂梯度不明显。整堂课下来，优等生感觉新学到的知识不很多，一般基础的学生觉得刚刚好，而严重偏科生会感觉跟不上老师的进度。由此可以看出，由于课堂紧张度不够高，优秀生的思维量还不够大。

3. 课堂教学的艺术性还有差距。问题主要是课堂用语不够简洁，各个环节的设计不够合理，知识的衔接不流畅，进而导致课堂教学进度滞后。今后，要加强教学基本功的训练，用最简短、最明了、最清楚的语言表达自己的思路。

4. 学差生和偏科生管理收获小。这一方面，不仅需要合理的管理方法，还需要自己能力的提高，更需要对他们加大付出，把爱与责任无限放大。

5. 课堂依旧存在部分无效提问。当堂提问，必须要做到让所有学生都能积极思考，都能够根据问题进行研究和探索，每个人都能参与其中并且有所收获。由此看出，我对"以问题为主轴"的教学原则还不能灵活运用到课堂上。

三、下一阶段要求与期待

（一）教学方面：

1. 加大课堂容量，提高紧张度。

一是精心备好每一课，细致到课上每一个单词的发音确保正确，每一个知识点的透彻讲解，适当例句的准确呈现。课堂需精讲与泛讲相结合，一点就通的知识采用泛讲的方法，重点、难点的知识呈现知识网络，列举充分例句作为知识载体，做到透彻讲解。

二是关注每一个学生的听课状态，提高课堂的愉悦性，激发学生的学习兴趣。包括笔记记录情况、精神是否饱满、参与课堂是否积极等，发现不能紧张高效投入课堂的学生应立即想办法加以引导，因为只有紧张的课堂才会高效。

2. 增强教学的层次性。提高优秀生的比例；扩大中等偏上学生的比例，课上对中等学生进行有针对性的提问；对后进生进行面批面改，进行错题积累的检查与基础知识点的检验，重点是提高他们的学习兴趣与信心。

3. 发挥学生主体地位。给每个学生参与课堂的机会，把具有挑战性的问题留给动动脑筋有能力解决的学生，把基础的问题留给后进生，调动起所有学生的积极性，课堂上舍得给学生足够的思考时间或讨论时间，使他们都参与到课堂中，真正提高课堂的效率。

4. 让授课更具针对性。

（1）客观卷方面——做好对学生的引导、指导。

单选题——注重夯实基础，提高课堂效率。作业上的基础题，要求全部同学掌握，并坚持按时提问与复习。

完型与阅读理解——保证学生每日坚持练习一篇完型与阅读。在作业讲解时，对文本上下文的照应与全文脉络的把握进行分析，让学生进行独立思考与相互讨论，逐渐掌握完型与阅读的技巧。

（2）主观卷方面——做好对学生的督查、提醒。

单词拼写：坚持课前单词听写，强化单词记忆，夯实单词用法。

短文改错：注重平时知识点的积累，提高改错技巧。

作文：坚持习字练习，提高作文卷面标准分；注重做好作文课的指导，将每次的作文进行及时批改与记录，在课上展示学生书写的优秀句子，引导学生提高使用高级句型、短语结构的意识。

5. 坚持反思，总结提高。反思自己哪里做得好，以后精益求精，对于做得不好的，写进自己的反思本，自己在这里做得不好，说明在这方面有弱点，就需要课后努力钻研相关的知识和方法。有时间的时候拿出反思本看看，自己在哪方面犯过什么错误，以后必定会进步进而变得优秀。

（二）学生管理方面：

1. 加强与学生沟通，创造和谐融洽的师生关系。

2. 发挥教师引导作用，让学生重视查漏补缺，使其语言知识体系完美化。要求学生及时整理错题，尤其针对自己的薄弱环节，比方说从句引导词的选用、时态的判断等，更要加大力度，充分整理，详细解析，滚动复习，从而完善自己的语感，提高综合语言运用能力。

3. 发挥好班内尖子生的带动作用，形成一点带动一行，一行带动一面，一面带动一片的学习氛围。

在衡中，每天都是新的开始，每天都能得到进步。高一已成为历史，我已踏上高二旅程。新的开始、新的挑战，我必定会更加努力，超越自己，取得优异成绩，交一份满分答卷。

其次，反思要用好"横尺"，跳出自己看自己、跳出学校看自己，从区域视角，横向去比较，反思自己与同事、同行乃至名师的差距，进而有针对性地去修正，改造自己的教育方式，彰显自己的教育个性，才能把课上得更精彩，才能把班带得更优秀，进而加速自身专业成长的步伐。为此，学校要求老师们必须严格落实听评"四课"制度。点课：点名听评成绩不理想、学生和家长有不良反应的老师的课；邀请课：邀请其他老师来指导自己的课；宴请课：请其他老师来享受自己的课；网络课：通过观摩系统自由听其他老师的课。同时，学校还经常组织不同层面、不同形式的听评课和评教活动，而且是每听必评，评出亮点、评出不足、评出方向，实现了听课者与授课者的"双赢"。学校还要求青年教师要先听后讲，不听不讲。由此，教师的课堂教学艺术迅速提升。当自觉反思成为老师们的一种习惯，他们就能不断走近教育家，走向教育家也成了每个人内心的追求。

以教育科研促进教师专业发展。

增强研究意识，是立足学校科学发展的迫切需要，是推动自主创新的时代要求，是提高自身素质的根本途径。只有以研究促教学，以研究促管理，以研究促提高，才能少走弯路，少出现失误。为了让老师们的教学反思更深入、更理性、更具有推广价值，真正促进其专业发展，学校积极鼓励老师们参与教育科研活动。

一是制定出台了《衡水中学教育科研发展规划》，并具体制定了《衡水中学科研标兵评选办法》《衡水中学教科研制度》等，大力推进教育科研的发展。

二是不断完善教育科研管理机制，引入了竞争激励机制，把能否承担科研课题、承担课题的级别层次、科研成果大小，作为教师评职晋级、评优选模的先决条件，并把课题研究工作列入教研组考核奖励之中，鼓励老师们把工作中的问题当成课题，带着课题走进教室，带着研究走进教室，带着反思走进教室，激发了广大教师自觉参与课题研究的热情，加速了课题研究在课堂教学和班级管理中的应用和推广。特别是学校每年都要召开教育科研成果表彰大会，对相关教师给予物质和精神双重奖励，对提高教师科研积极性和专业水平起到了积极而深刻的影响。

衡水中学第十一届教育科研成果暨教育科研标兵评选奖励办法

为推动我校教育科研工作的蓬勃开展，激发广大教师参与教育科研的积极性和主动性，进一步发挥教育科研在提高教师素质、提高教学质量中的积极作用，促进教师的专业化发展，特举行第十一届教育科研成果暨教育科研标兵评选活动。现结合我校实际，特制定本办法。

一、评选范围及要求

衡水中学现任在职教师，在 2013 年 7 月—2014 年 6 月从事教育科研课题研究、教育教学理论探讨、课件和课例创作等，取得一定成果（指课题结题、论文发表，课例、课件获奖励），可参加教育教学成果的申报。申报成果必须符合党和国家的教育方针政策，反映教育教学规律，具有创新性、科学性、先进性和实效性，在教学实践中获得较好效果，并在成果推广方面取得一定成绩，产生一定影响。

二、申报及评审程序

1. 符合申报条件的成果，填报《第十一届教育教学成果申报表》。

2. 学校成立评审委员会和专家评审组。

3. 教科处对所有的申报项目及其材料进行初选，必要时可向成果主要完成人提出质询。

4. 组织专家评审组对申报的项目及其材料进行审阅，并根据教育教学成果评估指标体系评分，确定推荐等级后，报学校评审委员会审批。

5. 学校评委会在听取专家组的工作报告后，根据专家评审组的推荐意见，审定校级教学成果一、二、三等奖。

6. 凡对获奖成果有异议的，须在获奖成果公示一周内以书面形式提出，申明理由并署名。

7. 对获奖成果，学校发给主要完成人证书和奖金。多人完成一项成果时，由获奖集体依贡献大小排序，分配所获奖金，其中第一完成人所得奖金不少于二分之一。

8. 对弄虚作假或剽窃成果的，一经核实，撤销其奖励，追回证书和奖金，并作出相应处理。

三、奖励名额及奖金数额

1. 教育科研成果类

拟设一等奖 1 项，二等奖 8 项，三等奖 30 项，优秀奖若干。依据成果申报情况，或再增设奖项。按获奖等级授予奖金，一等奖 1000 元，二等奖 600 元，三等奖 200 元，优秀奖 100 元。

2. 教育科研标兵类

本年度教育科研标兵名额 10 名。教育科研成果获奖总分前 10 名者，即为"教育科研标兵"，按照获奖类占 60%、课题类占 20%、论文类占 20% 的原则分配指标。若课题类或论文类名额不够 20%，则由获奖类依次递补。学校颁发证书。

四、成果认定标准

（一）科研项目类

科研项目分为全国教育科学规划课题、河北省教育科学规划课题、衡水市教育科学规划课题三个档次，每个档次区别重点课题或一般课题（青年专项课题视同一般课题），其档次以课题结题鉴定书为准。

评分标准：全国教育科学规划课题通过结题鉴定，且获得较高评价的为一等奖；河北省教育科学规划课题通过结题鉴定，且获得较高评价的为二等奖；衡水市教育科学规划课题通过结题鉴定，且获得较高评价的为三等奖。校内微课题已结题，且获得较高评价，视课题等次为优秀奖。

说明：

1. 各类项目须在相应的机构立项，并在科研管理部门备案。

2. 各类项目须在完成后通过相应部门鉴定或验收，才能作为成果申报。

3. 各级教育学会立项课题、子课题，按在原课题级别的基础上降一级处理。

（二）学术论文、论著类

论文、论著必须是教育学术类，学术水平分为核心期刊论文、普通期刊论文两个档次。各档次的认定标准如下：

论文类：

1. 在北大核心、科技核心等收录的学术期刊上发表的论文，认定为核心期刊论文。

2. 在经中国新闻出版总署批准的公开发行的学术期刊（但并未被核心期刊目录的期刊）上发表的论文，认定为普通期刊论文。

3. 参与衡水中学正式出版的书籍编写的编委，视为发表 1 篇普通期刊论文。

论著（包括教材、译著）类：

1. 由国家级出版社出版的论著，认定为国家级论著。

2. 由省级出版社出版的论著，认定为省级论著。

评分标准：

1. 论著：省级为二等奖；国家级为一等奖。

2. 论文：普通期刊 1—2 篇为优秀奖；3—5 篇为三等奖；6—8 篇为二等奖。

核心期刊 1—2 篇为二等奖；3—5 篇为一等奖。

说明：

1. 对会议论文、评奖论文、论文集收录的论文、增刊论文、报纸论文不予评选。

2. 公开发表的学术论文须标明作者单位"河北衡水中学"。

3. 几个老师共同发表的论文，只认定第一署名人参与申报教学成果。

4. 著作、教材和译著类，须有出版单位出具的个人撰写字数的证明或其他可证明作者版权的材料。

5. 习题集不参与评奖。

6. 学校统一出版的各学科资料不参与评奖。

（三）奖励类

1. 级别认定标准

国家级奖励：在国家教育主管部门、全国教育专业学会组织的教学、说课、课件、课例比赛等活动中获一（特）、二等奖者。

省级奖励：在省教育主管部门、省级教育专业学会组织的教学、说课、课件、课例比赛中获一（特）、二等奖者。

市级奖励：在市教育主管部门、市级教育专业学会组织的教学、说课、课件、课例比赛中获一（特）等奖者。

2. 评分标准

（1）课堂教学大赛类：

国家一（特）等奖 95 分；国家二等奖、省一（特）等奖 85 分；省二等奖、市一（特）等奖 75 分。

注：说课比赛、录像课比赛在相应等级下作降一级处理，最低分为 65 分。

（2）课例、教学设计、课件比赛类：

国家级一（特）等奖 75 分；国家二等奖、省级一（特）等奖 65 分；省二等奖、市一（特）等奖 55 分。

注：一般按专业学会评奖等次比相应级别主管部门评奖等次降一级处理，最低分为 45 分。

（3）一项成果获多个级别奖励，评审时按最高级别，不重复计奖。

（4）同一赛事，一人获多项奖励或属层层选拔，按最高奖计分；若不属层层选拔，按相应得分的 5% 计分，然后累加计分。

3. 等次认定

一等奖：奖项中有一项获得国家一等奖（上课、说课），且累计得分在 95 分及以上者。

二等奖：累计得分在 95 分及以上者（但其中没有获得国家上课或说课一等奖的奖项）；奖项中有一项获得省一等（上课、说课）奖，且累计得分在 75 分及以上者。

三等奖：累计得分在 75 分以上者（其中没有获得省上课或说课一等奖的奖项）；奖项中有一项获得市课堂教学（上课、说课）比赛一等奖，且累计得分在 65 分以上者。

优秀奖：累计得分在 45 分以上者（其中没有获得市上课或说课一等奖的奖项）。

五、评奖

1. 教科处对申报成果进行分类整理后，提交教育教学成果评审专家组审议。

2. 教育教学成果评审专家组成员依据成果认定标准及分数设置，结合成果的自身价值及产生的效果、影响等，对各申报成果进行打分。

3. 专家组组长当场对打分进行收集汇总，并予公布。同时，将结果报送学校教育教学成果评审委员会审批。

4. 学校教育教学成果评审委员会对报送结果进行审核，并最终确定本年度一、二、三等奖及优秀奖获奖成果。

5. 凡已获得过学校奖励的成果，不再重复计奖。

教科处

2014-6-26

三是大力落实学科组教研制度。每周定期组织一次集体教研，将自我反思、同伴互助、专业引领贯穿始终，形成具有衡中特色的"四结合八统一"校本教研模式。同时，学校积极鼓励老师们不断拓展研究的广度和深度，时时研，事事研，处处研，比如：立足课堂教学，打造高效课堂，在教中研，在研中教。一系列新思路、新措施应运而生，如一课一研、一生一研等，研出了动力和活力，研出了方法和举措，研出了智慧和团结，研出了激情和发展。

由此，学校教育科研工作取得显著成效。2007 年至今，学校独立主持承担了140 余项国家、省、市级科研课题，老师们有近千篇论文在国家、省级媒体公开发表，有近 200 余项成果获得省级以上奖励。如省级重点课题《促进教师专业成长的校本研训体制研究》，不仅提炼出了教师校本培训模式的"七子工程"，而且还荣获了河北省教学成果一等奖；省级重点课题成果《以校园文化创新促进和谐校园构建的实践研究》，荣获"全国教育科研成果一等奖"，等等。

积极推广教师教育科研的成果。

学校不仅组织教师主编出版了《衡水中学解码》《做幸福教师》《学做合格父母》《学科组长工作手册》《班主任工作手册》《衡水中学主题班会设计》《青春剧场》《解读衡中》《衡水中学内部讲义》《走进衡中课堂》《衡中校园行》等系列丛书，而且还把优秀的课题成果通过新闻媒体发布，向全国各地更大的范围进行推广，由教科处负责帮助教师投稿。如课题项目"给学生终生难忘的教育"在获得省教育科研一等奖之后，学校又把其分解为衡水中学的 99 个德育细节，在《德育报》上进行了为期两年多的连载，全国反响巨大。这一切，不仅推广了教师的教育科研成果，而且也推动了教师专业发展学校的创建工作。

发挥教师专业发展的辐射作用。

为延伸教师专业发展学校建设成果，开创教师专业发展学校建设的新局面，学校还积极放大示范辐射效应，力所能及地承担起省内外兄弟学校教师的培养培训。一是先后组织举办了十七届全国高中教师专业发展论坛等，对全国各地的数万名教师进行了示范和培训。二是每月定期组织一次全国大型集中接待活动，将学校内所有的课堂开放，让尽可能多的教师登台主讲，并由学校优秀教师专门做主题报告，展示了学校的教学成果，促进了各地教师的专业发展。三是与英国、美国、新西兰的 13 所学校建立了友好学校关系，每年定期选派优秀教师出国进行汉语言培训教学；同时在四川遂宁和张家口建立了两所分校，并和陕西省宝鸡中学等 50 余所学校建立了友好学校关系，定期派出优秀教师到这些学校进行办学理念、发展规划等方面的全方位合作和交流，实现共同提高发展。学校已成为省内外兄弟学校教师观摩学习的优秀基地。四是学校还先后选派部分在全国小有影响的名师开展外出讲学活动，100 余位优秀教师赴京、沪、鲁、渝、甘、豫、贵、滇等 10 余个省市做了学术报告。

三、创新特色德育工作

近年来，衡中有这样的发展、这样的变化，其秘诀是什么？归根到底就是狠抓德育不放松的结果。换句话说，正因为衡中真正把德育放到了战略高度，才激发了学生成人成才的欲望，才提高了学校的教育教学质量，才促进了学校科学和谐发展。我认为，抓德育就是抓素质教育，抓德育就是抓教学质量、抓升学率，抓德育就是抓生产力，就是抓核心竞争力，就是抓可持续发展。只有抓好了德育，才能最终完成"立德树人"这一教育根本任务。因为，一个国家、社会、团体、个人的成功，不只在于知识能力的问题，更重要的还在于精神心态、道德品质的问题。而精神心态、道德品质问题只有靠德育才能解决。我校的发展历程说明，我们的德育观是正确的，我们的做法也是可行的。正是得益于德育之花的璀璨绽放，才推进了学校的大跨越和大发展。这些年，我校不断从新的角度赋予德育工作新的内涵，初步构建了具有衡中特色的大德育格局。

（一）四大定位让德育回归本真

一大理念：以终生难忘的教育培养和谐的人。

这一理念，说明了"怎样培养人"和"培养什么人"的问题，指明了我校德育工作的方向和目标。怎样培养人？我认为，好的教育，不是空洞无味地说教、灌输，而是要把教育与生活结合起来，把知与行结合起来，用富有生命力的活动来吸引学生的主动参与，在活动的过程中巧妙地融入多元的教育意图。这样的教育，才会让学生获得心灵的震撼，久久不能忘怀，进而影响他们的一生。从这个意义上来说，活动即教育，没有活动就没有教育。那为什么要培养和谐发展的人呢？因为，构建和谐社会是我国今后社会发展的重要目标，而人是构建和谐社会的最重要因素，作为育人场所的学校，理应担负起构建和谐社会的重任。爱因斯坦也曾指出，学生离开学校的时候，应该是一个和谐的人，而不应该是一个专家，这是每个学校永远的目标。所以，简而言之，对于德育理念，我们就有了这样的定位。

一大原则：重过程、抓细节、强体验。

所谓"以生为本"，绝不只是写在纸上的文字，或是贴在墙上的口号，而应该在每一个环节甚至每一个细节上，都是目中有"人"的教育，都要重视德育对象——学生的存在，要关注学生的主体生活，关注学生的情感体验，尊重学生的精神世界，尊重学生的心灵自由、思想自由、情感自由、创造自由，把德育贯穿于学生生活的全过程，把德育视为一种教育实践活动，让学生在体验中主动唤醒自我的生命感和价值感。唯有如此，才能使德育回归于学生的现实生活世界。可以说，这些年，时代在变，教育形势在变，学生也在变，两年前，我们有的做法与现在比，已经有了不同，甚至变化很大，但这一原则，却始终没有变。

一大目标：现代人。

在20世纪90年代中期，我们的德育目标定位是——培养适应未来社会发展的素质全面的现代人。随着时间的不断推进，我们又将"现代人"进一步解读为具有"中国心、世界眼、现代脑"的复合型人才，这样就使培养方向更明确，也更便于在实践中操作和落实。

一大主线：创新。

德育是一项充满着挑战的事业，需要我们不断思考、不断探索、不断创新发展。德育需要创新，创新是德育的灵魂。而创新的德育，必定让学生终生难忘，也是学生和谐发展的活力之源。特别是近年来，随着国家对外开放步伐的不断加快，互联网等新兴媒体的快速发展，国际国内环境都发生了深刻的变化，给德育工作带来了许多新情况、新问题。据中国青少年犯罪研究会统计资料表明，近年，青少年犯罪总数已占到了全国刑事犯罪总数的 70％以上。怎样才能迎接和解决这一严峻的挑战？答案只有一个，那就是创新。要通过创新我们的德育观念、德育目标，德育内容、德育方法和评价，变约束性德育为发展性德育，变单项式德育为互动式德育，变封闭式德育为开放式德育，变顺民德育、听话德育为多样化、个性化德育，才能真正使德育成为人的德育、体验的德育、生活的德育。由此，随着德育针对性和有效性的提高，以及吸引力和感染力的增强，必将不断调动学生的积极性，激发学生的创造性，从而达到促进学生全面健康发展的目的。

我曾在《德育报》撰文"德育是存在遗憾的事业"，在这篇文章中，我提到，育人是一项系统的、长期的复杂工程，甚至可以说是终身的工程，由于受各种条件限制，德育工作不可能完美，甚至可以说是一项充满遗憾的事业，不管我们想得多细致、工作做得多到位、措施制定得多有力，总会有些不尽如人意的地方。但正因如此，我们的工作才更富有意义，因为，尽管我们不可能做到完美，但我们可以通过我们的努力使之更完美。正因有了这样的认识，而且我们付诸了行动，经过不懈的永恒追求，才培植出了一些亮点，让我们的德育工作充满了生机和活力。

（二）四大亮点让德育更具活力

亮点一：让学生学会担当

我们认为，德育的最终目的就是要为国家培养具有权利意识和责任意识的现代公民。让青年学生学会担当、敢于担当，既是其生命个体成长的需要，也是人际关系和谐的前提，更是社会繁荣进步的基础，它于己、于人、于家、于国都有着深远的战略意义。

1. 让学生学会为父母和家庭担当。这是责任担当的应有之义，也是一种"必须担当"。但反观我们的学生，这些在"超市里长大的新一代"，物质的极大富足与周围人的极大呵护，致使他们中的一部分人家庭责任意识淡漠，他们常常以自我为中心，更多考虑的是父母为自己做什么，而很少考虑自己能为父母、为家庭做点什么。为此，我校不仅把"感恩教育"写入学校工作要点，而且每年都要组织开展以"感恩父母"为主题的"八个一"活动，即召开一次主题班会、举办一次主题团活动、筹办一期主题班级板报、办一张感恩手抄报、写一封给父母的感恩信、组织一次父母学生交流会、周末回家为父母做一件事、期末给父母献一份礼物等，不管是班团会也好，还是家长学生交流会也罢，我们都力求别具一格，力求打动学生，震撼学生。由此，学生明白了对亲情的担当，是自己义不容辞的责任。

2. 让学生学会为他人和集体担当。黑格尔曾言，人之所以为人，就在于其是否能够排除第一性和本能。人，不仅仅要对自己和家庭负责，还要履行对他人、对集体的担当责任。我们的做法有：

开展"三省十问"生涯规划活动。在我们学校，学生每天都要进行自我反思——我到衡中来做什么、我要做什么样的人、我今天做得怎么样？同时，还要进行每天十问——尊敬师长了没有、帮助他人了没有、关心集体了没有、遵守纪律了没有、主动学习了没有、锻炼身体了没有、互致问候了没有、关爱自然了没有……让学生在反思中、在自我剖析中，自觉祛除浮躁、自私、狭隘、功利思想，懂得为什么要为他人和集体担当，应该如何担当，并启发他们思考未来，增强使命感。

开展"无批评""三自主"活动。学生的责任担当，首先是指主动做好自己的事，做好身边的事，做好今天的事。我们提出：不给别人添麻烦，就是替别人担当。为此，学校长年坚持开展了"无批评""三自主（自主教育、自主管理、自主发展）"活动，并把每周一确定为"无批评、三自主"日，变"要学生做"为"学生要做"，引领其自己说服自己，自己感受自己，自己战胜自己。实际上，这一活动最大的变化和创新，就在于理念的变化，就是要让学生在自我教育、自我管理、自我服务、自我完善过程中，从他律走向自律，从自律走向自觉。

开展系列特色主题教育实践活动。如"担当，从爱班开始"主题实践活动，我爱我班演讲比赛，每天一次的集体跑操，每月一次的会操比赛，每学期一次的爱心捐助，等等。由此，学生们明白了相互尊重，相互关爱，欣赏他人，学习他人，并一起为集体履行义务，做好自己应该做的事，处处维护好集体的荣誉，这也是一种担当，更是一种高尚、一种境界。只有人人为他人、为集体着想，班级才会不断地进步，学校才会不断地发展。

3. 让学生学会为国家和人类担当。宏观上的责任担当，是一种对祖国、对民族、对人类的繁荣与进步所承担的职责和使命。为了增强学生为国家、为人类担当的意识，首先，我们组织全校学生进行大讨论，由学生自己起草制订了《学生誓词》,《学生誓词》旗帜鲜明地指出,"学习是我的天职,报国是我的志向"。我们一直坚定地相信,人的成长离不开崇高理想信念的指引。而《学生誓词》,恰恰悄然引导着学生规划自己的人生,树立远大的目标,把"担当"情怀内化为精神的擎天柱,自觉奉献社会,勇于担当民族的未来和人类的命运。其次,我们组织开展了师生"青春与责任"论坛,时政主题团活动,国情教育报告会,到北京、西柏坡爱国主义教育基地学习等系列活动,引导学生将个人追求融入民族振兴、人类进步的时代洪流之中。

为了培养学生的担当意识,让他们发自内心的愿意为自己、为他人、为社会负责,我们还重点做好了学生志愿者协会、学生业余党校两项工作。

学生志愿者协会。对学生加强志愿服务教育,基于两个考虑:一是考虑到这是培养有责任担当的新一代的有效手段。"志愿"这个词,词典释义是"志向和愿望"。志愿,就意味着要主动承担某种责任或使命。二是考虑到在新的历史条件下,道德的基本内容包括道德标准正在发生着重大的变化。传统的道德内容主要是以忠孝、宗法、伦理为中心,而现代的道德则更强调的是公德,是社会道德;传统道德主要是个人做好事,现代道德更多的是组织做慈善……所以,这就要求我们必须进行德育创新,让道德激励方式更加趋向于大众化、经常化、现代化。基于这样一些思考,我们成立了学生志愿者协会,组建了几支志愿者队伍,并开设了志愿精神教育大讲堂,让学生了解什么是志愿者、什么是志愿精神、志愿者要具备哪些知识和技能以及志愿实践对个人的成长有什么重要的意义等。同时,在志愿者协会的协调管理下,几支志愿者队伍每学期都事先制订出活动计划,并提出先做有名英雄,设计了志愿服务记录卡,记录学生志愿服务内容、时长,每周一收、每月一调度、每学期一汇总,形成档案,学生毕业离校时将志愿服务档案装入衡水中学团员档案袋,带入大学。我们这样做的目的,其实就是要探索建立一种适应新形势的道德激励方式,让学生的志愿服务更加自觉、更加普遍、更加系统,进而使我们真正拥有和谐的内在机制。由此,一批批志愿者队伍不断脱颖而出。

安全防疫志愿者队伍。2003年,非典期间的防疫形势非常严峻,当时,为了增强学生的责任意识和生命意识,让其自主管理、自保安全,学校成立了安全防疫志愿者队伍。其成立之初,主要侧重于防疫,让学生主动宣传防疫知识,及时发现本班学生中传染病、流行病的苗头,敏感对待,迅速反应,在当时起到了良好的效果。

后来，这支队伍的职能更加侧重于安全，负责公共安全（检查发现本班教室、宿舍的水电暖设施、教学设施、消防设施等的安全隐患）、人身安全（密切注意没有老师在场的各时间点内学生中的突发事件，如打架斗殴、突发疾病等）和心理安全（关注本班学生的心理健康）等。目前，这支队伍不仅参与人数较多，而且各种活动也都比较规范，他们还把自己的职责归纳为"三关"——关窗、关门、关电源，"五防"——防火、防盗、防破坏、防传染病、防突发事件，这一切，对张扬学生个性、呵护学生成长、启发学生自动自发地提高担当意识起到了很大作用。

共同行动志愿者队伍。近年来，针对学生中普遍存在的一些不和谐现象，如有的学生因家庭贫困不能顺利完成学业，有的学生心理上存在严重的健康问题，有的学生学习上存在着很大的障碍，有的学生因交际能力差不能融入集体，还有的学生不择手段追求分数等，为了让学生学会担当，自主解决这些问题，并提高自身的综合素质，前几年，我们又倡议成立了共同行动志愿者队伍，其目的就是要实现四个救助，即生活救助、学习救助、心理救助、和谐救助，这些活动都取得了很好的成效，促进了学生的健康快乐发展。

自主管理志愿者队伍。它的职责就是要维护学校正常的教育秩序，包括就餐秩序、休息秩序、就医秩序、体育活动课、自由活动时间等空白时间段的秩序及生活秩序，如监督检查学生穿戴情况，像戴耳环、项链、首饰，留长发、怪发、染发，穿拖鞋、背心，夏季女生穿超短裙等，让学生在自主教育、自主管理、自主发展中切实提高担当意识。

绿色行动志愿者队伍。这支队伍的活动开展得最为活跃，他们不仅在学校里组织开展了系列活动，如"弯弯腰、伸伸手"活动，而且他们还经常走向社区、走上街头，如到市休闲广场志愿清理垃圾，在市民中进行环保宣传等，学生们在活动中，获得了体验，积累了经验，学会了负责，升华了道德。

这些志愿实践活动主要取得了三大成效：一是使学生在思想上享受到自我管理、自我发展的快乐。二是使学生在行为上养成了良好的习惯，最终增强了对自己、对学校、对社会的责任意识。我校有一名学生在周记中说：今天回到家里，清理东西，在衣服兜里发现了两张废纸，一想原来是在去食堂的路上捡的，当时时间紧，就随手放进兜里，竟然带到家里，妈妈说我太热爱衡中了，连衡中的垃圾都舍不得扔。我听了这话，心里还美滋滋的呢。看到周记时，我就想到上海闵行中学的两位老师

学校"绿色行动"志愿者清理城市卫生

看到衡中人主动捡拾废纸时说，我可以做到自己不扔废纸但做不到主动捡拾废纸，就凭这一点，我佩服衡中的教育。三是这些活动，在学生的骨子里埋下了深深的"志愿"烙印。如志愿者李飞同学大学毕业后，参加了国家大学生西部计划，并担任霍城县大学生志愿者服务队队长；志愿者肖宁同学在北大保送上研究生后，自愿选择了申请晚上一年，参加了中华人民共和国成立六十周年国庆志愿活动，后来又到西部支教。再如志愿者刘向品、王旭等同学，分别参加了北京奥运会、上海世博会的志愿服务，等等，例子数不胜数，这一切无不得益于他们在学校时打下的坚实基础。

学生业余党校。衡水中学业余党校创办于1999年。其间，由于各种原因曾一度停办，从2005年真正走向正轨。因为当时我们发现，学生每天忙提高分数、忙考大学，对自己的政治要求很低，淡化了对革命理想的追求，而这些恰恰是学生向上的瓶颈，极大地制约了学生获得更大的发展。因此，为了改变品德教育多、政治教育少的德育状况，我组织学校班子成员在一定范围内进行了研讨，决定从规范业余党校着手，努力抓好革命理想教育等等。2005年以来，我们已举办入党积极分子培训班80余期，培训学员万余人。在业余党校办班开课期间，主要措施就是以"三化建设"为抓手，大力创新业余党校建设。

党课学习制度化。每学期初，我们就在宣传栏贴出党校本学期的开课计划，只要有向党组织靠拢意愿的同学，不管是哪个年级，都可以写听党课申请书，到时自愿去参加听党课活动，在学期末，我们还会对参加学习的同学进行党的基本知识的考查，参加听课情况和考察结果由校团委委员进行统计、存档，作为我们学校今后发展入党积极分子的重要依据之一。

党课内容现代化。上党课时，不是直接告诉学生我们的党有多英明、多伟大，而是讲学生能亲身感受到的今天国家和新中国成立前比发生的天翻地覆的变化，让学生自己去体会党领导的正确性，从而感受到党的伟大，达到热爱党、信仰党的目的。我们的授课内容除了讲党史、党章，还开设时政大讲堂。如我的一次党课是这样上的，首先从国家的经济总量、经济基础、供给能力、对外贸易增长及人民生活水平提高五个方面分析了改革开放以来我国取得的伟大成就，同时指出我国现阶段发展存在的矛盾和问题，以及针对这些问题中共中央采取的重要措施，例如：树立和落实科学发展观、构建社会主义和谐社会、建设社会主义新农村、建设创新型国家等理论。最后强调，改革开放以来，中国经济连续 30 多年持续增长，我们这一代人经历的这 30 年超过任何一个 30 年的变化，我们正处在一个伟大的时代。中华民族能不能真正实现伟大复兴，中国能不能再次崛起，希望寄托在青年人身上，同学们一定要增强责任感，从爱班、爱校做起，努力学习、修养身心，为国家的发展、民族的复兴添砖加瓦。中央电视台拍摄的曾引起国际社会惊呼"中国要干什么"的大型纪录片《大国崛起》、在网络上产生巨大影响的中国空军上校戴旭在母校空军政治学院的讲座《30 年肢解中国》、著名学者与中央高层讨论的问题汇编《中南海历史文化讲座》等，我们都曾介绍给学生。关于党课内容选择问题，中央党校党史教育办公室举办的党史教育周活动给了我们巨大的启发，我校在 2007 年被中央党校党史教育办公室确定为河北省唯一的一个党史教育基地。

授课形式多样化。为了增强党课的吸引力，我们还从授课形式上找突破。采取多种形式对学生进行教育，如主题讲座形式：中央党校党史研究室副主任谢春涛教授，全国优秀共产党员、感动中国人物林秀贞，省委党校教授等先后来校开专题讲座。主题讨论形式：上课时以主题讨论为主，涉及的内容很广泛，如"我成为市委书记后如何把握自己""学会阳光看社会""我对党员先进性教育的认识""如何认识科学发展观"等。每次上课,我们都事先公布研讨主题,并搜集下发相关的学习材料,对每人发言提出明确要求,而学员们在课前都会自发地学习,课上敢于提出自己的观点,所以在课堂上经常听到不同的声音,每每出现这种情况,就会有多名学员展开讨论甚至辩论,最后,达成共识。做学习汇报形式:我校经常派学生外出学习,回来后为了让更多的同学吸收新鲜的血液,都会组织大型的报告会。如,我校学生杨阳在从中央党校回来后的学习汇报中说:"让中国走向世界,让世界走向中国是我们肩头的历史使命。我们要考虑,十年之后,我们新时代的青年人能不能把我们的文化带到世界,能不能让我们的治国方针深入人心,能不能让中国"威胁论"自然而然地土崩瓦解,我们要通过我们的行为在世界上标榜中国精神,展示中国风貌。我们对国家、对民族的爱,也该这样去表达。"

这样的学习开阔了学生的视野,培养了学生从全球角度来分析、看待问题,使学生能站在更高的高度来理解党和国家的大政方针,避免了他们成为愤青。只有青年一代真正懂得感恩、学会担当、认真履行自己的责任,构建社会主义和谐社会、实现伟大中国梦,才能"水到渠成",而"升学率"作为其副产品,自然会大幅度提升。

亮点二:让活动更加精致

德育和智育都是一个知、情、意、行的过程,都有思想参与,但德育的思维更偏向于主体意象型思维。无数成功的德育证明,没有活动便没有教育。活动是德育的生命,精致是活动的追求。唯有震撼心灵的精品活动,才能让学生终生难忘、受益终生。《中共中央关于改革和加强中小学德育工作的通知》中也明确要求,"德育要与传授科学文化知识相结合,渗透、贯穿在各科教材和教学过程及学校各项活动中"。活动不仅是人存在和发展的一种方式,是影响人发展的一个决定性因素,而且更是学生成长的内在需求,是学生最感兴趣、最乐于接受的形式,是提高学生道德认知水平、实现自我教育的最佳途径。

基于此,我校每年都要创造各种机会,组织开展近60项丰富多彩的德育活动,力求把每项活动都打造成精品,不断规范活动的开展,努力提高活动的质量,搭建了德育工作的新平台,点燃了师生内在激情,教师像一团燃烧的火,学生像一团火在燃烧,形成了独具衡中特色的活动文化,潜移默化地影响着学生的健康发展和未来人生。这些活动大体可以分为七大类,即科技创新类、社会实践类、阳光体育类、主体历练类、心理教育类、素质拓展类、榜样激励类等。其中，十八岁成人礼、八十华里远足、高一新生军训、"六个十"评选等，可以称得上是"老品牌绽放新魅力、新创意展示新活力"。这些活动，年年有变化，年年有创新，经过一次次丰富和完善，已成为我校独具魅力、震撼心灵的四大品牌活动。

1. 十八岁成人礼。本活动以传统成人礼文化为载体，以社会主义核心价值观为统领，通过精致的教育设计、庄重的氛围营造、震撼的情感体验，为学生提供了一场场融传统特色和时代气息于一体的道德盛宴，经过 15 年来不断丰富和创新，该活动已成为我校未成年人思想道德建设的一项重要内容。2014 年 3 月，团中央组织全国各地中学的近 300 位团委书记到我校进行现场观摩，将该活动推广到了全国。

学校自 2000 年开始组织"十八岁成人宣誓仪式"

该活动原来仅是成人宣誓一项内容，经过不断的丰富，已发展成为历时一个月，包括成人活动月启动仪式、成人倡议书发起活动、倡议家长孩子相互致信一封、成人纪念章设计大赛、成人教育主题展览、成人主题教育周、十八岁成人宣誓仪式、大型签名合影活动、成人宣誓主题班会、出版成人宣誓感言录等"十大环节"的成人教育月活动。比如，成人教育主题展览，其内容涉及优秀传统文化、公民义务和权利等方方面面，对学生进行全方位的核心价值观引领和教育。成人主题教育周活动，由学校确定主题，分为感恩周、责任周、梦想周、成人周，以班级为单位开展，围绕每周主题组织观看爱国主义影片、励志教育报告会、感恩主题沙龙等。

　　其重点环节成人宣誓仪式，也由最初的领导讲话、学生表态发展到了"八大步骤"。在隆重的奏唱国歌声中宣誓仪式庄严开始。伴着《圣洁的时刻》优美乐曲，学生们依次踏上红地毯，由各级领导、家长和老师为他们戴上"成人帽"，向师长行过"拜谢礼"，迈过"成人门"。现场气氛庄严神圣，温馨感人，很多家长眼里噙满了泪珠。之后，与会领导和师长为同学们点燃了安置在直径 1.8 米、高 1.8 米的生日蛋糕上的 18 根生日蜡烛，让同学们悄悄许下 18 岁的美好心愿，以期告诫学生已长大成人，已到了人生的转折点，并希望以此照亮学生人生的方向，照亮学生向往的地方。随后，为了让学生肩负起时代赋予的光荣使命，学校为同学们送上了成人节礼物——《中华人民共和国宪法》"成人纪念章"和"成人蛋糕"，会场内掌声雷动，很多学生激动地哭了。"十八年的青春，是父母呕心沥血把生命的火把点燃；十八年

成人礼上学生深情地朗诵《十八岁畅想》

的美好，是老师含辛茹苦将人生的道路拓宽……"同学们表演的配乐诗朗诵《十八岁畅想》感动了现场的所有人。市领导、老师和家长代表也先后发言，为同学们送上了美好的祝福和殷切的期望。最后，高二年级全体同学面对鲜艳的五星红旗，神情庄重地举起右拳，用铿锵有力的誓言呐喊出了自己的心声，"……对个人负责，对集体负责，对家庭负责，对社会负责，为中华民族的富强、民主、文明与和谐艰苦创业、奋斗终生！"震耳欲聋的誓言，在会场上空久久回荡；红色的"成人帽"，似火焰燃起激情一片，让人浮想联翩。

十八岁成人礼上的激情一刻

我们之所以不断丰富活动内容、创新活动形式，是因为在实践中发现，将德育活动仅仅举办成一种讲讲话、发发言、宣宣誓的仪式，很难给学生留下深刻印象，根本起不到教育效果，更达不到强化价值取向的目的。在这项活动上，我们主要的侧重点有四项：

第一，注重凸显教育意图。该项活动立足中华优秀传统文化，并结合当今时代条件和要求加以创新，对学生进行爱国主义、民族精神教育以及自立自强教育。以此，让学生宣告长大成人、完成角色转变，进一步学会自重、自爱、自强和自主，进一步激发内心的公民意识、法律意识和道德意识，进一步增强感恩师长、奉献社会、服务人民、报效祖国的热情和责任，从而使学生主动把个人价值融进社会的发展进步之中，自觉把个人梦想融入中华民族伟大复兴的中国梦之中。如在宣誓仪式上赠送《中华人民共和国宪法》，意味着让学生明白从此将享有中国公民的所有权利，同时也要履行应尽的义务；授予"成人纪念章"则是表明学生跨入成人行列的标志和见证，等等。

第二，注重学生自主体验。没有体验就没有内化，没有内化就没有发展，就没有道德境界的提升。正如卢勤所说，让孩子花 400 元钱去看一场《白毛女》，未必能使他们理解当时的苦难，但结识一个穷孩子，却能让孩子的心灵震颤不已。所以，在组织成人节活动中我校始终注意创设各种条件，为学生提供形式多样的道德体验，如，在学生中开展设计成人纪念章大赛，学生们自编自演配乐诗朗诵，宣誓大会后各班紧接着召开学生自己主持的"走好成人第一步"主题班会，年级组织开展内容为"比班级风貌、比宿舍内务、比个人行为"的行为大比拼活动，将学生的感动转化为长久行动。这样，随着活动的步步深入，学生的体验不断强化，学生的情感得到共鸣，认同得以深化，并开始由逆反变成理解，由抵制变成感动，在这种力量的驱动和深切的心理体验中，学生完成了从孩童到成人的心理建构。

第三，注重活动氛围营造。不管是校园内"感恩自强、快乐成长"的横幅，还是活动中出现的汉服、成人帽、蛋糕和蜡烛，还是会场布置、音乐、誓词等，让学生置身于一种刻意营造的、极为庄严和庄重的氛围之中，而这种环境，又给了学生一种强烈的心理暗示，全面调动了学生的感觉和思维器官，使之对教育内容发生兴趣、产生共鸣，进而人人都成为作用者和被作用者，相互影响，相互感染，共同强化，学生内心深处的崇高情感由此得以激发，思想受到启发，精神得到洗礼。

第四，注重活动细节设计。学校教育的一切细节，都应具有育人的力量。为了发挥活动教育的最大效能，我校努力放大每一个环节，力求让每个细节都成为一项新的活动。比如，在全场熄灯点燃生日蜡烛学生许愿环节，除了学生期许个人的愿望外，还引领学生在感恩父母、感恩师长、感恩学校、感恩祖国、感恩社会等方面许愿。还有，在冠带成人帽的过程中，1500 多名学生前后需要 20 多分钟，戴好成人帽的学生回到会场干什么？拉歌。拉什么歌？红歌。比如《九九艳阳天》等。随着返回的学生越来越多，美妙的红色经典旋律，一浪更比一浪高，让学生心中油然升起一种久违的情怀，心灵再次受到了震撼和洗礼。另外，在成人宣誓仪式上，微博这一社交媒体的运用更是让活动变得更加鲜活生动意义深刻，让更多的人来感受、参与这场盛宴，源源不断地向外界传递来自现场的正能量。有的同学在微博上实时将自己的成人礼心情记录了下来，晒出自己的"成人礼"，与场外的亲朋好友互动，并通过舞台微博大屏幕与现场的同学、老师和家长一起分享，很多同学将自己的成人礼誓言用微博的形式保存下来，作为对自己长久的勉励。就是这样一个个小细节的安排，使整个活动环环相扣，新颖别致，精彩纷呈。

2. 八十华里远足。这是我校的一个传统特色活动，至今已举办了17届。八十华里的路途对于现在很多未吃过任何苦头的独生子女来说是极大的挑战，安全也是该项活动所面临的最大问题。也许这项活动看似有些"残酷"，也许有人担心和反对。但是，我们认为如果有风险就不做的话，眼下是没有风险了，可是，未来呢？学生在求学时期不经历风雨的话，以后走上社会遇到风雨怎样办？所以，我们考虑的不仅仅是学生的眼前，只要对学生未来成长有利的事情，我们就一定会义无反顾地坚持做下去。事实证明，我们的理念是正确的，我们的付出是值得的，通过活动的蓬勃开展，这条八十华里的乡间小路不断被赋予了一种形而上的意义。远足中，虽然学生们两腿酸痛，脚底打泡，甚至有的学生大腿内侧都磨破了，但是他们互相搀扶着，互相激励着，顽强坚持了下来，体验了终生难忘的教育。邵洪浩同学这样说："我们宣了誓，就一定要走完，这是对生命的一种承诺。它让我意识到，一个人在面临困难时必须坚强。"

对于远足活动，我们把每个环节都进行了精心设计，力求每年都有新内容，都有新突破。比如近年来的创新举措有：一是设计制作了八十华里远足活动纪念章，参加本次活动的师生每人一枚，学生们戴着纪念章参加活动，感到非常自豪。二是"战"前动员的宣誓。远足前，老师都会让学生们读一篇文章——《中日夏令营里的较量》。文中对两国少年之间巨大反差的描写，既引人深思，又催人奋发。远足当天的早晨，举行誓师大会，一千多名学生齐声宣誓"前方是我的目标，坚持是我的承诺，铸我坚强意志，树我中华雄风……"铿锵豪迈的誓词，激荡起年轻的热情。三是到达宿营地后，举行才艺展示活动，如唱班歌、跳街舞等，活跃了营地的氛围，

高一学生八十华里远足活动

激发了学生的表现欲望和表演潜能。四是事后设计并制作了"八十华里远足活动纪念画册",让学生收集活动中有意义的、令人难忘的画面制作成册,每人一本,作为永久性的纪念。五是编辑整理了八十华里远足活动学生感言集,并打印编辑成册,为今后我校的学生思想道德建设提供鲜活的教育素材,等等。

通过活动学生们收获了什么?融洽了师生感情,增加了接近大自然的机会,了解了家乡的风土人情,培养了团队精神,增强了环保意识,体会了集体的力量,磨炼了意志,放飞了激情。

在周记中,霍美琪同学写道:"走完全程,我不禁喜极而泣,我为自己自豪,为衡中自豪,感谢学校组织了这么有意义的远足。一次远足,让我扔掉了骄娇之气和怯懦,学会了自信和坚强。今后,无论在什么恶劣的环境下,我们都会勇往直前,因为这次远足告诉我们:只要你坚持下去,成功就会离自己不远!"

远足,不仅仅是一次经历,一次体验,更是一种精神,一种被赋予了新的内涵的衡中精神!我认为,远足活动是一种富有生命力的活动,学生得到的不仅仅是胜

远足中的欢笑

利的喜悦，心灵的震撼，更是一次终生难忘的教育。

3. 高一新生军训。为了给学生创设一方展示自我的舞台，提高学生的综合能力和身体素质，促进学生多样化地发展，我校从 1985 年开始一直坚持军训活动。这二十多年的时间始终没有间断，构建了独具衡中特色的军训文化，给了学生终身受益的影响。由此，北京军区国防生生源基地、河北省国防教育先进单位等多项殊荣花落我校。我们有句话——军训十天，影响三年，受益终生。军训内容包括开营仪式、校规培训、军姿训练、队列演练、内务整理、会操比赛、军训阅兵、实弹射击、徒步拉练、安全演练等。每次军训之前，我们都要制订详细的方案，进行周密谋划和科学安排，涉及教官的安排与任务、军训辅导员的具体责任、课时内容的分配、每天的总结反思、同学之间的互评等，有效提高了军训效益。

在每年为期 10 天左右的集中军训中，我们非常注意把军训内容进行拓展和丰富，力求以喜闻乐见的活动，吸引学生，激励学生，如军事主题班队会、军事院校图片展、爱国主义影片展播、国际热点问题报告会、革命歌曲歌咏对抗赛、每天收看时政军事新闻等，努力把爱国主义教育、军事知识普及融入其中，培养了学生爱军、爱党、爱国的优良品质。军训只是手段，育人才是目的。为了把军训期间形成的好思想、好作风，转化为学生的学习动力，转化为学生的一种习惯，转化为立志

高一新生军训

报国的坚定信念，我们高度重视军训成果的转化工作，教育学生以军人的作风严格要求自己。如课间跑操、起床叠被、坐立行走等，培养学生令行禁止、严肃认真的军人作风，吃苦耐劳、敢打必胜的军人气质，忧国忧民、爱国报国的军人精神，久而久之，便内化成了学生自身的优良品质。学生有了这种品质，就会移植到学习上来，就会攻克各种困难，就会锻造出一种百折不挠的精神，一种有战必胜的信心。

352班张楠在军训随想中写道："看着电视上军人挺拔的身姿，是何等英姿飒爽，何等豪迈。但自己亲身体验起来却不是一件易事。站的时间长了，便只觉得前脚掌像有千万只蚂蚁啃食一般，痛彻骨髓，膝节也疼，脱筋卸骨一样，那种滋味真是难受，在这时，意志稍微不坚定就会落队，但咬咬牙便会挺过来。有坚强意志的人，失败不会光临他们，在他们眼中也永远没有失败。咬咬牙，挺一挺。我们可以轻轻松松说出来，但我们绝不可能轻轻松松做到。军训考验的是肉体，而更甚于此的精神考验，它将更加磨砺我们的意志，让我们达到坚韧刚强，不喜不悲的境界，我会永远记住：失败也怕咬紧牙关！"

实弹射击

可以说，学生的军训虽然短暂，只有短短的十天，但十天的军人生活，带给学生的价值追求、价值取向和价值理想让他们受益终生，军人的作风、军人的气概，将永远激励我们的学生勇往直前！

4. 十大文明道德模范评选。我校开展的十大文明道德模范评选活动，旨在把学生身边默默无闻的、甘于奉献的同学从幕后推向前台，树立起学生心中的榜样。评选出的文明道德模范，是善的倡导者和实践者，他们生活的点点滴滴，影响和带动着身边的每个人，使每个人感受到了善行的道德力量，全校师生积极响应，寻找道德楷模、学习道德楷模、争做道德楷模蔚然成风。在评选过程中，各年级部、班主任高度重视，认真组织评选、推荐工作，不仅注重了最后的决赛评选，更注重活动的启动和过程，扩大了活动的参与性，增强了学生的亲身体验，从而让更多的同学受到心灵的震撼、思想的教育，灵魂得以升华。

这项活动是 2007 年开始举办的。当时举办的考虑有两点：一是响应 2007 年第一届全国道德模范的评选。二是我们感觉到，道德激励的方式必须要走向现代化。新时期，道德的基本内容、标准正在发生着重大变化。这些变化就决定着道德激励方式跟着发生相应的变化，否则，没有创新，讲德育的实效性就是空谈。大家知道，我国传统的道德激励方式主要是政府树立典型，运用行政手段向社会推广，有的还要将典型拔高到"高、大、全"的地步。学校的传统激励方式则是对做好人好事的同学进行表扬，给做好人好事的同学所在班级量化中加分，这样的激励方式面对现代社会条件的改变已经不太适应了。道德激励方式急需拿出新的举措。据此，我校学习央视评选十大感动中国人物的节目，同时还借鉴国外对体现美好道德的行为给予表扬之外的奖励等经验，在道德激励方面不断拿出新的举措，组织十大文明道德模范评选等，都是创新的结晶。

学生参加十大道德模范评选活动

十大文明道德模范评选活动，历时三个月，整个活动包括六个步骤，如公布方案、自主申报、事迹展示、竞选暨颁奖仪式等。其中，有两个环节可圈可点。一是事迹展示环节，对于每一位候选人的典型事迹，学校经常利用广播、校报、宣传栏等媒体，进行大张旗鼓的正面宣传。候选人所在班级的同学也想出各种办法，如将候选人事迹变成评书、快板等艺术形式，利用一切空闲时间，在校园内进行宣讲；或是制作非常精美的候选人宣传页，把其事迹在校园内广为散播。三个年级部，也是"斗智斗勇"，想尽一切办法，宣传本年级候选人的事迹，这个积极性是如何调动起来的呢？评选方案中规定候选人人数各年级照顾平衡，但"十大"的产生以竞选当场投票为依据而不照顾年级平衡，为了自己年级的学生能够脱颖而出，级部管理人员就会想方设法扩大候选人影响力，制作事迹展牌到其他年级教学楼宣传。除了宣传，候选人所在班级的班主任、学生代表更是以本班有候选人为荣，举全班之力帮候选人修改演讲稿、设计演讲动作、设计台下同学们的互动。其间，整个校园里是星光璀璨，形成了一种向上、向善的文化氛围。由此，这项活动取得了"三变"的效果，即变被动参与为主动参加、变个体参与为全员参加、变点上独养为满仓丰收，这样的道德激励形式已成为全校大众参与的一项活动，客观上也成为全校广大学生进行自我道德教育的一种方式。我们始终认为，榜样可亲比典范可敬更重要，主动寻找比简单获得更重要，主体效仿比被动塑造更重要，这也是我们在德育工作中最重要的体会和感悟。

二是竞选暨颁奖大会。会场上，学生们有的晃动着嵌有候选人姓名的标语，有的高举着色彩鲜艳的参赛者画像，再加上众多的彩色气球，主席台上大标语——"感受道德力量，打造和谐衡中"，使整个会场充满了青春的激情、生命的活力、文明的气息。候选人依次登台演讲，或温文尔雅，或慷慨激昂，娓娓道来，情真意切。台下的学生打着横幅，用嘹亮的歌声和震天的口号与台上的选手遥相呼应，整个会场气氛热烈而有序。选手们真实感人的事迹深深打动了现场所有人，一次又一次热烈的掌声，表达着同学们对选手的感动和欣赏，许多人热泪盈眶。最后，由来自不同年级、班级、不同社团组织的 60 名学生组成的评委团，现场投票评选出自己心目中的模范。

"他用一种最朴素的方式，回答了生活中最深奥的问题：有一种力量特别强大，那就是集体；有一种精神无比伟大，那就是奉献。他就是——李松。"颁奖词诠释着青春的真谛，竞选胜出者激动地上台领奖，台下的同学则热烈鼓掌。这样的方式相比于传统的评三好优干等方式，让学生享受到了更多的掌声，享受到了更大的成功，更加具有德育效力。

近年来，我们组织开展了系列评选活动，概括地可以总结为"百、十、一"活动等。"百"即"百名优秀学生宿舍长""百名自主管理志愿者""百名绿色行动志愿者"三项评选，"十"即"十大文明道德模范""十大杰出学星""十佳班长""十大校园歌手""十佳体育委员"评选等，"一"即每个年级每周评选一名"校园之星"，如创意之星、才艺之星、环保之星、阳光之星等，无论班干部，还是学困生，人人平等，人人可成为"明星"，都可以获得掌声和仰慕。由此，学生自身所拥有的某些闪光点被无限放大，并且进一步得到了强化，激发了学生争当先进的强烈欲望，给更多同学创造了演绎精彩的平台，提高了学生成长的自主性和自觉性。把德育过程还给学生，把德育舞台交给学生，这是我校德育理念的核心所在。

亮点三：让文化浸润心灵

当今，文化力已成为竞争力的重要组成部分，打造特色德育文化也逐步成为引领德育工作走上新台阶的有效途径。如何顺应时代的发展，传承、设计、创新并构建符合学校特点的德育文化是我们广大教育工作者需要面临和探索的重大课题。我们认为，文化能让德育充满活力，文化能让德育更富有实力，文化能让德育更具有魅力。为此，我校在创建德育文化上做了大量工作，并取得了很好的效果。其中，宿舍文化就是我校特色德育文化的一项重要内容。

作为寄宿制学校，宿舍不仅是学生学习和生活的重要场所，也是课堂之外对学生进行思想道德教育的重要阵地，特别是有的时候这个阵地比课堂更重要，更不能忽视。往往宿舍生活更能体现一个人的修养，宿舍比教室等任何场所更能培养学生的做人做事能力。从时间上来说，学生们每天在宿舍要待很长时间，每天有9个多小时呆在宿舍，但是，我校在实践中发现，学生回到宿舍内的活动主要是：吃零食（不利于身体健康、易形成攀比心理）、整理内务（独生子女、自觉的劳动意识与劳动能力差）、因为小的利益（打呼噜、用水、某同学说话不中听等）闹矛盾、看不健康书籍等；从空间上来说，宿舍更是学生这一道德主题展示真实自我的舞台。如果我们在宿舍内营造一种健康向上、生动活泼、规范有序的文化氛围，学生就会在潜移默化中吸纳这种精神内涵，逐步提升道德修养，养成良好的道德习惯。为了构建良好的宿舍文化，我们主要从队伍建设、文化活动、正面引导等方面加强了建设。

1. 队伍建设是关键。学校出资，配备三支队伍从不同角度专职负责学生宿舍管理。一是楼管员队伍，主要负责卫生、安全等常规工作。二是安全防疫员队伍，主要负责学生宿舍的消毒、检查学生每天开窗开门通风情况。保证学生宿舍每周紫外线消毒三次。这两支队伍都是学生离开宿舍就上班。第三支队伍是生活指导老师队伍，学生回到宿舍就上班，负责与学生有效沟通，督促和保障学生的休息秩序和安全，处理学生中的一些突发事件。另外，我们要求班主任每周必须保持一定次数到宿舍指导检查学生。曾有同志提出借鉴外校经验，在宿舍管理这块解放班主任，但我们意识到宿舍在学生成长中所起的关键作用，班主任如果缺失对学生在宿舍内表现的了解，是不可能真正扮演好学生精神的引领者、关怀者、指导者的角色的。

2. 文化活动是载体。文明是一个人最起码的行为准则，文化则是一种更高层次的精神理念。学校每年举行宿舍文化设计大赛，目的就是把文明之风引入寝室，让先进文化占领宿舍，做到舍舍有主题，屋屋有特色，潜移默化地影响学生的思想意识和价值观念。活动取得了很好的效果，走进学生宿舍楼，首先看到的是迎门宿舍亮窗上绿色的"俭朴寨""好来屋""阳光居""佳洁室""铁军营"等别致新颖、寓意深刻的名字。名字由学生自己设定，全社成员认同，体现本宿舍的特色和价值观念。推开宿舍门，有两个亮点吸引你的眼球，一是在每个人的床前张贴的立身格言或处世格言，这是我校的统一要求，立身格言，指格言内容侧重于人品、侧重于道德修炼，是学生根据自己道德修炼方面的不足、弱点来自己确定。目的就是在宿舍内营造育德氛围，让学生每天一回到宿舍，对照立身格言，进行反省。每天反省，就是每天修正自己，从而达到自我完善的目的。二是宿舍雪白墙壁上的书法作品或条幅，如果细心观察会发现条幅内容、宿舍气息和宿舍的名字遥相呼应，如"俭朴寨"宿舍挂的是两幅古朴典雅的书法作品，左边"勤能补拙，俭以养德"，右边"由俭入奢易，由奢入俭难"，在一些五颜六色的小纸鹤的点缀下，其宿舍文化气息——俭朴特色扑面而来。

学校所有宿舍文化内容都是学生们集体动手制作的，涉及生活、劝学、交友、理想、做人等各个方面，学生们很喜欢这些字画，有的还拿着笔记本到其他宿舍一个屋一个屋地摘录。他们把宿舍看作自己的第二个家，同时他们感悟到，一个家庭应该自强自立，因而能够约束自己，克服一些自私心理，自觉自愿地遵守家庭规则，争取使各项工作位于其他宿舍前列。

389班尹丹阳曾说，她们宿舍的主题是"和谐园"，宿舍成员间相互信任、帮助，营造了和谐的气氛，温馨团结的环境使她每天都有新的感悟，因为是自己动手布置的，同学们都很爱惜，并且以其为标尺每日自省其身。

3. 正面引导是手段。相传远古时代，洪水泛滥，舜帝派鲧治水，鲧一味去

"堵"，结果，洪水不仅没减退，反而愈来愈烈。后来，鲧的儿子禹继续治水。他采取"疏"的办法，把洪水引入大海，终于使水灾平息。鲧禹治水，方法不同，结果两样。可见治水宜疏不宜堵。宿舍文化建设同样重在引导，为了多角度、全方位地培养学生良好的品德素质、心理素质、行为素质，让追求和谐、追求高尚、追求团队、追求健康真正成为我校学生的习惯，学校开展了"星级宿舍评选活动"，并进一步修订了《五星级宿舍的评比办法》，将"星级宿舍"设置三个等第，即"三星级宿舍""四星级宿舍""五星级宿舍"，细化了"星级宿舍"评价标准。

衡水中学"星级宿舍"评价标准

1. 空气清新，内务整洁干净。

①每天开窗通风；②被褥叠放整齐；③铺面平整无褶皱；④床单、枕巾洁净；⑤窗明几净、地面清洁，窗帘定时清洗；⑥物品摆放整齐有序；⑦无死角。

2. 文化高雅，引人向上。

①宿舍命名新颖别致，内涵深刻；②宿舍简介卡内容简洁、富有亲和力（内容主要包括：舍员合影、铺位分布、舍风或追求目标），并按学校要求，贴在指定位置（检查口下侧）；③宿舍文化渲染主题突出、健康向上，布置简洁、巧妙，且对墙面、固定物的污染降到最低。

3. 自主管理，行为规范。

①按学校规定时间回归宿舍；②按学校规定时间和要求就寝；③按时起床；④不带违规食品进校，不在就寝时间吃零食；⑤爱惜公物，不损害宿舍设施。

4. 安全防范，细致入微。

①人走锁门，钥匙随身；②贵重物品存放安全；③宿舍门吊、门鼻有坏，做到及时报修；④更换门锁要及时将备用钥匙交楼管；⑤宿舍发生意外情况，做到既能控制事态发展，又能在第一时间向本班班主任、学校行政值班人员报告；⑥常规安全、防疫报告制，坚持得好。

5. 团结和谐，温暖如家。

①互尊互敬，互献爱心；②互为挚友，真诚相待；③快乐同享，有难共当；④关系融洽。

制定星级宿舍标准，目的就是要精心创设情境，感染迁移思想，呼唤自主发展，向学生指明正确的方向，让学生学会宽容与助人，学会避免和化解冲突，学会从小事做起，学会一种社会规则，进而营造一种友好、信任、和谐的氛围。

星级宿舍每月评选一次，优秀者晋级挂牌，不达标者摘牌整改并参加下次评选。星级宿舍的数量一般控制在 15% 左右。在评选过程中，首先由宿舍成员自主申报，学生会定期对参评宿舍进行督查，每月最后一周评选出当月星级宿舍。学期末，学校将对所有星级宿舍进行总评，并与先进班集体评选挂钩。对每期评出的星级宿舍，学校都会大力宣传表彰。表彰内容不仅涉及宿舍，还要涉及班级和宿舍长。而且规定：星级宿舍所在的班级及宿舍长，在学校的各项评优活动中，给予政策倾斜和加分。这样做就是为了形成一种氛围，学校倡导、班主任重视、宿舍长有积极性、同学们参与、上下一心、协调联动，宿舍成为全校上下关注的重点、热点。这样的评选流程，不仅注重了评选结果，更注重评选过程。

这样一来，学校给学生提供了自己构建和谐友爱情感空间的机会，搭建了一个张扬个性的成长舞台；不仅使学生宿舍更具文化气息，还让宿舍文化成为学生道德认知、道德实践、道德信念连接的桥梁，让学生在信息接收、思想碰撞、行为选择的过程中逐步实现道德升华，这样的一个理念，实际上是更加趋向于培养学生的公民意识，培养和谐发展的人。

亮点四：让队伍走向专业

1. 做好德育工作要发挥班主任的主力军作用。班级是学校开展教育活动、传授科学文化知识的基本单位，班主任则是学校德育工作的主力军。教育部颁布的《中小学班主任工作规定》指出："班主任是中小学日常思想道德教育和学生管理工作的主要实施者，是中小学生健康成长的引领者，班主任要努力成为中小学生的人生导师"，"班主任是中小学的重要岗位，从事班主任工作是中小学教师的重要职责"。

为了提升全体班主任的理论水平和专业能力，就要尽全力促进班主任老师的三种专业水平，即专业道德水平、专业知识水平、专业能力水平，其中，道德水平是根本、是统领，知识水平是基础，能力水平是关键。

班主任专业化能力是多方面的，例如：构建班级文化的能力、沟通能力、协调能力、心理疏导能力等。但是我觉得班主任还应具备以下六种专业能力：

亲和力：实际上亲和力就是对学生的精神关怀力。亲和力的核心就是"爱的情感""民主平等"。班主任做到了以下六个方面，才能走进学生的内心世界。

（1）对学生微笑——不让任何一个学生受到冷落和歧视。

（2）给学生鼓励——让每个学生在真诚的表扬中成长。

（3）帮学生明理——让每个学生在体验中辨别真善美、假恶丑。

（4）与学生交流——让每个学生都能和老师平等的对话。用心与学生交流、用爱助学生成长。

（5）教学生求知——耐心解答学生提出的每一个问题。

（6）做学生表率——时时、处处、事事做到学为人师、行为世范。

洞察力：班主任能够做到对问题进行准确、深入的分析。做到教育超前、防微杜渐，把问题解决在萌芽状态。

学习力：班主任只有使学习真正成为习惯，成为自己的生活方式，才会有旺盛的生命力，在教育实践中才会有理论依据。

研究力：班主任只有善于研究教育现象，并能通过现象看到本质，才能捕捉到最佳的教育契机，在处理问题中才会做到使用最好的方法、通过最佳的途径、运用最美的语言、收到最好的效果。

创新力：创新是一个班主任进步的灵魂。不能创新就不可能做到追求高尚、追求卓越。

落实力：没有落实一切工作等于空谈，所以，没有了落实力也就没有了执行力，没有了执行力，竞争力更无从谈起。

班主任的重要责任是怎样体现的呢？简单地说，就是认真细致地做好班级常规管理工作。班级常规管理的内容大致包括：①班级教学常规管理（教学正常秩序、新学期学生座位的安排、自习课、考试纪律、考勤、请假制度等管理内容）。②班级各项建设（班干部队伍建设、班级小图书馆组织、黑板报小组组织、教室布置等）。③了解研究学生（班级日记、班史编写、周记检查、学生档案建设等）。④学生卫生保健（卫生习惯培养与检查、常见病的预防、学生身检等）。⑤班级总结评比（年级操行评定、评选三好学生、班级总结奖惩等）。⑥假期生活管理（校外学习小组组织、假期作业布置及检查、学生联络网的组织等）等。一个班级，乃至一个学校整体水平如何，很大程度上取决于班主任的工作效益。班主任工作效益又很大程度地体现在班级常规管理上，班主任作为班级工作的主导力量，班主任的常规管理工作对于学校而言具有决定性的作用。我校高度重视常规管理的精细化，每次校长办公会、班主任会都要重点强调常规管理。

班主任要用心于常规管理的细节，思考体悟其价值和意义。常规管理的精髓是对细节的升华和掌控。比如，我们要求"自习考试化"，如果我们的班主任不能深切地明白其意义就不能清楚地讲给学生，就更难在日常的行为中做好要求，做到规范。对于学校的任何一项常规都是一样，首先自己有意识地消化吸收，变成自己的理念，才能更好地指导教育教学活动，才能增加班主任工作的效益。

为了进一步提高班主任的育人水平和能力，2005年我们在河北省率先成立了专门的班主任专业化研究机构——班主任专业化发展研究室，专门负责学校班主任专业发展的建章立制、培训引领工作，由学校主管德育工作的副校长统一领导协调。实际上，这个处室就是一个强力推行班主任专业化的机构。随后，我们在各年级建立了班主任专业化发展研究小组，由各年级的德育副主任担任组长，按照班主任专业成长的要求推进发展工作，并按着学生成长规律去改革我们的班级管理。这样，就建起了一个由上到下、有横有纵的班主任专业化研究网络，对全校班主任的专业成长起到了巨大推动作用。

班主任论坛就是由班主任专业化发展研究室牵头组织的一项精品活动。通过活动的开展不仅能解决我们德育工作中的实际问题，还可以提高班主任队伍的整体素质、理论水平。我校的班主任论坛是分年级来搞的。每个年级、每个学期都有自己的论坛主题，突出"三年一盘棋"的思想，突出年级特点，并配合学校大型活动、某些特定节日、纪念日，确立论坛主题。总的思路是论坛主题阶段化、系列化，更具针对性、实效性。高一要加强入学教育、荣校爱校教育、良好学习和生活习惯的培养，加强团队意识合作意识的培养等，要学会奔跑；高二年级要特别加强爱国、责任、感恩、诚信、守法的教育，要学会领跑；高三要加强目标、拼搏、毅力、坚持、学法、效率方面的教育和要求，要学会飞翔，冲刺高考。

2. 做好德育工作要发挥学科老师的重要作用。课堂教学是学校教育的主渠道，注重各学科教师的德育功能，不仅要求各学科教师认真分析教材，充分发掘教材中的德育因素，更重要的是要求教师通过自己精心的备课、亲切的教态、精湛的教艺、端正的板书、耐心的辅导，给学生爱的感受、美的熏陶。为此，我们着力抓了两个方面的工作，发挥课堂教学德育主渠道作用。

　　瞄准关键点——更新观念：充分挖掘各学科德育资源，使学生学到知识的同时，受到思想上的教育。学校会定期开展学科校本培训，邀请专家引领新课程理念，使每一位教师在思想上更新观念，树立德育意识，并把认知能力、道德情感、品德能力和行为规范等多种教育有机地融合在一起。

　　找准着力点——精心备课：学科德育因素的体现也需要备好课。教师首先要研读教材，全方位审视，多角度剖析，明确体现德育的着力点。比如：语文课的着力点，除了要让学生提高听、说、读、写的能力，更要结合教学内容适时地对学生进行爱国主义、集体主义和社会主义思想教育。英语课的着力点，要让学生通过听、说、读、写的基本训练，感受语言语调的韵律美、字母书写的线条美。为了让每一位教师在学科备课中体现德育的着力点，我们加大了教研组的集体备课和评课说课力度，通过集体备课，明确学科中的德育因素，并把它贯穿于整个教学过程；通过评课说课，让教师进一步了解了新课堂评价标准，时刻反思自己的课堂是否以学生发展为本，是否体现德育因素。

　　3. 做好德育工作要充分发挥班干部的作用。对于广大学生来说，挖掘 90 后中的典型人物和事迹，树立身边的学习榜样，这样的教育往往更容易让他们产生心灵的共鸣，更利于激发学生敢于担当的豪情壮志。为此，我们狠抓了学生干部队伍建设，力求充分发挥他们的引领作用。学校专门制定了《衡水中学学生干部选拔任用、培养与管理暂行办法》，内容包括学生干部岗位指数、如何选拔、如何培养、如何管理、如何激励五大项，并组织开展了"十佳学生会干部""十佳班长""十佳体育委员""十佳卫生委员"以及"百名优秀宿舍长"评选等一系列活动，扎实落实，创新培养，有效发挥了他们的榜样示范作用，而且还培养了一大批管理型、领导型人才。"十佳班长"竞选演讲结束后，一位同学写道："担当，是激励人走向成功的一种力量，是实现人生价值的必然选择和追求。"班长们这样强烈的担当意识，往往也是我校老师们感到最为感动和震撼的地方。

　　另外，学校还设置了学生调研员。目前，教育处、教务处、膳食处、各级部都设立了自己的学生调研员，调研员由各班不同层面的学生组成，每周向学校反馈一次信息，包括教育管理、教学常规、后勤服务等，只要是学生发现的问题，都可以向学校反馈，对学校工作提出意见和建议。就拿德育调研员来说，学校教育处要求，每周五前汇总各班德育调研员交来的德育信息，内容包括针对年级部、总务处、教

务处、教育处、团委会、现代教育技术处工作提出的问题及建议，换句话说，就是学生们日常学习生活中所涉及的方方面面。出现的问题，能解决的都要马上解决，不能马上解决的，都要在党政联席会上进行汇报，然后由校长协调相关处室立即解决。对于需要创造条件解决的，相关处室要向学生调研员做好解释工作，以后创造条件去解决。德育调研员制度的推行，对学校德育工作的落实起到了很大的监督和督促作用，同时更为重要的是培养了学生们的主人翁意识，增强了学生的维权意识。

（三）五大特色让德育走向和谐

按照素质教育的要求，我们必须树立一种大德育观，充分利用一切可以利用的资源。我们的做法是，把德育与爱国主义教育结合起来、与心育结合起来、与家庭教育结合起来、与为学生办实事相结合，与国际化教育结合起来，充分利用生活中无处不在的德育资源，最终，让德育走向和谐。以和谐的德育努力培养和谐发展的人。目前，这五个结合，已形成了特色。

1. 德育与爱国主义教育相结合。一直以来，学校都高度重视对学生的爱国主义教育，经常开展各项教育活动。如观看爱国主义教育影片，举行"为中华之崛起而读书"演讲会，开展"弘扬和培育民族精神月"活动。在学校举办的"爱国从我做起，从脚下做起"学生事迹报告会上，一个个鲜活的生活实例，一个个激励人心的细节，让很多孩子都掉下了眼泪。会后，一个学生在周记中写道："爱国不是空洞的口号，爱国就是认真锤炼自己的为人，就是认真做好每一件小事，这将是我永远的追求。"每年，以清明节、抗日战争胜利纪念日等纪念节日为契机，我校组织师生前往冀南烈士陵园、天安门广场、西柏坡纪念馆、红旗渠等爱国主义教育基地参观学习。如到军博观看《复兴之路》展览、到北京国旗护卫队参观他们的荣誉展室、整理内务，到天安门广场观看升旗，到抗日战争纪念馆、卢沟桥参观等，以别开生面的教育引导学生将个人奋斗融入实现中华民族伟大复兴的奋斗之中。我们曾组织学生到西柏坡观看《共和国从那里走来》，留下极深印象的是在西柏坡纪念馆，同学们突然在一个展厅的中间位置驻足了，我走过去，原来他们在看胡锦涛同志到西柏坡时吃饭留下的收据，大概是28元。当时自己的心灵也受到震动，但我没说，后来和一个学生交流，问他为什么看那么长时间的饭费收据，学生说，这次参观收获太大了，不仅看到了老一辈革命家为新中国成立所付出的艰辛，而且看到现在的领导人来这里参观吃饭还要自己拿钱，而且只吃了 28 元，想到自己吃一次肯德基就要几十元，我很惭愧，我以后要做像他们那样的人。什么样的人？我追问道。学生沉思了一下，有些不好意思地说："用历史课上讲的词来解释就是经世致用的人。"的确，我认为"经世致用"的含义对于学生们来说，就是要胸怀华夏，立志报国又要脚踏实地，努力学习，修身养性。时代性的授课内容、多样的授课方式开阔了学生的视野，提高了学生看问题的站位，增强了学生为国家、为民族、为人类负责的豪情。

组织师生赴红旗渠开展主题教育实践活动

2. 德育与心理教育相结合。心理健康教育与德育是两个不同的学科，但同属于"大德育"的范畴，两者关系交叉，各有侧重，不能互相代替，只有把两者有机结合起来，发挥各自的优势，才能两璧合美，相得益彰。我校遵循"每位学生都是一个宏大世界"的心育理念，不断创新学生心理健康教育，努力完善心理危机干预机制，扎实开展系列特色心育活动，力求在心理健康教育中渗透正确的世界观、人生观和价值观，引导他们运用理论推理的方法对自己的内心冲突进行归因，进而帮助他们做出合乎社会需要的价值选择，从而使心理健康教育的基础层次目标合理而有效地延伸到德育这一较高层次的目标中去。

　　为此，我校重点实施了"八个一"健心工程。一是用好一个中心，即心理咨询中心，下设心理咨询室和心理放松室。心理咨询室成立于1998年，配有咨询热线和咨询信箱，心理咨询教师全天值班，学生既可直接前去咨询，也可提前预约咨询。2005年，学校又开设了网上心理咨询室，无论何时何地，学生、家长都可以进行咨询，拓宽了心理咨询渠道。心理放松室分为放松区、发泄区，周一至周日全面开放，设施齐全，格调轻松，配有布艺沙发、彩色地毯、毛绒玩具、壁挂电视等，并配备了跑步机、塑料棒、涂鸦板、沙袋等运动打击器材，让学生尽情宣泄，降低焦虑情绪。二是办好一个协会，即学生心理健康协会。2008年，学校组织成立了第一届心理健康协会，成员由各班心理委员和热衷心理健康教育的师生共同组成。几年来，协会开展了系列主题心理辅导活动，如"渡河"等，深受学生欢迎。同时，该协会还经常组织心理健康问卷调查，并对结果进行统计分析，指导下阶段心理工作的开展。此外，心理协会还利用校园广播，定期录制播放"心灵有约"节目，宣传和普及心理健康保健常识等。三是上好一堂课，即心理健康教育课。2007年，为完善心理健康教育体系，拓展心理健康教育范围，学校在三个年级均开设了心理健康教育课，由专职心理教师负责，以主题活动为内容，让学生在体验中享受快乐、分享感受，这对提高学生的心理健康水平效果显著。目前，学校成功开发了《心理健康教育读本》，精心设计了"自信之旅""捆绑过关"等心理游戏，提高了学生人际交往、互助合作的能力。此外，学校还开设了《我的青春我做主》心理健康教育选修课，固定了课堂时间，打破了班级限制，激发出学生的兴趣和热情。四是搞好一次活动，即心理健康周活动，每学期组织一次，至今已连续举办了九届。每届均有鲜明的主题，如"关爱自我，和谐成长"等，内容包括心理健康知识宣讲、心理健康知识图片展、班级心理墙报比赛、心理手抄报比赛、心理漫画大赛、心灵故事征文、制作幸福家庭台历、制作我爱我家视频等，通过喜闻乐见的形式将心理知识带到师生中间。五是组织一场报告，即心理专家讲座。每学期，学校都要邀请著名心理专家、励志专家到校做报告，如南京师大心理学赵凯教授、全国励志专家王国权等，极大调动了学生的学习热情和积极性。六是组织一次大赛，即校园心理剧大赛，至今已成功举办六届。活动中，学生们以生活、学习、交往中发生的冲突、烦恼、困惑等为素材，采用小品表演、角色扮演、情景对话等方式，自编、自导并自我表演，把心中想说的"大道理"灵活表现出来，从中学会解决问题的方法，并悄然改变观众们的心境。这样，就把成长的过程、空间还给了学生，让学生在舞台上充分表达自己的观点和立场，这对学生建构积极向上的心态意义重大。整个活动历时三个月，不管是对参演同学，还是对观众的师生，都是一次卓有成效的心理辅导。把校园心理剧纳入心理健康教育，这在全省也是不多见的。这一团体心理辅导形式，业已成为我校心育特色。七是办好一张报纸，即《温心家园》，其内容包括励志故事、心理常识等。目前，《温心家园》已编辑出版学生版、教师版近 200 期。八是编印一本杂志，即校园心理杂志《心悦》，该杂志从栏目设置，资料收集，编辑排版以及后期校对，均由心协成员负责。

心理健康课

另外，按照"早发现、早预防、早干预、早处理"的原则，每年高一新生入学后，心理咨询室都要组织学生进行心理健康测试普查，测试结果为班主任的班级管理提供了依据。在此基础上，学校还实行了学生心理健康情况"周汇报、月总结"制度，全年性开展心理危机排查，深入细致地了解学生中出现的心理困惑和问题，并针对需要重点关注的学生及时采取有效措施，一旦出现"应激事件"立即启动危

校园心理剧大赛

机干预机制，进行积极有效的干预，避免了恶性心理危机事件的发生。同时，学校高度重视家庭贫困和单亲家庭等特殊学生群体的心理健康教育，并把其纳入预警机制之中，在重点实施动态管理的前提下，学校还通过发放奖助学金的方式，帮助他们顺利完成学业，解决了学生的心理困惑，促进了学生的全面健康发展。

3. 德育与家庭教育相结合。《公民道德建设实施纲要》指出："家庭是人们接受道德教育最早的地方……必须把家庭教育、学校教育、单位教育和社会教育紧密结合起来，相互配合，相互促进。"唯有如此，才能真正消除家校之间的隔膜、抵触乃至冲突，才能建立起理解包容、互信互爱、互联互通的伙伴关系，从而促进学生生动活泼、全面和谐地发展。可以说，让家庭教育和学校教育形成合力，促进学生的全面发展势在必行。

在家校合作方面，我校显著的特点有三个：

一是平台广阔。为了给家长提供更多施展才能的平台和发挥作用的机会，我校做了大量卓有成效的工作。1998年我校就成立了衡水中学家长学校，出台了《衡水中学家长学校章程》，对家长的责任和义务做了明确规定，把家长学校工作列入了学校工作计划和目标管理，确定了专兼职任课教师，明确了授课时间和地点，设立了家长学校工作专项经费，充分保证了各项活动有部署、有检查、有落实、有保障。我们各年级都成立了家长委员会，家长委员会委员来自各行各业。每次家长委员会会议，我们校领导、年级部主任、副主任都参加，与家长们坦诚交流，进行有效的沟通。家长们带给我们来自社会各界对我校的评价，他们的孩子成长中的困惑与难题，家长们对我校教育教学方面的意见和建议。我们会根据家长委员会委员们所提的合理化建议及时改进我们的工作。我们也把学校的办学思想、学生们的在校表现通报给家长们，同时还在家长该如何教育孩子方面提出建议。通过家长委员会会议，许多家长加深了对学校和孩子的了解，并就如何配合学校教育孩子明确了思路，家校合作优势进一步突显。另外，每年我校都会组织家长进课堂上课、进食堂体验、进考场监考等近20项主题活动，切实加强了家校之间的合作交流，促进了学生健康成长。

二是渠道畅通。为了充分了解家长的意愿和想法，努力挖掘家长中的教育资源，学校开通了三条"绿色通道"，全面加强家校之间的合作，有效提高了广大家长的家教质量和水平，使家校工作更具针对性和实效性。第一，发放"三表一书"。学校精心设计拟订了家长征求意见表、家长问卷调查表、家校合作联系表和寒暑假家长通知书，广泛征求家长对家长学校的意见和建议，并以此不断修改和调整培训学习计划。第二，组织"三日一会"。即通过家长校访日、教学公开日、集中开放日以及学生家长座谈会等途径，让教师和家长面对面地共同探讨育人问题，并为学生家长解答家庭教育中的热点问题和疑难问题。第三，设立"三箱一线"。家长学校不仅设置了网络留言箱、校长电子邮箱和意见反馈箱，而且还开通了24小时家长热线，及时解答家长提出的疑问及意见，全天候全方位接受家长的咨询，有效构建了一个顺畅的家校沟通环境，为家长学校各项工作的开展奠定了坚实基础。

三是意识超前。最近这几年，我们力求把每一次家长会都开成培训会和提高会，而且我们还为此组织编写和公开发行了家长学校校本教材《学做合格父母》，向广大家长详细介绍学校的育人理念及德育活动，并通过一线教师的教育经验和家庭教育的成功案例引导家长树立先进的家教理念，帮助家长理解正确引导孩子的方式，跳出误区，把握现在，明确方向，使孩子发挥最大潜能，引领孩子不断走向成功。许多家长感慨地说："每次到衡中开家长会，我们都受益匪浅，我们要争做合格家长，更好地配合学校，为社会培养合格的人才。"

学生家长委员会会议

可以说，我们将教育阵地由课堂延伸到家庭，由老师拓展到家长，这不仅仅是一种教育思路的开拓创新，我认为，它更是一种教育模式、教育理念的与时俱进。

4. 德育与为学生办实事相结合。为了不让一个学生因家庭贫困而失学，学校不仅建立健全了奖学金、助学金制度，而且还通过爱心帮扶、社会资助等多种途径，不断加大对家庭贫困学生的资助力度，为所有学生搭建了一个公平、公正的起点平台，千方百计为学生办好事、做实事、解难题。目前，已先后有60余家爱心企业和个人在学校设立60余种奖、助学金，如东风化工奖学金、共同行动帮扶金、古贝春助学金、王文忠奖学金等。学校已累计筹集善款2200余万元。善款之多、力度之大、范围之广、人数之众、影响之深在河北省甚至全国教育界都不多见。每年，我校都要隆重召开奖助学金颁发大会。如今年3月份，我校举办的第七届"爱心助学、真诚奉献"奖助学金颁发大会，共筹集善款587.9万元，惠及学子4841人次，切实为学校广大贫困学子的成长成才撑起了一片广阔的蓝天。针对家庭条件极为困难的学生，学校除了给予补贴外，还会适当或全部免除其学费，尽最大努力解决他们求学的后顾之忧。如我校2011届毕业生、现就读于浙江师范大学的周晓娟同学，家庭十分贫寒，六岁时又因车祸失去了右臂，在得知晓娟同学的情况后，学校免除了她两万元的学费。日前，这位身残志坚的"折翼天使"，刚刚凭借"独臂女孩的教师梦"感人事迹，以总评分第一的成绩获得了浙江省2013年国家奖学金特别奖。同时，学校每年都开展大型"爱心募捐"活动，所得捐款全部用于资助家庭经济困难学生。如我校498班李晓斌同学患有白血病，虽然配型手术很成功，病情更是有所好转，但因其父母以务农为生，没有工作，已无力再支付昂贵的医疗费。学校得知这一情况后，对他们的遭遇表示高度关注，校团委、教育处、学生会联合发出了爱心捐助的倡议，全校师生员工积极响应，纷纷伸出友爱之手，在校领导的带领下，教师、学生，还有餐厅的师傅们纷纷慷慨解囊，少者几十元，多者几百元，最终筹集捐款187945元。捐赠仪式后，我随即带领部分师生将爱心捐款交到李晓斌家长手中。像这样的例子，在我们学校还有很多。众多孩子在感受到温馨和关爱的同时，学习、生活得更加开心、更加安心。学校还建立了校内学生申诉制度，成立了申诉机构，明确了申诉程序，设立了维权信箱、青少年维权岗，建立了学生调研员、学生义务监督员制度等，给学生提供畅通的反映问题的渠道，竭尽全力为学生解决实际困难和问题。

奖助学金颁发大会

全校师生为患白血病的李晓斌同学捐款

5.德育与国际化教育相结合。世界经济全球化也对教育提出了新的要求：培养国际化人才。《国家教育改革纲要》中也明确了"国际化人才"的标准："具有国际视野、通晓国际规则、能够参与国际事务与国际竞争"。

我们认为，国际化人才的培养不应该从大学才开始，中学对学生基础素养的培养同样十分重要。

一是我们明确了我校的人才培养目标。就是要通过创建人文化、品牌化、国际化特色学校，培养具有"中国心、世界眼、现代脑"的复合型人才。

二是学校专门成立了国际处，具体负责学校外事活动，强力推进国际交流与合作。2004年7月14日，衡中与英国罗杰·曼物兹学校结为友好学校。经过多年的发展，我们已与英、美、韩、新西兰、澳大利亚等国家的13所海外中学缔结友好学校，还在美国建立了衡水在海外的第一个孔子课堂，并在校内成立中美、中加、剑桥等国际班，大大加快了学校走向世界的进程。

三是把世界文化引入校园，让学校更具国际色彩和国际元素。一般人们会认为，只有走出去才能开阔国际视野。其实不然，衡中校园里就有各种各样的交流活动，老师们有很多机会踏出国门，带回开放的教育理念，让学生不出校园就能感受到世界不同的文化。每年，学校都会定期组织形式多样的师生交流活动。如，举办出国师生交流报告会、组织把国际化引入校园公开团活动、展出介绍国外知名大学、组织中外师生同台演出等。我校与英国罗杰·曼物兹学校联合举办的全外教英语夏令

衡水中学与美国友好学校签约仪式

营已经连续举办了 11 届；美国查理·希尔中学每年 4 月都会选派师生到衡中进行为期两周的学习访问；每年，学校还举办国际文化教育艺术节，目前，已有来自 15 个国家和地区的 100 余名国外友人参加了这一活动……走在衡中校园里，随处可以看到各种肤色的外籍教师；走进英语课堂，师生们流利的英语对话让你忘了身在何处。

衡中举办国际文化教育艺术节

目前，正在新加坡留学深造的衡中毕业生王策回忆起高中生活，仍然觉得受益匪浅。他说："中国文化源远流长、博大精深，外国文化充满活力、多元多样。在衡中，多样化的海外交流使得两种文化取长补短、相得益彰，对学生眼界的提升、知识面的拓宽，都有很大影响。衡中的学习让我真正明白了什么叫'胸怀华夏，放眼全球'。"

近年来，我校德育坚持五种特色，大胆创新，使德育的针对性和实效性大大增强。《人民教育》《中小学管理》《德育报》等20多家新闻媒体先后详细向全国介绍了我校的德育工作。

四、守好教学主阵地

教学是学校的核心工作，学校的各项工作都是在围绕教学工作开展，可以说，教学是教育工作者必须牢牢占据守好的主阵地，是学校各项工作的重中之重，实施素质教育、提高升学率、开展德育工作和养成学生习惯等，都要在教学中落实和完成，因此，一定要让每一节课都高效，让每一节课都充满激情，让每一个教学环节都充满生命，让每一节课堂都缔造精彩。

（一）让教学常规更加科学完善

我经常挂在嘴上的一句话就是：教学常规要常抓不懈，常抓常新，要科学、反复、不厌其烦地把每天的常规工作抓好，而抓好常规工作的重中之重就是抓好课堂教学。

经过多年的积累和总结，我们形成了一系列的教学常规，如"一二三四五"教学常规："一个至少"，每两周至少提问每个学生一次；"两个结合"，将"如何设计出高质量的课堂问题"与"如何让学生提出有价值的问题"相结合，将"传统教学手段"与"现代教学技术"相结合，这样更能提高课堂教学效益，引导学生自主思考，主动提出问题，激发学生学习潜能；"三个允许"，允许学生出错、允许学生质疑、允许学生争辩;"四个带入",把激情带入课堂、把才智带入课堂、把微笑带入课堂、把趣味带入课堂;"五个要",课堂引入要自然、课堂提问要巧妙、重点难点要突出、知识过渡要平缓、总结反馈要及时。

除此之外,还有教学过程"四个注重",即注重启发诱导、注重学法指导、注重情感渗透、注重培养创新思维;教学过程注意"四个5":教师连续授课不能超过5分钟,学生自主学习活动不能少于5分钟,对学生的个别提问不能少于5个,有效的问题设计不能少于5个;教案做到"八必须":必须明确教学目标、必须体现教改思想、必须理顺设计思路、必须重视学生活动、必须突出重点难点、必须精心安排时间、必须科学设计板书、必须及时进行教学反思。

在这里以"把激情带入课堂"为例,阐释一下我们教学常规所蕴含的教学理念。我认为激情是教师必不可少的素质,课堂没激情就谈不上激情合作和激情探究;课堂有了激情,学生才会有认知渴望、表达欲望和智慧灵感,才能激情参与并引发自身的体验和感悟。只有充满激情的课堂,才能使学生激情参与、深度参与。一言以蔽之,有激情的教学才能向学生传导激情。教师是一团火在燃烧,学生是燃烧的一团火,激情燃烧的校园是充满生命力的校园,在这的生命,既包括学生,也包括教师。

在教学常规的引领下,我们的课堂处处可以听到师生生命拔节的声音,这也正是我所追求的理想课堂。

教学案例:

允许学生质疑之对抗语文

语文中心教研室　　信金焕

我有一个阶段的课前活动是美文诵读,同学们轮流推荐好的文章,上台诵读,活动开始后效果很好。每天大家都很期待这一刻。这一天轮到了小陈同学,这是一个很有个性的男生,他人还没上讲台,同学们就已经兴奋起来了。果然,不负众望,他语出惊人,说:今天和平常不同,有三篇文章可以供大家自主选择,其中一篇文章的题目叫《对抗语文》。同学们很吃惊,我也很震惊,但迅速做出反应,举手表态:听《对抗语文》。因为我知道要允许学生质疑。

小陈同学读的《对抗语文》是上海作家、著名文学杂志《收获》副编审叶开发表在《中国教育报》上的一篇鞭挞当前语文教育的文章。他上幼儿园的女儿因为爸爸、妈妈都是文学博士，从小就读了很多书，但在幼儿园却拿不到高分，得不到老师表扬，因为她的答案总是和老师的标准答案不同。更有甚者，在老师的对外公开课上，即使孩子频频举手想回答问题，老师也视而不见。孩子很伤心，叶开很愤怒。他认为：在小孩子最需要汲取人类文明精华的时候，语文教育却给他们喂了垃圾；语文教育时至今日还在表演和说谎；语文教学是语文废品流水线。显然，他的观点非常尖锐，直指当前语文教育的弊端，小陈同学绝对是他的支持者。

如何应对学生的质疑？听完文章后，我是这样说的：非常惭愧我也是一名语文教育者，也需要接受这样的批判，不可否认，当前的语文课堂、语文教育包括中国教育确实存在很多问题，值得我们教育者深刻反思。我也非常欣赏小陈同学的批判精神，同学们在日渐长大，思想也在日趋成熟，这种敢于质疑的批判精神非常可贵。只是，我还想告诉同学们，不仅要学会批判，更要学会建设。你们前面从语文《窗口》上不是学到这样一句话吗：你所站立的地方，就是你的中国；你怎么样，中国便怎么样；你是什么，中国便是什么；你有光明，中国便不黑暗。老师会从自我做起，让我所站立的地方就是语文教育，努力改变不足。

我说完后，同学们报以热烈的掌声，包括小陈同学。这样的课堂充满了生命的力量，学生的大胆质疑，教师的真诚释疑，智慧引导，赢得了学生的信任，增进了师生情感，传递了正能量。

（二）推行三个转变、五个要让

我们的课堂教学应该是什么样的呢？是教师提出问题，教师分析问题，教师解决问题；或者是师生共同分析问题，最后解决问题？还是要努力唤醒学生的主体意识，切实落实学生的主体地位？这道选择题，对任何一个老师都没有难度。因为稍有教育知识的人都能明白，只有让学生真心感受思考，他们所学到的东西才能最终沉淀到内心深处，成为一种素质、一种能力，伴其一生，并使其受用一生。

1997年春，我校在河北省率先成立了推行教学改革的机构——教科处，并出台了《衡水中学深化课堂教学改革指导思想》，明确提出教学改革的总课题是"教会学生学习"；具体目标是"轻负担、高素质、低耗时、高效益"；具体要求是实现"三个转变"，落实"五个要让"。自此，我校素质教育的序幕从课堂教学改革开始。

所谓"三转"，是指变注入式教学为启发式教学，变学生被动听课为主动参与，变单纯传授知识为知能并重。所谓"五让"，是指在课堂教学中能让学生观察的要让学生观察，能让学生思考的要让学生思考，能让学生表述的要让学生表述，能让学生自己动手的要让学生自己动手，能让学生自己总结的要让学生自己总结。

"三转五让"教学模式中蕴含着的最大教学精神就是：自主，创造。它体现在课堂教学实践上的具体行为是，教师在教学过程中让学生极大限度地进行了自主探索，把吸收新知识的过程变成了一种"内化"行为，把知识真正汇聚到学生自身固有的知识流中去，学生既掌握了知识又提高了能力，特别是创造能力。

教学案例

心事浩茫系桃李　于无声处听惊雷
——英语教学中的情境创设

英语中心教研室　石淑婧

在课堂上，好的情境创设可以达到意想不到的效果，可以使学生感同身受，印象深刻，浮想联翩，融会贯通，对于语言学习尤其如此。合理地创设情境可以触动学生心灵，使学生刻骨铭心，受益终身。下面我谨对英语学习中的情景创设谈谈几点心得。

一、一石激起千层浪——问题情景创设

如《威尼斯商人》一课开场白。上课铃响，我一言不发，挥笔写下四个数字4、4、37、154，同学们面面相觑，窃窃私语。我又不急不躁地写出两组数字1556、1616，问学生这两个数字之间有什么联系，大家仍紧锁眉头，有人跃跃欲试，历史年代？出生日期？……有人欲言又止了，好像还不能完全肯定的样子。随即我投影展示一位外国古人图片，学生如梦初醒，齐喊莎士比亚。我立刻追问，这些数字和莎翁有何关系，大家顿悟，1556和1616是他的生卒年，第一组数字代表他的四大悲剧，四大喜剧，37部戏剧和154首十四行诗。我又立即追问谁能说出他的喜剧、悲剧以及其故事情节……这样水到渠成，导入至课文。恰当的疑问情境能一石激起千层浪。

二、橘生淮南则为橘，生于淮北则为枳——文化创境

view，sight，scene，这几个词虽都含风景之意，但用法有天壤之别。下面我用

一段诗文给大家做一剖析："你站在桥上看风景，看风景的人在楼上看你。明月装饰了你的窗子，你装饰了别人的梦。"

背诵完诗后我问学生：桥上看到的风景的画面用英语是哪个单词？应为 scene，如果你看到的一山一水一人一物的风景就是 sight，看风景的人在楼上看到的你是他的 view。让大家边品味优美的诗歌，边学习单词的用法，润物无声，我也乐在其中。

三、无心插柳柳成荫——"意外"创境

课堂教学中意外是司空见惯的，有时又是稍纵即逝的，抓住并充分利用这些意外来创设情境会起到意想不到的效果。一天课前做 daily report 的同学给大家用英语介绍了《特洛伊木马》一书，这是一个古希腊传说，大家听得津津有味，还有的同学提出自己的困惑。我看到同学们如此着迷，我趁机提问，你们还知道其他的希腊故事吗？这时候大家更加兴奋，有的答潘多拉的盒子，有的答阿波罗的爱情故事，还有的答法厄同驾太阳车的故事，相继又有三个同学走上讲台用英语给大家又讲了三个不同的古希腊神话故事，我暗喜，未料到 report 的同学准备了这样一个受欢迎的题目，未料到能够激发更多学生的表演，未料到同学们在参与互动中对外国古典文学有了更多的理解，引发学生更为持久的英语学习热情。

四、此曲只应天上有，情异之处趣味生——音乐创境

《乐记》中说："移风易俗，莫善于乐"。音乐是一种有效的教育工具。优美的旋律，既训练了语音，促进了语感，又陶冶了情操。

语法课是语言的规则结构，一般学生总是觉得这种课是枯燥无味的。如何让语法课活起来呢？我想到了一首熟悉的英文歌曲《she》，此歌曲的高潮部分

She is the one that you never forget

She is the heaven-sent angel you met

Oh, she must be the reason why God made a girl

She is so pretty all over the world

此部分全部是定语从句，于是这节课我的题目定为用"歌"说"法"，定语从句的三种特殊应用先行词为代词的情况，定语从句关系代词的省略情况，关系副词 why 引导定语从句的情况，在反复重唱中给学生留下了深刻的印象。

作为教师时刻心连桃李，注重情景的创设，激发学生的兴趣，一定能于无声处听惊雷。

（三）探索实践"三三三"教学法

我始终认为，教学没有什么固定的模式，不同的学生、不同的老师、不同的教学内容，如果用同一个模式上课，就会失去个性和特色，也从而失去教学的持久生命力。这些年，我从不反对"满堂讲"，因为"满堂讲"并不是"满堂灌"，教师若讲得精彩纷呈、讲得有思维含量，学生就会听得如痴如醉，充实、丰富、鲜活的"满堂讲"，照样可以是有效的课堂、高效的课堂。所以，我倡导的是个性化、特色化教学。课堂教学不能成为一种模式，但必须有与时俱进的教学理念和教学思想做指导。

2012 年年底，为了全面总结、概括和提升我校的教学理念和教学经验，深入推进教学改革，引领鼓励个性化教学，我提出具有衡中特色的"三三三"教学法，引领老师们把课堂作为成长主阵地，以课堂促成长，以实践促发展，让课堂教学拥有生命活力，落实课堂教学改革举措不走样，让课堂真正成为令人激动和向往的地方。

"三三三"教学法的具体内容包括教学目标三要求：掌握知识、发展能力、提升素养；教学过程三注重：注重自主学习、注重合作探究、注重拓展提高；教学发展三境界：教师乐教会教、学生乐学会学、课堂高效和谐。

"教学目标三要求"主要是针对学生发展的不同层次，"掌握知识"指理解知识与技能、掌握过程与方法、学会求知与迁移等，"发展能力"指运用能力、实践能力、创新能力等，"提升素养"指提升学科、情感、道德等素养。此外，还包括目标叙写、目标呈现、目标引领等。

"教学过程三注重"主要是落实学生的主体地位，"注重自主学习"，指创境生疑、自主思考、主动提问等，"注重合作探究"即问题引领、合作解疑、评价促疑等，"注重拓展提高"包括归纳总结、针对训练、拓展应用等。

"教学发展三境界"主要针对教师、学生、课堂的发展境界，"教师乐教会教"指教师的发展要从教会学生走向会教学生，要从完成教师的基本职责走向追求教师事业的境界，也就是乐教的境界；"学生乐学会学"指学生的发展要从学会课本的知识与技能走向会学各种知识与技能，要从愿学走向乐学的境界。"课堂高效和谐"指课堂充分落实学生的主体地位，注重合作探究和拓展提高，以师生教与学的和谐促进师生发展的和谐。

"三三三"教学法理论提升会

"三三三"教学法案例：
从"盐类水解"谈"教学过程三注重"

高二化学　王晓宁

一、对于"教学三注重"的理解

"三三三"教学法中提出了"教学过程三注重"，即在教学中注重学生的自主学习、注重学生之间的合作探究、注重学生知识体系拓展和学生应用能力的提高。这三个注重的主体均是学生，要真正体现学生的主体地位，必须要充分地去创设一定的情境和开展适宜的学生活动，让学生能够发现、分析问题，开展自主讨论，通过合作和探究来解决问题，并能够对自我和小组学习的结果进行拓展和提高。下面我从盐类水解这一课例具体阐述如何在化学学科实际教学中体现"三三三"教学法提出的"教学过程三注重"。

二、教材分析与学情分析

《盐类水解》属于选修4第三章第三节的内容，盐类水解概念理解、水解平衡建立与过程分析属于化学基本理论部分，抽象性强，是选修4的难点之一。学生已有弱电解质电离、化学平衡基本知识与电离平衡分析的思路，具备溶液酸碱性的定性认识和定量判断。如何建立盐类水解的概念，理解盐类水解的本质，在分析内外因的基础上理解影响盐类水解平衡的因素，并能够正确进行水解反应方程式的书写，体现运用规范化学术语表示化学思维的能力，是本节课设计要突出和突破的重难点。

基于对本节内容分析与学情的考虑，可以用最简练的语言设计本节课的主线，即第一个是找规律，第二个是查原因，第三个是谈变化。针对这三个部分教与学活动的设计来体现教学过程中三个注重。

三、学习盐类水解三个阶段

第一阶段　找规律

从学生熟悉的酸、碱、盐溶液出发，探究盐类的组成与盐溶液酸碱性的对应关系的规律这个过程中体现新旧知识之间的联系，充分挖掘学生已有的知识对于新知识生成的作用，可以开展学生的自主学习和合作探究活动。

1. 自主学习

提出问题：对于酸、碱溶液的酸碱性已经有了定性和定量的认识，那么盐溶液全部是中性的吗？学生自主思考，各执己见。那么如何来确定溶液的酸碱性？学生根据已有的经验讨论出可以测溶液的 pH 值。自主回顾和总结测溶液 pH 值的方法和操作，为后续合作探究活动奠定基础。

2. 合作探究

教师展示化学中常见的盐溶液，并让学生去测这些盐溶液的 pH 值。

盐溶液	Na_2CO_3	NH_4Cl	$NaCl$	CH_3COONa	$Al_2(SO_4)_3$	KNO_3
酸碱性						
盐的类型						

学生按照小组对已有任务进行分工，开展高效的合作探究，教师要不断巡回指导。各小组对于不同的盐溶液进行 pH 值的测定和记录，并总结汇报各组的测量结果，让学生自己动手去探究常见盐溶液酸碱性，并对结果进行评定和总结。在学生活动的基础上，从分类的角度进一步抛出问题：盐类的组成与其酸碱性之间有什么联系吗？学生对于结果进行自主讨论，交流，得出结论。明确盐类组成与盐溶液酸碱性的关系：强酸强碱性盐溶液显中性，强酸弱碱盐溶液显酸性，强碱弱酸盐溶液

显碱性。

第二阶段　查原因

该阶段重在突出学生理性逻辑思维的建立和表达。深入质疑——根据学生合作探究得出的结果，教师提出新的问题来引导继续探究，为什么不同类型的盐对应的酸碱性不同呢？这是什么原因引起的？而这时的探究侧重于对问题的探究。由于该部分内容属于难点部分，学生在原有知识基础上很难迁移和拓展，教师适时给予学习指导：在纯水中，由水电离的氢离子和氢氧根的数目是相等的，当某些盐加入之后，溶液的酸碱性发生了变化，表明此时的氢离子浓度与氢氧根浓度不相等了，那到底是什么引起溶液中两者浓度不相等呢？为什么相同类型的盐对应溶液的酸碱性的影响是相似的？为了研究的方便，教师可以让学生选取具体物质：以氯化铵溶液为强酸弱碱盐代表进行分析，从点开始研究，总结规律。不同的小组分别对于该盐溶液进行讨论，分析，得出自己的初步结论。通过生生合作探究讨论，学生基本上都能够分析出来盐溶于水，存在盐的电离过程和水的电离平衡，溶液中存在盐的阴阳离子和水电离的氢离子和氢氧根，这两者的电离均不能引起溶液中氢离子与氢氧根离子浓度相对大小的变化，之后的分析则不知如何下手。此时的生生合作探究因为难点而遇到了瓶颈，应该及时转化为师生合作探究。教师引导学生去分析从氯化铵溶于水发生的一系列过程出发，将过程放大细化，盐溶于水并发生电离是在水分子的作用下发生的，由此可见，溶液中的各种离子并非孤立存在，在运动中存在相互作用，那么离子之间的相互作用又是如何影响溶液酸碱性呢？引导学生的思维从宏观深入到微观，从静态转化为动态，并直抵问题的核心。接下来，师生共同分析氯化铵溶于水的过程，以及水溶液中各离子的相互作用，分析氯化铵溶液呈现酸性的根本原因，并让学生类比这样的分析思路，对于其他强酸弱碱盐的酸性进行分析盐类水解的过程，最后得出结论。

教师此时引导学生根据分析过程讨论、交流，小组合作尝试去从具体的实验事实出发，从理论上进行归纳与提炼盐类水解的概念，实现对实验事实的提升，实现对规律的拓展，实现审视问题站位的提升。

借着对概念的解析和理解，进一步去探究像醋酸钠这种强碱弱酸盐呈现碱性的分析过程，进一步总结出盐类水解的实质：在溶液中由盐电离出来的离子与水电离出来的氢离子或氢氧根结合生成弱电解质的反应，是溶液中的氢离子浓度与氢氧根离子浓度不再相等，因此呈现了一定的酸碱性。在概念归纳理解和延伸上，引导学生对于第一阶段典型的盐溶液酸碱性原因的分析，注重理论与实际相结合，实现针对性训练中对盐类水解本质的进一步认识和应用。

理论内容是抽象的，仅仅通过语言的表述难以建立清晰的认识，更谈不上应用，因此，结合具体的实例来总结归纳和分析，更能形成自我对概念的理解和剖析。对于常见可以水解的阴阳离子总结也是采用此思路，让学生从大量实验事实中归纳，总结提炼，通过自主的分析讨论明确典型例题中能够水解离子的特点，然后再结合自己原有的知识将常见的可发生水解的离子列出来，并能够结合已有离子水解方程式的书写和离子反应书写规则，找出盐类水解反应离子方程式书写的规律，并亲自动手书写，将规律内化成应用能力。

这一合作探究是基于生生、师生之间的合作探究，以问题为主线，将盐类水解的概念和本质从事实呈现、过程分析、归纳结论、总结与提炼而完成，实现教学过程中注重概念的拓展与应用能力的提高。

第三阶段 谈变化

重点讨论影响盐类水解的主要因素，注重理论分析与探究相结合。教师让学生根据探究所得结论，从反应的过程、限度以及能量变化来分析和探究盐类水解反应特点。学生经过讨论，分析发现盐类水解是一个可逆反应，进行不到底，因此满足可逆反应的特点。而从能量变化上来看，盐类水解是中和反应的逆反应，因此盐类水解是一个吸热反应。那么影响盐类水解的因素有哪些呢？教师给予学习指导，类比影响化学平衡因素来分析影响盐类水解反应的因素，从内因和外因入手。结合具体的例子来分析出影响盐类水解的内因是所形成弱电解质的相对强弱；外因是盐溶液浓度的大小，温度的高低，溶液酸碱性的改变等。注重挖掘学生化学平衡的理论知识，从影响化学平衡因素分析来类比学习影响水解平衡因素，从内外因两个角度进行分类讨论，形成对一类事物学习的思路。充分发挥学生建立在已有知识和经验基础上的新知识之间的拓展、提升和应用，实现对知识体系的进一步拓展和对已有知识的迁移和应用。

在这一个环节中，重点体现了学生基于问题和实验事实分析得出结论的合作探究，对于已有化学理论有了新的认识和进一步的应用，实现了原有基础上的迁移、拓展和提升。

四、总结与提升

最后让学生根据三个阶段学习体验去总结三个阶段中的收获，并对内容框架进行梳理，进一步答疑解惑。结合具体题目引导学生开展针对性训练，完成对于内容的整体把握和初步运用。

自主学习、合作探究、拓展提高，三个注重在教学实践中不一定是单独出现，可以结合具体的内容将其三个注重融会贯通，也可以重点凸显一个过程实现有的放矢。当然在学生自主学习和合作探究的过程中，一定要凸显出教师的引导，给予学生适时的建立适当的支架，促使问题不断地深入和拓展，让学生体会到学习过程中起伏和变化，体验不断遇到、解决问题的喜悦，让学生真正参与到知识的来龙去脉之中，亲身体会主动学习、探究的乐趣和成就感。在学习新知识的同时，不仅实现了知识和能力水平的提升，更能享受精神上的满足和丰富的情感，真正为实现教师乐教、学生乐学而努力！

"三三三教学法"论坛发言：
从"三三三教学法"看我们的课堂教学改革

化学中心教研室　张文会

什么样的课堂才是高效的？我们应该追求什么样的课堂？我认为我们可以对照我校提出的"三三三教学法"进行反思。

第一，关于教学目标。"教学目标三要求"主要是针对学生发展的不同层次，"掌握知识"指理解知识与技能、掌握过程与方法、学会求知与迁移等，"发展能力"指运用能力、实践能力、创新能力等，"提升素养"指提升学科、情感、道德等素养。

1. 如何使我们制定的目标更明确、更具体，对学生的学习更具有指导意义？学习目标应该以学生为行为主体，运用可观察、可测量的具体行为动词，指出学生在一定的行为条件下达到目标的最低表现水准。对照学习目标，学生能够评价自己的学习效果，反思自己的达标情况，从而养成反思的习惯，提高认知能力。如果目标过于笼统，比如只有标题或者题目类型，作用就会大打折扣。

2. 如何使我们制定的目标更加契合学生的实际？如果一节课的知识容量过大，超出了学生的接受能力，势必会造成忽略过程与方法，更不用说提升素养了。我们在制定目标时，不应该仅仅考虑是否能完成教学进度，更重要的是学生的实际情况。尤其是高一高二的教学，要关注全体学生，每一节课都要让不同水平的学生有不同层次的提高。长期追求"大容量"，使用填鸭式教学，会使一部分学生逐渐失去学习兴趣，过早造成两极分化。

3. 如何把学科能力、学科素养分解到每课时的教学中？学科能力、学科素养不是一蹴而就的，不能等到高三、高考时才考虑，而应该融入我们的知识教学过程中。尤其是高一高二的教学，新授课比较多，学生在获得知识的同时，应该伴随着能力和素养的提升。所以我们在设计学习目标时，在设计知识目标的同时，还要考虑本节课的能力、素养目标是什么，如何落实？

第二，"教学过程三注重"主要是落实学生的主体地位，"注重自主学习"，指创境生疑、自主思考、主动提问等；"注重合作探究"即问题引领、合作解疑、评价促疑等；"注重拓展提高"包括归纳总结、针对训练、拓展应用等。

1. 如何注重自主学习，让学生成为课堂的主人？我们的课堂上，老师滔滔讲，学生默默听，老师主宰课堂的现象还是比较普遍的。学生是学习的主体。每个学生都有自己的躯体、自己的感官、自己的头脑、自己的性格、自己的意愿、自己的知识和思想基础、自己的思想和行动规律。正如每个人都只能用自己的器官吸收物质营养一样，也只能用自己的器官吸收精神营养。这是别人不能代替、也不能改变的。教师不可能代替学生读书，代替学生感知，代替学生观察、分析、思考，代替学生明白任何一个道理和掌握任何一条规律。教师只能让学生自己读书，自己观察、分析、思考，从而使他们自己明白事理，自己掌握事物发展的规律。教的本质在于引导，引导的特点是含而不露，指而不明，开而不达，引而不发。引导可以表现为一种启迪：当学生迷路时，教师不是轻易告诉方向，而是引导他们如何去辨明方向；引导可以表现为一种激励：当学生登山畏惧的时候，教师不是拖着他走，而是唤起他内在的精神动力，鼓励他向上攀登。所以在课堂上，并不是老师讲了，学生就会了，课堂容量不是看老师讲了多少，而要看学生思考了多少。

2. 关于课堂问题的设计。思源于疑，有问题才会有思考。教师应该善于提问，问在关键处，问在疑难处，让学生通过回答问题，锻炼思维，突破难点，发现新的问题，这对于调动学生的兴趣，促使学生积极思考，提高学质量都是十分重要的。以下现象值得我们反思：

（1）问题的层次比较低，"是不是、对不对"比较多；记忆性的问题比较多；推理性、探究性问题比较少。

（2）提问后不给学生思考、讨论的时间，马上让学生回答。

（3）个别提问比较少；提问后学生齐答；或者老师和学生共答；或者是老师自问自答。

（4）学生回答后不做评价或者评价不是很到位，重复或纠正学生的答案而不分析；这样会影响学生回答问题的积极性。

约翰·杜威曾说过："问得好则教得好。"一个好的课堂教学问题在鼓励学生更高层次思维活动的同时，还应该是一个高级组织者，能帮助学生建构外部知识与自身认知结构的适合联结。苏格拉底认为，理想的教学方法不是把现成的、表面的知识传授给学生，而是要通过正确的提问，激发对方的思考，在对方的积极思考中，那些潜藏于内心的真理逐渐祛蔽而得以敞亮。思维过程即不断发现问题和解决问题的过程，一旦把学生的思维操作稳固地融入教学问题，这些问题便能为学生的知识建构和学科思考力的培养创造机会。有效的课堂提问要求教师关注问题的结构化、层次化和生成化，从随意设计问题向系统设计过渡，从而有效地提升课堂问题的设计质量，让每一个问题都能引发学生的深度思考，让那些充满个性的回答所展现的创造性火花得以放大，让课堂充满思想的声音。

3. 一节完整的课，应该包括归纳总结、针对训练、拓展应用等环节。有效的学习应从体验开始，进而发表看法，然后进行反思，再总结形成理论，最后将理论应用于实践。这个理论已经成为很多培训模式和学习方式的核心理论。这个环节一是使教师和学生获得反馈和矫正；二是使知识得到升华。这个环节不一定在一节课即将结束时再进行，可以融入课堂教学各环节之中。

第三，"教学发展三境界"主要针对教师、学生、课堂的发展境界，"教师乐教会教"指教师的发展要从教会学生走向会教学生，要从完成教师的基本职责走向追求教师事业的境界，也就是乐教的境界；"学生乐学会学"指学生的发展要从学会课本知识与技能走向会学各种知识与技能，要从愿学走向乐学的境界。"课堂高效和谐"指课堂充分落实学生的主体地位，注重合作探究和拓展提高，以师生教与学的和谐促进师生发展的和谐。

课堂教学是一门艺术，其整体效果既取决于每一个教学环节，又不是每一个教学环节的简单累加。课堂教学的和谐，不仅仅取决于教师的会教乐教，更取决于学生的会学乐学。教学过程应该成为学生一种愉悦的情绪生活和积极的情感体验。学生在课堂上是兴高采烈还是冷漠呆滞，是其乐融融还是愁眉苦脸，其学习态度是越来越积极还是越来越消极，学习自信心和欲望是越来越强还是越来越弱，这都是我们首先要关注的问题，也是至关重要的关键性问题。

五、深入推进新课改

2009年秋，面对河北省全面实施新课改的新形势，我校明确提出，新课改工作的总体要求就是"轰轰烈烈搞课改，扎扎实实抓质量"，其指导思想是以新课标为纲领，以践行新课标理念为重点，以校本课程开发为特色，以校园多彩生活为载体，以师生幸福发展为目标，构建具有衡中特色的、适应时代要求的、充满无限活力的课程改革体系，力争为河北省新课程改革树立样板。

首先，我们提出了课改"四三"工程，其内涵是：教师要落实好"三项要求"——上好一个学科的课、编好一门校本课程、带好一个社团组织；努力做到"三个转变"——转变教学方式、转变学习方式和转变评价方式；积极构建"三个特色"——特色课堂、特色课程和特色学校；力求实现"三个发展"——学生个性和谐发展、教师专业快速发展、学校持续科学发展，为课改工作推进定下了基调、指明了方向。

（一）坚持科学推动，为课改提供有效保障

为了有效应对新课改的挑战，我校始终坚持科学推动，切实做到"三个到位"，取得了良好效果。

1. 学校高度重视，组织领导到位。2009年6月，学校成立了新课改领导小组，责任到人，分工明确。领导小组多次指导并听取课改工作汇报，经常深入一线进行调研，及时发现和解决各种问题，保证了工作的扎实推进。同时，我校还成立了全省第一个主管课改工作的行政处室——课改处，其主任是课改工作的第一责任人，

具体负责新课程改革的全面统筹、协调联动和科学规划，并扎实推进观念的转变、制度的重建和课程的开发等工作，努力构建具有衡中特色的课改工作新机制。日常，课改处每两周组织召开一次专题工作调度会，定期对课改工作进行反思、部署和研究，及时发现和解决课改工作中的各种问题。课改处的成立和运行，极大地推动了我校课改工作的步伐。此外，学校还成立了学科中心教研室、班主任专业化发展研究室以及综合实践活动教研室等，或是负责新课改背景下的学科建设和课堂教学改革，或是负责建构充满时代气息的班级文化等，协同其他处室给予课改处支持与配合。这一切，使课改工作的平稳推进有了组织保障。

2. 狠抓制度重建，安排部署到位。课改处依据新课改指导思想，经过多次调研谋划、研讨论证，结合学校实际情况，制定完善了各项规章制度、方案30余项，如《衡水中学新课程实施方案》《衡水中学学分认定和管理办法》《衡水中学学生综合素质评价实施细则》《衡水中学课程设置方案》《衡水中学校本课程开发与实施方案》《衡水中学综合实践实施方案》《衡水中学校本研修实施方案》等，涉及新课程改革的方方面面。同时，为了落实好这些制度和方案，我校不仅隆重组织召开了新课改动员大会，全面部署，全面动员，营造了浓厚的课程改革氛围，激发了教师投身新课改的热情，而且还多次专门组织召开课改工作会议，召集相关人员定期研究部署课改工作，确保了各项工作不打折扣地得以落实。这样，在课改工作有章可循、有据可依的基础上，经过强力推进，打破旧的和创建新的教育教学秩序也就势如破竹、水到渠成了。

3. 搞好硬件建设，经费保障到位。近几年，我校先后投入大量资金对相关设施和办学条件进行了综合改造，如投资近100万元筹建了全省一流的五个通用技术实验室。必修课所使用的、现已建成的技术制作室和技术设计室，均按照规定配齐配全了相关设备和工具，每个教室均能满足72名学生同时上课活动。另外，汽车驾驶与维护实验室、电子制作实验室、机器人制作实验室，作为学科选修课实验室，以满足学生选修课程的需要。此外，我校还投资装配完善了理化生探究性实验室、筹建了音乐教室、改造了篮球场地、添置了图书资料以及音体美器材等。

（二）坚持研修带动，为课改提供有力支撑

新课程改革能否顺利推进，关键在教师专业发展的快慢。为此，我校按照"先

培训、后上岗，不培训、不上岗"的原则，开展了多层次、多形式、多元化的校本研修，努力创新校本研修方式，不断发挥理论、典型、科研、活动、赛事的"五引"作用，在学习中提高，在研究中前行，在课改中成长，实现了教师和学校的双赢。

1. 理论引航，帮助教师提升课改智慧。2004 年，我校开始组织"知识富脑"工程，采取系列措施构建书香校园，效果鲜明。结合这一活动，我们组织老师先后通读了《研究性学习——理论与实践》等有关新课改的书籍，转变了教师的观念，开拓了教师的视野，为课改的推进奠定了扎实的理论基础。这两年，学校又把推荐书目与自选书目结合起来，让教师自选所喜欢的课改书籍，同时通过校内"书香博客"等途径，自由发表学术观点，自主阐明课改感悟，构建了一个多层次、立体化的教师专业成长平台。此外，学校还先后邀请 20 余位教育专家来校做课改专题报告，如中央教科所研究员程方平、教育部基教课程中心傅宜红、国家教材审定委员会委员龚美兰、人教版数学教材编写者鲁彬、北大附中特级教师程翔、南京师大教科院教授谭鼎良等，从理论高度帮助教师解决课改困惑和问题。学校还多次组织教师进行课改远程培训，并着力做好培训过程的管理及总结反思，效果良好。几年来，学校多次组织教师到课改实验区进行学习考察，如辽宁实验中学、山东青岛一中、山西太原五中、河南郑州一中等全国各地 50 余所学校都留下了老师们的足迹。

特级教师引领课

2. 典型引头，发挥骨干教师示范作用。为挖掘校内名师资源，强力推进新课改，我校组织开展了系列课堂展示活动，如特级教师引领课、高级教师示范课、一级教师创新课、二级教师研究课、见习教师汇报课以及同课异构研讨课、课改展示课等，让特级教师王文霞、孙文盛、褚艳春、王洪旺等一批优秀教师上台引路，给全校教师带去了一道道充满思想、充满特色的艺术大餐。课后，这些特级教师还要对整节课进行全面分析，引领教师掌握新课标下的授课方法、技巧和艺术。同时，我校还组织了"十大优秀校本课程开发教师"评优活动，根据教师的日常教案、听评课评价、学生问卷调查等，评选出了十位教师为校本课程开发优秀教师；开展了"专业成长优秀教师评选"活动、班主任评语大赛等，涌现了一大批课改方面的先进典型，起到了示范引领、以点带面、整体推进的良好作用。

3. 科研引路，提升教师课改实施水平。我校始终注重让课题走进课改，以课题带动课改，激发了教师的课改热情。老师们独立承担了由中国教育学会批准立项的"促进教师专业化发展的校本研训体制研究"、教育部重点课题子课题"促进班主任专业化发展的校本培训模式研究"、省级课题"新课程背景下高中语文打造有效教学的研究"等，一大批教师纷纷参与到课题研究中来，有效加速了新课程改革的发展步伐。

4. 活动引领，激发教师走上课改之路。在新课改推进过程中，我校采取"普遍抓、重点引"相结合的办法，举办了异彩纷呈的主题活动，引导教师积极践行新课标理念。其间，学校组织开设了系列"教师专业水平提升讲座"，其内容根据教师问卷调查结果而定，以此精心选择并安排主讲教师，如李续赏老师的"如何引领班级成长"、李京华老师的"我的课堂我做主——浅谈教学风格的形成"等，全校教师每人都至少选听了3场，每场实际听讲人数远远超出选报人数，老师们的参与热情非常高涨。随后，学校又组织开设了"班主任专业水平提升讲座"，既锻炼了师资队伍，又提升了其专业水平，增强了老师们深入推进新课改的热情和积极性。

5. 赛事引力，激励教师人人争当名师。为了发挥国家、省、市各类教学大赛的课改指导作用，学校每次均要认真遴选教师参赛，而且一般每个教师只给一次机会，其目的就是尽可能地让更多的年轻教师去体验、去成长。在参赛的准备过程中，学校要求必须集整个学科组的力量去协助准备，效果显著。准备的过程就是提高的过程。不仅给了参与者脱胎换骨的影响，更为重要的是整个学科组的老师普遍受到了一次提高和检验。在各级各类比赛中，我们的老师多次摘金夺银，引爆了参赛教师心底的无限渴望，激发了教师成名成家的执着追求。

6. 教研引导，促进教师全面成长。教研，是我校始终重视并长期坚持开展的一项活动，多种多样的教研活动本身就是衡中一大特色。可以说，我校教研活动的特点之一就是多，这在全国都是出了名的，密集且划分细致。按常理，教研活动一多，就容易打乱仗，统筹它们是一个难题。所以，我们借助三个年级部、学科中心教研室、备课组长、班主任这几个质量利益协作体的核心作用统筹规划，逐级逐层分解实施，确保多而不乱，落实到位，创新发展。整个系统的教研过程，条分缕析，一丝不苟，让教师"每天都生活在计划中"，确保不打无准备之仗，如教学质量调度分析会、学科核心组成员教研会、学科全体教师教研会、期考考后教研会、班级教研会等。在这里，我详细说说"一课一研"制度，该制度的推行，就是为了发挥每一位教师的聪明才智，以集体智慧提高每节课的效益，把每一节课都打造成精品课，实现课堂效益最大化的目的，同时也可以起到"传帮带"的作用，避免青年教师在课堂教学中走弯路，促使青年教师更好更快地成长，并优化组合各方面教学资源，高效低耗，共享共赢，共同享受幸福的教育。"一课一研"分系列组织开展，时间每次在 20－30 分钟，其研究内容主要是学情和次日授课的目标、内容、重难点、学法和教法等，要求专人主讲，人人发言，各抒己见，集思广益，群策群力，不能走过场，力求人人有收获。

（三）坚持全面联动，为课改提供资源保证

几年来，我校立足校内工作实际，深入挖潜，扩张优势，"五点"齐抓，即狠抓给力点、突破点、创新点、根本点和出发点，促进了教育教学质量的不断提升，彰显了新课程改革的强大生命力。

1. 以综合实践课程为给力点，培养学生多元发展。我校始终认真落实国家课程方案，开全了所规定的全部课程，而且足时足量，不管是综合实践，还是通用技术，乃至音乐美术，都严格执行落实了新课程计划。其中，对于综合实践活动课来说，在人大附中综合实践专职教师周庆林的多次指导和培训下，综合实践教研室的 19 位教师按计划开展了积极而有益的探索，不仅在全校全面铺开，而且取得了显著效果。

就拿研究性学习来说，我校制定了详细的研究性学习计划，学生自选课题、自选仪器、设计实验、处理数据、撰写报告、参加答辩等，老师则按时做好课题指导和帮助、课题分类整理、课题归档工作等，取得了大批优秀成果。再拿社会实践和社区服务来说，为了杜绝工作的随意性，避免"不能上足"现象，我校也制订了详细的社会实践和社区服务活动计划，做到了目标、内容、时间、地点"四落实"，按学期规定的课时总量相对集中时段进行安排，形成了具有校本特色的社会实践和社区活动。如"向祖国母亲拜年"主题社会实践活动，不仅制订了活动课程方案，而且还给高一二年级学生家长写了一封信，倡议家长大力支持本项活动。通过活动的开展，学生感受到了家乡的巨大变化，体会到了祖国的繁荣昌盛，并提高了学生解决问题能力和合作交流能力。利用暑假的时间，我们在高一学生中开展了以"父母职业体验"为主题的社会实践活动，让学生感受到了父母工作的艰辛，心灵受到了震撼，懂得了天下没有免费的午餐，没有谁能随随便便成功，进而学会了感恩和奉献。再如"走访千名校友，献礼六十华诞"主题社会活动、"走进传统文化年"主题社会活动等，每项活动均有具体的实施方案，都取得了良好的效果。同时，综合实践活动课指导教师也迅速成长，很多人在综合实践活动赛事中获奖，如刘志云、魏振宇、韩红梅老师先后获得河北省综合实践活动说课比赛一等奖。

2. 以通用技术课程为突破点，满足学生个性需求。我校在做好硬件建设的前提下，及时开设了通用技术课程，设置了专职教师和固定兼职教师授课。按照学校的教学安排，该课程每两周设置1课时，授课持续到高二上学期，所使用教材为地质出版社出版的《技术与设计1》《技术与设计2》《汽车驾驶与保养》《简易机器人制作》，同时将苏教版等其他版本教材中的合适内容在课堂教学中予以体现。在日常的教学过程中，课课有教案，节节按时开，把理论教学与动手实践紧密结合起来，不断提高课堂效益，有效提高了广大学生的技术素养。同时，还选择适合的时间，给学生布置手工制作作业，如桥梁结构的制作、房屋的设计以及自选主题的制作等，学生们拿出了很多优秀作品，学校对其在全校范围内进行了展览和展示。此外，为了对学生的学习进行合理评价，授课过程中我们更加注重按时进行阶段性测试，所用试卷均依照学业水平测试的题型、难度和题量编写，效果良好。

3. 以校本课程开发为创新点，构建特色课程体系。我校按照以校为本、以师为本、以生为本的原则，成立了以校长、主管副校长、课改处主任、学科中心教研室

"机器人"学生社团在活动

主任、备课组长、骨干教师为梯度的校本开发小组，紧密结合学校自身情况，认真规划和开发校本课程，挖校本之源，集校本之优，补课程所缺，供课程所求，逐步形成了富有衡中特色的学校课程体系。目前，我校已开发并付诸实施的校本课程有六大类 100 多门，如青春成长类的《学生职业规划》《我的青春我做主》《青春期营养与健康》等，学科拓展类的《走进数学大师》《物理与生活》《二战风云人物》等，科技探究类的《Mathematica 软件与数学》《算法与程序设计》等，个性特长类的《硬笔书法》《数点梅花天地心》等，地方文化特色类的《内画发展制作与欣赏》《走近衡水老白干》《河北历史古迹巡礼》等，内容涉及学科、科技、艺术、体育、文化、生命教育、学科竞赛等诸多方面。每门校本课程，每周一课时，每课有教案。与此同时，我校编制了《衡水中学学生选课指导手册》，其内容包括新课程结构介绍、学科课程简介、学生选课一般程序和选课应注意的问题等，给学生以指导和建议。2009 年上学期，我校首先在艺体课程上落实了选课制，体育课全部实行走班上课，校本选修课部分实行走班，为走班制全面推广积累了经验、奠定了基础。经过一年多的运行摸索，2010 年秋天，高二年级全体学生利用互联网进行了校本课程选课，"走班制"上课正式在该年级推行。目前，"走班制"已在全校全面铺开。期间，课改处定期进行问卷调查，以全面掌握学生的满意度，并有针对性地对其修正。"走班制"改变了过去固定班级、被动学习的模式，学生流动上课，选择喜欢的老师，学习感兴趣的科目，心情更加愉悦，学习欲望更加强烈，更加专心用功。据学生们反馈，走班上课，不仅让他们学到了自己感兴趣的内容，拓宽了视野，张扬了个性，提高了实践动手能力，而且让他们觉得高中生活变得更加充实而多彩。

纸桥模型设计制作比赛

4. 以课堂教学改革为根本点，打造特色有效课堂。我们始终认为，课堂是教育教学的主渠道，课堂教学改革是课程改革的主阵地。没有课堂教学的彻底变革，任何改革都是蜻蜓点水。因此，努力探索新课程背景下的有效课堂，就成了我们进行新课程改革的根本出发点。为切实把新课标理念落实到课堂教学之中，我校大力推行"五主"教学原则，即学生为主体，教师为主导，问题为主轴，训练为主线，思维为主攻；全力落实"八字"教学要求，即精讲、善诱、激趣、拓思，让教师把激情、微笑、趣味带入课堂，允许学生出错、质疑和争辩，杜绝讽刺、挖苦、体罚或变相体罚学生以及"心灵施暴"，尝试师生位置互换，凸显学生主体地位，向有效课堂、教学常规、师生状态、科学训练要效益，极大地提高了教学质量。我校还全面推行课堂观察制和教学目标叙写制，以此促进教师在课堂上真正落实新课改思想。为了把其落到实处，教科处印发了《衡水中学课堂观察制手册》《衡水中学课堂目标叙写手册》，并多次组织教师进行了认真学习，并开发了课堂观察量表，要求每个学科每两周上交一份代表本学科水平的《课堂观察量表》和"教学目标叙写的教案"。实践证明，这两项措施的实施，加速了课改的推进，激发了学生课堂学习的兴趣，提高了课堂教学效率。2010年第17期《人民教育》以"教学的核心地带"为题，对我校的教学工作进行了详细报道，特别是其中一个章节重点指出了"高中课堂也需要开怀大笑"，阐释了课堂应该如何大胆解放学生。

　　5. 以学校文化建设为出发点，全面构建特色学校。课改，改到深处是文化。我校坚持把文化建设作为推进课程改革的重要抓手，并努力把新课程理念融入和渗透到学校工作的方方面面，以此推进学校特色创建，且初步形成了"一届一特色、一班一亮点"的良好发展态势。如高一年级，从新生军训、军校图展、国防讲座、实弹射击以及国旗班的成立，到爱国主义影片展演、军事知识读书竞赛、国防主题班队会，再到走进军营、红色之旅、八十华里远足等，形成了具有鲜明特色的军事国防教育特色；高二年级，从逃生自救大演练、文明道德模范评选、学会感恩主题团活动等，到历时一个月的十八岁成人宣誓活动等，形成了具有鲜活生命力的成人教育特色等。再拿班级来说，如471班的湿地保护文化、408班的鸟类保护文化、451班的物理生活文化等，都成了课改工作中的文化亮点，极具班级特色。此外，课改处还推出了校内刊物《衡中学吧》，其内容涉及语言与文学等八个领域，语文、技术等十三个科目的内容，集时代性、生活性、趣味性于一体，栏目丰富多彩，内容异彩纷呈，受到了师生的普遍欢迎。这一切，不仅推进了课改发展步伐，而且为特色校园的构建增添了新的内涵。

（四）坚持活动促动，为课程提供发展活力

　　我校一直着力打造精品活动，全面繁荣社团文化，促进了学生的全面、和谐、个性发展，为新课程注入了源源不断的发展活力。

1. 品牌活动课程化，使其更具教育力。遵循"给学生终生难忘的教育"新理念，我们力求把每项活动都打造成精品，并把其纳入校本课程进行开设，不断规范学生的社团活动，提高了社团活动的质量，提升了活动的教育力和影响力。如八十华里远足主题实践活动，该活动前后历时一周，课改处制订了课程实施方案，包括活动的目的、意义、内容，课时安排、实施途径、方式方法、课后思考以及评价考核。在此基础上每个学生都要制订个性化实施方案，包括个人的活动目标、活动前的准备（物质、身体、思想）、围绕远足的主题班会、团活记录，活动中可能遇到问题的应对办法等。活动后，每位学生都要完成实践报告并和同学互评。经过认真谋划，精心组织，扎实推进，远足活动给了学生刻骨铭心的记忆。再如高一新生军训，不仅出版了学生军训校本教材，而且给每位学生设置了成长档案，将考核成绩按学分记入其中，为学生了解军事知识、掌握军事技能搭建了平台，而且还增强了学生的爱国意识和国防意识。另外，还有系列品牌活动，如十八岁成人宣誓、十大文明道德模范评选、十大杰出学星评选、逃生自救大演练等，正在被陆续开发成校本课程。这一切，为学生的成长提供了更为广阔的平台，也为我校新课改的创新推进注入了新的活力。河北电视台新闻联播节目以"衡水中学借力新课改打造新优势"为题，利用两分多钟的时间对我校课改经验，特别是品牌活动课程化进行了深入报道，在全省广大观众中引起了强烈反响。

2. 社团活动课程化，使其更富吸引力。前些年，我校每年组织开展的活动多达100余项，但由于不是学生自动自发组织开展的，其实效和作用也就打了折扣。因此，近几年，学校紧紧抓住新课改这一契机，充分挖掘学生社团的重要作用，吸引学生主动参与到各种社团活动之中，收到了意想不到的效果。首先，我们在全校范围内进行了大张旗鼓的宣传，引导学生根据兴趣和爱好自主成立各种社团，很快，各种社团如雨后春笋般涌现出来。随后，学校又出台了《学生社团活动实施方案》，对社团成立和社团活动提出了指导性意见，并对其进行了整合和规范。经过一段时间的运行和修正，最终，成功组建了50余个协会、社团，协会包括绿色行动志愿者协会、自主管理志愿者协会、共同行动志愿者协会、心理健康志愿者协会、学生记者协会，社团包括风云江山国政社、武动奇迹跆拳道社、紫枫文学社、墨韵斋书法社、创艺朵朵手工社、金话筒社……每个社团都有自己的章程、学期活动计划等，以学生自主管理为主，以教师跟踪指导为辅，于每周六下午按时活动，激发了学生自主体验、自我展示的欲望。就拿心理健康志愿者协会来说，按照所制定的课程实施方案，组织开展了"十大活动"，如心协换届纳新大会、会徽设计大赛、心理健康周活动、出版报纸《温心家园》、杂志《心悦》、开办了"心灵有约"广播节目等。特别是校园心理剧大赛，学生们以发生在身边、甚至亲身经历的心理冲突、烦恼、困惑等为素材，采用小品表演、情景对话等方式，自编、自演、自导，把"大道理"灵活地表现出来，这样，就把成长的舞台、过程和空间还给了学生，给了学生终生难忘的教育。整个活动历时三个月，这对于参演同学来说，准备的过程就是心理素质提高的过程；对于观看的同学来说，则是一次富有成效的心理辅导，使其受到了启迪，增进了友谊，实现了心灵的沟通和升华。此种团体心理辅导形式，已成为我校的一大特色。各种社团活动主题鲜明、内容丰富、形式多样，激发了学生的兴趣，促进了学生的个性化、多元化发展。多次获得市级、省级和国家级荣誉。如衡水湖生态考察队成员的科技活动成果《走入衡水湖，探索湿地奥秘》获第二十四届全国青少年科技创新大赛十佳科技活动奖；科技活动社成员张宗儒、周正勇夺"第八届全国中小学信息技术创新与实践活动"高中组竞赛一等奖，其另两位成员的科学DV作品《衡水湖部分水域不冻之谜》喜获首届全国青少年科学影像节展评一等奖，并代表中国参加了意大利多媒体奥林匹克竞赛。

学生进行社会实践活动

（五）坚持评价驱动，为课改提供内生动力

新课程改革的一大亮点就在于更加关注学习过程的评价，而不再是仅仅以高考成绩分数论英雄。为此，我校努力构建以学生为本、以激励为主的发展性评价体系，实行学业成绩与成长记录相结合的综合评价方式，使过程评价成为一种常态，让学生发展的每个环节都有据可查，以此引领和驱动学生更加关注自己的成长过程。

1. 《青春见证》，见证学生成长足迹。为了让每位学生都留下自己成长的足迹，课改处印制了《青春见证》成长档案，其内容包括我的人生规划、我的高中目标；高中的成长规划，用曲线记录学习过程；在成长中反思，在反思中成长，记录着学生对学习、人生的态度；我的光荣榜则记录着自己的成绩和荣誉。当然，"我的不文明行为"一栏，则记录了学生发生在自己身上的一些不良习惯和违纪现象，时刻提醒学生应该做一个怎样的人。2011 年寒假期间，我校充分利用先进的电子信息平台，为学生建立动态的电子成长档案，全面记录学生的成长经历，学生从小到大所有的资料都可以计入其中，如个人照片、各种奖状、各类证书、学校评价、毕业证书等。由此，学生们自我设计了很多富有个性的电子档案，不仅充分展现了自己的动手实践能力，而且在制作电子档案的过程中，重新审视了自己的发展轨迹，懂得了拼搏奋斗的真谛，并量身打造着自己的人生目标。电子成长档案作为新课改的一种尝试，目前已经达到了预期的目标，为课改过程评价提供了依据。

2. 学生学分认定，不折不扣严格落实。这是新课程对管理评价的必然要求。对于此项工作，首先，我校课改处制订了《学分认定及管理办法》，并利用高一入学教育大会专门向学生和家长做了详细说明，如学分分配、学分获得、学分认定（学习过程表现＋模块测试成绩）、学生毕业学分要求等，同时为每名学生制作了《学生学籍档案》。其次，课改处对全校教师做了学分认定及管理培训，重点强调了"学习过程表现"（学时情况、课堂表现、作业情况、形成性测试）及校本选修的学分认定及管理。就这样，在学生的学分认定上，不管是考试科目，还是考查科目，如研究性学习、通用技术、音乐、美术等，都不例外，达到规定的就给学分，不达要求的就不给，绝不给任何同情学分、人情学分。

3. 综合素质评价，突出特色，关注过程。课改处专门制订了《衡水中学综合素

质评价方案》，其内容涉及道德品质与公民素养、交流沟通与合作、学习态度与能力、创新与发现、运动与健康、审美与表现六个方面，各级部为班主任的素质评价提供了大量资料，如每个学生在国家、省、市以及学校组织的各项比赛、各项活动中所获得的荣誉，包括优秀学生干部、三好学生、十大道德模范、十佳歌手等，还有学生日常的遵规守纪和服务班级以及奉献社会情况，班主任日常整理收集到的考勤、违纪、奖励等相关情况，均作为评价学生的标准，给了学生真实而客观的评价，受到了学生和家长的欢迎。

（六）坚持内外互动，为课改提供多元资源

众所周知，离开了家庭教育、社区教育的配合，新课程改革难以获得成功。因此，我们立足学生的健康发展，内外互动，全面挖潜，为课改工作提供了多元化的教育资源。

1. 搭建资源平台，促进学生的个性化发展。为此，我校开辟了"衡中大讲堂"，活动中，只要学生上够了课时，即可给予一定的学分。为办好衡中大讲堂，短短一年来，课改处先后邀请了 20 余位专家和校友到校开设讲座，如中科院院士周恒、校友牛忠霞少将、中国时代之声演讲团讲师王海童、衡中校友北大博士韦卫等，内容涉及民族精神培养、创新人才培养、法律法制教育、感恩意识教育等，从方方面面对学生的成长给予引领，深受学生的喜爱。同时，我校还面向社会征聘了 60 余名"衡中讲师"，他们有的精通法律法规，有的了解时政热点，有的精于心理健康教育，乃至科技、经济等，对学生的个性化发展起到了积极的作用，为新课程的扎实推进注入了新的活力。

2. 整合内部资源，实现优质师资资源共享。为了从容应对新课程的挑战，我校努力整合校内各种资源，特别是师资资源，效果良好。如针对通用技术课师资短缺的校情，学校并没有找部分老师充任课程教师，而是让一些动手能力强、身有特长、充满理想的其他学科的骨干教师转岗充实师资队伍，像物理教师、地理教师等，组建了包括专职教师和兼职固定教师的高素质的通用技术教师队伍。再如选修课程师资，我们采取教师自主报名、自主开发、学校选定的办法，有效整合，资源共享，满足了课改的需要。对于研究性学习的师资也是如此，目前各学科的 30 余位骨干教

师担任着研究性学习的教学指导任务。对于音体美教师来说，我们不仅招聘了部分名校的优秀大学毕业生，而且还外聘了一些名校的知名教练到校任教和辅导，教学质量逐年提高。这一系列师资整合措施，起到了积少成多、集优补缺的作用，真正使校内优质教师资源实现了共享。

3. 开发社会资源，为新课程注入新的活力。为了充分利用各种社会资源，我校也采取了一系列措施，如为发掘家长资源，学校不仅出版了校本教材《学做合格家长》，而且力求把每次家长会都开成培训会，通过这一途径向家长宣传课程改革的背景、意义、目标，宣传新课程改革理念，对家长进行新课程通识培训，取得了良好的效果。同时，学校定期组织"教学开放日"活动，并且定期开展"家长进课堂"活动，邀请家长和孩子一起参与到新课程教学之中，促进了课堂教学质量的提高，促进了教师的专业成长，而且拉近了家长与孩子的心灵距离。近两年来，家长参与人数已达千余人次。此外，我校还通过多种途径和渠道，如微信、QQ 群等，了解掌握家长和学生对课改的看法，及时收集家长对课改的反映，交流学校课改信息，并指导帮助家长接受新课程改革理念，提高了家校合力育人的实效性。同时，我校充分利用各种社会资源来充实师资队伍，如聘请跆拳道教练员到校开展辅导、聘请鼻烟壶艺术大师走进课堂传授技艺等，为新课改推进做好了师资保障。我校还利用社会资源建立了 10 余个综合实践活动基地，如武强年画博物馆、习三内画博物馆、衡水湖开发区、恒丰发电有限公司、市气象局、市污水处理厂等，以基地自身所具有的优势推进课改工作，引领学生提高自身的综合素质和科学文化素养。

随着新课程改革的深入推进，老师们"教"得更加灵活，学生"学"得更加有效，校园里处处充满着青春的活力。由此，新课改工作也吸引了很多新闻媒体的眼球，如《河北日报》《燕赵晚报》等，纷纷到校实地采风，并对我校新课改工作进行了报道。

六、让师生享受幸福

我给老师们讲过两句话：幸福指数重在生活质量，快乐工作重在健康给力。这也是我们学校在管理过程中，努力追求实现的两个目标，其目的就是为了让教师和学生享受幸福。

（一）幸福指数重在生活质量

我们认为，一个人的生活质量如果不高，即使有高官厚禄，有万贯资产，生命也会变得灰暗；一个人的生活质量如果不高，还会有意无意间将这种负面情绪传染于他人。那么，如果我们教师生活质量不高，最直接的受影响者就是学生及其家长，久而久之，不管其如何努力，他的愿望都会被现实所粉碎，他的教育教学的质量也一定不高。从这个意义上讲，想方设法提高教师生活质量，对教师本人、对学生、对家长，都有着极大的意义。

学校领导对教师生活上无微不至的关照，会让他们感到一种特殊的归属感，心情会非常愉快。这种感觉，会生成一种积极的情绪，进而化成一种积极的能量，从而提升自己的生命质量，让自己家庭的环境和谐，更让学生感到温暖与幸福。教师、家人、学生的这种和谐之美，会外化成工作与学习的高质量与高效率，提升心灵幸福指数。于是，无须领导督促，积极主动工作与学习的氛围也就形成了，学校快速发展也就不求自得了。

平时，我要求班子成员必须做到"三必"——有病必探、有事必帮、有难必助，其目的就是让老师们生活地更有尊严、更加幸福。在这方面我们做了大量工作，比如这几年，随着我校规模的不断扩大，新聘大学生逐年增多，且有不少是来自外省市，他们每天都忙于工作，父母又不在身边，他们的婚恋就成了很现实的问题。于是，青年教师的婚恋也提上了学校党政联席会的议事日程，学校责成工会把解决青年教师的婚恋问题写入工作计划，负责为没有对象的青年教师牵线搭桥介绍对象，并规定了具体的任务。截至目前，我们先后为青年教师举办了六届集体婚礼，有40多对新人喜结良缘。婚礼当天，我们给新人们安排了丰富多彩的内容，如共植同心树，同游衡水湖，共按手模印，同过幸福门，共走幸福路……每届婚礼的举行往往安排在学校开放日的时间，让来自社会各界的万余人一起为这些新人祝福。婚礼上，我们邀请市领导为他们主婚，整个婚礼不仅热烈隆重，而且品位高雅，具有深厚的纪念意义。学校以细心、真心、爱心给了新人以家的感觉，大大增强了青年教师对学校的归属感和自豪感，并激发了他们对学校的热爱，调动了对工作的积极性。

学校为青年教师举办集体婚礼

　　再有，对于那些没有结婚的青年教师，每逢新年来临之际，我和班子成员以及中层领导干部都要和他们共餐——元旦酒会，谈家庭、说工作、议生活，谈笑风生，送上祝福，畅想未来，气氛特别和谐，意义也很重大。因为人都是有思想、有情感的，如果我们当校长的高高在上，那么老师们必然会敬而远之，如果我们当校长的多给老师们一份关爱，他们就一定会以十分的干劲来回报学校。再比如，因为我国铁路运力不足，一到春节买张火车票都非常非常难，而恰恰我们学校的外省市的老师又很多，所以，为了解决外地老师过节回家的后顾之忧，每到春节前夕，学校总是委托专门处室主动提前与火车站联系，为我校回外省市老家过年的老师购买车票，我们的老师称其为"爱心车票"，让这些老师从内心里感受到学校给他们的温暖。

　　在我们学校还有个新鲜事，那就是有的时候老师们还会分到一捧枣、两只螃蟹、三四个桃子的情况，人们听了一定很纳闷，这是为什么。因为，这几年来衡中参观的全国各地的客人很多，有时候各地的友好学校会送给我们几位校长一些土特产，如辽宁盘锦的螃蟹、辽宁北票的山枣、内蒙古的莜面、山东德州的扒鸡、山东历城的草莓等，我和班子成员就把这些东西都拿出来分给老师们，于是，就出现了一个老师发三两只螃蟹、五六个老师分一箱枣的情况。我的想法就是，东西虽然不多，但老师们分到的却是一份心意、一份幸福。校长努力为老师的幸福创造条件，老师们就会为学生的幸福努力工作。这样，就让每个老师都成为创造幸福的主体，同时由此也成为享受教育幸福的对象。

另外，这几年，学校还在教室备课区开设了茶歇室——心怡阁，配置了咖啡机、微波炉、电冰箱以及沙发等，每天都要购买补充一些水果、冷饮和食品；同时在图书馆一楼开设了教工休闲室——心灵驿站，装备了电脑、台球、乒乓球、跑步机、桌式足球、拳击、棋牌等休闲项目，并配备了一些冷饮。每天老师们运动、喝茶或补充水果、点心等，成为工作之余放松身心的快乐所在，也彰显着学校的人文关怀。此外，学校还推行了弹性坐班制度，完成了网络免费入户工程、地热免费入户工程、天然气进家庭工程、全年免费供工作餐……一项项实事，一件件好事，让老师们产生了深深的自豪感、归属感，激活了教师的自主创新欲望，激发了学校的文化创造活力，提高了老师们的幸福指数。老师们在各自不同的岗位上，生活得更有尊严，心情更加舒畅，工作更有劲头，学校也必然获得持续地跨越发展。

（二）快乐工作重在健康给力

大哲学家叔本华说："健康的乞丐比有病的国王更幸福。"由此，足见健康的重要性。有人说，人的一生价值如果用数字来计算的话，健康是1，有了财富，可以加一个0，成了10；再有了美好的爱情，再加一个0，成了100；再有了名气，再加一个0，成了1000……可是，不管加到多大的数字，如果健康没有了，整个人生就都成了0。那种"春蚕到死丝方尽，蜡炬成灰泪始干"的精神固然可贵，可是，却不能太过提倡，以牺牲教师健康为代价的所有精神，都会被不健康所击毁。让教师的健康这个"1"好好存在，然后再给他们一一加0，才能提升他们的人生价值。给教职工的健康福利，要重过高薪、重过物质。于是，为了让老师们健康快乐，学校出台了一些所谓"硬"措施，如创建无烟学校、举办教师拔河比赛、教工篮球赛等，就是希望老师们生活的品位更高，做人上境界更高，健康快乐地生活、学习和工作。同时，学校还完善了校内身体锻炼保健系列设施，和市二院联办了衡水中学医疗服务站，为女教工办理了重大妇科疾病保险，为全体教工购买了意外伤害和疾病保险，定期组织教职工进行免费体检……学校的这些健康福利，让广大教职工感受到了家一般的温暖，为各项工作的开展奠定了良好基础，也为学校凝聚力、创新力的增强构建了动力保障。

这些年随着高考竞争压力越来越大，社会各界对衡中的期望值也越来越高，老师们的思想压力、心理压力也随之大了起来。为了保障老师们的身心健康，学校采取了系列措施，让老师们远离一些不好的习惯，如引导老师们不搓麻打牌，不痴迷网络等，对老师的良好生活习惯的形成起到了积极的作用。同时，我们还很注重教师的心理健康，不仅购买安装了教师心理检测系统软件，可以让老师们适时地检测自身心理健康水平，并及时做出调整。此外，学校为了缓解老师们的工作压力，经常组织教师阳光心理素质拓展活动，活动项目包括海豚戏珠、心手相连、快乐篮球、极速跳跃、绑腿比赛等，这些活动充分发挥了团队合作的精神，欢声笑语不断，使老师们充分享受运动的快乐，在愉悦身心的同时缓解了心理压力，更增进了彼此之间的了解。学校还定期为老师进行心理教育知识专题指导，邀请心理专家前来讲学，通过一系列的活动和工作，教师的心理健康得到了维护，压力得到了疏导和缓解，体验到了一种精神的沐浴。

教师阳光心理素质拓展活动

同样，学生的健康也同等重要，没有强健的体魄，就没办法完成学业，所以，在关注教职工身体健康的同时，我们更关注学生的身体健康。每周除安排并上好体育课外，每天早上和上午大课间还组织学生进行两次集体跑操，每周每个班还要安排体活课，让学生自由锻炼身体。目前，每天学生锻炼身体的时间累计在一小时以上。在我们学校，学生一年四季都有一小时左右的午休，每天睡眠时间保证在 8 个半小时左右……这些措施保证了学生的身体健康，为他们发奋学习提供了重要保障。

这些年，学校在关心师生身心健康的同时，对广大师生的饮食也非常重视，不仅努力提高膳食人员的思想认识，让他们认清这项工作的重要性和意义，而且每年都要组织膳食人员外出考察、学习，了解餐饮发展新动态，学习新工艺，并陆续购买了很多新设备，如新型饺子机、转炉烤箱、包子机、切丁机等先进设备，建设了包食斋、麦香斋、醒发房，于是机包水饺、包子，自制面包、蛋糕、月饼、元宵等都成了师生餐桌上的美味。这些新设备也实现了部分饭菜的集约化生产，腾出人手进行特色制作，增加饭菜品种，抓好营养套餐，推广分层就餐，提高服务质量，提升营养品位，得到了师生的一致肯定和赞誉。由此，学校膳食处也获得了全国"安康杯"优胜班组、河北省服务质量奖、河北省首批食品卫生分级量化管理 A 级单位等 10 多项荣誉称号。

身体重要，吃更重要，民以食为天，对于我们寄宿制学校的师生来说也是一样重要。日常，对于各种原材料的供应，学校要求膳食人员必须严把"七关"，即采购关、加工关、出售关、存放关、个人环境卫生关、消毒关及职工思想关，强化流程化操作，抓实各流程之间的相关监督，各种饭菜 24 小时留样，确保不合格、不符合规范的东西不进入下一个环节，真正做到后一关监督前一关，关关落实，不留隐患。平时，我们始终倡导心存师生做事，带着感情服务，不断更新观念，提升服务质量，在小事上下功夫，在细节上出精彩，在常规上做文章，在管理上求突破，如对于教职工的供餐，不仅建成了环境优雅的教工餐厅，还采取了电话订餐、网上订餐、自助供餐、宾馆化服务等形式为老师们提供贴心的餐饮服务。对于学生来说，不仅做到了文明售饭，还开展了分层次供餐，增加高档菜品种，做好中档菜供应，做精低档菜，如推出了荤素科学搭配、营养合理丰富的各式套餐，设置了 3－5 角经济饭窗口，让家庭条件好的孩子吃到想要吃的东西，让家庭经济困难的学生也能吃饱吃好。我们还筹建了特色小吃长廊，全力抓好特色菜供应，努力提供多种特色小吃，如狗不理包子、牛肉罩饼、麻辣烫、油条等，并且推出了精心制作的炸鸡腿、汉堡等西式快餐，做到价格低而质量不低，窗口少而品种不少，满足不同档次学生的需求，让全体学生吃饱吃好，吃出营养、吃出健康、吃出舒畅、吃出品味、吃出文化。每年高考，我校都出资 20 余万元补贴高三学生，早餐免费、水果免费，午、晚餐减半收费，让学生吃出了心情、吃出了士气、吃出了幸福感、吃出了感恩、吃出了胸怀、吃出了境界，他们升入大学，进入社会后，也永远心存感恩，传递关怀。

此外，我们在学校临时工的管理上也做了大量的文章，我们提出，临时工也是衡中的一员，只要在衡中一天，就享受衡中文化一天。我们食堂现有临时工 200 余人，我们非常重视改善这些职工的工作和生活条件，如在室温较高的烤烙操作间安装了空调降温，投资 7 万余元为所有职工宿舍安装了空调、洗浴设施，在操作间设置了饮水机，专门为职工购置了洗衣机等，使职工工作和生活环境得到进一步改善。2011 年，我们投资 10 万元，建立了职工俱乐部，购置了电脑、平板电视、乒乓球案、台球案等，丰富职工的业余生活。为了保障职工健康，我们每年组织职工进行一次全面体检，在春、冬季节为职工发放板蓝根等药品预防感冒等流行性疾病的发生，夏季为职工发放藿香正气水等防暑用品。即便是寒暑假，食堂的教职工不上班，我们也为每位职工发放基本工资，做到了食堂职工吃着过年饺子也能挣钱。另外，我们每年分批次选派优秀职工和管理骨干赴外地考察学习，鼓励他们开阔眼界、学习提高、丰富内涵、提升品位。为此，我们在食堂工作人员当中大力开展"四个十佳"评选活动，评选十佳班组经理、十佳面点能手、十佳烹饪能手、十佳服务标兵。整个评选重过程、重实绩、重技术、重品德，评选结束，校领导参加颁奖大会，从物质和精神上都给予奖励。目前"四个十佳"评选活动已经成为我校食堂职工成长的舞台、优秀职工展现精彩的舞台。通过评选达到了让每一名职工文化提水平，技术上层次，服务长本领的目的。

由于我校食堂风清气正，激情洋溢，有乐趣、有发展、有待遇，有和谐、有愿景、有情义、有生活、有幸福、有尊严，在目前各行各业都出现招工难的情况下，我校食堂人员稳定，做到了挑工人，而不是被工人挑，这也是衡中的另一道人文风景。

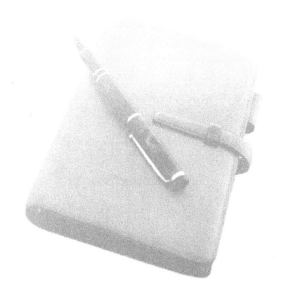

社会反响

一、学者专家看衡中

（一）《我这样做校长》序

郭振有

衡水中学，一个非常响亮的名字，一所教育界乃至全社会几乎无人不知的学校。这所学校，以高考升学率，特别是升入北大清华学生的比例之高名震全国。在当今中国，这几乎是人们评价一所高中学校质量的首要甚至唯一标准。因此，像衡水中学这样的学校，理所当然地成为人们追捧和热议的对象。

但是，对这样一所名校，人们的认识不很一致，甚至是两个极端。有人赞誉有加，有人则给予批评。赞誉者说他们的高升学率是实施素质教育的成果，批评者则说是应试教育的典范。一方面，媒体和社会的议论不绝于耳，另一方面，希望进入衡中的学生蜂拥而至。这是中国教育的一种奇特现象。这就是当今中国教育的现实。

对衡中赞赏也好，质疑也好，都反映了人们对普通高中教育到底承担什么使命的一种叩问，以及对中国教育从应试模式走向素质教育进程中各种现象的思考。同时，也是衡中自身发展过程中各种复杂现象的折射。其实，衡水中学也是中国教育的一个窗口、一面镜子。它的成绩和经验，它的缺点和不足，在不少地方和学校，都是同样存在的。因此，这种质疑和争论，无论对衡中本身，还是对整个中国教育，都是一件好事。因为我国教育改革在不断发展、创新，另一方面又确实存在许多亟待解决却很难解决的问题。质疑引发思考，争论推动进步。衡中也是在这种争议中，在不断反思中发展的。

到底如何认识和评价衡水中学？张文茂校长的《我这样做校长》一书，给了人们一个更加具体的全方位的回答。书中详细介绍了张校长的教育观、管理观、德育观、教学观、学生观，以及学校的实践模式和人文精神。作为一所高中学校的校长，他想让更多的农村孩子考上好大学，以此改变他们的人生轨迹，使他们将来能更好地服务社会。他的目标是：办一所学生喜欢、教师幸福、家长满意和社会认可的学校。

　　高中教育是基础教育的有机组成部分，是学生身心快速成熟的重要成长阶段，也是学生人生观、世界观、价值观形成的关键时期。它既承担着为高一级学校输送优质生源的任务，也承担着为将来走上工作岗位的学生打好全面素质基础的责任。作为校长，张文茂期望通过办学理念现代化、办学行为规范化、办学内涵特色化、内部管理精细化、教育质量优质化、校园文化和谐化，创建一个素质教育高地、学生高考福地、卓越人才基地，使学校成为能够持续发展的人文化、品牌化、国际化特色名校。

　　高中教育不关注学生的成绩不行，但不能仅仅关注成绩和分数，更要关注学生的人品、学识、能力、情感、态度和价值观等。衡水中学把担当教育纳入每个环节，以担当情怀提升学生的精神境界。学校在学生中开展"省""问"和"生涯规划"活动，让学生每天反思：我到衡中来做什么，我今天做得怎么样，我要做什么样的人？每天自省：诚实守信了没有、关心集体了没有、帮助他人了没有、关爱自然了没有等，让学生懂得为什么担当，如何担当？学校开展各种活动，给学生发挥潜能的机会和舞台。每周由学生评选某方面有闪光点的同学，如文明之星、希望之星、纪律之星、诚信之星、环保之星、助人之星，等等。这些年已评出千余名"校园之星"，使学校群星璀璨，光耀校园。学校还开展十大学星、十大文明道德模范、十大节约节能标兵、十佳班长、十佳宿舍长评选等活动，通过无处不在的教育、熏陶和影响，让学生学会做人、做事、学习、生活，追求向上、向善、向真、向美，始终充满发展激情。由此，衡水中学形成了一种追求卓越、永不满足、精益求精的工作精神，营造了一种拼搏进取、勇创一流的教育氛围，构建了一个敬业爱岗、献身教育的精神特区。

　　《我这样做校长》是一本让人们全面认识衡水中学的书，是一位名校校长讲述如何办好一所高中学校的好书。值得广大校长和所有关心衡水中学的人们一读。

（二）衡水中学，怎么看？怎么办？

郭永福

　　观点再聚焦：当前分数的竞争、择校的竞争、升学的竞争是社会上激烈的生存和发展竞争在教育中的反映，不是孤立的现象。

在减负方面，教育部门和学校当然责无旁贷。要以对国家、对人民、对学生高度负责的精神，顶住来自各方面包括上级领导机关的压力，毫不迟疑地去改。

衡水中学学生学得苦不苦？很苦！累不累？很累！是不是个别现象？不是，带有普遍性。这是从我国基础教育现状而言。从历史看，学生课业负担重的问题长期存在，毛泽东同志生前就一再对此进行过严厉批评，甚至提出，将学生活动总量砍掉三分之一。国务院、教育部为了减轻学生负担，前后发了三十几个文件，应该说，旗帜鲜明，态度坚决，一以贯之，但是，问题没有解决，而且愈演愈烈。为什么？对我国基础教育领域反复出现、普遍存在的问题，应该从规律和全局指导上找原因，研究症结之所在，然后才能对症下药，求得解决。

马克思主义告诉我们，人们首先要吃、喝、穿、住，然后才能从事政治、科学、艺术、宗教活动。这是人类历史发展的规律。

为了吃、喝、穿、住，就得就业。但是，当前就业形势十分严峻。就业难，择业更难。在计划经济时代，尤其是紧缺经济时代，人们的收入有差别但不大。改革开放以后，实行市场经济，打破了铁饭碗、大锅饭，经济蓬勃发展。由于社会处于转型期，分层加剧，城乡、地域、群体和行业之间收入差距越来越大，这就引发了激烈的择业竞争。少数人可以通过权力找到好职业，或靠坑、蒙、拐、骗发财，或靠行业垄断暴富，但对多数人来说，生存和发展，要在激烈的就业和择业竞争中处于有利地位，主要靠教育。

在其他条件相同的情况下，受教育程度不同引起收入上的差别，在不同社会经济制度、不同经济发展水平和不同运行模式的国家都是存在的。正是基于这种情况，布劳格说："教育与收入之间正相关的普遍性是现代社会科学最显著的发现之一，也是少数几条适合于分析所有国家——无论是资本主义国家还是社会主义国家的劳动力市场的准则之一。"

在财富、权利等社会资源存在较大差异的情况下，教育和因教育获得的知识技能，是主导社会流动的重要机制。农民之所以成为弱势群体，很重要的一点就是他们受教育水平的低下以及各种知识技能的缺乏，导致他们在就业竞争中处于劣势，限制他们进入主流社会。因此，教育是学习者改变命运的根本路径，而最为弱者所急需。正如温家宝同志所说："谁能享受良好的义务教育，谁就能获得更多的发展机会，否则就难以融入现代社会。"

我们的劳动人事制度讲学历，尤其讲高学历和名牌大学的学历。在公务员招考中，一些比较重要的部门只招研究生，不招本科生。社会上一个普通岗位，中专生、本科生完全能胜任，却动辄要硕士生、博士生，导致人才市场供求失衡，人为地拔高了教育层次，逼着人们拼命去追求高学历和名牌大学学历。为了达此目的，就得争上名牌中学、小学甚至幼儿园。但是，我国优质的中小学和幼儿园教育资源紧缺，学校之间存在很大的差别，这样差别不仅在短时间内难以彻底解决，而且有扩大的趋势。难怪外国人说：世界上条件最好的学校在中国，最差的学校也在中国。在好学校和差学校，同样上几年学，所学到的东西是很不一样的。即使农村学校学生靠苦学在高考中得到了好成绩，他们的文化底蕴、发展后劲还是要受到很大限制。因此，就业和择业的竞争就引发了择校的竞争。

择校竞争又表现为分数竞争。在社会诚信严重缺失的背景下，只有分数是大家可以接受的录取标准。分数成了学生的命根。一次考试分数可能影响学生一生的命运，有时几分之差就得多交很多费用。分数也关系家庭的幸福、学校的声誉和发展，甚至关系领导的政绩和升迁。为了争取高分，学生只有夜以继日苦读，老师只有加班加点苦教，学校则采取各种手段死拼。

生存和发展竞争引发就业和择业竞争；就业和择业竞争促使择校竞争；择校竞争加剧分数竞争。很多学生、家长、学校都卷入了这场无序的旷日持久的竞争旋涡中而不能自拔。这就是我国基础教育症结之所在。与人们首先要吃、喝、穿、住，然后才能从事其他活动的道理一样简单，在现实社会，没有好分数就考不上好学校、找不到好工作，也成了家喻户晓的道理。

因此，当前分数的竞争、择校的竞争、升学的竞争是社会上激烈的生存和发展竞争在教育中的反映，不是孤立的现象。我们一定要透过应试教育愈演愈烈、学生负担重这个现象，看到社会激烈竞争的本质。这是从人类社会发展的规律作的分析。

再从全局指导来看，周济同志曾经指出，目前制约素质教育推进的体制性障碍尚未消除，素质教育的推进还仅仅局限于教育行政部门和学校，尚未形成全社会共同参与的政策体制，还缺乏明确的实施素质教育的责任体系和规范要求，对地方各级政府、教育行政部门、学校、校长和教师而言，也缺乏必要的考核机制和表彰激励机制。就教育内部而言，尽管教育行政部门推进课程改革的力度较大，但与之配套的考试评价机制和教师培养培训还未跟上，尤其是综合素质评价等措施还不尽完善。此外，人们对考试之外的评价缺乏认可，有些措施在当今条件下也难确保公平公正，客观上形成了对高考制度的过于依赖，强化了考试的选拔功能和竞争性。这些都增加了推进素质教育的难度。

因此，学生负担重的问题，板子不能只打到学校和老师身上，需要综合治理。深层的矛盾只能通过深化改革来解决。

我这样说，不是推卸教育部门和学校的责任，也不是说，负担问题不能解决。在减负方面，教育部门和学校当然责无旁贷。第一，要端正办学指导思想，坚定不移地贯彻党的教育方针，凡是素质教育要求的，就要全力以赴去做；反之，就要以对国家、对人民、对学生高度负责的精神，顶住来自各方面包括上级领导机关的压力，毫不迟疑去改。第二，合理配置教育资源，促进义务教育的均衡发展。第三，狠抓教师队伍整体素质的提高，切实提高课堂教学的质量和效益。第四，稳步推进课程和考试、评价、招生制度改革。

就政府而言，要通过发展经济，扩大就业门路，解决就业难问题；解决分配不公、贫富悬殊问题，缓解择业竞争；改革劳动人事制度，重实际能力和业绩，使大家不去片面追求高学历和名牌学历；增加教育投入，改造薄弱校，解决择校问题；大力发展职业教育，建立终身教育体系，形成四通八达的"立交桥"，变一次选择为多次选择，真正做到：只要个人努力，都可以找到成才之路。家庭和社会也要积极配合，媒体要正确引导。

只有这样，齐心协力，综合治理，并且持之以恒，学生负担重的问题才有望逐步得到缓解和解决。

我们如果能在造成学生负担重的根源方面找到共识，就能比较容易理解衡水中学校长和老师们的苦衷。我曾经按负担和质量情况把学校分为四个类型：负担轻，质量高；负担重，质量高；负担重，质量低；负担轻，质量低。第一类：是理想学校，但目前敢拍着胸脯说自己属于这一类的学校恐怕不多。第二类虽然不如第一类，但比第三、第四类强得多。衡水中学应该属于这一类。这些年，他们面对社会激烈的生存和发展竞争、老百姓渴望通过升学改变命运的现实，努力寻找素质教育与提高学生分数、升学率的结合点，为此付出了大量的汗水、心血和智慧，学校能走到这一步，实属不易。但衡中的学生负担实在太重了，非下狠心减轻不可。要按照

《教育规划纲要》的要求，深化教育教学改革，尤其是课堂教学改革，向45分钟要质量、要效益，全面推进素质教育。

（三）衡水中学，一道壮美的精神风景

陶继新

河北省衡水中学在中国高中教育这块大地上，绝对是一片神奇之地，这不只在于它连续多年每年都有七八十个学生被清华北大录取，也不只在于2012年再创新高，96名学生清华北大榜上有名，还在于关于它何以如此的众说纷纭的猜测与推断。有人说，衡水中学因其全面提升师生素养，创建了一个精神特区，才有了连年高升学率的奇迹；有的说，衡水中学因其魔鬼应试之法，才有了其他高中无法超越的升学高峰。

解码衡水中学，自然成了我一个心心念念的愿望。

真是心想事成，2012年夏天，接到《中国教育报》周飞主任电话，说是衡水中学希望我能前去采访，对其成功经验给予总结与提升。

于是，6月20日，我第一次走进了这所学校。

令我不可思议的是，在经济欠发达的衡水市，竟然有这么一所品位高雅的学校，不管是墙壁文化，还是花草树木，不管是敦厚大气的校长、文质彬彬的教师，还是活力四射的学生，无不彰显出其卓越的品质，让你感到，这里是一个精神与文化的圣地，一个教学与学习的绝佳之所。

衡水中学今天名扬全国，绝对不是一个"应试"能够言说清楚的。中国有多少高中学校，拼命地行走在起得比鸡早、睡得比狗晚的"应试"怪圈里，可是，依然与清华北大无缘。设若偶尔能有一两个学生考上清华北大，则举校欢腾，大肆宣扬。

这说明一个问题，纯粹应试，即使使尽全身解数，也是永远不可能望衡水中学之项背的。

那么，衡水中学为什么能创造如此令人"仰之弥高，钻之弥坚"的辉煌呢？

首先，它有一个很有思想与智慧的校长张文茂。在他看来，良知良能，是每一个教师都生而有之的。为什么有的时候，这些良知良能却隐而不见了呢？不是别人，而是校长有意无意将其遮蔽了。明白了这个道理，他就竭其全力把教师引进到了一

个"明明德"的境界里，从而让教师人性之光有了绚丽的色彩，内蕴的巨大潜力也如山洪一样奔泻而出。

教师的生命状态，决定了其工作的品质。真正优秀的教师，不是校长要我干工作，而是我愿意干工作，而是创造性地去工作，其乐也无穷地去工作。有了这种自主自动意识，有了心灵的自由，教育教学就会播撒下一片神奇。

衡水中学的教师几乎个个都是名师。有哪个经济欠发达的城市里的一所学校，100多名教师走出国门培训？又有哪所学校，在全国课堂大赛中，几乎全部荣获一等奖？又有哪所学校，几乎所有的教师参加了研究生学习班？又有哪所学校，能够在课堂教学上如此神奇地点石成金？又有哪所学校，全体教师享受着"众人同心，其利断金；同心之言，其臭如兰"的合作共赢之美？

古人云："名师出高徒。""名师"云集，也就有了"高徒"纷涌迭出的奇观。

学生学习的潜力之大是常人难以想象的。挖掘这种潜能，就会出现"天翻地覆慨而慷"的奇迹。

学习潜能的开发固然与优秀的学习方法有关，而撬动其内在的动力之源，则是其走向神奇之地的内在密码。他们知道了为什么要学，感恩父母与教师，甚至报效国家，积聚成一种虽败犹荣、虽苦犹乐的积极情怀。听过几个学生的演讲，激情澎湃，泪水挥洒，感动得台下师生"竟无语凝噎"。

这种奋争向上的精神，与其"乐之"的学习状态也是和谐为一的。

孔子说："知之者不好之者，好之者不如乐之者。"快乐状态下的学习，无疑是高效的。而长期的快乐，还会积淀成相对稳定的优质心灵。于是，即使"发愤忘食"，依然有着"乐而忘忧"的审美状态。

自信、乐观、向上、奋争。而且是始终如是。

《周易》有言："立天之道，曰阴与阳。"还说："与天地相似，故不违。"如果违背了天道，必然会受到天之谴责。那些以牺牲学生休息时间为代价的"应试"之学，则是混淆了阴阳，与天地相背，所以，尽管学得时间非常长，学得也非常苦，结果却是事与愿违，也不可能有高考的好成绩。衡水中学的学生之学，是依乎天道而行的，他们的休息时间不但不少，而且休息的质量非常高；他们的锻炼时间不但不少，而且锻炼的质量特别高。晚间到学生宿舍悄悄地转一圈，早晨或大课间看看学生的跑操，你就会发现，这才是真正的休息好、锻炼好，这才是"一张一弛，文武之道也"。

　　而且，这种依乎天道运行的学生，也从中尝到了无限的乐趣。他们学习的时间并不比一般高中学校多，可是，他们的学习效率却是远远高于一般学校学生的；更可贵的是，他们的身体更健康、心理更快乐、生命更幸福。

　　在这种状态下，取得特别好的高考成绩，自然也就有了"道法自然"之妙，而无故弄玄虚之嫌了。

　　《周易》有言："立人之道，曰仁与义。"而张文茂校长，则是一个仁义之人。在得到很多人尊重与敬仰的同时，他也受到了一些人的批评，甚至诽谤。可是，张文茂校长一点儿也不生气，每逢遭遇这种事情，他总是坦荡地笑笑。年近"耳顺"之年的他，似乎对这些不同的声响有着特殊的接纳力。在他看来，天道本亦如此，有阳就有阴，当然也应当有褒就有贬嘛。不管来自哪些方面的声音，不管是什么样的声音，他都以孔子之说待之："择其善者而从之，其不善者而改之"。在张文茂校长看来，他没有什么"敌人"。你把他当成敌人，他将你当成朋友，"四海之内，皆兄弟也"。有了这种胸怀，就少了很多不良情绪的阻碍，就可以全身心地投入学校教育教学工作中去，并去享受这种工作所赐予的美好。

　　衡水中学走得如此辉煌，可是，张文茂校长却说，我们永远不能故步自封，夜郎自大，我们还有很多不足。即使已经成功的经验，以后也未必就是经验，甚至有可能成为走向成功的桎梏。所以，"苟日新，日日新，又日新"，这一古之"盘铭"之语，竟然成了衡水中学再创佳绩的注脚。

　　很多人学习衡水中学，但还只是停留在这所学校的高升学率上。可是，如果不从深层次挖掘其内在的品质，则多是取不到真经的。

　　两次去衡水中学讲学与采访，让我对它有了较多的了解。即便如此，我依然感到它太过厚重，不是去上一次两次就能得其要道的。好在我与张文茂校长通过 QQ，进行了半个月的文字对话，对其精神内涵才有了更深一层的理解。

　　对话的过程中，我更加敬仰张文茂校长，也更加敬重这所学校的教师，更加佩服这所学校的学生。他们有太多值得我学习的地方，所以，对话的过程，也就成了我不断学习与提高的思想与文化之旅。这让我特别感谢《中国教育报》周飞主任，特别感谢张文茂校长。

　　张文茂校长及衡水中学的师生，在我的心里，是一道壮美的精神风景，我从中已经享受到了它的美，以后，我还会从那里汲取生命的营养，以让自己也逐渐地走进卓越。

（四）成如容易却艰辛，看似平常最奇崛

叶水涛

我是第一次来到衡水中学，但关于衡水中学的各种传说不是第一次听到，在各种新闻媒介不同角度的报道中，我逐步形成对衡水中学的初步印象，并不断地由此及彼、由表及里地深化对衡水中学的认识。我试图能更好地理解它，由理解饶有意味的衡水中学现象，进而能更好地理解基础教育的地位、性质、任务，理解教育的本质以及它与社会和时代的关系。毛泽东同志说："没有调查研究就没有发言权"。这确实是千古不易的真理。我认为不管外界怎样评价衡水中学，神化也好，妖魔化也好，但都不能不承认，这是一所非常了不起的学校。河北省地级市的一所学校，能办到这样的水平，在全国形成这样大的影响，这本身便是一个奇迹。对衡水中学评价的分歧在于：这一奇迹是怎样形成的？它的价值意义在哪里？见仁见智，众说纷纭，这正是社会民主、文化多元、舆论自由的表现，有助于形成百家争鸣、百花齐放的生动活泼的教育探究的氛围。这是非常可喜的情景。麻雀虽小，五脏俱全。通过对有代表性的个案的研究，窥一斑而见全豹，我们可以对教育的全局有整体的了解，对教育发展的趋向、发展的路径做到心中有数，进而可以改进我们的教育，改革我们的教育。

来访客人观看学生课间跑操

衡水中学在一定程度上说是一个神话。衡水中学把教育的梦想变成了教育的现实。对于衡水中学你大可做出不同的价值判断，但你无法不面对一个类若梦想的现实，不能否认它的成就的实然性存在，至于说它应该走向一个怎样的应然性的境界，那是另外一个话题。昨天下午来到衡水中学，观看了校园和各种教育设施。平心而论，这所学校的教育设施的现代化水平并不是特别的高，江苏省比它豪华气派的高中学校有很多，即使一般的四星级高中都能达到这个设施水平。但衡水中学布局合理，校园整洁，管理严谨，章法井然，诺贝尔纪念馆等设施颇有特色和创意，校园隐约呈现一种青春的激情，让人感受到一种生机蓬勃的校园文化的力量。在听取学校王建勇副校长做了概括性的介绍以后，我们分别召开了学生座谈会和教师座谈会，与学生和教师对话交流，也与全国主流媒体的记者们交换了看法，对于衡水中学有了更为深刻的了解和理解。刚才我们又听取了张文茂校长的报告，我认为衡水中学起码不是那种以讹传讹的魔鬼化训练的学校。

在没有踏进衡水中学之前，我想，就冲着他们能把这么多学生送进清华北大，哪怕它的学业负担特别重，哪怕它的某些方面违反了教学的规定，它的办学理念和具体做法必有合规律和合目的之处，他们的经验必有值得普遍肯定和借鉴之处。恰如著名经济学家张五常评说中国经济发展模式时说，世界许多主流经济学家多年来一直看衰中国经济发展的前景，他们一次又一次预言中国经济必然衰落，然而中国经济以其持续高速增长，一次又一次击破这些预言。中国经济的繁荣令全球感到震惊，它犹如一个姿态笨拙的跳高运动员，跨越的姿态并不优雅，然而他一次又一次跨越了新的高度。张五常认为，中国模式必然做对了什么，否则它不可能长期稳定高速地增长。同样道理，衡水中学连年保持极高的升学率，几乎垄断河北省升入清华北大和科技大学少年班的名额，必有其做对的地方，做得好的地方。有些专家总是囿于自身经验和理论水平，无法理解和恰如其分地诠释衡水中学，又不肯花大力气去调查研究。也的确有许多自认懂得教育的专家，喜欢凭自己的经验和臆想来诠释和评价各种教育现象，得出的结论常常和事实相去甚远，甚至风马牛不相及。将衡水中学简单化地定性为魔鬼化训练的学校，便是这种臆想式思维的典型表现。

张文茂校长说得很明白：升学率是副产品，升学率不是目标，不是冲着升学率去，而是把教育做到极致，升学率自然会跟着上去。把学生送到一所理想的大学，并不是终点，更重要的是要培养人，培养人格完善的人，培养民族所需要的优秀的下一代。把教育方针背得滚瓜烂熟是容易的，但是面对着社会的现实、家长的期待、孩子的需要，一个校长怎么把教育方针化成教育理念，带领着所有老师往前走，带着我们的学生得到更好的生命成长，这才是重要的，也是最难的。一个学校办得好、一个教师教得好，升学率自然会上去，但是不等于说冲着升学率去，升学率就能上去。世界上的事情，除了相辅相成，还有相反相成。你不要它，它就来了。托尔斯泰说："一个人追求他的影子，永远也不会追到，而如果不去刻意追求，影子却会紧紧地跟在你的后面。"这是大千世界所包含的辩证法，衡水中学所体现的正是教育的辩证法。张校长对于教育的理解已经超越了一般的领会。教，是为了不教，这才是真正的教育；不要升学率，而来了升学率，这才是真正的办学。

任何一所高中学校都不可能不关注升学率，问题在于你以什么态度和方法对待升学率。当年《扬子晚报》曾展开对南京"高考之痛"的讨论，引起很大的轰动，南京教育行政曾虔诚地请教某著名的教授。该教授的指点，大体还是加班加点、加强训练之类的经验，并现身说法，回顾当年在县中学读书时，休息日如何苦读，晚自修如何勤奋等。于是"县中模式"成为一时模式。教授说的当然是真话，但未必是真理。这种真话其实老百姓也懂，不必有劳教授来指点。时间是个常数，熟能生巧，过度学习能强化记忆，从而能有效应付考试，这是不争的事实，所以疲劳战术、题海战术成为普遍的应试策略。然而人不是机器，在这种战术指导下，学生终日紧张惶恐，荷着沉重的心理负担，这是一种将人变成考试机器的教育，没有人的尊严，没有人的欢乐，更没有人的创造。这是教育的异化，也是人的异化。因此，有良知的人无不痛恨这种片面追求升学率的应试教育。

然而，不片面追求升学率，不能形而上学地走向它的反面——不要升学率。高考升学率是一所学校成功与否的标志，这是无可讳言的事实。高中教育要成为一种负责任的教育就不能不正视升学率，问题在于升学率必须建立在人的全面发展的基础上，建立在全面贯彻党的教育方针的基础上。学校要聚焦于人的生命成长，关注生活的意义，提升人生的价值，在知识能力教育的同时，贯穿态度、情感、价值观的培育和引导。一所高中学校优秀与否不仅取决于它升学率的高低，更取决于升学率是从哪里来的，建立在什么基础之上，指向于什么目标。关注点不同，境界也不同，这是优秀校长与一般校长的区别之所在。对于衡水中学的高考神话，江苏省海门中学石鑫校长有较为客观的评价，他对我说："衡水中学学生精神状态非常饱满，有着一种积极向上的朝气。学校管理能将精细化和人性化很好地结合起来，这都是他们不平凡的地方，值得我们学习。"海门中学是江苏名校，是清华北大最早的保送单位之一，石鑫校长是有学养、有影响的优秀校长，他的评价作为同行评估应该有相当的客观性和公正性。这也在一定程度上揭示了衡水中学"高考神话"背后人的因素，是人的创造、人的智慧。毛泽东同志说："在世界一切事物中，人是第一个可宝贵的，在共产党领导下只要有了人，什么人间奇迹都可以造出来。"

衡水中学坚持三大领域的改革：教师的教、学生的学、学校的管理。教，是有激情、负责任、高效益地教学，是教会学生学；学生的学习是自主地、自觉地、创造性地学习；管理，既是精细化、科学化的，又是人性化的，刚柔并济，双管齐下。教育既是科学，也是艺术。现在有很多文章谈"有效教学"，但就我有限的认识，他们都没有把有效教学说明白。在他们的理解中，似乎能把学科知识有效地教给学生，便是"有效教学"，便是硬道理，甚至认为课程改革的一些理念都是花架子，不实用。我认为一哄而上的"有效教学"的鼓噪，其实质是应试式教育羞答答地登场，是试图对新课程改革的否定。有必要特别强调"有效教学"吗？难道存在完全无效的教学？如果以显性的有效为标志，那么最好的手段是考试。我认为有效教学，是有效地教会学生学习，教会学生有效地学习。它最起码包含这几个层次：一是把知识有效地传递给学生；二是让学生有效地建构个性化的知识；三是通过知识教学让我们的孩子得到很好的生命的成长，享受成长的乐趣，使他们当下的学习生活为将来进一步发展奠基，也成为他们生命中永远甜蜜的记忆。这才是理想的有效的教学。我认为衡水中学很好地做到了"有效教学"。有效教学不是刻意地追求，而是自然的结果，就其实质而言是学生生命成长的歌唱。

教与学是一个事物的两个方面，它密不可分。衡水中学教师的"教"有一个从指挥到指导，再到指点的认识深化过程。教师逐步把学生推向前台，让学生学会学习，养成良好的学习习惯和学习能力。从教师的教过渡到学生的学，坡度很大，并不是说只要学生自主学习就一定比教师有效教学来得好。一所学校质量的高下，很大程度上取决于师资的水平，师资的高水平支撑起了教育的高质量。这里的水平不仅是专业水平，还有教师人格的力量。"师者，所以传道受业解惑也。"传道，不仅是知识的教与学，更为重要的是要以人格影响人格。教师和学生人格是平等的，地位是不平等的，教师承担了更多的责任。教学就是通过教师的教唤醒学生的自主意识，让学生学会学习。以学生为主体，并不意味教师地位下降和教师权利被剥夺。后现代的有些理念，诸如教师是平等中的首席，是组织和倡导者等，以此来定义教师的职责，我认为是不完整的，是有失偏颇的。这里分寸很重要。教师永远不能放弃自己的责任，教学的具体形式可以改变，教师的职责是永恒的存在。在学校教学中，教师地位无可替代，学校教育的特色便是教师指导下的学生学习。"闻道有先后，术业有专攻"，在现代学校制度和班级授课制的条件下，学生的自主学习永远不能取代教师的教学。我认为教学的主体是教师，学习的主体是学生，教师的教是为了学生的学，是引导和培养学生学会学习，学生永远是学习的主体，只有学生确立了主体地位，学生主动自觉地学习，学习才能有效、高效，融会贯通，举一反三，走向创新和创造。师生关系的和谐便是分寸的把握。衡水中学分寸掌握得很好。

管理。既然称为管理就不能没有制度、没有规矩。没有规矩不成方圆。然而管理，光靠制度是不够的。制度是人执行的，也是为了人。高明的领导是放手的，是信任的。但是，这恰恰培养了教师的自觉性和自主性，以及他们对学校和校长的感恩之心和知遇之恩。教师这个职业特别不同于其他职业，教师面对着学生，最需要职业的尊严和人格的尊严。在学校教育中，教师的工作无所不在，无时不在，形式多样，千变万化。指望如管理流水线上工人那样管理教师，完全用绩效奖来引导教师，其作用是有限的。在衡水中学，我们看到的管理是很人性化的，这种人性化是无所不在的、是发自内心的。在衡水中学，老师们都觉得张校长很了不起，老师们对张校长是一种由衷的崇拜。校长有人格魅力、有亲和力，他的思想才能使老师们学生们自觉行动。校长不光要有思想，还要有办法，在思想和办法之间，很大程度上取决于校长的领导艺术和人格力量。管理是科学，管理也是艺术。卓有成效地抓住教学、抓住学习、抓住管理，就能成就一所优秀的学校、成就不凡的教师群体，成就了不起的学生。

衡水中学的教育是"学校教育、社会教育、家庭教育、自我教育"四育并举的全面教育。让学校教育走向社会、关联社会，这是衡水中学的办学原则。学校每日雷打不动的社会时政教育，在密切的社会联系中，师生对社会现实有了高度的关注，它使这所学校从根本上区别那种死读书、读死书、读书死、造就书呆子的学校。学校教育也带动着家庭教育，学校教育多方联系家庭和家庭教育，不仅仅是将学校教育延伸到校外家庭，而是和家庭共同担起育人的重任。一位家长曾动情地对记者说：

"鞋子是否合适，只有脚知道，学校办得怎么样，我们家长和孩子最有发言权，衡水中学是一所让我们放心的学校。我们希望有些媒体不要来添乱，让学校能安心办学，让学生能静心读书。"衡水中学的教育很多时候是一种无形的教育——环境的教育。各种物质环境教育氛围的营造，使人人都在教育之中，处处都是教育之地，时时感受到教育的影响和陶冶，包括前面提到的诺贝尔纪念馆，它以一种榜样的力量来召唤学生，以一种精神来塑造人格，以民族的期盼和历史的责任来鼓舞学生，体现了科学教育和人文教育的统一。衡水中学将学校教育、社会教育、家庭教育、自我教育四块教育有效地相结合，特别令人称道的是学生的自我教育做得好。它通过各种社团活动和项目活动，造成同伴影响的共振效应，使每个学生都能有教育的体验，这便是海德格尔所说的那种心灵的遭遇。雅斯贝尔斯说："教育是一朵云追逐另一朵云，是一棵树摇动另一棵树，是一个灵魂唤醒另一个灵魂。"这种平行影响不仅在师生之间，更多地在同学之间。衡水中学以班级为单位的各种活动特别多，这就使人人都在集体之中，人人都在集体活动的参与之中，人人都是个性的张扬者，也是集体规则的遵守者，更是思维与观念的碰撞者，于是每个人同时是道德的自律者和智慧的创生者。衡水中学学生道德模范的评选活动让每一个现场感受者都有刻骨铭心的记忆和由衷的感叹——孩子们的质朴、纯真，飞扬的激情、高昂的自信。演讲是那么的流畅，图文并茂、声情并茂，配合的同学们是那样的默契和热情。几千人的会场始终洋溢着青春激情的涌动和生命成长的欢乐。自始至终没有老师任何现场指导或干预。什么是理想的教育？什么是自主合作探究的学习？衡水中学学生道德模范评选的现场提供了一个很好注解。

衡水中学的五大教育理念是：素质教育更能提高升学率，给学生终生难忘的教育，把学校建成精神特区，管理就是服务，是沟通和引领，校园应成为激情燃烧的乐园。它全方位地表白了衡水中学的学校精神、价值追求、管理智慧和个性特色。一位颇有影响的教育专家咄咄逼人地责问：素质教育怎么是为了提高升学率呢？他的潜台词似乎是素质教育与升学率水火不相容。且不说，这种说法偷换了概念，素质教育当然不是为了提高升学率，然而切实贯彻素质教育有助于提高升学率，这有什么值得怀疑、值得大惊小怪呢？考试如果根本无助于素质教育，考试成绩也完全不能反映学生的学习素质（包括知识、能力、智力），那么为什么还要考试呢？素质教育如果圣洁到一尘不染而至虚幻，那么素质教育的概念便没有任何的自洽性、涵盖性和与生活的关系性，那么"素质教育"是什么呢？衡水中学对素质教育与升学率关系的理解是：素质教育解放了学生，唤醒了学生的主体意识，培育了学生的探究精神，改进了学生的学习方法，促进了学习效率的提高，自然有助于学生在考试中有上佳的表现。这种诠释完全合乎逻辑，也合于教育认知与学生心理发展的规律。衡水中学正是看到了素质教育与应试升学之间的本质性的关联，所以坚持以真切的素质教育来提高升学率，并取得骄人的业绩。正唯如此，衡水经验对基础教育而言具有普遍的意义。

什么是给学生终生难忘的教育？衡水中学的经验告诉我们，教育是要触及学生的心灵，要让学生有切身的体验，有发自内心的感悟。学校教育既要教给学生、引导学生学习一生有用的知识，培育他们终生有益的方法习惯，又要能真正培育一种德性，完善一种人格，而这些都必须诉诸教师的言教身带，诉诸学校文化潜移默化的影响，它体现在各种学习活动中，包括行为习惯的训练。但这一切又都源于内心深处的感动，那种深切体验产生内化的认同和追求。只有达到这样的境界，教育才能称之为成功。苍白的道德说教，机械化的知识授受，浅表的记忆和领会及言不由衷地复述各种定义和信条，都不能视作有效的教育。因为它没有走向学生内心深处，缺少心灵的共鸣。"难忘"且"终生"正是追求一种深刻而本质的境界。

校园应成为激情燃烧的乐园。这是很鼓舞人心的口号，也是高擎生命火炬的口号。人不仅有理性，还有激情。电脑可以模拟人的理性思维，却难于演绎人的澎湃激情。西方哲学家叔本华认为理性是照亮人前进道路的明灯，但是它不能叫人行动；感情是驱动人前进的动力，但是它是瞎子，没有方向。所以需要的是，在一种理念的引领下又饱含激情的行动。学校不缺理念，学校缺少激情。当我们的师生都有激情，激情又相互感染、互相激励，它唤醒沉睡的心灵，它包含着创造的力量。因为有创造，这所学校才是非凡的。这是我所看到的衡水中学。试看衡水中学学生以班级为单位呼啸着列方阵前行时的气势，你会感到惊讶，你会受到感染。这是体育锻炼，简单而实用。这是集体观念的培育，它让人觉得有目标、有纪律。共同行动的集体中，它让人抒发心中压抑的情感。通过口号，甚至叫喊，传递彼此沟通的信息。它以正能量的口号暗示自己，也是影响别人。它以奔放的言语和行动的身体昭告自己的存在，展示青春的活力。学生方阵的设计，从某一特定角度，反映了学校对学生的理解和尊重。这里没有万马齐喑的沉闷，这里有燃烧的激情。衡水中学有各种学生组织和学生活动，学生的快乐在于他们总能找到组织、找到途径抒发自己的情感，实践自己的创意。

学校应成为"精神的特区"。张文茂校长认为，只有关注人的精神存在，我们的教育才能更符合社会主流价值。教师必须有先进的思想、优良的品质、高尚的情操，才能潜移默化地影响学生。而教育对于学生而言便是如斯宾塞所说是要"养成一种德性"。从教师到学生都要朝着毛泽东同志所教导的"一个高尚的人、一个纯粹的人、一个有道德的人、一个脱离了低级趣味的人、一个有益于人民的人"这一方向努力。让学校的所有活动都体现教育性，构建一种全新的校园文化空间。让师生都能"诗意地栖居"，幸福地成长。这是张文茂校长的追求。校长有怎样的境界，学校就有怎样的灵魂，校园就有怎样的文化。"精神特区"作为一种全新的理念和实践是衡水中学的创造。

管理就是服务，是沟通和引领。"服务"是本职，"沟通"是本分，"引领"是职责与义务。衡水中学推行"高站位决策，低重心运行，近距离服务，走动式管理"的运行模式，践行"以科学化管理促专业化成长，以人性化管理促个性化发展，以精细化管理促整体性提高"的具体举措。校长放下架子，领导体现服务，"学为人师，行为世范"，言传身教，以身作则。榜样的力量是无穷的。学校领导急教师之所急，办师生之所需。校园因此有人情的温馨。正因为这样，所以才有心灵的呼应，才能够激发隐藏在教师心底的创造热情和工作乐趣，这也成就了教师职业的尊严，从而带动学校的发展和教学质量的提升。

解读衡中，我觉得要解决几个问题：怎样看待考试？怎样看待负担？怎样看待学生幸福？怎样看待教育家办学？

现在有一种很不好的现象，一方面谁都重视考试，一方面谁都在骂考试。非常不理性，而且很奇怪。就像市场经济是好的，但市场经济并不是完美的，然而没有比市场经济更好的。考试也这样，它并非完美无缺，但考试本身体现了对人素质的一种检测，所以它并不天然地与素质教育相排斥。

有人总说学生负担太重，这也有失偏颇。首先得分清何为负担？何为过重？像衡水中学这样，守住一个底线，保证八小时睡眠，一小时体育活动，外加各种社团活动，同时又尽量地让学生接受体能和精神的挑战。这有什么不恰当呢？竞争自然有压力，成长自然有烦恼，不能规避烦恼，不能躲避竞争，而是要走近它，让烦恼成为挑战和克服的乐趣，让竞争成为意志品质培养的机缘，这才是人生。学习时高效地学习、有效地学习、刻苦地学习、勤奋地学习在任何时候都是需要的。这就是成长。毛泽东同志说："人总是要有一点儿精神的。要发扬革命战争年代那么一股劲，那么一种拼命精神。"这对于成人而言是真理，对同学少年而言何尝没有教导与指导的意义呢。任何时代和任何民族，怕苦畏难、好逸恶劳、怯于竞争、安于现状都不能被认作是一种优秀的品质。

教育家办学现在说得很多，但教育家从哪里来？不是凭空掉下来教育家，然后去办学，而是在办学的过程中成就教育家。我们总是抱怨我们民族没有非常杰出的人才，没有得自然科学的诺贝尔奖等，我们期望有天才人物横空出世。然而我们又常常缺少培育天才成长土壤的那种耐心，我们也不大能容忍各种"冒尖"。"木秀于林，风必摧之；行高于众，人必谤之。"

我认为，对衡水中学要持一种爱护和帮助的态度，它们是有成绩的，成绩的取得是不容易的，但又不是尽善尽美的，它们在前进的途中需要多方扶持、指导。毛泽东同志说："人类总得不断地总结经验，有所发现，有所发明，有所创造，有所前进。停止的论点，悲观的论点，无所作为和骄傲自满的论点都是错误的。"我相信衡水中学会在不同意见的声音中获得教益并做出选择，它尚有远大的发展前景，张文茂校长同样有广阔的成长空间，王建勇副校长、康新江副校长风华正茂，一个教育家的群体正在走向成熟。这是我们对衡水中学的评价，也是对衡水中学的期待。

（五）平凡的极致：浪尖上的衡水中学

叶水涛

2014年高考成绩揭晓，我校学子勇夺河北省文科总分第一名，并获得河北省文、理科状元，以绝对优势蝉联河北省十五连冠。9人进入河北省文科前10名，6人进入河北省理科前10名，67人进入河北省文科前100名，51人进入河北省理科前100名。104名学生考进清华、北大。

这是网上的一份喜报。一所地级市的高中学校，何以成为河北省高考的半壁江山？一所本该平凡的高中学校，却创下近乎神话的高考业绩。河北衡水中学再一次被推至风口浪尖。中央电视台《新闻1＋1》栏目，著名主持人白岩松对话21世纪教育研究院副院长熊丙奇，以衡水中学为话题，评说全民追捧高考状元，媒体热炒高考状元的现象。

白岩松认为，社会过渡关注"状元"，媒体一年一度炒作状元，对应试教育起着推波助澜的作用，应该降温。他对衡水中学这种高考牛校的成绩表示感慨，认为在现有的制度框架下，你不能不承认衡水中学教育的成功和办学的成就，但对"衡中现象"是否能导向于素质教育方向表示担忧。

熊丙奇则以较为激烈的口气，批评衡水中学所代表的那些"超级学校"，批评的理由及改革的设想大体三点：其一，这是唯考分为评价标准所导致的结果，其根本出路在改革教育评价体系和手段，降低考分对学生素质评价的权重，逐步以综合素质评定取代现今的一考定终生、以考分论英雄的高考招生制度。其二，衡水中学这样的超级学校，以应试为目标进行教学与训练，所取得的成绩并不值得肯定和赞扬。因为，学校教育中有更为重要的生命教育、人格教育等，这些影响学生终生发展的重要教育内容没有得到体现。这些因素在高考试卷中也无法呈现。其三，教育部早在几年前就明令禁止，不允许学校以考分排名次，不允许宣传炒作高考状元。熊丙奇认为，教育部的规定在实际工作中没有得到很好的贯彻落实，是因为没有动真格查处违规的个人和单位。熊丙奇建议教育部要重申纪律，加强督查，严肃查处违规单位与人员，以儆效尤。

透过白岩松和熊丙奇的对话，可以看到全社会对"衡中现象"的关注，他们希望看到一个真实的衡水中学，希望对衡水中学为代表的"超级中学"有一个恰当的评价，他们更希望通过专家的剖析，能理解衡水中学这类所谓"超级学校"的昨天、今天和明天。它们从哪里来，它们的今天得失是否包含着某种历史的必然，它们未来的出路在哪里？他们非常希望了解什么是好的教育，什么是好的学校。回应社会的关注，涉及两个基本问题：1. 怎样从历史和现实的结合上看待高考制度。2. 怎样客观公平地评价衡水中学。这不仅仅是对一所学校功过是非的评价。

考试制度是当今社会选拔人才的一种手段，考试当然包含评价，但它不是一般意义上的评价，而是负有选择使命的评价，古今中外都是如此。任何一种制度都天然地带有某种缺陷，人们之所以选择考试制度，并不是这种制度完美无缺，而是没有比它更好的、更为客观公正的制度。中国历史上曾经试行过人才举荐制度，但是失败了。民谣说："举秀才，不知书；察孝廉，父别居；高第良将怯如鸡，寒素清白浊如泥。"科举考试制度的确立是历史的进步，这种制度沿袭越千年，与今日的高考制度相比尽管内容和性质有了根本的不同，但在形式上仍有许多相通之处。

考试制度的沿革是民族文化的革新与传承。考试作为高等院校选拔学生的手段，是现实的需要，也是历史的必然，高考制度先天地带有缺陷，随着社会历史的进步，它必须与时俱进地做出各种改革，但迄今为止，所有改革尝试依然没有取得突破性进展。有朝一日，以一种理想化的评价制度来取代现今的考试制度，起码现在还看不到有任何可能。现今所做各种加分的尝试，并没有从根本上动摇考试制度，倒是产生了许多新的弊端、新的麻烦。况且，各种"加分"依然是一种量化手段，它的科学性、公正性和成熟度一再受到质疑。

没有任何理由不承认高考制度、遵循高考规则。高考既然是一种选拔性考试，就必然有人胜出，有人淘汰，地区与地区之间、学校与学校之间、学生与学生之间的竞争是客观存在的，不可避免的。怎样让学生更好地适应高考，考出高分，不能简单地视为"应试教育"。资源的有限性决定了竞争的必然性和合理性，按规则进行的竞争都应视为公平的竞争，获胜者自然赢得赞扬和敬佩，这并无不妥。人类社会不能没有合作，也不能没有竞争，一定程度上说，竞争也是一种合作，它培养社会的规则意识和奋发向上的拼搏精神，推动社会的进步与个人的成长。

考试制度既是社会历史的文化选择，也是现实社会生活的需要。高考制度是所有考试制度中最为严密、完整与公平的制度，尽管它有许多缺点，它也不断地在改革中，但作为国家制度，每个公民都要有足够的尊重，认真地执行，学者更不应有理性缺失的轻薄议论。你可以批评它，但必须承认，你现在还找不到更好的制度来取代它。如果接受了考试制度，又对这种制度产生的结果表示不满，横加指责，似乎考得好便是应试的有效，属于应试教育；考得不好应该得到赞扬，因为它没有应试教育的嫌疑。这在现实中是很荒唐的，在理论上是混乱的。通过偷换概念和转移论题以贬低高考制度，通过臆想中的推断来妖魔化高考成绩优秀的学校，这起码是不严肃的，也是不公正的。

评价高考制度，即使去除所有社会功利性的色彩，纯粹从智力游戏的角度看，它依然要遵循游戏规则，体现"追求卓越、公平竞争、重在参与"的奥林匹克精神。享誉全球的奥运会及奥林匹克精神所收获的也并非全是赞扬和称誉，人们对现代奥运会一项常见的指责是：对奥林匹克运动员的培养无助于体育锻炼，优秀运动员的训练不仅与全民体育锻炼无关，而且对运动员来说是体质的损害而非促进。奥林匹克源自古希腊人追求身体的健美和身心的全面完善，但实情却未必理想，高强度的日常训练难免损害运动员的健康。奥林匹克理念可以包含各种东西，但不包含"健康长寿"这类概念，用是否增进身体健康来评价奥运会便属于文不对题。可见，任何一种制度都有特定的适用范围和价值指向，各种越界的批评指责，貌似公正，实则偏颇。让选拔性的高考招生制度承担教育的普惠性，去除其竞争性，这是强人所难的苛求。

任何一个概念都有质的规定性，不能主观地、泛化地诠释。任何一种制度都有它适用的范围和自身的缺陷，不能对它求全责备。所有社会现象都是一种文化，体现了历史的必然，呼应现实需要，并不能随意地对它进行改造或轻易地将它消灭。高考制度是高等学校选拔人才的手段，不能无限地放大它的功能和效应。人只有通过教育才能成为真正意义上的人。教育关乎人类千秋万代的文化传承，推动人类历史的文明进步。教育问题涉及千家万户的利益与期望，关系年轻一代的生命成长与精神发育。教育问题自然会受到全社会的特别关注。然而，社会的问题决不全然是教育的问题，不是教育都能解决的。教育的问题也并非因为高考制度的问题，不是考试制度所能解决的。如果将所有的不满归咎于教育、归咎于考试制度，将所有的希望寄托于教育、寄托于考试，这种超负荷、超功能的期望都不是理性的思维，不合情理也无济于事。

民众的情绪是急切的，也是善良的，正因如此，需要得到专家的引导。但可惜的是，一些专家常常迎合大众的情绪，误导社会舆论。衡水中学这样的所谓"超级学校"，在现有的高考制度下有出色的发挥，体现了一种卓越的精神，他们所取得的成绩是难能的，也是可贵的。衡水中学之所以受到地方政府的信任，受到父老乡亲的称赞，之所以能吸引到优秀的生源，正是社会各界对它办学理念的认可，对它卓越成就的认可。而不是如专家端坐在象牙塔里臆想的那样，似乎认可赞同衡水中学是一种缺少文化和理论修养的盲目行为，似乎青少年在这所学校将会受到精神的摧残，以致终生受到伤害。

至于用一种新的测评体系取代高考制度，从而解放全中国甚至全世界的考生，这宏愿当然令人神往，此项成就大概能得诺贝尔奖，我们期待着。但在没有实现之前，不要先行吹嘘，并以此假想作为衡量学校优劣的标准。有如古希腊神话中的铁床匪，将经过的路人放到他的床上，长的截短，短的拉长。鲁迅先生说："拎着自己的头发想要离开地球是不可能的，绝不是因为旁边看的人摇了摇头的缘故。"专家的玄想不能实现，绝不是因为衡水中学这类"超级学校"的存在。"批判的武器不能代替武器的批判，物质的东西只能用物质的力量才能打破。"特定社会的各种制度必须与社会生产力发展水平相适应，社会的存在决定社会的意识，高考制度及围绕高考制度产生的各种议论也是如此。

衡水市只是河北省的一个地级市，并非省会城市，并不占所谓"天时"。衡水市不是经济重镇，不是经济特区，也不占"地利"。衡水中学不是传统的历史名校，并不以师资阵容壮大和生源出色而称著。它似乎也没什么人脉，没听说受到什么特殊的照顾或刻意地打造，即使从《南方周末》的报道中，也只是看到地方政府投资，将一所原来破破烂烂的学校建成一所功能配套和建筑标准的学校而已。相对于许多省会城市的学校，相对于经济发达地区的许多豪华学校，衡水中学还属于寒酸的。有专家说："在经济不发达地区倾一方之力，用特殊政策打造一两所名校并不困难。"他认为衡水中学是地方政府倾力打造出来的，是靠特殊政策组建教师队伍并招到优秀生源而造就的。衡水中学被简化为：钱＋特殊政策。将办好一所学校看得很方便，视若儿戏，"不困难"便是他们的论断，但事实到底如何呢？

衡水中学建校于 1951 年，直到 20 世纪 90 年代，依然默默无闻，窘迫而艰难。但 90 年代末，衡水中学异军突起，在高考中取得傲人的成绩，从此以后，衡水中学的成绩越来越好，声名鹊起，渐渐发展为如今的所谓"超级学校"，成为全国最牛的高考神校。其间，衡水中学并未享有所谓特殊政策。衡水中学的发展，它的崭露头角有一个过程，有一个质量逐渐提升的过程。衡中的腾飞，起码是一个由屌丝到土豪的励志故事，而不是灰姑娘遇到王子的童话故事。它的脱颖而出，绝不是金钱的奇迹、政策的庇佑，这是不争的事实。

专家说："超级中学取得的高考成就并不令人钦佩。因为通过掐尖招来的学生，即使在其他学校也能考上清华北大，是优秀学生成就了名校，而不是名校成就了学生。"这话说得实在太武断，违背事实，不合逻辑，也不通情理。看得出，这位专家非常轻视中学校长，似乎他们都是些酒囊饭袋，百无一用，全靠优质生源支撑门面，混日子。似乎掐得了优质生源就万事大吉，学校的管理、教师的教育引导都不值得一提。果真如此的话，那么还要学校干什么？要教师干什么？学校与学校之间根本就没有管理水平的高低之分，教师与教师之间也没有教学水平的高低之分，那还有什么教育研究的必要呢？既然如此，要你们这些教育专家干什么呢？优秀的初中学生居然可以自动地生长，不管搁哪里都必然能考进清华北大。这是专家的高论，立此存照。

衡水中学的高考奇迹，完全是靠"掐尖"的吗？其一，衡水中学凭什么能"掐尖"？尤其是当年名不见经传时怎么能掐到尖呢？然而，他们在高考中却能脱颖而出。其二，河北省只有衡水中学这一所中学"掐尖"吗？其他学校何以没有创造出如此奇迹呢？其三，有统计数据支持和相关文件证明吗？事实上，河北省各市中考尖子生也并非全由衡水中学优先录取。对于衡水中学，你可以否认它的价值，但不可歪曲基本的事实。优秀生与名校之间的关系是辩证的互动关系，而不是形而上学的谁决定谁的从属关系。任何人都不能否定教育对人身心发展的教化作用，不能否定学校文化对个体生命的熏陶感染作用，不能否定教师对学生的教诲、引导与人格影响。由情绪化地攻击所谓"超级学校"走向对学校的否定、对教育的否定、对教师的否定，这是理论的失败与专家的悲哀。那么多学生选择衡水中学，那么多家长自愿将孩子送到衡水中学，这绝不是他们犯傻，衡水中学担得起他们的重托与厚望。教育的选择权属基本的人权，现有种种划地区招生的规定是不得已而为之，并不天然地具有普遍伦理的价值。

"问题是这种将优秀教师、优秀学生集中到一两所学校的做法，破坏了地区整体的教育形态。'竖起一杆旗，倒掉一大片'，甚至由此出现'县中沦陷'现象。"这便是专家们所说的"黑洞"现象。事物的发展总是不平衡的，中国幅员广大，区域经济水平、文化教育发展水平差距很大，这是客观的现实。人们可以努力争取缩小差距，但并不能完全消灭差距。平衡是相对的，不平衡是绝对的。各地教育投资的策略是有区别的，在财力有限的情况下，某地区的一两所学校得到较多的关注和投资，也无可厚非。地方财力不可能平均使用力量，让办得好的学校得到更多的投入，优质资源优先扩张，以产生更好的示范效应和整体带动效应，这本来是经济学的基本常识，也是行政决策的理性选择。地方政府不是傻瓜，对他们而言，为什么要刻意地厚此薄彼呢？当年的京剧《龙江颂》有句台词说"手心手背都是贫下中农的肉，山前山后都是人民公社的田。"让一杆旗竖起，让一大片倒下，这是地方政府希望看到的现象、所能容忍的现象吗？高中教育不是义务教育，不能一刀切地强调普惠性，将教育均衡发展诠释为平均发展，这是对均衡的歪曲。无差别、无个性、无特色的教育不是均衡教育，起码，不是均衡教育提出的初衷。凡事都有一个"度"，有一个分寸的问题，过分刻意地打造一两所学校当然不可取，但对所有高中学校都做到资金投入一个样，设施配备一个样，师资水平、生源质量无差别，事实上是做不到的，也是不必要的。

"幸福的家庭都相似，不幸的家庭各有各的不幸。"凡是办得不好的高中，那些"沦陷"的高中，都有自身的原因，不能简单地归结于附近有一所"超级中学"影响了它的风水。向媒体诉苦，抑制"超级中学"，希望专家主持公道，指望行政干预来改变自己边缘化的处境和命运，这些高中学校是否真的能从"沦陷"走向"腾飞"？毛泽东同志说："鸡蛋能孵出小鸡，石子却孵不出小鸡。"外因是变化的条件，内因是变化的根据。对许多边缘化的学校而言，穷则思变，奋发图强，才是正途，祥林嫂似的诉苦可以博得同情，但不能改变命运。正是在这个意义上，衡水奇迹具有榜样的作用，虚心学习它的长处——既不是复制，也不是诋毁。

专家的所谓教育"黑洞"之说，似乎只是一种想当然。江苏省曾有几所重点高中在全省试点优先招生，似乎并没有产生"衡中现象"，也没有造成所谓"县中沦陷"。江苏至今尚有几个地级市让某所学校在本地区优先录取部分学生，似乎也没有如衡中这样特别冒尖，所在市的其他县中也安然无恙。江苏省南通市是闻名全国的教育之乡，南通市教育局直管的十多所市县高中，高考成绩多年来一直在全省名列前茅，其他县管的乡镇高中大多高考业绩不凡，未曾有什么"沦陷"，也从来没有学校抱怨什么"沦陷"或不公之类。南通市的启东中学是一所县中，也是闻名全国的高考牛校，国际奥林匹克竞赛的金牌大户。南通市的海门中学也是县中，但高考的各项指标均在全省遥遥领先。南通市海安的县中及乡镇高中，几年来三次问鼎江苏省高考状元。南通，这个地级市高中教育高位均衡，既未刻意打造，也无"沦陷"。这说明什么呢？是依赖优秀生成就了这许多名校吗？

江苏省盐城市建湖县上冈中学、南通市如皋白蒲中学都是乡镇高中，因为高考出色，他们的校长一再被省会城市与经济发达地区挖走。县中就必然无可奈何地"沦陷"吗？江苏省连云港市赣榆县的海头中学是三流生源的高中，他们学习借鉴衡水中学的经验，改革创新学校的管理模式与教学模式，这所地处偏僻的乡镇高中无论高考成绩，还是学生社团活动、学生个性发展，都取得了喜人的成绩。《中国教育报》《中国青年报》均有整版的报道。可见"掐尖"说、"沦陷"说，实在难以自圆其说。既无认真的调查研究，又无严密的论证推导，煞有介事、信口开河是一些专家的痼疾。

回顾衡水中学的发展史，奠基创业、发端定调、将美丽的梦想变为腾飞的现实，李金池校长有开创之功。继往开来、拓展创新、将喜人的业绩演绎为生命的传奇和教育的神话，张文茂校长主政衡中如日中天、名震全国。李金池校长、张文茂校长都是将教育理想人格化的校长，是将教育理想践行化的校长。他们都有一个朴素的理念，这就是让农村的孩子也要受到最好的教育。他们坚信，每个孩子都能成才，他们主张每一个孩子都应得到适切的发展。要教师做到的，他们率先做到，以身作则，身先士卒。他们带出了一支以教书育人为天职的教师队伍，爱心、责任、奉献成为他们共同的精神境界，"追求卓越"成为永恒的人生目标。

名校不是政策照顾出来的，县中不是必然"沦陷"的。学校的发展需要钱，但所有的名校都不是钱堆出来的。衡水中学是全国高考最牛的学校，但并不是经费投入最多的学校。学校的发展需要政府的关注，需要政策的扶持，但没有一所名校是领导宠出来的。在物的因素之外，是人的因素，是内在的因素。"在共产党的领导下，只要有了人，什么人间奇迹都可以造出来。"一所学校至关重要的人物是校长，校长是学校的灵魂。没有比人更高的山，没有比脚更长的路，既然选择了远方，就只能风雨兼程。

将别人视为"黑洞"是因为自身质量太小，将别人视为巨人是因为自己跪着。专家指导的责任是大喝一声，让他们站起来，而不是廉价地同情与安慰，更不是对先行者挑剔与打击。要知道，每个人都在既定历史下创造历史。所谓"生态"，意味生物的多样性，生长的自主性，发展的关联性，选择的适切性和竞争的必然性。所谓"生态"，最重要的理念是尊重自然，敬畏生命，警惕理性的狂妄与人类的自大。生态理念要破除人类中心论，生态教育要破除专家中心论。"群众是真正的英雄，而我们自己则往往是幼稚可笑的，不了解这一点就不能得到起码的知识。"

衡水中学精确到分钟的时间表，准军事化、标准化的管理，最让专家诟病，也最让大众猜疑。"炼狱""考试集中营"是对衡水中学的贬称，然而，这恰恰是衡水中学区别于其他学校的"衡水模式"。从管理文化的角度，我们可以对这种模式的利弊进行不同层面的剖析。

首先，时间管理的精细化是否必要。"子在川上曰，逝者如斯夫。"时间轴是一个方向的，时间不断地从我们身边流失，生命是由点点滴滴的时间组成的，珍惜时间就是珍惜生命，浪费时间就是浪费生命。鲁迅先生甚至说，浪费别人的时间就是谋财害命。马克思说，所有的节省，归根到底都是时间的节省。中国古人说，一寸光阴一寸金，寸金难买寸光阴。"三更灯火五更鸡，正是男儿勤奋时"。说的都是时间的宝贵，管理时间的重要。朱熹有一首诗："少年易老学难成，一寸光阴未可轻；不觉池塘春草梦，阶前梧叶已秋声"，感叹青少年时代不能很好地珍惜和管理好自己的时间，以致学业荒疏。因此，在学校教育中，帮助和指导学生安排好时间，精细化管理时间并没有什么不妥。

其次，怎样精细化管理时间。这主要涉及效率与公平、权利和义务。每天 24 小时，这对任何人都是公平的。然而，单位时间的利用率因人而异，即以读书做学问而言，有人虚度年华，有人著作等身。对于高中阶段的学生，如何提高时间的利用率，意义之重大不言而喻。学校的各种制度，就其实质即是时间如何分割和支配，学校管理就其本质而言便是时间的管理，学校文化的精致无不表现为时间安排的精心与恰当。学校不能没有管理，学校管理就是对学生在校时间进行管理，而不是放任自流。学生必须让步于自己自由支配的时间，这是学校教育的基本常识，也是学校管理的基本要求，学生必须服从学校的统一管理。学校当然不能完全剥夺学生自由支配的时间，这里就有一个适度的问题，即什么性质的时间给学生自由支配，需要多少时间给学生支配，怎样支配等。给予学生支配的时间学校要不要监督和指导，怎样监督和指导等。学生来到学校就意味着与学校有了契约，就要放弃自己的完全自由，遵守制度，维护大局，听从教师教导，这都是题中之义。毛泽东同志说："民主是对集中而言，自由是对纪律而言。"既要有个人的心情舒畅，又要有统一意志。

再次，时间管理精细化的意义在哪里。"黑发不知勤学早，白首方悔读书迟"，这种古训常常为现代教育专家所不屑。然而，它包含了许多过来人的反思和觉悟。中学生自觉程度不高，自控能力不强，时间观念不明确，这是普遍的现象。学校教育要管理时间，并在管理中培养学生的时间观念和自控能力。学会自由支配时间，科学合理地分配时间、利用时间，这一习惯的养成将使学生受益终身。这正是学校教育的重要内容。让学生养成按时作息的习惯，在特定时间做规定的事，集中精力、全力以赴完成既定的学习任务，这同时也在培养学生良好的意志品质。松松垮垮，随随便便，三心二意，百无聊赖等懒汉二流子的作风不能以"自由"的名义使其蔓延。专家们不是奢谈什么"生命教育""人格教育"吗？殊不知这些就是很具体的生命和人格的教育，是活生生的生命教育与人格教育。

鲁迅先生说："我哪里是天才，我是把别人喝咖啡的工夫都用在写作上。"听者无不佩服。衡水中学将学生活动的时间安排得紧凑一些，于是就有道德君子来主持正义，为学生抱不平，居然赢得一片喝彩。这世界真叫人看不懂。高中学校中熄灯钟敲响以后，学生在宿舍依然兴奋地交谈八卦新闻者不在少数，熄灯以后就着手电筒看书的、看手机的也不在少数，甚至有县中的学生晚上翻墙外出打游戏。没有严格统一时间管理的情况下，学生自我支配时间常常不够科学，既影响学习效率，也影响身体健康。学生的在校时间并非不管就好、少管就好、自由支配更好，这种民粹主义的主张、这种无政府主义的主张实在是误人子弟。

当然，如何让衡水中学的时间管理变得更为有效，更为人性化，这的确可以研究。然而，夸大其词丑化衡水中学的时间管理，从而将精细化管理消解为粗疏放任的管理，这没有任何积极的意义。因为学校时间管理精细化，所以学生生活节奏快，学习负担重，精神紧张，疲于奔命，惶惶不可终日，这是专家们想象中衡水中学学生的生活状态。事实到底如何呢？到过衡水中学的人无不感叹这所学校学生精神之饱满、神情之乐观。人之区别于动物，在于可以承受苦难，但不能失去意义，陷于无聊。衡水中学的学生有其理想，有奋斗目标，有社团活动的爱好，有个性创造展示的天地，有结伴而行的老师和同学，有精神宣泄的渠道，有生理睡眠、运动、营养的基本保证，有吃苦耐劳、受挫折的心理预期，有家庭社会所给予的鼓励期盼，有竞争胜出的积极愿望。总之，这里有丰富的精神生活，有正能量的价值导向，这些跟时间表结合在一起，构成了乐观进取、拼搏奋斗的学校文化。

毛泽东同志曾为抗日军政大学题词"团结、紧张、严肃、活泼"，并制定"坚定正确的政治方向，艰苦朴素的工作作风，灵活机动的战略战术"的教育方针，被简称为"三八"作风。我认为衡水中学的学校管理近乎"三八作风"，而专家学者外域搬来的一些一知半解、食而不化的教育理论，倒是有点像清末八旗子弟的作风——没有理想，不负责任，无所事事。托鸟笼，泡茶馆，捧戏子，唱二黄，吟诗作画，的确"闲适"，是谓"风雅"，大概颇为合于专家们的"素质教育"之要旨。

鞋子合适与否只有脚知道。幸福与否是一种感觉，学生最有发言权。衡水中学的学生是否处于水深火热之中，盼星星、盼月亮，盼着专家来援手解放？说来真叫人丧气，专家自己也认为"一些来自'超级中学'的学生，他们对学校的感恩真诚而朴实，认为这样严酷的应试训练固然又苦又累，但增加了农村学生的升学机会，有何不好？"这十数年，伴随衡水中学腾飞，数以万计的学生考进大学、进入社会，毕业生中没有埋怨、更无攻击学校的，这本身便是奇迹。"鱼游水中冷暖自知"，既然当事者本身对学校"感恩"，且"真诚而朴实"，专家怎么就感觉到了学生没有感觉到的痛苦呢？专家"哀其不幸，怒其不争"，是否有点越俎代庖且自作多情？

学习是一种艰苦的脑力劳动，伴随着苦累与烦恼，学习的快乐正是穿越苦与累，增长知识才干，磨炼意志品质，收获精神的愉悦和成功的快乐。学习，尤其是高中阶段的学习永远不可能是一种惬意的享受，这是不争的事实。有人认为衡水中学"塑造吃苦精神，严格要求，追求卓越，追求成功"，本身就是在进行素质教育。对此，专家表示极大的反感，但又实在给不出反驳的理由，只能泛泛而谈一些"生动活泼，个性发展"的套话。"生动活泼"必然排斥"吃苦精神"吗？"追求卓越"就不能发展个性吗？专家这套形而上的咒语貌似振振有词，却实在空洞苍白、无病呻吟、牛头不对马嘴。

衡水中学的学生苦吗？当然苦。累吗？当然累。但学生情愿，且不损害身心健康，这是事实。同学戏称学校为"炼狱"，于是专家们很兴奋，以为是非人道之明证。殊不知，"炼狱"出于但丁《神曲》，它介于地狱与天堂之间，从比喻意义上说，学校大概既不能称之为天堂，也不是地狱！况且，专家们所热衷的天堂在哪里？"有仙山琼阁""土豆烧熟了再加牛肉"？

每个时代的年轻人都要经受艰苦的磨炼而成长，只是艰苦的内涵有不同。战争年代炮火连天，一批批热血青年为救国救民效命疆场，苦不苦，累不累？且不说红军二万五千里长征中的红小鬼。"文革"中插队落户，上山下乡，浩浩荡荡奔赴边疆的那一代人，耕田劳作之艰苦，挣工分养活自己的艰辛。这些被称为知青的都是些初高中学生，他们苦不苦，累不累？放眼现实社会，哪一阶层劳作不辛苦？虚张声势宣传当下高中生的不幸和痛苦，这既不客观也不公正，这于年轻一代的精神成长并无好处。一方面有专家提倡所谓"挫折教育"，一方面又哀叹高中生的不幸，这是理论的混乱。"人格教育"呀，"生命教育"呀，这是专家喜欢念叨的名词，似乎一考得好便是魔鬼训练，一重视知识教学就意味放弃人格教育和生命教育。赫尔巴特说，一切教学都是教育。学校中人格、生命诸种教育，都是具体的而不是抽象的，它与各科教学紧紧关联，也与学校的各项活动交织在一起。高考的拼搏本身便是生命的教育；遵照规则、公平竞争，便是人格的教育。

一方面是诅咒高考，一方面还是考试思维。高中教育的改革，其一是职教与普教的分离，加强职业教育。其二是普通高中的特色化发展，而不是盯住高考，在摊平师资与生源上不断做文章。高考制度是有用的，但作用是有限的。态度情感价值观的教育很重要，但很难在试卷上呈现。教育要养成德性，德性怎么考？教育要培育人格，人格怎么考？教育要培养创新人才，创新怎么考？想到什么重要就考什么，就要去折腾考试，让他扩容，结果是考试制度不堪负担。高考说到底主要是检测学生知识掌握的程度和接受能力，看他是否能适应未来的大学教育。高考并不能检测该生能否成为政治家、科学家、文学家，等等。高考成绩出色，日后发展不良，并不能证明高考的无效。某人生病但长寿，某人平素健康但猝死，于是得出结论，生病可以长寿，生病也不必吃药，这是偷换概念、以偏概全。病人去医院挂号问诊，进行各种检测，是为查出毛病，倘若医生坐堂，只是泛泛谈健康之要诀、长寿之意义，这是治病吗？某些教育学者类若此等庸医。

高考制度也可视作一种人类社会的游戏，它教人体会荣誉的价值并培养人对更高境界的追求，追求胜利和卓越，追求荣誉和杰出。高考制度既培养读书上进的风气，也传递公平竞争的精神，同时它保证了社会阶层的变迁，避免出身门第对人的制约，造成社会的板结。人们仰慕"状元"，是对优胜者由衷的敬佩，也寄托着对改变自身命运地位的期盼。因此，"私订终身后花园，落难公子中状元"，成为传统戏剧话本永恒的话题，所寄托的是下层人士良善的愿望，它有利宣泄情绪，平衡社会心理与社会生态。读书改变命运而不是造反有理，这有利社会稳定。激进的道德家大概视此为保守，视为欺骗和麻痹群众，视为封建意识。社会尊重高考"状元"，热议高考"状元"，教育专家非常愤怒，但小品演员丑化残疾人，他们倒以为当然；影视剧歌颂皇帝，他们认为当然；各种文化讲坛津津乐道历史上种种计权谋变，他们也认为当然。独独社会上于某一时段热议高考"状元"，专家便义愤填膺，认为封建意识，在狠批打倒之列，呼吁政府部门加大查处力度，不得宽恕。民间素朴的愿望，怎么就犯了天条呢？

号称公知的学者，居然以霸道的口气、声色俱厉地责问说，谁将高考状元的分数泄露出去的？否则媒体怎么知道谁是"状元"，哪个学校考得好？一定要严肃查处！学生、家长、教师、学校理应享有本人、本校、本地区高考情况的知情权，这大概属于基本的人权吧。高考的分数也要对民众保密，而且不许媒体议论，否则便是炒作，要查处。封锁消息，钳制舆论，这是一个现代文明社会的作为吗？鲁迅先生当年说："秀才想造反，中了举人就打官话"。看来，某些学者一旦垄断了话语权，其专横的程度绝不下于一般的官僚。今天许多有学问有良知的学者，埋头于学问或身体力行于教学改革实验，公众不太了解他们。那些频频露脸于媒体，好作惊人之谈，语惊四座的人于是成为"明星"和大师。这是教育学界的幸还是不幸？

"鸳鸯绣出任人看"，无论赞美或者批评，衡水中学都应虚心接受，有则改之，无则加勉。衡水中学并不尽善尽美，它大概也并不自命为中国基础教育的典范，但衡水中学佐助学生生命成长的不凡业绩理应得到全社会的尊重。衡水中学校长与教师呕心沥血的奉献精神与一丝不苟的科学态度，理应得到全社会的钦佩与赞扬。

将平凡做到极致便是卓越。可上九天揽月，可下五洋捉鳖，谈笑凯歌还。

（六）从"衡水中学争议"说开去

邱学华

今年全国政协会上，可爱的小崔（永元）又拿衡水中学说事，"衡水中学规定，学生大厕 3 分钟，小厕 1 分钟"。此言一出，全国一片哗然，世上还有这么荒唐的学校。

为什么媒体老拿衡水中学说事儿？因为它有骄人的高考成绩。自从学校狠抓教学改革以来，高考连续 10 年取得好成绩，特别是 2014 年，3700 多高三毕业生，有 88.6％达到一本线，而且含金量很高，其中有 2631 人被"211 工程"重点大学录取，有 104 人考取北大、清华，51 人被美国哈佛大学等世界名校录取。这简直是神话，真正是达到大面积高质量。

神话般的高考成绩把衡水中学推到风口浪尖上，有人把它说成是"应试教育的典型""高考训练营""泯灭人性的考试机器加工厂""水深火热的人间地狱"……妖魔化的描述不一而足。

学生的高质量和媒体妖魔化评价，为什么会有如此大的反差？带着这个问题，我亲自走进衡水中学实地考察。

遇到张文茂校长，我首先问"大厕3分钟，小厕1分钟"的事，他苦笑着无奈地说，"学校不可能做出这样荒唐、可笑的决定，除非这个校长脑子进水了。我校仅教学区就有24个厕所，难道都要派老师拿着秒表去监视？另外，女厕所内都有隔断门，怎么知道是大厕还是小厕?! 只要有点常识的人，都不会相信这个令人恶心的谎言。小崔这个'情报'不知是听谁说的!"

衡水中学创造的高考神话，令人惊叹的高考升学率，到底怎么获得的？有什么奥秘？为了寻求答案，我深入教室、办公室、图书馆、体育馆、科技馆、运动场、校史纪念馆，和学生交流，同老师座谈，与张文茂校长促膝长谈，并查阅了大量资料，我得到的结论是：衡水中学是我国高中教学改革的一面旗帜，是一个既抓素质教育，又能大面积提高教学质量的成功范例，创造了国际教育的一个奇迹！

我已是80岁的老教师，当过小学教师、中学教师、大学教师、师范学校教师，也当过小学校长、中学校长、师范学校校长。我跑遍了全国31个省、自治区、直辖市以及港澳台地区，也到过许多国家，考察过许许多多的名校、教改典型，我相信自己的眼睛和判断。

衡水中学创造高考神话，并没有什么奥秘，只是把别人停留在口头上的先进教育理念和优秀教学经验，扎扎实实地做好，而且做到了极致。这方面的经验，《人民教育》《中国教育报》《中国教师报》等国家教育媒体先后都有长篇报道，我就不细说了。这里我仅用一组数字说话：

1. 高水平的师资队伍：16名特级教师、3名享受国务院政府特殊津贴专家、28名省级骨干教师；17名教师获国家级荣誉，130多名教师获省级荣誉。

2. 灵活多样的课程设置：严格按照国家规定的教学计划开设课程，不缺门，不减时间，每周反而增加一节体育课，一节选修课。开设了100余门校本选修课，自编了80多本校本教材，寄宿生安排8小时睡眠时间。

3. 丰富多彩的课外活动：全校有50多个由学生自己组织自己管理的社团，经常举办各种活动，如跑操比赛、歌咏大赛、校园辩论大赛、时装文化秀等。每学年必搞八十里远足（徒步走完八十里）、十八岁成人礼等。

4. 骄人的奥赛成绩：3枚国际奥赛奖牌，53枚全国奥赛金牌，553枚省级竞赛一等奖。

5. 放眼世界的国际交流：同美国、英国、法国、加拿大、澳大利亚等国家的 13 所国际名校结成友好学校，500 多名师生出国访问交流，同多个国家联合举办国际班。

6. 高层次的教育科研：6 个国家级课题、43 个省级课题、100 多个市级课题，教师编著出版了近 50 本著作。

7. 生动活泼的文体活动：2014 年，有千余人次获得全国、省、市各级各类文体活动大奖。

看了以上数据，什么赞美的话也是多余的了。衡水中学的经验：素质教育更能提高升学率。他们坚持以德育为先，把学校打造成"精神特区"，最大限度地调动学生学习的积极性，不怕苦，不怕累，为祖国刻苦发奋学习，并以此来提高升学率，这样做符合教育教学规律，符合人才成长法则。

让我们扪心自问，靠加班加点、题海战术，能考取北大清华吗?! 凡是有点教育经验的人，回答是肯定的："不可能"。否则不是把北大清华都贬低了吗?! 对于"高分低能"的提法，我是不赞成的。只有靠学生的爱国热情和追求卓越的心态，具有不可战胜的精气神；只有靠一心想着学生且水平高超的师资队伍；只有靠师生的和谐相处、共同刻苦奋进才能达到。衡水中学走出了一条坚持德育为先，深化素质教育，达到高质量、高升学率的康庄大道。从理论和实践上解决了教育上的一个难题，如何把素质教育和提高教学质量完美地结合起来，我们要认真研究衡水中学高升学率背后的东西。张文茂校长告诉我，衡水中学有题海战术，不过是让教师下题海，在题海中找出 30% 最典型、最精华的题目，让学生练习。这是建立在教师具有崇高的奉献精神上的一种教育智慧，我听后对衡中教师立刻肃然起敬。仿佛看到一群大无畏的战士，在前面冲锋陷阵，然后让学生用较短的时间顺利通过，这是一群受人尊敬的最美的教师。由于扎实的德育工作，高素质的教师队伍、有良好精神面貌和文明行为的学生。所以衡水中学荣获了"全国文明单位""全国教育系统先进集体""全国先进基层党组织""全国思想政治工作先进单位""全国三八红旗集体""全国群众体育先进单位"等 70 多项国家级荣誉称号。

我们再退一万步来讲，衡水中学能把大批来自农村的孩子送进北大、清华等全国名校以及世界名校，培养成才，这不是一件好事吗？何罪之有？

当然，人无全人，金无赤金，任何事物都不可能十全十美，何况衡水中学这么大的一所学校，挑出一点毛病，找出一点瑕疵，这是很正常的。但不能以偏概全，一叶障目。

鞋子合适与否只有脚知道，一所学校办得好与坏学生最有发言权。我们听听来自学生的心里话："有时候不禁在想，在衡中三年，我们最大的收获究竟是什么？我想，应该是一种衡中精神吧。那是一种追求卓越的精神，一种敢于吃苦的狠心，一种宠辱不惊的大度，一种百折不挠的韧劲……""在这样一个偏于浮躁的社会里，衡中给了我们一片净土，赋予了我们顽强拼搏的精神，培养了我们踏踏实实追求卓越的信念""在衡中学到知识是次要的，高考仅是一项副产品，重要的是，衡中一点一滴教会我们做人。"小崔（永元）在全国政协会上倒也讲了一句真话，他说他对衡水中学考进北京著名高校的毕业生做了回访，令他感到意外的是，几乎99％的孩子都表示，如果让他们再做选择，还会选择去衡水中学，他们对母校根本没有怨恨。

我在思考一个问题，为什么一所坚持素质教育达到高质量，深受家长学生欢迎的学校，恰要受到如此不公正的非议？这里的原因是复杂的，我想主要有两个方面：一是中国人爱窝里斗的嫉妒心理，平平庸庸混日子的人，没有人去管，而对想干一番事业又做出了成绩的人，却千方百计地去讽刺挖苦，鸡蛋里挑骨头。为什么中国出不了尖端人才的钱学森之问，似乎可以从这里找到一点答案。二是理论上的混乱，没有区分"应试"与"应试教育"这两个不同性质的概念。"应试"是应对考试的策略，只要有考试，必定有应试；"应试教育"是作为一种教育方针，不顾学生的全面发展，片面追求高分和高升学率。可是一些人把两者搞混了，谁抓"应试"就是搞"应试教育"，有人对许多教改典型，包括衡水中学、洋思中学、杜郎口中学，以及有高升学率的高中都套上"应试教育"的帽子，这样，还有谁敢抓教学质量，抓升学率呢？这种理论上的混乱，对高中的课改是不利的。

现在当高中教师难，当高中校长更难。教学质量不高，升学率上不去，家长要骂；教学质量提高了，升学率上去了，又说你搞"应试教育"，犯了"路线错误"。这也不是，那也不对，叫人无法甩开膀子大干。我们对衡水中学以及高升学率的高中要多一些理解，多一些鼓励，多一些宽容。衡水中学是我国高中教改的典型，创造了国际教育的奇迹，我们要珍惜爱护，分析研究，总结经验，热情宣传，对它存在的缺点，要善意地帮助，使衡水中学的经验更加完善，更具推广价值，促使我国高中课改进一步发展。

（七）事实与价值：衡水中学的是是非非

叶水涛

2014 年 10 月 20 日下午接到《中国青年报》编辑部电话，说是准备转载我的文章《平凡的极致：浪尖上的衡水中学》（原载《华夏教师》2014 年第 9 期），并同时刊登另一篇观点相左的文章，旨在引起争鸣。对此，我欣然同意，殷切期望见识到一篇逻辑严密的分析文章，能入情入理地评析衡水中学及中国基础教育领域的所谓"超级中学"现象。

10 月 23 日《中国青年报》节选了我的文章，同期刊出李斌同志《衡水中学到底哪里不正常》一文。拜读之后，颇为感慨。中国古人说"论如析薪，贵在破理"，然李斌同志这篇文章多了点情绪激烈的贬斥和污名化的攻击，少了点清晰的分析与冷静的说理。

"变态""一所不正常的学校"。但"到底哪里不正常呢"？答曰"洗脑"。何谓"洗脑"呢？李斌同志认为学生"跑操"时喊励志口号便是洗脑，并举例说小酒店员工在领班带领下喊口号自我激励也是"洗脑"。王安石《答司马谏议书》中说："盖儒者之争皆在名实"，循名责实是论辩的基本要求，明晰概念的内涵和外延是论辩展开的基础。既然给衡水中学和酒店领班以"洗脑"的恶名，那么，首先要搞清楚什么是"洗脑"，"洗脑"意味什么。

各界人士参观衡水中学

洗脑：一个政治上糊涂、逻辑上混乱的概念

美国中央情报局特工爱德华·亨特 1950 年公开提出洗脑的概念，并著《洗脑》一书。根据亨特的解释，洗脑是指施害人实施于受害人的行为，它意在打破受害人对于先前信仰的忠诚，以便接受新的信仰。

在 20 世纪 50 年代，美国掀起反共热潮，"洗脑"只不过是一个非正式概念，它意在妖魔化共产主义理论，以激起大众的不安和愤怒。原教旨的"洗脑"一词带有鲜明的政治色彩，《中国青年报》是中国共产主义青年团的机关报，以"洗脑"作为醒目的标题词反复使用，是否恰当，值得商榷。

当然，媒体在某些情境下，比如报道邪教，或指某些邪恶、神秘而又令人极度兴奋的活动时，也会诉诸"洗脑"一词。但社会科学家和心理学家比较一致的看法认为，"洗脑"一词并不能作为一种事件的解释。当没有更好的解释，或是懒得去寻找其他解释时，人们才会使用它。随着社会心理学以及神经科学的进展，"洗脑"这一概念已显得多余。

如果将"洗脑"视为邪恶，那么，它必须满足如下条件：（1）动机的不良或罪恶。（2）真相的掩盖或歪曲。（3）价值的混乱和颠倒。（4）手段的强暴或欺骗。（5）后果的危害，危及受施者的身心、生活乃至生命。"洗脑"的施行者天花乱坠的许诺完全是欺骗，受洗者接受洗脑后所得到的是更为糟糕的人生。洗脑的特征是思想控制，洗脑的本质是欺骗性和危害性。衡水中学的校长和教师按党的教育方针办学，使用国家审定的教材和课程从事各种教学活动，他们在哪些方面雷同于邪教、传销、恐怖组织呢？

李斌同志将学校的思想教育、自我期许的精神激励一概认为是"思想控制"，这似乎很不恰当。"教育"和"教化"，它们的词源意义都带有思想改造、认知改善的积极意味。教育是每个孩子按照一定的标准塑造自身的过程。柏拉图说："教育实际上就是将儿童引导到由法律宣布为正确的规定上来。"黑格尔认为教育就是使一个质朴的人成为雅致的人，使个体上升到类的水平。如果说教育的基本目标是培养社会的合格公民，那么教学的基本任务就是学习事实和掌握规则。这些事实构建起一个人生活所需的知识库，但真正给予教育以力量的是规则，因为与事实不同，规则是可以被推广的，青少年学生社会化的过程便是接受和熟悉这些规则的过程。

毫无疑问，一个健全的社会不能没有共识与规则，而社会意识的原则借助教育而深入人心，使之成为人们自觉的行为，这就凝结为人类社会的文化，它约束并提升人的本能。教育有两个基本原则，这就是体现国家意志，传承民族文化。将教育喻为"洗脑"，这种过激的言论显然带有无政府主义的色彩，它是西方后现代思潮在当代中国的呈现。

广大校长和教师勤勤恳恳、兢兢业业地工作，他们的工作过程中或有一些差错与失误，但决不能诬为"洗脑"。"洗脑"是对含辛茹苦、以心血和汗水教书育人的千千万万中小学教师的嘲弄。当前正大张旗鼓地宣传社会主义核心价值观，以期形成民族共识，有人却以批判者的姿态，将精神激励与思想教育诬为"洗脑"，这种政治上的糊涂和理论上的混乱实在让人感到惊讶！

李斌同志或许会辩解说：这是针对"激情教育"而言的批判。然而，"激情"只是内在的动力，"励志口号"才是事物的实质。衡水中学跑操时的口号无非是"追求卓越""实现梦想""建设祖国""报答父母""考进清华北大，与总书记为校友"等，它们所传递的是社会正能量和积极的心理暗示。既无恐怖，也无黄色，更无欺骗，何谓"洗脑"？倘若一所学校的学生喊着各种励志口号都被视作"洗脑"，在批判禁止之列，这是一个自由、法制、文明、和谐的社会及其教育吗？

当然，李斌同志还是许可学生"鼓劲与励志"的，但必须按照他的规定——"润物无声，顺其自然"。据说这才是"春风化雨"，属"正常的教育"。人类的教育本来就是对自然生命的一种干预，是使自然打上人类的烙印，即自然的人化。"顺其自然"不错，但如何"顺"呢？励志口号如何便"不顺"呢？放任自流，无所作为便是顺吗？

荀子在《劝学》中说："木直中绳，揉以为轮，其曲中规，虽有槁暴，不复挺者，揉使之然也。"这便是教化的力量。"人不学不知道，玉不琢不成器"，使自然形态按人的意旨而有所改变，以适应生命成长的需要和社会发展的需要，这是教育的使命。如果说"顺其自然"是指按青少年生命成长的节律与心理发展的规律办事，那么，跑操、口号励志是让压抑的情绪得以宣泄，是自我肯定的精神激励，是一种积极的心理暗示，这不就是"顺其自然"吗？

"润物无声"作为比喻，是指教育无处不在，而不是要造就一个无声的校园。"春风化雨"同样是一种比喻，是指教师的潜移默化，言传身教，循循善诱，诲人不倦，而不是天天笑容可掬。如果说"顺其自然"是指一种教育艺术所达到的境界，如行云流水，挥洒自如，冲淡自然，不事雕饰，行乎其当行，止乎其当止。那么，这种艺术境界绝非一般教师所能轻易达到，倘达不到便归于"不正常"的行列，那么称得上"正常"的教师也就不多了。

至于说一所小酒店的员工，喊出"我行，我行，我一定行"的口号，这是她们的自我期许与自我激励，说明她们对社会制度的信任，表达她们对生活幸福的期盼。李斌同志感叹说，"高大上的衡水中学居然像一小酒店"，字里行间充满对小酒店的鄙视，嘲笑衡水中学居然混同于这种不上档次的小酒店。这种口气实在有点像《儒林外史》中胡屠夫教训他女婿范进的口吻——"你如今既中了相公，凡事要立起个体统来。若是家门口这些做田的、扒粪的，不过是平头百姓，你若同他拱手作揖、平起平坐，这就是坏了学校规矩，连我脸上都无光了。"衡水中学的做派居然跟小酒店的员工一样，这实在是"坏了学校的规矩"。

四川成都武侯祠有一对名联："能攻心则反侧自消，从古知兵非好战；不审势即宽严皆误，后来治蜀要深思。"学校工作千头万绪，首要任务是以"立德树人"为指针，切实做好学生的思想工作，疏导学生的心理困惑，回应学生的心理期盼。高中教育要根据青春期学生的心理特点，促进心理矛盾的积极转化，切实提高学生的思想水平和精神境界。高中教学改革既要减轻学生过重的作业负担，更要减轻学生的精神负担，改善学生的精神状态。

20世纪下半叶开始，世界心理学应用研究的主流逐步由积极心理学取代消极心理学。衡水中学的跑操与欢呼是积极心理学的创造性应用，是在学校教育中扫除习得性无助的沮丧与焦虑的有效手段。跑操喊口号让青春期高中学生争强好胜的自信心和表现欲得到充分表达，让自我期许的精神期盼得到回应和激励，让个人融进集体的氛围而产生一种归属感和安全感，这是行之有效的心理疏导与心理教育，有益而无害。康德说："我总以为，对自己的能力充满高贵的信任感是不无益处的。这种信心焕发了我们一切努力的活力，给予这些努力以更大的推动，它们对于达到真理是大有好处的。"

学习的过程是认知、情感、意志共同参与的过程，认知是艰辛的思维探索，学习是艰苦的脑力劳动，它需要情感的伴随和意志的支撑。教育的目标以知识与能力、过程与方法、态度情感与价值观三个维度构成，教育活动中要特别关注发现的乐趣、创造的意趣和明确的价值导向。所以，将精神激励喻为"洗脑"，这是对教育的无知。"学而时习之，不亦乐乎？"但这绝不是放弃努力，逃避责任，追求消极的安逸。高中学习的艰苦是不言而喻的，家长并非愚不可及，送孩子来地狱。老师更不是走火入魔，缺心眼，非要跟学生过不去。冷峻的高考像一座大山，你如何才能翻越？你承认或不承认，考试就在那里，是让考试来迎合你，还是你走近它？

马克思说："在科学的入口处，正像在地狱的入口处一样，必须提出这样的要求：这里必须杜绝一切忧郁，这里任何怯懦都无济于事。"正是在这个意义上，校长与教师有着"我不下地狱谁下地狱"的勇气和担当。指责衡水中学为地狱的人当然是在天堂。天堂固然美好，"桃之夭夭，灼灼其华"，但只有学问境界高深莫测的批判家才有资格在那里。他们优哉游哉地观赏那如车轮般大的桃花，唱着素质教育的高调。老调子至今没有唱完，教条主义还没有休息。衡水中学及许许多多高中学校的校长、老师，只能辛苦、劳累、操心、担责，还要迎来一干学者专家"洗脑"的指责，这真是不同人的不同宿命。毛泽东同志的词《咏梅》写道："风雨送春归，飞雪迎春到，已是悬崖百丈冰，犹有花枝俏，俏也不争春，只把春来报，待到山花烂漫时，它在丛中笑。"这或许可作为广大校长和教师们精神境界的写照。

耳刮子：教授的傲慢与家长的不屑

两军对垒。一边是教育部咨询委员、著名教育学者杨东平，一边是学生家长、邢台市文联工作人员胡子宏。杨东平在《中国青年报》撰文"假如我当衡水中学校长"，胡子宏则在自己博客中说，如果杨东平真到衡水中学当校长，我要扇他两个耳刮子。于是，杨东平再次在《中国青年报》做出回应："衡水中学为何如此暴戾"，指责衡水中学以暴力威胁，要求衡水中学道歉，并感叹是"秀才遇到兵，有理说不清"。胡子宏则在自己的博客中针锋相对予以驳斥，申说自己为何要扇杨东平的耳光。他责问杨东平：衡水中学网站既然能转载你的文章，为何就不能一视同仁地刊登我的文章呢？

二人的交锋，自诩秀才的专家似乎没有说出什么深刻的道理，不占上风。争执的场面颇像冯骥才小说《神鞭》中的傻二与名动京城的武术泰斗的那场交手。面对胡子宏词锋犀利的嬉笑怒骂，杨东平先生显得应对乏力，词不达意，让人感叹于学术大师的盛名之下其实难副。毛泽东同志曾手书晚唐诗人章碣的《焚书坑》赠傅斯年："竹帛烟消帝业虚，关河空锁祖龙居。坑灰未冷山东乱，刘项原来不读书。"个中哲理很值得玩味。杨东平先生自诩秀才。秀才者，读书人也，语或可惊四座，行不能成一事，然汪洋恣肆，论辩滔滔，是秀才本色行当。我想，杨东平教授何以不精心构思，作一篇"班声动而北风起，剑气冲而南斗平"的讨胡檄文，痛快淋漓地驳倒胡子宏，即使不成千古绝唱，也为天下秀才出一口鸟气，何致于旁逸斜出地牵扯上衡水中学，要它道歉赔礼呢？

鲁迅先生说："悲剧将人生有价值的东西毁灭给人看，喜剧将那无价值的撕破给人看。"杨东平先生倘真是为了教育的理想这人类最为光辉的事业，为莘莘学子青春的辉煌与生命的美好而挨了耳光，这便带有殉道的色彩，可谓"舍身而求法"，不愧"民族的脊梁"。自告奋勇，辞别京城而去偏僻县城当校长，这份勇气和豪情不亚于晏阳初的博士下乡，立誓扫除天下文盲；无逊于陶行知的脱下皮鞋，穿上草鞋，矢志乡村教育和平民教育。耳光，使我们想起鲁迅先生的小说《药》。夏瑜开导狱卒红眼睛阿义说，这大清的天下是我们的，于是阿义给了夏瑜两记耳光。夏瑜的鲜血制成人血馒头，作为华老栓救治儿子小栓肺病的灵药，恰恰这些阿义、华老栓辈正是夏瑜启蒙拯救的对象。耳光、人血馒头有着多么撼人心扉的悲剧色彩。

然而，杨东平教授的挨耳光，怎么看都不具备悲剧色彩，倒像一场闹剧。因为杨先生端坐京城象牙塔，说说风凉话，发发宏论，至今没有屈尊到衡水中学走一趟，更遑论来当校长了。胡子宏的巴掌当然也挨不上东平先生。责任不担，安全无虞，做道德的圣者，代表时代的真理与良心，怎么看都叫俗人羡慕，怎么看都不像夏瑜。至于杨东平先生的宏论——"掐尖来的学生放到任何一所高中，都能进清华、北大"（见《中国教育报》），实在让人容易想到《药》中康大叔嚷嚷的"包好、包好，趁热吃下去，什么痨病都能吃好"。面对自作聪明、不切实际又喋喋不休的唠叨，家长感到厌烦乃至愤怒大概也是人之常情吧。想来胡子宏并非真的要揍杨教授，虽说"燕赵多慷慨悲歌之士"，但胡子宏供职市文联，大概不是一个争勇斗狠的角色。况且他们生活的这块土地上，历史上曾出过纸上谈兵的赵括，酿成了惨痛的悲剧。所以，对徒托空言的高调，他们可能有特别的警惕。"兵战，死地也"，然熟读兵书，自诩精通战阵的赵括将它视作儿戏。熟读教育理论书籍的杨东平教授，将涉及千万学生前途命运的高中教育同样视为儿戏。这方面，杨教授可以媲美赵教授，在太虚幻境的学术殿堂里，赵教授左捧兵书战策，杨教授右执理论典籍，可谓珠联璧合，相映成趣。

杨东平先生大概认为，在中国当校长是不需要专业水平的，校长是谁都可以当当的角色，所以自负地认为可以"当衡水中学校长"。如何治校呢？杨先生有解放学生的八字真言，这便是允许学生上课时"喝水、发呆、抖腿、转笔"。其他且不论，这转笔一会儿掉台上，一会儿掉地上，教师怎么全神贯注讲课，学生如何聚精会神听课呢？这课上发呆的发呆，抖腿的抖腿，牵动桌椅，众响毕备，又如何上课呢？东平教授是专家，站着说话腰不疼，似乎只要扯上"素质教育"的大旗，亮出"解放学生"的招牌，便可将所有不同意见扫入"应试教育"垃圾堆，无往而不胜。至于学生高考情况会如何呢？杨教授信心满满地说：如果他的这套做法行不通，"那就说明迄今为止所有的教育规律、学习科学、管理理论都是荒诞不经的，原始的奴隶式管理是最高明的。"这种伟大的空话真让人吃惊。衡水中学的管理是否可以简单地归结为"原始的奴隶式管理"，这是可以讨论的，但同时，杨教授又声称如果当校长，就将衡水中学的一些规定减少一半，这就非常矛盾，没听说林肯在南北战争以后将奴隶制保留一半。

教育改革如果真如杨教授设想的这样简单，为何教育部连年来下发二十多个减负的文件，积三十年之久都不能理想地奏效呢？学校管理、课程教学如果真这样容易的话，难道中国所有校长、教师都是傻瓜？教得轻松，学得安逸，考得理想，他们何乐而不为呢？我不怀疑杨教授愿望的良善，真心实意地希望杨东平先生屈尊到高中学校当几年校长，体验一下校长的甘苦，而不是止步于空发议论，做挽狂澜于既倒的臆想。奉劝杨先生冷静想想，衡水中学的家长与学生为什么不欢迎你？你真心诚意要拯救他们，他们偏不领情还要给你两个耳光，为什么呢？你与他们什么怨什么仇呀，是他们天生暴戾或者愚不可及吗？你的"当校长"是庄严的承诺还是轻佻的玩笑？更重要的是你是否有当校长吃苦、受累、承担责任的充分的思想准备？

卢梭说："伟大的人绝不会滥用他们的优点，决不会愚蠢到夸耀自己不拥有的天赋。"人是一切社会关系的总和，每个人都担任着特定的社会角色，不同的角色有不同的素养要求和职业定位，各擅所长，各司其职。杨东平教授或于宏观及思辨的教育理论方面有研究、有造诣，但具体到一所高中学校的管理或学科教学恐非所长。杨教授当然可以对一所学校的成败得失做出评判，但大可不必越俎代庖地要与天下的高中校长们一较长短，自认可以比现任的高中校长当得出色。不必动辄就扯上什么"教育规律""学习科学""管理理论"等，似乎已经领略把握了教育的要言妙道，可以为万世开太平。人类的认识能力是有局限的，人永远不能认识"物自体"，谁能自许掌握了"规律"呢？只有"上帝"是全知的，只有精神病人是永远"不错"的。中国基础教育的改革任重而道远，牵一发而动全身，涉及各种矛盾的冲突和多种利益的博弈，绝不是一个或几个天才人物所能重造乾坤的。

马克思在《〈黑格尔法哲学批判〉导言》中曾经指出："批判的武器当然不能代替武器的批判，物质力量只能用物质力量来摧毁，但是理论一经掌握群众，也会变成物质力量。理论只要说服人，就能掌握群众；而理论只要彻底，就能说服人，所谓彻底，就是抓住事物的根本。但人的根本就是人本身。"作为家长的胡子宏正是从"人本身"、人生存发展的需要出发，从现实生活的切身体验中感觉和体察到某些貌似高端的理论的肤浅和幼稚，因而感到好笑。鲁迅说："老百姓虽然不读诗书，不明史法，不解在瑜中求瑕，屎里觅道，但能从大概上看，明黑白，辨是非，往往有决非清高通达的士大夫所可及之处的。"胡子宏等的见识或许不能达到理论的高度，但倒也不至于悖情悖理地陷于一种虚妄的自恋和无知的傲慢。"耳刮子"无非是戏谑之词，说明杨教授的理论不彻底，不能说服人。卢梭说："做老师的人怎么不明白，要别人听他们所讲的话，他们就应设身处地为听话的人想一想，要打动别人的心，自己的行为就必须合乎人情。"杨东平先生居然天真地认为，他找到了放之四海而皆准的理论，可以一举改造中国的高中教育。

衡水中学诚然遭到来自各个方面的批判，然而愤激之词所包含的道德谴责，由于缺乏基于调查的事实支撑，缺乏基于理性的逻辑分析，显得苍白而没有说服力。这所学校果真那么"违背规律"并"缺失人性"吗？为何中央文明办表彰它为全国文明单位，教育部、团中央、全国总工会、全国妇联、国家体育总局、教育部艺术教育委员会、中央教科所等命名它为"先进单位"，河北省委宣传部将它作为"涵育社会主义核心价值观"的重大典型？又缘何这么多人趋之若鹜地追随，争相送孩子去衡水中学读书，其中不乏官员、学者、富豪等所谓社会精英、有识之士。他们对这所学校的了解和理解比你们肤浅吗？杨东平先生热心为家长学生代言，亟望登高一呼，应者云集，浩浩荡荡声讨衡水中学。岂料导家长于正途，救学生于水火的万丈豪情，赢得的却是家长耳光的恭候。

卢梭有一段话很值得我们记取，他说："你要做一个人，把你的心约束在你的条件所能许可的范围。你要研究和了解这个范围，不管这个范围多么窄，只要你不超过它，你就不会遇到痛苦；如果你想超过的话，你就必然会遭受许多不愉快的事情，我们之所以有许多痛苦，正是由于我们毫无节制地追逐我们的欲念；当我们忘记了我们做人的环境，而臆造种种想象的环境，从想象的环境回到现实的环境的时候，我们就会觉得我们的生活是很不幸福的。"

教育"公知"：道德的虚幻与价值的游离

爱德华·萨依德说："知识分子并没有凌驾于一切之上的权力"，"实事求是、求知求真、批判的态度来自独立的立场，以知识为基础，人道为依归"。中国当下的教育学"公知"对各种教育现象提出批评和指责，以义正词严的姿态讨伐一所所学校，口气很有点像官家的代言人，似乎有了"凌驾一切之上的权力"。他们义愤填膺地声讨某学校的不道德、非人性、泯灭了学生的个性发展，但又不能清晰地界定什么是"道德"，什么是"人性"，什么是"个性"。他们自认把握了教育的本质，但人们始终没有看到代表他们理念的教育实践，如朱永新的新教育实验，叶澜的新基础教育实验，更没有看到依照他们的教育理论办起来的学校，如陶行知的晓庄师范，如苏霍姆林斯基的帕夫雷什中学。

他们张扬道德的旗帜，却将道德泛化为道德主义。马克思认为，发现社会的现实需要告别道德主义，"从纯粹的人的感情上""感到有道义的事"，却不一定是促进历史进步或有利于历史进步的事。道德、情感虽然容易与未经反思的人们产生共鸣，很自然地获得他们的认同，但经常掩盖真正的现实。当下中国社会生产力的发展水平以及与之相适应的高考制度下，地处偏僻乡村的农民家庭的孩子，通过受教育而改变自身的处境，改善自身的命运，这些都是善良而本分的愿望。鼓励、指导并帮助他们朝着理想的目标奔跑，是教师分内的责任。教育的道德就是急学生之所急，教学生之所需；道德的教育就是让人民群众满意的教育，是满足他们生存、温饱、发展需要的教育，而不是仅仅表达为煽情的怜悯，怜悯学生负担过重，更不是含泪劝告他们不要志在北大清华。在泛道德色彩浓重的中国社会，超越社会真实心态的道德高调流行，这使得充满七情六欲的知识分子在官场学界谋求个体发展时，往往需要高扬道德的旗帜，于是故作姿态的道德作秀比比皆是。

同样的高考分数，北京考生能轻松进一本，外省市考生进不了二本学校，如果想进一所比较理想的大学，他们除了更努力地拼搏还有什么其他选择呢？"公知"似乎很善意地奉劝这些农村的孩子不要这么累，这么吃苦，这么抓紧，可以松松劲，歇口气。但松松垮垮、懒懒散散的结果会是什么呢？况且，这种懒汉二流子作风，是时代应有的精神、青少年应有的风貌吗？有利于他们未来的发展吗？"公知"激愤地批判衡水中学，认为它是应试教育而非素质教育。然而，将教育简单地分为素质教育和应试教育，学生负担重便是应试教育，负担轻就是素质教育，这种形而上学的分类，这种二元对立的思维是否恰当，很值得怀疑。试问，考试制度设计是否完全与学生素质发展无关？倘若有关，那么学生努力学习，教师从严要求，提高文化素养，考出优秀成绩，有何过错？倘若无关，那么让学校师生来承担这制度性的过错合乎情理吗？再说，负担轻或重的标准到底是什么，高中学生该不该努力而刻苦地学习，教师该不该认真而严格地执教？怎么就有违道德了呢？

道德与人性紧密关联，道德的基础是人性，人性的修养是道德。教育是道德的事业，又是人性的事业。但什么是教育的道德和人性呢？杜威认为："一个道德的法则，也像一个物理学上的法则一样，它的正确性和恰当性是靠实行它以后来验证的。"卢梭说："人性的首要法则是要维护自身的生存，人性的首要关怀是对于自身的关怀。"总之，教育的道德和人性必须表达为辅助学生的生命成长，为他们的终身幸福奠基，而不是迎合他们当下的欲望。课堂上不受纪律约束的自由，当然也会受到学生的欢迎，但主体的所有需要并非都天然合理，更不是至高无上的人性。教育价值的本然在于促进事物的发展，促进社会主体的生存发展完善，也使人类社会更加美好。西方后现代哲学高度肯定人的本能和非理性思维，以快乐主义为宗旨。这不仅在理念上陷于混乱，实践上也会产生不良的后果，但却为许多中国的公知所赞同。教育的价值应该是外在的功利尺度的诉求与内在的真善美尺度的追求的统一，是个人利益与人类崇高理想的统一。人性是具体的，而不是抽象的，它贯穿学生的学习生活。人性不是封闭的既定之物，而是开放的社会发展过程，学生通过教育与实践不断由欲望的境界、功利的境界提升到道德与审美的境界，其间必然穿插各种成长的烦恼，伴随痛苦与欢乐。

公知们自认拥有真理，但人类的思维是否具有客观的真理性，这不是一个理论问题，而是一个实践问题。对于高中学生的放纵，养成自由散漫的习惯，是否有利于他们的身心健康和未来发展姑且不论，对于迫在眉睫的高考检测是有利还是有害，这是不言自明的。"公知"以他们自己对教育的理解作为一种应然的标准去评判一所所学校的现状，通过攻其一点不及其余的歪曲并放大，达到一种妖魔化的效果，于是再以圣洁的高傲进行讨伐，指责它的不道德，要求实然的世界当即变为他们所主张的应然的世界。教育"公知"的共同特点，便是戴着有色眼镜看待事物，用浪漫的想象代替智慧，让现实蒙上一层幻想和主观的色彩。他们诚然有理论，但恰如马克思所指出的"他们生活在处于现实世界彼岸的世界里，由于他们用想象来代替头脑和心脏，所以他们就不满实践，就必然借助于理论，不过这是彼岸世界的理论即宗教，并且或多或少有意识地为十足世俗而又极其虚幻的愿望披上圣洁的外衣。"他们以一种虚幻的想象和虚假的承诺误导社会。倘若真如他们所设想的那样去管理学校，那么学校将是一幅什么样的情景，学生会面临什么样的命运，数以千万计的家庭又将收获什么样的结局？

"公知"们喜欢奢谈所谓"个性"，但他们只是考虑与众不同的每个人的唯一性和具体性，而不考虑社会关系、社会环境对人的激发、塑造、规制、引导作用，他们势必陷入基于偶然所是和价值应该的主观想象，失缺起码的现实性。在不发达的社会关系条件下，个性很可能不是个人内在的东西，而是社会"加给个人的偶然性"。"兵家儿郎早识刀枪"，这不见得是他们的个性，而是社会不发达的产物，是他们偶然地出生在这样的家庭的结果。基础教育是养成教育，学校教育以班级授课制的集中教学为主要形式，教学的普遍要求与学生个性化的发展是对立的统一，真正意义上的"个性"及教育，既关乎受教育者的自然禀赋，也受制于社会关系的发达程度及具体的教育情境，而不是一种主观臆想所能达成。对"个性"的尊重，更不能异趣为高，刻意地导向于反社会、反主流的叛逆和捣乱。不能将个性化教育理解为不需要统一纪律和统一的学习要求，不需要统一管理和基本的约束，以为自由散漫便是个性的舒展。

"教育就是生长"。尼采认为，生命的成长、壮大、获得优势、提升和高贵都不是道德或不道德的事，而是力量的增长问题。在尼采看来，提升、促进有利于生命的东西，就是好的。如果以自欺欺人的精神高洁来对抗现实的世界，心造一个应然的幻境，陶醉其间，于是赢得阿Q式的胜利，这是对学生的误导。那些动不动就声称揭示了本质、把握了规律的学者，他们倨傲地自认拥有正义和公理，却宣传一种得过且过、苟且偷安的人生观，并以此来剪裁丰富多彩的现实世界。生命成长是一个辩证的否定过程，学生的生命成长只能寓于日常生活，寓于学校的各种活动。学校的教学活动、文体活动、社团活动，包括各种竞赛与考试，都是教师和学生凭借对自己生命活动的自主支配，使自己的意志获得主体性和自由，由此创造着文化并提升生命的品质，同时使生命的发展有更多的可能性与选择性。

基础教育是为人的全面发展奠基的教育。"人的发展"有两个维度。一是自然生命的维度——生命成长各个阶段的自然需要，包括营养、休息、娱乐、学习、交往等，这是生命存在的基本需求。二是社会生命的维度——切实有效地提高人的社会适应能力和竞争创造能力，即联合国社科文组织所提出的现代教育的四大支柱：学会生存、学会认知、学会做事、学会合作。诺贝尔经济学奖获得者西奥多·舒尔茨强调投资人力资本的重要性。对于一个家庭或具体的个人而言，受教育程度的高低同样是一种人力资本的投资，他的收益期望与社会发展同步。这种期望应该受到赞许和鼓励，民众对于优质教育的期盼正是教育发展的动力，也是个人发展的动力。

教育除了从人的自然需要与社会需要的角度去理解，更要从人自身的精神性角度去理解。教育要养成一种德性，教育的本质是要培养真正意义上的"人"。但如何培养人的崇高精神呢？别尔嘉耶夫说："对精神的认识、对精神自身的认识不可能客体化。对真理的认识就是参与真理，是在真理中的生命。"学生的人性培养和人格培育，必须渗透在各科教学和各种活动之中。赫尔巴特说："一切教学都是教育。"学生精神生命的成长基于教育过程中师生心灵的对话，雅斯贝尔斯说："教育意味着一棵树摇动另一棵树，一朵云推动另一朵云，一个灵魂唤醒另一个灵魂。"道德上的改善并不意味着教育者应该想象自己站在道德的高度之上，但却意味着教育者应该有道德的体验，崇高的道德境界生成于生活中的参与、过程中的体验和基于爱心的对真理严肃认真的追求。

教育是包含价值理想的事业。"人类的实践活动是把'自我世界'变成'属人世界'的过程，也就是把'自然界'变成'价值界'的过程。教育正是人在自己的实践活动中所实现的人与世界之间的价值关系，使得人的'认识'具有真正的目的性和能动性。"人作为自然中的一员，他原本具有一切自然生命的属性，人的发展与提升便是不断克服自身先天固有的自然性，实现充分的人性。因此，苟且的生活不是教育应然的生活，怕苦畏难、不求进取不是教育应然的价值。

马克思在《路易·波拿巴的雾月十八日》中说："弱者总是靠相信奇迹求得解放，以为只要他在自己的想象中驱除了敌人就算打败了敌人，他总是对自己的未来，以及自己打算建树，但现在还言之过早的功绩信口吹嘘，因而失去对现实的一切感觉。"

《东方眼》：我为什么力挺衡水中学

元月 19 日，受东方卫视的邀请，我参与《东方眼》节目，与张文茂校长、杨东平教授、李斌主任共话衡水中学现象。

我并不是衡水中学的代言人，与衡水中学历史上无纠葛，利益上无关联。我并不认为衡水中学所有做法都是对的，但认为衡水中学是了不起的。我不认为所有高中学校都应该学衡中模式，但认为衡水中学的经验在许多方面是值得借鉴的。我不赞成把衡水中学捧到天上去，也不赞成将衡水中学打翻在地，再踩上一脚。我并不研究衡水中学，不像杨东平教授那样"长期关注和研究超级中学"。我只是好奇——经济欠发达、交通欠便捷地区的一所高中学校何以能够办得这样风生水起，甚至以压倒性的优势独领风骚。在优质教育资源越来越向经济发达地区集中，向大城市集中，向省会城市集中的形势下，衡水中学何以能够逆袭成功？

任何结果都关联着原因，所有偶然都包含必然。我检索资料，并三次到衡水中学考察。我认为衡水中学的成功在于"以人为本"，以个人前途、家庭期盼和民族命运三位一体的思想教育唤起青春少年的责任感、使命感和自豪感，使他们在价值认同的基础上形成强大的内驱力。学校的教育与管理紧紧扣住三点：（1）以立德树人为宗旨，将思想教育和精神激励生活化和体验化，使之成为学校追求卓越、努力拼搏的永恒动力。（2）科学管理的一丝不苟与人文关怀的丝丝入扣相结合，使教师的爱心、职业尊严与学生的责任与理想追求交织成生命成长的传奇。（3）教学训练的切实有效，社团及班级活动的丰富多样，使乐观精神、成功体验、阳刚气质融进学生积极主动的学习和生命发展之中，使之成为学校生活的主旋律，成为广大师生的文化自觉和生命自觉。

"横看成岭侧成峰，远近高低各不同。"我认为求证一些碎片化事实的真伪，本身没有太多的价值。论辩双方既不能证实，也不能证伪，攻之曰有，辩之曰无，永远纠缠不清。一所高中学校每年在校生有 10000 多人，15 年来毕业了 50000 多人，其中有一位学生穿着羽绒服睡觉，以此说明学生没有时间脱衣服睡觉，再由此推论出这所学校是高考集中营。由特例和孤证得出一个极端的结论，这是否妥当呢？指责衡水中学为"高考集中营"，立论有失公允，为人显见刻薄。

李斌同志无疑是一位很有才气的资深记者，教育评论专家，但李斌同志的论证缺乏逻辑力量，不能让我信服。我相信李斌同志没有造谣，但却完全可能偏听偏信。因为信息在传递过程中会失真，人的认识会有局限，根据有限的见闻，并不能得出一个确凿不移的结论。教育记者要做负责任的历史记录者，根据一些碎片化的事实，做轻率结论，这是不恰当的。教育评论要遵循真实性的原则，立论要稳妥，论据要真实和充分，论据和论点之间要有逻辑联系，批评性的评论更不能率性随意。白纸黑字，务必慎之又慎。

对衡水中学最集中的指责是：这所学校制度严密，管理严苛。学生学习负担重，生活节奏快，非常辛苦和劳累。我认为高中教育要分清，哪些严是必然的和必要的，哪些严是没有必要的，哪些可以有弹性一点，做到刚柔并济，所谓文武之道，一张一弛。批评者大多基于对学生的同情，但忽略了衡水中学对学生生理和心理基本需求的确保：睡眠的时间和质量，饭菜的营养和可口，人际交往、社团活动和体育、文化娱乐活动时间的充分和形式的多样。为确保，所以不免精细化。精细化管理怎么就非人性呢？一是校园安全，二是学习高效，三是确保休息与睡眠的质量。它合于生物钟的规律，保持思维的积极状态，从知行合一和教学做合一的角度，让学生养成良好生活品质与学习习惯，这正是教育的人性化，有利而无弊。

杨教授指责衡水中学宣传"有害的成功学"，却说不清哪里"有害"、有何危害。成功本身并没有过错，成功也不是不值得追求。成功是目标和过程的一致，是生活方式和生命境界的一致。在西方哲学的语境里，罗伯特·所罗门对成功和生活的关系有专门的论述，他认为如果把"成功"简单地理解为金钱、社会地位和值得尊重，那么追求成功的生活是有问题的，因为它造成了生活和目标的背离。但他同时又认为这并不意味着成功不值得拥有，或者成功是错误的。由于不满于用成功来定义好的生活，西方犬儒主义的哲学家便主张一种得过且过的、简陋贫穷的生活。他们中最著名的是第欧根尼，躺在一个澡盆里，除了一盏灯笼外一无所有。当亚历山大大帝来到他所居住的城市时，慕名来见这位哲学家，见面时亚历山大问第欧根尼："我能为你做些什么？"第欧根尼转身对这位已经统治了已知世界大部分土地的统治者说："让开，你挡住了我的阳光。"这种犬儒主义哲学主张和相应的生活情趣是否值得在中小学教育中提倡，并以此抗议现实生活中的"成功"？

我们到底要用一种什么精神来教育青少年，我们的民族应该提倡一种什么样的精神文化？长时期的和平环境与高速发展的经济带来丰裕物质财富的同时，全社会正在滋长一种奢华主义、享乐主义和虚无主义之风。消解崇高，逃避责任，调侃英雄，嘲弄神圣成一时风尚。古人说："生于忧患，死于安乐。"一种奋力拼搏、勇猛精进的精神如果日渐萎缩，那是时代和民族的不幸。西方后现代主义哲学传入中国，囫囵吞枣的中国部分学者，以情感和物欲的放纵定义人文精神，将人的幸福等同于动物的快感，将人性解释为一种苟且偷生的动物性本能，造成价值的迷离。一个民族失却忧患意识、没有意志力量是很危险的，如果它的未来一代怕苦、畏难，无进取精神、无竞争勇气，这是令人十分担心的。因此，绝不能将学校喻为地狱和集中营，夸大高中学生的苦难，主张一种放任自流和百无聊赖的精神生活。习近平总书记高度赞许阎肃先生在文艺座谈会上的发言，阎肃先生说："我们也有风花雪月，但那风是'铁马秋风'，花是'战地黄花'，雪是'楼船夜雪'，月是'边关冷月'，就是这种肝胆教会我跟着走，往前行。"

中华民族曾有"夸父追日""精卫填海""女娲补天""大禹治水"的远古神话，有举世瞩目的万里长城，也有举世震惊的二万五千里长征。我们有坚苦卓绝、气壮山河的十四年抗战，也有人工天河的"红旗渠"。以勤劳勇敢著称的中华民族有振兴文化、自立于世界民族之林的信心和勇气。世事变迁，当下的高中学生相比较他们的祖辈或父辈，到底是事实上的苦难深重，还是夸大其词的过分渲染？学生在学校是否可以接受一些苦和累，学生成长过程中经受一些磨炼是否必要？卢梭说："人们只想到怎样保护他们的孩子，这是不够的，应该教他们成人后怎样保护他自己，教他经受得住命运的打击，教他不要把豪华和贫困放在眼里，教他在必要的时候，在冰岛的冰天雪地或者马耳他岛的灼热的岩石上也能够生活。"晚清的张之洞痛恨"陋、拙、缓、暇、废"等国民惰性，大声疾呼国人"士厉其节，民激其气""积奋成强"，对此，我们有何感受？

衡水中学的学生是否负担过重，是否生活太单调以致只有应试训练，管理是否太严酷以致不近人情等，这都要让事实说话，让学生和家长说话。鞋是否合适只有脚知道。痛苦与否要用学生的精神状态来衡量。对学生生存发展是否有利，近距离可用高考情况来衡量，远距离可用他们进入高等学校，乃至今后的生活状况来衡量。衡中三年的生活经历是让他们的人生之途有了更好的选择，更适应社会发展的需要，还是相反。最有发言权的是学生和家长，而不是置身事外、想当然的专家学者。要用不同样本和统计数据来分析，而不是各执一端的举例论证。结论要经得起推敲、证伪和反驳。

教学和考试的有效到底是得益于素质教育还是应试教育，这是衡水中学与一些教育公知的最大分歧之处。口口声声反对应试教育的公知恰恰最迷信应试训练，他们一厢情愿地认为，长时间、高难度、大运动量的题海战术，便能卓有成效地提高学生的考试成绩。殊不知，人不是机器和容器，纯粹为应试而进行的单调、机械的强化训练和灌输，超越了人的生理限度，必然激起人的厌恶反抗之情，因此必然不能持久。从认知心理学的角度看，没有学习者思维的积极主动参与，认知建构就不能顺利有效进行，知识学习就不能达到相应效果。没完没了的恫吓、威胁，高压政策、心灵鸡汤之类，只能收效于一时，学生很难将无望而无趣的三年学习生涯熬到头。衡水中学的学生个个精神饱满、人人意气风发，这是不争的事实。培育学生乐观的进取精神，扫除颓唐的萎靡精神，这便是衡水中学思想教育与精神激励的成功之处。改进教学方法、提高教学效益，关注教师的言传身教与师生的人格互塑，致力于培养学生的学习兴趣，唤起学生的主体意识，激发他们的意志力量，改善他们的思维品质，养成良好的学习习惯等，这哪一样不是素质教育呢？

杨东平教授指责衡水中学让学生"万念归一"。"万念归一"有什么不好呢？荀子曰："蚓无爪牙之利，筋骨之强；而上食埃土，下饮黄泉，用心一也。蟹六跪而二螯，非蛇鳝之穴无可寄托者，用心躁也。"是说学习专心致志之重要。学习要专心，睡觉要安心，锻炼要尽心，做事一心一意，为人本本分分，这都错在哪里呢？庐山白鹿洞对联："二李读书看白鹿，书中得几分，白鹿中得几分。三贤论道对青山，道外无一事，青山外无一事。"说的便是天人合一、情境合一与知行合一。衡水中学的学生"万念归一"于练习和考试吗？显然不是。这个学校有众多学生社团，有诸多节日活动，有经常性的文娱体育和社会活动，每年都有数十位著名学者进校园和学生对话，学校有广泛的海内外联系，有100多门校本课程，有多种多样的主题活动和评选活动。这儿的学生同象牙塔里的专家谁更像书呆子，倒是一个很有趣的问题。

扬州高旻寺有副对联："不在此岸，不在彼岸，不在中流，看你何处安身。无过去心，无现在心，无未来心，还汝本来面目。"可以送给中国当下的教育公知。

想当年，易卜生的戏剧《傀儡家庭》在上海公演，女主角娜拉为维护自身尊严，愤然离家出走，赢得一片赞叹，视为女性人格独立之楷模。鲁迅先生问："娜拉出走以后怎么办？"他认为出路只有两条，一条堕落，一条回来。因为人有个最大的缺点是要吃饭的。以一种松松垮垮、懒懒散散的态度从事学习与考试，将收获什么样的高考成绩，这是可想而知的。如果名落孙山，当然也可回家种地，也可去城里打工，也可下煤矿挖煤。教育公知教导我们说，榜上无名，脚下有路。但是否"从此不再受那奴役苦""王子和公主从此过上了幸福的生活"呢？对此，教育公知是不会过问的。他们并不是真的操心孩子们的命运，他们只是需要一个道德的姿态，需要一个讨伐"应试教育"的借口，他们需要社会注意到他们的存在和理论的正确。

"管中窥豹，略见一斑"。对衡水中学的批判，折射的是全社会对教育现状的不满和期盼，但将种种不满都加诸一所所具体的学校，让它们承担所有过失，这是不公平的。以假想的真实和情绪化的评论引导民意，因果倒置，迁怒于一所所学校，这更无助于教育的改革，也无益于社会的和谐。整垮一所所"超级中学"，并不能赢得素质教育的艳阳高照，并不能满足全社会对教育的热切期盼。真实的衡水中学到底是什么，理性地评述衡水中学的成败得失，辩证并历史地探讨高中教育改革的路径和方式，或许这才是我们所应该关注的。期望专家学者对学校教育多一点温情的理解，倘管而稍严便谓之"集中营"，练而稍多便谓之"魔鬼化"，精神激励谓之"洗脑"，学生跑步也须噤声。学校如何管理，教师如何教书呢？以教育之应然标准去衡量一所所具体的学校，当下大概少有学校能够做到。教育理想的实现是一个螺旋式提升的过程，求全责备或操之过急无助于教育理想的践行。

教育不能没有理想，但理想须基于现实，才能引导现实。人总是同时生活在现实和理想双重维度之中。理想有两种，一种是现实关切之理想，一己前程之追求有它存在的合理性。一种是终极关怀之理想，人自成目的，"人类全部力量的全面发展成为目的本身。"但如果要求所有人只接受一种超越性终极理想，则难免会带来社会的灾难，或使人性失于虚伪。教育的发展受制于社会的发展，社会主义初级阶段是一个漫长的历史过程，当劳动的异化和人的异化无可避免时，教育很难独善其身。基础教育改革成果之丰硕不容否认，深化改革攻坚之难更须正视。批判，更要落实于建构。路在脚下，需要群策群力。教育永远是拥有正当性和充满希望的事业，任何时代都会有少数精英超越时代的限制，走在时代的前列，引领时代的发展，如蔡元培和他的北京大学，陶行知和他的晓庄师范，朱永新和他的新教育实验。

衡水中学作为有一定影响和知名度的高中学校，理应面对时代的呼唤，担负更多的社会责任。衡水中学亟须正视自身的不足，虚心听取各种批评意见，长善救失、扬长避短，在否定之否定中走在改革的前列，走向更高更新的境界。马克思说："人们自己创造自己的历史，但是他们并不是随心所欲创造，并不是在他们自己选定的条件下创造，而是在直接碰到的、既定的、从过去承继下来的条件下创造。"

二、教育同行看衡中

（一）学衡水经验讲话摘编

张家口市教育局　局长

衡水经验该不该学？

以衡水中学为代表的衡水普通高中教育早已是家喻户晓，全国各地到衡水学习的络绎不绝。特别是作为全国十大名校之一的衡水中学以其极高的升学率和清华、北大考取人数，成为一个"传奇"，学校也被冠以"高考牛校""高考流水线""超级中学""魔鬼训练"等称号和标签。衡水中学特有的教育模式在社会和教育界引起不小的争议，可以说仁者见仁，智者见智。那么我们到底该不该学呢？我想从党的群众路线的观点来看，只要是人民群众关心关注的，就应该是我们的工作重点；只要是人民群众支持拥护的，就说明努力的方向是正确的；只要是人民群众满意的，就说明工作得到了人民群众的认可，就应该继续坚持。

首先，从人民群众对高中教育的关注程度来看，高中教育是人一生中接受教育当中非常重要的一个阶段，它承载着一个人的人生梦想，担负着每个家庭的未来和希望，家长和社会对高中教育非常关心和关注。因此，衡水市委、市政府出台强有力的措施大力支持高中教育发展是符合民意的，各高中学校想尽一切办法提高成绩是受学生和家长欢迎的。所以，想人民之所想，急群众之所急，衡水将高中教育作为教育的重点和龙头强力推进是符合人民群众需求和期盼的。

近年来，我市（张家口市）高中教育整体办学情况在不断好转，但是我们在方方面面与先进地区和学校相比，还有着不小的差距，反映在高考成绩上，虽然每年有进步，但与人民群众和领导的期望相比还明显不足。人民群众对于提高高中教学质量的呼声很高，愿望很强。4月22日，张家口市委邢书记对市一中进行了专门调研，随后亲自带队到衡水中学进行了考察学习，回来后在不同的会议和场合对我市高中教育提出要求和希望，市委常委会并提出制定《张家口振兴高中教育大纲》，着力破解学校管理、师资队伍、教学科研、财政投入等方面的现实瓶颈，释放活力，增强自信，努力办好人民满意的高中教育。经过四个月的调研、征求意见、不断修改，《大纲》于8月12日正式以张发〔2014〕8号文件印发。因此，从关注民生、为百姓解决实际问题的角度看，衡水市这种上下一致、同心协力、采取一切必要的措施和方法提高教学质量的精神和做法，就值得我们好好学习。

其次，从学生的精神状态和人民群众对衡水中学教育模式的认可度来看，也是值得我们学习的。到过衡水中学的人都知道这是一所具有魔力的学校，学校的一切工作以学生为中心，学生在这里感受到无微不至的关心和关爱，精致、成熟、丰富的德育文化无时无刻不在激励着学生，在这里，学生有无穷的动力，始终充满着激情与斗志。家长对学校严格的管理、丰富的社团活动、名师大家的讲座、极具特色的跑操、远足推崇备至，感觉将自己的孩子放在这样的环境里，是放心的。所以我们很难从学生和家长那里听到说衡中不好的，那些所谓争议往往是出自一些同行或教育研究者之口，也就是说群众和学生是对衡中认可的、接受的。

最后，从社会对衡中的教育成绩的满意度来看，衡水经验更值得我们学习。就拿今年高考来说，全省文理状元全部花落衡中，全省前100名，衡中理科占51名，文科占67名，一本上线率86.6%，文理科600分以上学生2897人。武邑中学一本上线2158人，枣强中学一本上线1096人，全部衡水市高中一本上线人数占全省一本上线人数的30%，考入清华、北大人数占全省的近60%。高中的主要任务就是尽力使每位学生如愿进入理想的大学，给广大学生和家长一个满意的结果，可以说衡水中学做到了这一点。刚才做报告的几位同志，都对衡水中学等学校一整套完善可行的制度和做法，对提高学生成绩的作用体会很深。从社会的满意度这一点来说，我们必须要学习衡水的经验，不断改善社会对我市高中教育的认知度和认可度。

"衡中模式"的确是以在高考中取得佳绩为主要目标，衡中的学生也确实辛苦。但对普通高中而言，当前的高考形势和社会现实早已决定了任何与高考脱钩的中学教育模式都只能是昙花一现、死路一条。而衡水模式的严谨与辛苦在提升考试能力的同时，丰富了学生的多种品质和能力，无论从过程还是从效果看，就是适应时代要求的教育模式。因此，立足我市高中教育现状，以学生受益、群众欢迎、社会满意为标准，我们一定要达成全面向衡水高中教育学习，学精髓、学实质，借他山之石不断提升我市高中教育质量这一共识。

衡水经验能不能学？

在达成向衡水学习这一共识之后，还需要解决一个思想认识问题，那就是衡水经验能不能学，我们学得了还是学不了。过去，我们有不少学校到衡水学习过，也慨叹衡水各种好的做法，但最一句话就是"衡水经验好是好，但我们学不了，到张家口水土不服"。那么到底我们能不能学呢？下面我们对影响高中成绩的几个主要因素来分析一下：

一是在政府重视和财政投入上。衡水市委、市政府在某种程度上将高中教育作为当地的重要产业来支持，对于衡水市的高中教育这张"名片"，衡水市委、市政府在人、财、物和政策上的支持力度的确是巨大的，是许多地方不可相比的。大家过去有这样的感觉和认识也是客观存在的。但是从今年开始，我市高中教育将迎来从来没有的机遇和发展期。市委邢书记高度重视高中教育工作，亲自带队到衡水考察，这在我市历史上是从来没有过的，在全国也是不多的。这次我市20名教师能够到衡水中学驻校20多天深入学习就得益于市委领导的高度重视和搭建平台。特别是用于指导全市高中教育改革发展的《振兴高中教育大纲》，在人、财、物、政策上给予各学校极大的支持。学校将在教师招聘、机构设置、人事使用上得到空前的办学自主权，并在办学经费、提高教师待遇、解决职称工资等方面得到政策支持和财政的直接投入。所以，《大纲》出台后，困扰我们多年的问题将迎刃而解，我们高中学校得到了衡水高中学校都没有得到的当地党委和政府的支持和重视程度。9月4日，我们召开全市学习贯彻《振兴高中教育大纲》动员会后，部分县区行动积极，教育局和学校已经将全市的情况和向县区委、区政府做了汇报，并着手研究制定本县区的实施意见，所以，各学校的外部发展环境将前所未有。

二是在生源质量上。有的同志说，衡水中学都把全省的"尖儿"给掐去了，我们的生源和人家没法比。的确，目前的衡水中学已经站在"教育生态链"的顶端，依靠强大的实力和超强的品牌号召力，吸引了全省的尖子，我们张家口好学生去的也不在少数。但是这件事我们要辩证地看、历史地看。衡水中学 2014 年高考 600 分以上的 2897 人中，其中相当一部分就是衡水本市的，这部分学生当年中考成绩应该和我们市一中、宣化一中统招生的成绩是相当的。除了衡水中学外，武邑中学、枣强一中生源应该更差了，但一本上线人数分别达到了 2158 人和 1096 人。因此，可以看出，生源是取得好成绩的重要基础，但不是决定因素。况且，除了流失的生源，我们几所主要高中学校的生源质量与武邑中学、枣强一中等学校相比并不差，甚至还要优于他们，所以上述几所学校成功的经验是值得我们思考和学习的。

三是在师资队伍上。到衡水中学学习过的同志都有感觉，甚至部分学生和家长反映，那就是单论教师个体水平和能力，我们的老师并不差。像市一中的尤立增、李朝这样的优秀老师，放在全省任何一所学校都是优秀教师。另外，大家看看身边，有多少老师的大学同学就在衡水各高中学校任教，从这点看至少大家的起点都一样。这次学习衡水经验，我们重点了解了他们的师资来源，据衡水中学的校长介绍，他们近些年每年补充年轻老师，像今年衡中新高一每个班都有两三名刚刚走上工作岗位的新教师，而这些教师经过学校培养后，都能很快成长为骨干教师。在师资的补充、引进和培养上，衡水中学值得我们很好地学习。

四是在经济基础和人文传统上。衡水在自然环境、经济条件和人文传统上与我市有许多相近之处。两市人口分别是 460 万和 440 万，我市略多，都是有农耕传统的农业大市；从经济发展水平来看，2013 年张家口 GDP 总量 1300 亿，在全省排第 8，衡水 GDP 总量 1100 亿，排第 11；人均 GDP 分别排第 8 和第 9。特别是受历史经济传统的影响，张家口和衡水人民都具有吃苦耐劳、坚忍不拔、崇尚知识的品质，希望通过读书改变人生命运的追求和愿望。张家口的学生到衡水后非常适应那儿的节奏和管理，一方面这些学生自控能力强，另一方面与他们与生俱来的品质有直接的关系。

综上所述，我们许多方面都具备向衡水学习的条件，学习借鉴衡水的模式完全是可行的。

向衡水经验学什么？

既然我们具备学习衡中的条件，那么我们和衡中比到底欠缺些什么，究竟应该学些什么呢？

一是学习衡水的精细化管理。在衡中，你看不到学生在课间追逐打闹，也看不到学生边走边吃、随手乱丢杂物，看不到学生的奇装异服，也看不到学生使用手机、听 MP3。学校秩序井然有序，教师在认真工作，学生在埋头学习。学校有完善的制度，凡是有人有事就有制度规范。同时，他们还把每一项重大的任务分解成诸多小任务，每一环节都有专人督导，每一任务都有人负责，做到了权责明确、任务具体、责任到人、工作到位。所以，我们要学习衡水精细化管理。要把"小事做细，细事做精"。要明确职责，责任到人。实行"谁分管的谁负责""谁的岗位谁负责""谁的班级谁负责""谁的课堂谁负责""谁的宿舍谁负责"的岗位责任制。要激发每个人的主人翁意识和工作责任感，积极参与到学校管理中去，使学校与教职工形成一个有机整体。

二是学习衡水中学先进的教育理念。许多人一直对衡水中学存在一种偏见，将衡水中学"妖魔化"。衡水中学一度成为应试教育产品加工厂、工业流水线、监狱等的代名词。这种认识是对衡水中学在原始积累时期采取极端手段、非常规措施走应试教育老路的概括和印象。那时候，虽然衡水中学的升学率在衡水市是第一的，但也仅有 50％。面对不可持续发展的现状，衡水中学从 1997 年开始针对全国高考改革，研究如何实施素质教育，通过改革课堂教学和学校整体工作来提高升学率。学校大力加强学生的道德素质教育、智力素质教育、身体素质教育和审美素质教育。并提出教学改革的"三转""五让"。"三转"即课堂教学"变注入式教学为启发式教学；变学生被动听课为主动参与；变单纯知识传授为知能并重"。"五让"是说在课堂教学中"让学生自己观察；让学生自己思考；让学生自己表述；让学生自己动手；让学生自己总结"。接着学校又引进了"诱思探究教学论""研究性学习""尊重的教育"等一系列先进教学思想，并在研究和实践过程中，形成一整套自己的教学理论。事实证明，衡水中学先进的教育理念，提高了学生各方面的素质，同时也挖掘了学生的潜能，提高了高考成绩。所以，我们要认真学习和研究衡水中学一整套成熟的、行之有效的教育理论，结合我们的实际，切实加强师生德育工作，扎实搞好课堂教学改革。充分尊重教育规律，尊重教育者身心发展的规律，尊重学生的人格、人性。要强调对每个学生负责的观念，对不同知识层次的学生进行不同层次的教育。课堂上要不断强化"自主、合作、探究"的学习方式，全面推行"生本教育"模式，不断提高课堂效率。

三是学习衡水的校园文化。校园文化是一种无所不在的教育力。衡水中学正是利用了一切可以利用的教育资源，创设了一种让人深深浸润其中的氛围，使勤勉成为一种工作的品质，学习成为一种内在的需要，才形成了教师将一切工作的落脚点都放在培养学生成才上，学生将一切精力都放在刻苦学习回报父母的独特文化上。学校以"追求卓越"为校训，目标大气，定位高远，本身就是一种激励。而各种催人上进的图片、格言、诗句，更是遍布学校的角角落落。宿舍楼前的"状元路"，图书馆里的"博士廊"，俨然就是流光溢彩的"明星大道"。所以我们学习衡水经验，要切实加强校园文化建设，让学校的每一堵墙壁都会说话，每一片草坪都能怡情，创设一个教育无处不在的环境，让学生处于一种强大的"教育场"中，始终受到全方位的教育。

四是学习衡水教师的敬业精神。在衡中，老师始终把学生放在第一位，把事业当生命，呕心沥血，育人不辍。从工作时间看，教师每天清晨 5 点 30 分到深夜 11 点，日复一日，即便是寒暑假，老师也坚持家访、打电话，心系工作和学生。从工作量看，老师不仅完成自己所承担的教学任务，还积极参加教研科研、进修培训、听课评课、学生管理、学校活动等大量工作。"试卷不过夜"已成为习惯。学生辛苦的是三年，老师辛苦的是三十年，正是教师的职业态度、精神追求、人格修养塑造了学生的精神品质，铸就了衡中教育的辉煌。

当前，我们的高中教师也非常辛苦，也是各行各业中起得最早的，睡得最晚的。但客观地讲，和衡水的老师相比，我们的工作节奏和效率还是有差距的，我们的敬业、乐业的精神状态还是不够的。所以，我们广大教师要学习衡水中学教师的"精、气、神"。要树立全身心为了学生是一切的工作出发点和落脚点，要形成一切为了学生，为了学生的一切，为了一切学生的观点和理念。按照对待职业的三个层次的标准，不断要求自己，提升自己的境界。至少要先做到第一个层次，即把教育当作职业，要耐得住寂寞，受得了清贫，在工作岗位上勤勤恳恳，任劳任怨，认真备课，上课，批改作业，辅导学生，这是对大家的最低要求。在此基础上要追求第二层次，要求大家把教育当作一种事业，既要好好干，又要会干，要用心、用脑，不断积累，追求成功。最终要达到第三个层次，就是把教育当作一门艺术，通过潜心钻研、探索，形成自己独特风格。

五是学习衡水扎实的教育科研。衡水教育的成功和强大，在于整体和团队的协作，得益于成熟、严谨、有效的教育科研。所以我们各学校也一定要把教育科研抓紧抓好，重视科研引路，严格落实每周教研、评课说课、试卷分析、师徒结对、校本教材与校本课程的研发等活动。要进一步强化教研组长、备课组长的责任，搞好各学科课堂教学模式的探讨，准确把握教改方向，抓实抓好教案学案一体化研究，向课堂要质量、要效益。要建立健全模式相对固定、内容统一、高质量的青年教师培养培训体系。推行并扎实落实每周一次的集体备课，中心发言人说课制度。各类教研活动要做到思想统一、进度统一、资料统一、习题统一、自助餐统一，备课组内资料、作业练习、教案、学案全部实现资源共享。要加强监督检查力度，对违反教学常规的行为，一律严肃处理，严重者按教学事故处理。

怎么学习衡水经验？

一是要校长带头，彻底转变观念。我们常说"一个好校长就是一所好学校"，李金池、张文茂就是衡水中学成功的缔造者和精神领袖。从观念理念的确立到看似小事的亲力亲为，他们身上有许多的故事和例子。"火车跑得快，全凭车头带"。所以我们校长们要先动起来，成为树立先进教育思想的代表，从思想上到行动上真正研究衡中、学习衡中，从根本上澄清把素质教育与升学率对立起来，把应试教育与考试混为一谈，把素质教育局限于课外活动、误解为非知识教育等错误认识。在校长的引领下，使广大教育工作者树立清晰的素质教育理念，形成以学生为本，以学生可持续发展为本的教育价值观以及情感态度和行为；树立符合素质教育要求的学生观、教师观、知识观、学习观、课程观、评价观及教育质量观；树立正确的办学思想和教学思想，明确什么是好的教风、学风。

二是要改进工作作风和增强服务意识。要全面贯彻党的教育方针，要按教育规律办事，走依法治校、依法治教、以德治校之路。要倡导严谨笃学的作风，治教要严谨，治校有方略，领导有艺术，能力有提高。要倡导开拓创新的作风，大胆探索，勇于创新，锐意改革。要勇于摒弃落后的旧观念、旧方法、旧模式，要乐于接受先进的理念，吸纳先进的经验，还要敢于去探索和寻找新的方法、新的模式。

要进一步增强服务意识。教育是一种服务，服务是教育最基本的要求，学校各级领导要树立为教师服务的意识，要尽可能地为教师解决后顾之忧，以人性化的管理让教师感受到学校的温暖和领导的关怀，使他们全身心地投入到教学工作中去。后勤教辅人员要树立以教学为中心，为教学服务、为师生服务的意识，努力为他们创造舒心、便捷、高效的后勤保障。教师要树立全心全意为学生的服务意识，并最终将服务转化为对学生的"爱"，让学生在爱中成长、成才。

三要改善学校管理，加强制度建设。要进一步贯彻落实各项教育法律法规和方针政策，从各校实际出发，修订、完善各项学校规章制度，明确定岗、定人、定职，做到"事事有人做，时时有人转，天天有人管"，充分体现严、细、实、精，杜绝规章制度"写在纸上，挂在墙上，放在抽屉里"的各种形式主义。要改革教育教学评价、奖励办法，强化过程考核和形成性评估，逐步建立有利于师生和学校持续发展的教育评价机制，使教学工作由片面重视考试成绩转变为关注教与学的每一阶段、每一环节，使各个层次的学生都能得到最佳发展。还要大力营造竞争氛围，组织多种形式的考核评比和表彰力度，最大限度地激发全体师生积极向上、勇于争先的热情。

（二）让教育走进师生心灵

应城一中校长　柴时钟

河北衡水中学始建于 1951 年，历经几代人的艰苦创业，学校素质教育蓬勃发展，教学质量和知名度迅速提高。近五年来，衡水中学学生在各类竞赛中获国家级一等奖及以上奖励百余人次。2005 年考取清华、北大的人数是 35 人；2006 年考取清华、北大的人数是 42 人，差不多占了河北省三分之一的份额；2008 年高考成绩又为河北省之冠，有 62 名同学考取清华、北大，蝉联河北省 9 连冠。这对一所地处经济、文化发展水平欠发达地区，办学硬件条件、师资队伍与国内名校相比并不算突出的学校来说，着实创造了奇迹，令人敬佩，值得学习。

1. 坚持先进理念、树立远大目标。衡水中学坚持"以师生发展为本"的办学理念和"以终生难忘的教育培养和谐的人"的育人理念，始终抓住"用教师专业发展促进素质教育""用学校科学、和谐、可持续发展促进师生共同发展"的主线，从而开创了发展的新局面。他们认为：现代教育思想、现代教育理念就是生产力；实施素质教育是培养现代人才、提高教育质量的唯一正确途径；创造优质教育是打造品牌学校的唯一途径。他们提出"追求卓越"的口号，要求学校和师生树立"追求卓越"的高远目标，并使素质教育理念和追求卓越的目标像星星一样照耀在校长的心里、老师的心里、学生的心里。在衡中门口"建中华名校，育民族英才""为中华之崛起而读书"几个大字，显示出学校办学目标的大气和高远。

衡水中学从"培养适应未来社会发展的、素质全面的现代人"的目标出发，通过系列教育活动，让学生走出小我，放眼世界；走出现在，放眼未来。学校每学期都组织学生开展"为中华之崛起而读书"演讲会，"我的理想"演讲会；学生每天收看新闻联播和热线访谈，了解国际和国内形势；学生每周利用团活动时间进行国内外时事点评；学校每学期邀请社会知名专家学者为学生做形势报告，请为国家做出突出贡献的校友或社会名人为学生做成人成才成就事业的事迹报告；每次班会内容也充满了"个人与国家""为祖国而奋斗"等主题；学校每学期都有计划地把学生拉出去参观工厂、农村、高新技术开发区……以学生亲眼看见、亲身体验了解国家的经济建设和社会发展情况，唤起他们对他人、对社会、对祖国的关注和关心。学生时时想到国家，时刻牢记自己的职责。许多学生的文具盒中有不少这样的座右铭："为祖国而学""今天多学一点知识，就意味着将来为祖国建设多添一块砖瓦""学为国家，学为未来"。衡水中学的学生每天想到的是自己的国家、民族，每个人每天心中都有一个不做凡人、俗人和庸人，要"做大事，成大器"的高层次追求，无形之中学生们也就淡化了身边的琐事和烦恼，净化了心灵，同时也使得他们把主要的精力聚焦于学习。学生这种为了成就大业，为民族振兴而发奋学习所产生的学习动力是一种稳定而强大的动力源，他不会因为阶段目标的实现或个人恩怨而减弱、消失。

先进的素质教育理念，使衡水中学从 1995 年开始，扭转片面追求升学率的思想和做法，把学校工作的重点由研究如何提高升学率转变为如何改革课堂教学和学校的整体教育工作，学校提出了"不追求学校的高升学率，而为学生的终身发展负责"的口号。1997 年，衡水中学提出了教学改革的"三转、五让"要求，即，"三转"——变注入式教学为启发式教学，变学生被动听课为主动参与，变单纯知识传授为知能并重；"五让"——在教学中，要让学生自己观察，让学生自己思考，让学生自己表述，让学生自己动手，让学生自己得出结论。他们明确提出，把长期以来"学生的学服从教师的教"的观念转变为"教师的教要服从学生的学"。依据新的教学理论，学校对课堂教学进行了大刀阔斧的改革，以文件形式规定减少教师的授课时数，把时间和学习的自主权还给学生；把自习课还给学生，教师不准以任何形式占用自习课；减少作业量，提高作业质量。学校从 1997 年以后，就向教师每年压一定的科研任务，学校制订了一系列措施促使教师由"教书匠"向科研型教师转化。实践证明："素质教育更能提高升学率！"

2. 全校刻苦拼搏，师生激情燃烧。衡水中学是培养师生精神气质的沃土。他们提出"校园是激情燃烧的地方""教师要守住自己的精神特区""学生能做到的，老师没理由做不到""事事都发挥到极致，处处都发挥出了最佳效能"。

他们提出，"两眼一睁，开始竞争""人生一分钟，奋斗 60 秒"，努力打造激情燃烧的校园。在高三教学楼大厅里，放大了泰戈尔的名言"只有经历地狱般的磨炼，才能炼出创造天堂的力量；只有流过血的手指，才能弹出世间的绝唱"，对学生进行吃苦教育。在高三的教室里，也有不同风格的标语，如"怕吃苦，吃苦一辈子；能吃苦，吃苦半辈子""流血流汗不流泪，掉皮掉肉不掉队""学而优则仕"等口号。这些标语，都是对学生进行竞争教育和拼搏教育的有效手段。他们每个人都透露着一种精神、一种自信，在课堂上，看不到一位学生无精打采，每位学生都那样的专注，感觉到的是学生各个精力充沛。学校到处是激情燃烧的声音："我要拼，我要搏，我要冲，我要赢"。学生跑步时"放飞青春，勇攀高峰""超越自我，挑战极限""高歌猛进，勇往直前""自强不息，志与天齐"的口号此起彼伏。

衡水中学充满激情，就像刚刚解放时人民群众充分发挥出了建设社会主义的劳动热情那样，忘却自我，忘记疲劳，一心为工作、为学习。他们要求老师"尽全心，出全力，负全责"，发扬西柏坡艰苦奋斗的精神。近年来，衡水中学选聘教师的重要标准就是要有激情。

1996 年，衡水中学明确提出了把学校建成一个"精神特区"的构想，近年来连续搞了 6 次师德讲座，学校提出：全身心地为了学生是教师一切工作的出发点和落脚点，教师要做到一切为了学生，为了学生的一切，为了一切学生。衡水中学没有一个老师打牌，找不到一个做家教的老师，甚至连一个抽烟的老师也没有。衡水中学的学生是这样说老师的："在衡中辉煌成绩的背后，有这样一群默默无私奉献的人——老师。每天早晨5：30，他们和我们一起起床，同我们一起跑操；晚上工作到十点、十一点更是家常便饭……"敬业是所有衡中老师的代名词，甘于奉献，务实创新是所有衡中老师的真实写照。广大教师要远离庸俗、远离铜臭、远离低级趣味、远离不正之风。

衡中人说："成功不在于你有多么聪明，而在于你近乎愚蠢的努力""成功者不是被用来顶礼膜拜的，而是用来被超越的""一心向着目标前进的人，整个世界都会给他让路"！

"激情＋抱负＋拼搏＋奉献"使衡水中学年年夺冠，创造了"一个教育的神话"，成为"全国基础教育界的一面旗帜"。

3. 始终重视过程，抓实每个细节。学校发展立足点要高，着眼点要低，操作点要实。衡中管理团队从细节做起，不以善小而不为。他们认为，管理的一般法则是科学，细节就是艺术。精于细节管理的人就是用智慧教育人的人，把关爱渗透到每一个工作细节。

学校精心营造格物楼、明志楼、求真馆、图书馆等教育建筑的文化氛围，力图用每一处教育景观去熏陶人，又培养学生强烈的社会责任感和良好的行为习惯，使学生学会感恩，懂得人要坚强，人要有容人之量，人要追求理想。

学校倡导"尊重的教育"，让学生学会自主教育、自主管理、自主发展，不批评学生，开展"三自主、无批评"教育活动，指导学生懂得"先自重，后人重"的道理，在"自己说服自己，自己感受自己，自己战胜自己"的体验中，从他律走向自律，从自律走向自觉、自为，进而走向成功、走向成熟。衡中张春晓同学说："天气凉了，老师会提醒我们加衣服。流感季节，老师给我们带来了板蓝根……"

衡水中学教学优质高效源于对课堂教学细节的精益求精，努力在课堂教学中挖掘潜力，他们要求老师们把握好"十大增长点"：调动学生参与课堂的主动性，使之成为课堂真正的主人；构建主体性课堂教学模式，让学生自主学习、合作学习、探究学习；课堂真正变成学堂，提高课堂时间利用率，杜绝课堂无用功；抓住考后分析环节，进一步发挥考试的作用；进一步提高习题讲评课的效果；充分发挥教研和集体备课功效；加强青年教师培养，提高教学能力和业务水平；规范习题选编，提高习题质量（衡水中学对作业要求是很严格的，每天的作业只能在自己的学科自习上做，上课留，下课收，剩余的公共自习和课余时间是不允许做作业的，这样学生每一次作业就相当于一场考试，学生独立思考，效率高，且时间均匀分配）；充分发挥现代教育技术的作用；进一步发挥听课、评课应有的作用。

德育工作中强调把每一个细节做扎实，做精彩。提出"人人都是德育工作者""先成人再成才"的思想，做到德育工作"全员化"，齐抓共管，保证每一项德育工作都能落实。校园内任何人看见一张废纸都会捡起。他们将德育由课内向课外延伸，在课内课外结合、校内校外结合的系列活动中，让学生体验成长的快乐，感悟做人的道理。

衡中对教师教学行为的管理特别严格、精细。如上课预备铃响时，教师必须在教室等候，上课铃响，教师必须站在讲台上。要求教师把每一节自习都当作考试来对待，把每一次考试都当作高考来对待。对作业的布置与检查要做到五有：有发必收，有收必看，有看必批，有批必评，有评必补。给学生布置的作业教师应该先做，尤其是青年教师，对课文后面的练习及补充练习都应做在教案纸上。为了提高教师素质，学校规定参加工作一年以内的教师，每周听课不少于 4 节，工作一年以上不足 4 年的教师，每周听课不少于 3 节。校园设置的双向教学观摩系统，能使领导和教师实时查看教室里的教学实况，保证了课堂教学的质量。

衡中构建了一个科学严谨、精确细化的管理体系。衡水中学积极推行"高站位决策、低重心运行、近距离服务、走动式管理"的独特模式，形成了一个良好的闭合回路和独具特色的生态管理系统。高站位决策，就是要求学校的领导在确立工作规划，实施工作过程中要高站位、高角度。低重心运行，就是把管理的实体下放到年级。近距离服务，就是要求学校向教师和学生提供零距离优质服务。走动式管理，就是要求教师常年开展每天与一名教师、学生交流，每天发现一个问题，每天发现一个亮点等"十个一"活动。

衡中的管理，总的概括是规范、精细。学校工作的每一个环节，都形成制度，以细致的指标去量化，样样落到实处。这些规章制度支撑起学校管理的结构框架，形成有效的运行机制，保证了学校各方面工作的高效率运转。北方多风沙，但衡中的校园如同宾馆，由此可见一斑。又如学校规定学生晚上 10 点熄灯睡觉，学生睡前必须上好厕所，10 点到 11 点学生不准上厕所。这个规定似乎很残酷，很反"人性"。但是细想，在这段时间，大部分学生刚刚入睡，如果一个学生上厕所就会影响一批人休息，从这个角度看这个规定恰恰是尊重了"人性"。

衡中学生的"跑操"时间虽短，但也抓得细、实。学生仪容之整齐、步伐之统一、队形之严密、口号之响亮、精神之饱满，跑出了精、气、神，已超越了它本身，而变成了振奋学生斗志、培养学生团结协作精神、荡涤学生心灵的课间"精神餐"。跑操，学生跑操前的几分钟等待时间里不见发呆、闲聊，而且拿着书或卡片大声地朗读背诵，每班的队伍都步调一致：一致的间距，一致的速度，一致的步伐。不让每一个学生掉队、增强团队精神，在这些小细节中展现得淋漓尽致。在跑完早操之后，学生大声唱革命歌曲。《大刀向鬼子头上砍去》《松花江上》等歌曲被学生唱得非常熟练，强化了国家荣誉和集体荣誉，就像刚解放时的劳动人民一样，学生充满了斗志，充满了干劲。

衡中在宿舍学生就寝管理也是非常周到细致的。全校实行统一就寝时间管理，没有学生看书，安静速度异常之快，学校规定晚上 10 点熄灯睡觉，学生睡前必须上好厕所，10 点到 11 点，学生不准上厕所。从作息时间表也可以看出衡中对学生管理的精细化程度，而且每一天有 60 多道铃声来提醒、催促师生员工该干什么。

在"衡中现象"中，最能引起我共鸣的是：重过程——全员合作，以纪律为保证，以方法为引领；抓实效——共创教育奇迹。

（三）衡水中学参观之感悟

山东省昌邑一中教师　刘芳

衡水中学之行结束了，短短两天的时间里，虽然只看到了衡水中学的凤毛麟角，对其了解还是走马观花、蜻蜓点水，但印象之深刻，使我受到了一种真真切切的震撼，感触颇多。

对衡水中学的认识

1. 这是一所人文校园。置身衡水中学，会强烈地感受到管理者精心营造的教育气息和文化氛围，处处体会到人文关怀。他们特别注重挖掘本校的人文教育资源，让出自本校的人才为衡中做出突出贡献的历届校友成为师生学习的楷模，激励现在的衡中人不断进取。如教学楼走廊被布置成博士长廊，历届学生中成为博士的画像被悬挂其上。其他场所,名言警句随处可见,尤其是出自学生之笔的励志之语更使人铭刻心中。我想,无论是谁置身于这种环境之中,都会被这种向上的气息所感染、所激发。生活在这样的环境,使人自律,让人自豪,令人振奋,促人奋发,这恐怕就是衡水中学打造《精神特区》的魅力所在。

2. 这是一所激情校园。师生精神状态好,对工作、对学习始终充满热情,办公区鸦雀无声,教研活动慷慨陈词,课堂上挥洒自如,行走间脚步匆匆。每个人都有明确的目标和强烈的竞争意识,有不甘落后的拼劲。该校最具特色的是课间操,下课铃声一响迅速集合。一个级部的学生,以班级为单位,快速而有序地跑到指定地点,在集合队伍的几分钟时间里,每一位同学手里都拿着一本书或资料在大声地诵读。集合后,每班的队伍都迈着整齐划一的步伐,同学之间始终保持十五厘米左右的距离,步调整齐的如同一个人,铿锵有力,震荡人心。那天,去参观学习的老师有两千多人,课间操时都涌到操场上观看学生上操。当时,很多老师拿着相机给他们照相,有的甚至走到他们面前,拍摄他们手中的书。可这些孩子并未受到任何影响,旁若无人,仍然全神贯注地读着,这的确让人震撼。

3. 这是一所幸福校园。衡中的每一名师生,都以对家的那一份感情,尽心尽力地忘我工作,尽忠尽职地呵护关爱着学校的成长壮大。他们把工作、学习当成一种责任、一种义务,工作学习并快乐着,付出享受并幸福着。

对衡水中学的感悟

感悟之一:细——严抓细管,养成自律自省的学习生活习惯。在衡中,你看不到学生追逐打闹、走东窜西,看不到学生在路上边走边吃、随地乱扔,也看不到学生的奇装异服、披金挂银,更看不到学生使用手机、MP3等通信工具,一切都是那样的井然有序,整个校园静悄悄的,教师在认真工作,学生在埋头学习。

我们有幸听了两节英语课。由于去得比较早,我们去时第一节课还没下。看到他们的教学楼,四周是教室,中间有护栏,护栏包围的空间从一楼到五楼是相通的,我不禁想到我们的学生,我们的学生在这样的教学楼上课会怎样。过了一会儿下课了,衡中的学生秩序井然,只有几个学生从教室出来,解决自己的问题。进入教室后我惊奇地发现,班里的学生都站在位上,手里拿着不同的英语书,在大声朗读。学生们这种惜时如金的精神,难道不值得我们学习吗!

感悟之二：激——激发鼓励，挖掘学生负重奋进的学习热情。在衡水中学，你随处可见巨幅的宣传画，学校大门两侧、食堂门口、教学楼的墙壁上……清华北大学子的照片和事迹介绍遍布整个校园，连教学楼的柱子上也裹着优秀学生的励志誓言，一幅幅照片、一个个事迹、一句句话语，怎能不激励学子们积极进取呢？

在教学过程中，我们能用到多少鼓励的语言，在找学生谈话时，有多少次是表扬而不是批评。往往，我们都没有意识到，一句表扬对学生意味着什么。现在，我们知道了鼓励的重要性，就让我们多用鼓励的语言，进一步加大表扬的力度，从各方面去肯定表扬学生，让更多的学生体验到成功的快乐，从而使自己朝着优秀中学生的标准去努力。

感悟之三：实——实教实学，切实提高"教"与"学"的效率。要真正做到"五个要让"：在课堂教学中能让学生观察的要让学生观察，能让学生思考的要让学生思考，能让学生表述的要让学生表述，能让学生自己动手的要让学生自己动手，能让学生自己总结的要让学生自己推导出结论，教师不能包办代替。该校教学具有以下鲜明的特点：重视教材，狠抓基础；及时当堂训练，强化解题思路与方法的指导，促使学生灵活运用所学知识；注重学生学习习惯的培养；科学系统地处理错题，学生把错题都剪下来，记入错题本。

人的潜能是无尽的，只要能合理地开发，每个学生都是一座丰富的宝藏。衡水中学的学生每天都是全力以赴地投入学习之中。

1. 老师切实提高课堂教学效率。衡水中学的作业不过夜，他们是这么倡导的，也是这么做的。衡水中学的课堂是朴实的，但也是有效的，老师的讲解不是盲目的，而是非常有针对性的。他们的"自助餐"，每天都是满满的一页，内容包括基础知识的归纳，典型题目及课外阅读资料。"自助餐"学生虽自由处理，但大部分学生都能很好完成。

我们的课堂教学经过多年改革，应该说取得了相当好的成效，但相比衡水中学，课堂针对性和实效性还值得加强。有些人在看到衡水中学学生跑操、打饭间隙在读书，认为孩子们这是作秀，但我并不这样认为。这样的做法，可以让学生养成珍惜时间的习惯，也可以把知识化整为零地学习。走在衡水中学，你看到的都是匆匆前进的身影，学生们惜时如金，这对我们来说，有着很大的启发意义。

2. 老师的备课做到了精细。衡中教师教学过程中的学案、练习等，都是提前两周甚至三周就准备好了。他们的学案要经过五个步骤：第一步，由两个老师设计出教案，教案中包含的是重点和难点；第二步，在集体备课时进行讨论修整，把不需要讲的内容去掉，把重要的知识点加上；第三步，根据讨论结果进行修改，并重新打印出来；第四步，由两个老师进行校稿；第五步，由一名老教师进行审阅，形成最终稿。相比之下，我们的学案形成过程并不严密。

3. 集体备课切实有效。我有幸参加了英语组的集体备课。在备课过程中，老师们各抒己见，毫无保留。主讲老师介绍了一个单词的重点用法，并阐述了自己的思路，最后一句话是：你们还有什么补充或意见？然后老师们就会发表自己的意见。就这样，集体备课在轻松活跃但又不失认真的氛围中完成了，这种方式使集体备课真正达到了资源共享的目的，也有利于年轻教师的发展。

对我校教学的启发

事实上，教育教学工作大致都一样，他们想到的，我们也想到了；他们做到的，我们也做到了。但总感觉有很大差距，究其原因，一是缺少理性的思辨、进取的信心、创新的精神、开拓的力量和睿智的总结；二是缺少落实力和执行力。因此，我们要做到：一是抓实课堂，抓实常规，组织编好并用好学案；二是抓好细节，比如惜时本、错题集、课间操等；三是向课堂要效率，向课下要时间，让学生真正动起来，制度是外因，学生是内因；四是让教师成为学科专家，新老教师帮教结成对子，互相多听课，多研讨，多做自我反思；五是加强团队精神培养，体现教师、班级、学科之间的合作精神。

在每一个教育教学环节中，衡水中学都非常注重锤炼学生的精神品质，学生们也以卓越的精神品质，演绎了一个个让我们感动不已的场景。对于衡水中学的经验，我们应该结合具体情况而开展具体的教育教学研究，相信通过我们共同的努力，我们也会创造一个又一个辉煌。

（四）精神特区和激情乐园

江苏省宿迁中学教师 佚名

近期，汤校长带领谷主任和我一起到衡水中学参加第六届中国卓越校长峰会。通过两天时间全方位的学习和参观，让我们每个人都感到很振奋，亲身感受了衡水中学的激情校园。

1. 激情点燃的校园。由于参加会议的人员达 2500 余人，大巴车只能停在离学校还有 100 米左右的大马路上，我们沿着 100 米左右的通道走向学校，只见两侧的院墙上布满了衡水中学的集体荣誉、各种统计数据，今年考取清华北大、港校、中科大少年班等学生的大幅彩照及介绍，让来宾还未进入衡水中学，就有一种非常振奋的感觉。

走进衡水中学，给人强烈震撼的是衡中人激情向上的精神风貌。如课间跑操令人热血沸腾，每个学生的脸上都写满了自信，精致的宣传橱窗、喷绘灯箱里到处是豪言壮语，各种社团活动的海报、简报林林总总。置身其中想不激情飞扬都很难做到，所有马路两边都是近两年考取名校的学生宣传；所有教室外面都有统一规格制作的大小两块宣传牌，小的一块上面是班主任彩照及班级目标和班主任寄语，大的一块上面是班级学生中各种典型的表彰，学生宿舍干净整洁，一尘不染又不失个性，每个宿舍都洋溢着浓浓的学习氛围和高尚的生活情趣……

三个年级学生到食堂就餐，没有一个以散步或步行的方式，学生就餐后，自觉将碗送到回收的推车内，勺子自己带回教室，为了节省时间，所有学生都不用筷子，从离开教室到回到教室，高三只用 15 分钟、高一、高二只用 20 分钟，食堂没有任何塑料袋、一次性饭盒，小卖部只卖文具，不卖任何食品，所以，校园里也没有什么垃圾。

一进办公区域，"让校园成为激情燃烧的乐园""把学校建成一个精神特区""给学生终生难忘的教育""素质教育更能提高升学率"等到处都是的宣传栏、口号、标语就映入眼帘，所有教室里张贴"衡中学生誓词"，每间办公室张贴着"激情是工作的灵魂"等标语。

跑操是衡水中学一道亮丽的风景线。下课铃响，学生们全部是跑步奔向指定地点，集队速度非常快，跑操时队伍非常紧凑，排与排之间几乎没有间距，但步伐整齐、铿锵有力的跑步声、口号声此起彼伏。他们的精、气、神已超越了跑操本身，变成了振奋学生斗志、培养学生团结协作精神、荡涤学生心灵的精神大餐。

2. 强烈的竞争意识。在衡水中学，无论老师还是学生，表现出来的是人人争先、唯恐落后的精神面貌。"两眼一睁，开始竞争"，学生从争起床速度、争宿舍卫生、争操场列队、争队列整齐矫健、争口号是否响亮、争精神风貌是否朝气蓬勃，到争谁先到教室、争谁先进入学习状态、争谁的学习效率高、争谁的学习习惯好……衡水中学青年教师在四年内必须过"五关"，即思想品德关、教学技能关、教材教法关、教育管理关、教育科研关，过关后还有五个等级的荣誉称号——希望之星、教学骨干教师、最受学生欢迎的教师、优秀学科带头人、功勋教师等。

3. 高效的课堂教学。通过各种学习，不难发现，全国所有学校都在搞课改，都在搞高效课堂模式，不管是宝应中学的理想课堂、衡水中学的高效课堂，还是昌乐二中的 271 模式，只是各自所起的名字不同，但本质上都立足于两个转变：一是教师角色的转变：师长变学长，教师变教为启，变教为帮；二是学生角色的转变：学生成为学习的主人，变被动接受为主动探究。

（1）大力改变课时结构。学校有意识地减少教师讲授时间，增大学生自主学习时间。课前发给学生学案、作业题、"自助餐"，即使高三复习，也没有用现成的资料，导学案与资料全部是教师自己动手编印。

（2）还原自习本来面目。他们把自习分成学科自习、综合自习和合作自习。学科自习老师必须进班，巡回辅导，但不能讲课；或是发试卷，学生严格按照考试要求自主完成试卷，下课铃一响学生自动停笔，收齐试卷。综合自习每天 2 节，完全由学生自由支配，老师不得进课堂，主要解决学生遗留的问题。合作自习每天 20 分钟，完全让学生自主讨论、研究。

（3）让学生去自主思考。学校坚决把习题量减下来，还给学生充足的思考时间，如每天的学科自习结束时收齐作业本，这样就要求教师布置作业要精，布置作业的目的是让学生思考，同时也保证了之后的综合自习时间，给了学生自主学习的时间。

（4）错题的纠正常规化。每个学生都有两个本子，一个笔记本，一个错题积累本。笔记本主要记录课上的一些重要知识，或是自己认为重要的知识点。错题积累本则主要是汇集每次考试的错题，可以抄写，也可以粘贴，题后还详细标示了错题对应考察的知识点、能力、解题方法。

（5）禁止任何教师拖堂。如果老师拖堂，说明备课不充分，没有设计好课堂。他们认为侵占学生的自习、休息以及活动时间，是一种不道德的行为。

（6）注重每次考后分析。考试后分年级、班级、学科、教师、学生个人对本次考试进行分析，要求学生写讲评后的满分答卷，分析失分原因，将试卷二次回收。

这些做法说明，衡水中学充分认识到了学生是教学的主体，认识到教师在教学过程中必须突出主体、尊重主体，认识到大力提高课堂 45 分钟的教学效率是突破课堂的关键。

三、历届校友看衡中

（一）我看衡中成功之道

校友　陈春芝

这些年，衡中作为全国基础教育领域的一面旗帜，吸引了太多的眼球，也催生了关于衡中的太多话题。参观者摩肩接踵，取经者源源不断，探秘者纷至沓来。人们都想知道，衡中究竟有什么仙术，以至于让她书写了如此的高考神话？作为一名教育工作者，尤其是一个曾在衡中工作多年，亲眼见证了衡中崛起的教育人，似乎总觉得大家太过偏重于追寻衡中的成功教学之术，对于衡中的成功教育之道却探究不足。成功是优秀的副产品，精品是文化的衍生物，实际上衡中的成功正是源于衡中人的成功教育之道。

1. 激情教育，让青春燃烧。在参加省内外各种活动场合，不少教育界同行和朋友都多次问到这样一个问题：你们衡中成功的秘诀是什么？我总是很认真地这样说："衡水人以饮'老白干'而闻名，衡中的成功之道正是善于把师生基因中那种老白干的烈性都激发了出来"。让校园成为激情燃烧的乐园便是衡中的生存理念。

的确，作为一个老衡中人，我曾是她发展的经营者之一，曾零距离地感受她、品读她。我觉得衡中能有今天这样辉煌的成绩，激情教育正是她成功的秘诀之一。衡中的核心理念是：学校应是一个精神的特区，在这里，教师是燃烧的一团火，学生是一团火在燃烧！从"激情班会"到"激情课堂"，从"每日激情领誓"到"激情跑操"，对三尺讲台，教师们不是仅当成传授知识的舞台，而是当成燃烧青春的舞台、激扬生命的舞台、播撒文化的舞台。对求知学业，学子们不是仅当作任务去完成，而是当作理想去追求、当作事业去打造、当作人生去塑造；衡中人用坚韧锻造坚韧，用梦想牵引梦想，用智慧浇灌智慧，用希望升腾希望！激情教育让衡中广大莘莘学子龙腾水、凤达天、梦遂愿！

2. 本色教育，让改革理性。做教育不仅要有激情还要有理性，因为教育不能没有梦，但是教育不是梦。为追求优质教育之道，衡中人一直在不断改革、不断探索、不断创新。但这种改革和创新是建立在遵循教育发展规律的前提下进行的，是建立在符合客观实际和青少年身心成长特点条件下进行的，是建立在科学论证和理性思考基础之上进行的。教育改革不能剑走偏锋，不能随意而为，不能跟风而行。教育有其本色、本质、本源，需防歪、治偏、戒浮。不学别人是等死，硬学别人是找死，关键是让自己的骨头长肉！

在衡中人看来，教育就是让每一个学生在成长的每一步都不被耽误，让学生在适合他的每一轨道上都跑出最快的速度。因此，教育必须顺应时代发展和青少年成长特点，不断改革创新。但教育改革应该圆润、自然、顺畅，合乎教育的发展规律，要打磨掉学生被课改的生硬棱角。课改的成功不在于对教育的形式改得有多活，而在于对教育的真谛悟得有多深。课改不能只为好看而走场作秀，不能为追求形式而画蛇添足，不能为讲究环节而千人一面。

教育事业的特殊性质决定，做这份工作不能有一点投机取巧和主观臆断。改革不能让不良思潮占据决策思维，不能让大脑成为各种意识的跑马场。课改做实了，是平地高楼；做虚了，是海市蜃楼。课改变味儿，素质教育的天平就会失衡。衡中的成功正是在于他们能沉下心来、不追风、不浮躁，而沉淀内心，则百事可为。

3. 精致教育，让追求卓越。往细里做，往精里做，往实里做，往师生身边做，是衡中人对工作的要求。他们努力让精心成为一种品质，让精细成为一种习惯，让精致成为一种常态。

在教学中，老师们精心制订教学计划、精心书写教学设计、精心选择教学方法、精心打造教学过程、精心组织教学训练、精心搞好教学反思。这里的每一课、每一题可能不是最经典的，但一定是最适合学生实际的、效果最佳的。因为他们精心考量了每一类学生、每一类知识、每一类题型、每一种情景。

衡中推行精细化管理。在工作中力求不能有一丝一毫的懈怠，不能有一时一事的疏忽，不能有一言一语的偏差。教学上不能有一字一题的闪失，理财时不能有一分一厘的流失，后勤中不能有一针一线的浪费。细节好，事业成，不成也成；细节坏，事业败，不败也败。细节决定成败！

衡中教育人们要常常思考，我和精品差多少？从党员干部管理的"一三五八工程"、校本研修的"七子工程"到每周的"一课双磨"运行模式等，无不体现着衡中的这样一种管理理念，那就是——能够做到的就尽职尽责，能够做好的就尽善尽美。他们说干教育这行不干则已，干就干个最好；不做则已，做就做个最精。追求卓越的校训正是衡中精致教育的写照。

衡中人做事是精心的，精心到工作中的每一时、每一刻，精心到过程中的每一分、每一秒；衡中的管理是精细的，精细到生活的每一点、每一滴，精细到行动中的每一事、每一时；衡中的管理是精致的，精致到校园里的每一角、每一落，精致到践行中的每一环、每一节。正是由于做到了这些，并且做出了特色，才使得衡中能够在短短二十多年的时间里，化茧成蝶，成就了今天的辉煌。

（二）衡中给了我们什么

校友　段文思

真的好想回到衡水，回到那能给我一些难得历练的母校——衡水中学。当经过浮浮沉沉终于跳出衡中成为校友后，当经过客观冷静的回忆和思考后，我发现，衡中之所以在越来越多的学校学习衡中模式的今天，仍保持领跑优势，很大程度取决于衡中人的效率、热情与敢于追求。

衡中效率是一种值得向社会推广的精华。在中国的高中，很多学校打起了时间仗，"通宵自习室"常见诸报端，高中生做作业到深夜12点已被人们认为理所当然。但衡中一直保证学生每天从晚10：10到早5：30加中午一个多小时的睡眠，并以严格的纪律加以约束。在这种条件下，我们打不起时间仗，只好在自习时干更多的工作。现在耳边仍可听到四周沙沙的写字声，连翻卷子都显得那么刺耳。班主任总在强调着，自习前把所有要用的东西都摆好，安排的任务要多于自己的能力范围。总之，就是不要让自己闲下来浪费时间。当我们学习的时候，脑子要不停地飞转，要在有限的时间创造更多的价值。上了大学，刚刚大一的我已觉察出了清华的快节奏：路上不停的飞车、十几分钟便已满员的礼堂、偶尔开到半夜十二点的会议……终于发现衡中的效率是我如此宝贵的一笔财富。当我一天下午打完三篇实验报告时，舍友那惊异得合不拢的嘴巴让我忽然有一种小小的欣悦。

　　而热情，这种概念模糊的东西，在不同的场合，从不同人的身上表现出不同的魅力。身为学生，因为年少，所以张狂。我们还会在停电的一片黑暗中嚎叫欢呼；冬天的雪上还会印着我们的班号，散落着破碎的雪球来昭示我们"破坏"的痕迹；生物奥赛考试结束归来时，我们在包车里大笑大闹，不顾外面细雨霏霏，直到我们的老师"康姐"《我们的青春哪儿去了》的令人哭笑不得的深情朗诵响起时，才稍显安静。我们的热情不狂野，不会在宣誓时声嘶力竭吼得喉咙发硬。但我们的热情又很广泛，大家既会为动漫而疯狂，又会被当时复杂的卡扎菲事件牵动眼球。理科的孩子们并不"呆板"，因为我们正值青春。

　　而老师则把他们的热情倾注于轮回的奉献中去。我很少感觉到有老师能把他的作用发挥得如衡中老师一般充分。我们逃脱了埋头资料的海洋搜寻的命运，在老师层层把关、精挑细选的题目中锻炼自己的思维。当时学校开放日有一队外校老师来我们班听习题讲评课，那位坐我旁边的老师瞅着卷子难以置信地问我："这种难度的作业你们一节课能做完吗？"我只是淡淡地说："习惯就好。"面对高考各种难度的题型、各种怪异的题目，我都只有一种平日习题的淡然。从这一点上讲，衡中的学生很幸福。而这种幸福，就源于老师们给我们的铺垫。面对不一样的面孔，唯一不变的是他们的事业心与爱心。信老师兼任处室主任，仍把班级打理得井井有条，亲手为我们选购月饼、煮汤圆；于老师为便于学生理解，细心地设计流程图，写满一张又一张纸，冒着冷风亲自去车站给我们订票，她说她是衡中最幸福的老师；而王文霞老师手术后休息期间仍回着我的短信："很好，勿念。上大学离开家，要注意身体，不要懈怠。听你的好消息"……数不清的感动与感叹。老师们付出了很多，家庭、身体、精力，等等，年年如此。我在这里，在昨天、今天、明天都祝福他们。

　　衡中人的效率与热情，都体现了一种衡中精神：追求卓越。面对一年又一年不断刷新的成绩，衡中只说要再造高峰，明年会更好。敲定要开展奥赛工作后，衡中从师资、制度等的零起点开始着手准备，从奥赛兴趣小组到奥赛班，一个在这方面尚处起步阶段的学校创出了令人惊异的战果。只要做了，就要做到最好。要强但不逞强，只是为了打造衡中气质——一种自信的霸气。

　　永远不会忘记高中三年来，每次放假往往返返的行程，不会忘记最终离开母校时，蓦然回首看人头攒动处，校门越来越远时心中五味杂陈的感受。就像我永远也不会忘记母校给我的财富，那是我走在大学、走向社会的必备背囊。

如今我刚步入所有高中生梦寐以求的大学阶段，并没有"堕落"，因为我脑海里深深刻着衡中的烙印……

（三）那青春的温暖回忆

校友 王倩

初入燕园，静坐在未名湖畔，徜徉于各种林荫小路。一种崭新的生活渐渐开始，在不同的教室奔来奔去，和不同的同学一起上着不同的课，却忽然在某个仰望天空的瞬间，想念起那些一回头就是你熟悉的面庞的日子。低下头打开手机，锁屏图案依然是衡中生机盎然的校园，承载着有关青春的、最温暖的回忆。

开学了，朋友的签名改成了"自我介绍时最吸引目光的方式就是告诉他们我来自哪所学校"。确实，当来自云南的同学表情复杂地说，"你是衡水中学的啊！"我的心情也复杂了……于是，我越来越多地发现母校衡中其实已经被外界多多少少扭曲，甚至妖魔化了。和同学聊天时，我总忍不住会思考：真实的衡中，到底是什么样子？

我眼中的衡中，拥有着素质教育。高一的远足和高二的成人礼；一流水平的教师节晚会和展示风采的各种"十佳"评选；我们一起开的团活，我们一起排演的话剧《茶馆》，我们一起手牵手跑完的 3000 米……衡中教会我坚守，教会我开朗，教会我责任，教会我什么叫兄弟情深。我感激甚至庆幸我个人品格塑造的关键时期是在衡中度过的，所以我的青春是不简单且不乏味的。我可以放下性格中的自卑、胆怯、畏缩、优柔，根正苗红、蓬蓬勃勃地在衡中茁壮成长起来，有阳光，有雨露。

我眼中的衡中，拥有着人性化的教育。在北大，我认识了一个来自河北省其他学校的同学，得知我是衡水人后，他立刻大发牢骚，说他们学校学习了所谓衡中模式后，他们过得"水深火热"。而对比之后，他又无奈地大呼上当。当他们在挑灯夜战，我们已经进入了梦乡；当他们中午勉强抵抗住睡意做数学题时，我们安然地在宿舍小憩；当他们奔跑在食堂和宿舍之间，我们正走在校园的小路上，看一眼旁边的玉兰花开得正好。每天八小时的睡眠，严格的查寝，四季都有的午休，禁止"跑餐"的制度……张校长曾说，学生的身体是最重要的，所以学校会全力保证你们的身体健康。如清华那一句"为祖国健康工作 50 年"的口号，衡中一直在守护着我们的健康。

我眼中的衡中，拥有着奉献教育。总会听到有人苛责衡中的题海战术，其实衡中从不会盲目机械的把大量的题扔给学生。学校规定老师不允许直接为学生订购辅导书，因为每本书都有其不足之处，于是学案、作业、自助……每一张试卷都是老师们从各种题目中精挑细选出来的。他们精心地编排着试卷，认真地备课，耐心地批改作业，查找着各种资料。熄灯后他们依然在宿舍巡视，早操前他们最早到位。他们兢兢业业，以身作则。从学习态度到饮食休息，事无巨细，他们嘘寒问暖。那时心情不好总会找老班聊天，他睿智而充满鼓励的眼神深深烙刻在了我的心灵深处，引导我走出情绪的每一次低谷……

朋友说："我不知道你眼中的衡中人是什么样子，但我知道自己应该成为什么样子。"略带霸气的一句话，让人击掌叫好。面对了太多关于衡中的非议后，我也终于释怀。再怎样的辩驳也太过苍白，不如带着我从衡中学到的那些东西好好地、骄傲地走下去，便是最有力的证明了。

还记得那句"我行，我能行，我一定行"吗？原来追求卓越的衡中精神早已在身体流淌，血脉为缘，天地为鉴……

咖啡还续，书签还新。夏天已经擦身而去。树叶还绿，发丝还青。时光却从不曾逆行。那个传说中的黑色夏天已经过去，转过身却发现只不过是电光石火的刹那。我总是忍不住怀念那时那个匆匆穿行在校园里的小女孩，也许灰头土脸，但满眼都是追逐梦想的光芒。一边抱怨数学题太难，一边低下头为了未来一笔笔认真地演算。我热爱衡中，不只因为她是学习者的天堂，是什么"清北摇篮"，更是因为我曾在那里和有着灿烂笑容的他们一起为着梦想努力过。衡中让我明白，环境对人的性情与未来的影响究竟有多大。

夜深了，电脑里恰恰播到了那一曲《老男孩》，这个结尾到底太流于感伤了。其实，在最美好的年华，只要简简单单地疯过，就不算白活。人生许多事，即使徒劳无功，但求无怨无悔。也许，转过弯，你会发现有一种叫作水到渠成的成功就在不远处等待着你，春暖花开，一片灿然。

（四）谈衡中的素质教育

校友 弓健

衡水中学，以其居高不下的升学率、连创新高的重点大学录取人数享誉中华大地。与此同时，衡中的素质教育也为人称道。它注重发掘学生自身的潜力，举办了丰富多彩的课外活动，以促进学生的全面发展。在此谨采撷一二，以飨读者。

一年一度的读书节活动给我感触颇深，也许是自己从小喜欢读书的缘故。首先是旧书拍卖活动，各班在特定时间、特定地点将挑选出的图书摆成摊，同学们为一本书讨价还价，或是几个同学为争一本中意的书而争得面红耳赤最后却一笑化之的情形随处可见。这样的活动增强了我们的商品意识，提高了交往能力，还增进了同学们之间的友谊。

读书节的重头戏，莫过于层层选拔又精彩无限的"读好书，立大志"演讲比赛。先是各班海选，最优秀者方可进入复赛，再是年级评比，即兴演讲，评委（级部老师与学生会的成员）评分，名列前茅者才能进入最后的角逐。最后要经过一系列的修改讲稿、反复排练才能正式登台。

2003 年，我鼓起勇气参加了演讲比赛，并有幸代表我们 227 班参加了年级复赛。面对 17 位同是从各班脱颖而出的志同道合者，心里还真有点七上八下。三分钟即兴演讲，如何展示出真我风采，令评委心服口服。我思考着，逐渐平稳着心情。

轮到我出场了，我深吸一口气，微笑着向评委们问好，本来略略紧张的气氛变得轻松愉快起来。演讲从一个故事开始，最后以毛泽东的"孩儿立志出乡关，学不成名誓不还。埋骨何须桑梓地，人生何处不青山"作结。讲完后，我看到了评委微笑的表情，心想这下没问题了。

当我接到参加最后比赛的通知时，便开始着手准备讲稿。此时，老师和同学伸出了援助之手。写文章最有文采的赵飞同学自告奋勇地接过了这一重任。脱稿后反复修改，许多同学都提出了宝贵意见，又请语文老师指正，多次删改后终于定稿。在这一过程中，班级同学间浓浓的友谊温暖了我的心，安抚着我的心绪。即使比赛不成功，却也实现了组织者的初衷——增进友谊，增强凝聚力。

在无数次修改与排练之后，我如愿以偿地登上了礼堂的舞台。站在话筒前，我听到了来自我们 227 班的掌声与欢呼，一股暖流霎时注入了心田，莫名的勇气使我开口了："滚滚的历史波涛，淘尽多少英雄豪杰……"无意中瞟了一眼台下，那些熟悉的面孔都在向我微笑．我信心十足地讲了下去："……读书取正，读易取变，读骚取幽，读庄取达，读汉文取坚，最有味的还是这卷中岁月……"来自我们团结的227 班的掌声响起来了，尽管这次演讲比赛我只得到了三等奖，但我不仅锻炼了胆量与口才，我们的友谊也锤炼得牢不可破。

读书节的活动是丰富多彩的。短短一月内，同学们借阅了无数好书，无数优秀的作品深入人心。在茶余饭后的讨论中，我们对文学的理解更加深刻，灵魂也为之升华。旧书拍卖活动与读书演讲活动，更是素质教育的集中体现。在这些活动中，同学们的素质得到了全方位的提高，进而提高了学习成绩。寓学于乐，何乐而不为？

从一个小小的读书节活动，我们看到了整个衡中的素质教育，看到了以人为本的教育理念，看到了衡中学子追求卓越的精神。作为一名从衡中走出的学子，我想说：衡中的素质教育的的确确不仅提高了升学率，也全面提高了学生的个人素质。

（五）衡中现象之我见

校友　佚名

"木秀于林，风必摧之；堤高于岸，浪必摧之。"

一段时间以来，随着衡水中学高考连创佳绩，对他的质疑之声也越来越多，甚至连大名鼎鼎的 CCTV 都加入这一行列，就连梁宏达这位我非常尊重的新闻评论人也发出"衡中是黑洞"的惊呼。

很多没亲身经历过衡中生活的人，看热闹不嫌事大，跟着煽风点火，充分发挥"墙倒众人推，破鼓万人锤"的精神，纷纷拍案而起，指责衡中是应试教育，甚至是泯灭青少年天性，是人间炼狱。唉，让我这个老衡中人怎么说你们呢？

首先，说说我的经历吧。本人于 1978 年出生在衡水郊区的一个普通农村家庭，一路跌跌撞撞——考入衡中，考进 211 大学，毕业后顺利进入省城一家国企。目前混得一般，勉强也算有房有车吧。自问上对得起天，下对得起地，中间对得起单位。有些人在媒体上大声疾呼，衡中害了那些学生。我不知道衡中害了谁，反正衡中让我一个普通农家子弟，能够在省城立足，然后还有点闲钱带着操劳大半辈子的老爹老娘四处去转转，就凭这一点，我一生都感谢衡中。

很多人喜欢拿素质说事，说衡中是应试教育，不是素质教育。其实，我觉得这是国人惯有的一个思维定式。敢问，应试教育跟所谓素质教育一定是对立的吗？应试教育必然导致素质低下吗？其实，在说素质之前，"素质"是个什么东西，大家恐怕都没有一个很清晰的概念。专家整天说素质教育，但什么是素质教育，似乎从来没有谁给下个明确的定义。那么，我就说一下，我对"素质"二字浅薄的理解。我觉得衡中的教育就是素质教育。早晨 5：30 起床跑操，不是在培养身体素质和意志品质吗？不允许在教室吃零食影响别人，这不是在培养公共意识吗？不允许打饭插队，这不是在培养规则意识吗？谁敢说这些不是素质教育？

感觉很多人对素质的理解指的是艺术鉴赏能力和人际沟通能力。

首先，我认为这样的理解是不够全面的。琴棋书画这些东西，大家只能根据自己的实际情况，自由选择，当社会发展到一定阶段的时候，不用你引导，大家自然就去学或者说去关注那些东西了。我小时候，几乎很少同龄人有条件学音、体、美，现在到我家闺女这个阶段，琴棋书画一个不落，溜冰、羽毛球都尝试过，在哪方面有天分，就着重学哪个。为什么？有这个条件了。甚至，我现在没事的时候也会去逛逛美术馆，听听古典音乐。艺术兴趣的培养是社会发展的结果，而不是社会发展的原因。生产力要发展，还是得靠大家学习技能，真抓实干。

再说人际沟通能力。首先，我不认为每个人都要具备市场营销人员一样的沟通能力。术业有专攻，让沟通能力强的人去搞协调，让能坐得住的人搞研究，分工协作，各展所长，有什么不好？回头再说，衡中的教育伤害了孩子们的沟通能力培养吗？在网上就能看到衡中的孩子竞选班长时指点江山的气势，谁敢说这样的孩子沟通能力差？

下面我得说说媒体了。先说大名鼎鼎的 CCTV 吧。2013 年 6 月 6 日，CCTV13 频道报道了央视记者谭某到衡水中学实地考察的新闻。大家可注意到，主持人侯某问谭某："你也采访了几个学生，他们的回答好像也很积极很开朗，这是不是偶然现象？"。谭某回答："这是大部分同学的一个精神面貌"。但是接下来，拙劣的表演开始登场了。对于大部分积极开朗的同学，一语带过，然后谭女士和侯先生一唱一和，浓墨重彩地描述了一个晨读的女同学的表现如何近乎疯狂、麻木，对她的到来不理不睬、不闻不问。我只想对谭女士说，不要觉得自己举着一个 CCTV 的 LOGO，那些孩子就要对您夹道欢迎，甚至顶礼膜拜。我认为您和侯先生这种选择性的描述，是对媒体工作者客观公正这一职业道德的亵渎。孩子们和家长们的目标，只有一个，努力三年，考个好大学，找个好工作。现实就这么残酷，站在你们的角度，可能觉得那是疯狂，不可理解，可对于大多数孩子来说——值。

有点激动了，呵呵。况且大多数孩子，都是积极、开朗的。谭女士非要拿着放大镜，在衡中找一个她想象中麻木、呆板的学生，当然可以找到。我想，如果足够用心的话，谭女士同样可以在北京四中找到一两个这样的学生。所以，你们这篇报道，是事实，可同时更是被修饰、雕琢之后，欲盖弥彰的事实。

再说梁宏达先生，在2013年10月22日辽宁卫视一档脱口秀栏目《老梁看世界》中，梁宏达先生直言不讳的评价衡中是"超级黑洞"，跨地区掐尖，起来他一个，倒下一大片。跨地区招生这件事恐怕谁也否认不了，但是所谓"起来一个，倒下一片"的说法就值得商榷了。试问哪个学校倒下了？何谓"倒下"？哪个学校因为衡中关门了。有些学校升学率低了，可能校领导面子上不好过，可是对那些孩子能有多大影响？到底是谁影响了那些孩子的高考备考？当某些学校领导，抱怨衡中跨地区掐尖的时候，却不知道扭头看一看，衡水二中今年也有25名学生考取了清华、北大。如果说升学率低是因为衡水一中掐了尖，那衡水二中没尖可掐了吧？你们有几个学校清华、北大的录取人数超过了25人？其实，归根到底，大家都是一个起跑线，高中学三年，参加统一命题的高考，考不出好成绩，责任在谁？相信公道自在人心。

衡中跨地区招生，导致其他学校教学质量下降之说，真是无中生有。教学质量是由学校的教学和管理来保证的，其他地区的中考高分学生选择了衡中，只可能会造成高考时当地尖子生少，这跟影响教学质量有什么关系？即便其他地区的中考尖子生，不来衡中，留在当地，其余的那些差生就能拼得过这些中考尖子生了？他们来衡中，只是因为更有利于自己高考备考而已。你说衡中招收这些学生，破坏了教育公平，那让这些孩子留在老家，带动老家的差生，对他们就公平了？中考尖子生有义务承担起带动本地差生的责任吗？

感觉梁老师这种观点明显是计划经济的思路，用政治外力去影响、控制资源的合理流动。衡中的招生过程公正、公开，对衡中的教学方法，大家都清楚。人家信任衡中，愿意来；衡中欢迎中考成绩好的学生，愿意收。于情于理，有何不妥之处？

衡中有优势不假，但是衡中的优势来的光明正大。跟大家讲讲我在衡中读书时的一些经历吧。本人1994年至1997年，在衡中读书。那时候是衡中的起步阶段。高三一年基本上都是在复习，这在绝大部分高中都应该是这样吧。我们读高三时，有一个环节是各班老师串讲。每个老师把自己最擅长的一部分知识内容，拿到每个高三班去讲。因为每个老师的授课方式各有特色，这样可以让学生们对相同的知识点，从不同的角度去理解，起到加深印象的目的。老师们，虽然只带某个班一段时间，可是依然会拿出百分之百的精力给学生们悉心指导，毫无门户之见。试问，这样的胸襟和气度，有几个学校的老师具备？这就是衡中老师的胸怀。正是那一批老师的无私奉献，为衡中积累了口碑，为后面的跨越式发展打下了良好的基础。

衡中能在众多学校中脱颖而出，发展成今天的高考航母，可以说每一步都走得踏踏实实。至于学生们愿意坐着航母奔赴高考，还是愿意坐着巡洋舰奔赴高考，学生和家长必然会做出最现实的选择。

指责衡中跨地区掐尖，其实挺无聊的。清华、北大不掐尖吗？哈佛、耶鲁不掐尖吗？怎么没人指责呢？其他地区的高中，就不想到别的地方掐尖吗？只是没那个能力嘛。网传清华大学的某些教授不喜欢衡中学生，觉得衡中学生接受新知识能力差。首先，不知道该消息的真假。即便是真的，我想很大一个原因也是因为衡中的学生多，样本多了，当然可以找到一两个表现不尽如人意的。而且衡中名声在外，每个从这里走出去的学生无论表现好还是差，或多或少都会给打上衡中的标签。我可以证实的，是我的两个同届校友，并非我们那一届的顶尖成绩，到了北京航空航天大学，照样年年在系里名列前茅。

有人指责衡中的封闭教学是军事化管理，这种说法也对，也不对。管理严格不假，可那真是为了孩子们呀。封闭校门，学生虽然出不去，可是外面的小混混也进不来呀。家长把孩子放到衡中，不用担心孩子的安全问题。不让男女生交往过密，更是为了孩子。大家都是从那个年龄过来的，十六七岁正是个懵懵懂懂的年龄，也是为将来打基础的年龄。这个年龄把持不住，偷食禁果的事情恐怕早已不是新闻，可哪个家长愿意孩子在这方面犯错而抱憾终生？至少，家里有女孩的家长，把闺女放到衡中，可以扫除这个后顾之忧。

把高考当事业，不是衡中的错，不是学生的错。现实就是现实，那些有能力在公共话语平台上指点素质教育的人，他们孩子都不用为将来的出路发愁，当然可以站着说话不腰疼。对于现阶段的绝大多数中国老百姓来说，考个好大学，找个好工作，就是最现实、最迫切的需求。

要让大家放弃高考这个独木桥，强制是不可能的，拿素质说事儿更没用。办法只有一个，那就是提高社会福利。等到实现了全民公费医疗、免费教育的时候，等到大家卸下这些林林总总的生存压力的时候，像衡中、西工大附中这些高考航母的光环才能真正褪去，他们的历史使命才能真正完成。

四、学生家长看衡中

（一）有升学率的教育才是真正的素质教育

2014 届毕业生家长　胡子宏

2014 年高考成绩揭晓，关于衡中的褒贬，甚嚣尘上，见诸各个媒体。报章网络的评点，既透出了对衡中 104 个清北录取量的惊讶，又表达出对中国教育的忧思。作为教育工作者，可以从诸多的教育理论上，对衡中的办学模式，以理想化的视角进行评点，从而得出"不利于素质教育""妨碍学生健康成长""掠夺本省优秀生源"的结论。但是，全国各地那么多的校长、老师去衡中参观，总是验证着这所超级中学的无穷魅力。

成绩就是硬道理，你服，你不服，升学率就在那里；你批，你不批，大批优秀生源总是涌向那里。从宏观角度讲，衡中的褒贬总是被人说得头头是道，但具体选择上，假如你是中国最伟大的教育家，一边儿是高升学率的衡中，一边儿是一年几个"985"升学量的普通中学，你让自家孩子去哪所学校上学呢？理论上的头头是道，总比不上现实选择的残酷性。

衡中真的那么残酷吗？衡中为什么成为众矢之的？衡中的魅力在哪里？若非自家孩子在衡中就读，谁能说出个子丑寅卯呢？

1. 衡中的现实，就是中国教育的现实。衡中的存在和发展，是教育和社会现实提供了丰厚的土壤。

在河北，不仅没有一所"985"高校，甚至仅有的一所"211"高校——河北工业大学，也是在天津。当北京的孩子们优哉游哉地享受着北京几十所"985""211"大学名额的时候，河北人民的孩子只能眼睁睁地盯着被分配的少数名额。在天津，有南开，有天大；在上海，有复旦，有交大；在江苏，有南京大学，录取的大半是江苏学生；在浙江，有浙江大学，7 成录取的是浙江学生。这种教育资源的偏差，虽然呼吁了很多年，但至今仍未改变。

僧多粥少，现实必然会催出激烈竞争的恶之花。许多专家学者从教育理论的本身去分析，好像头头是道，句句在理，但是没有摆出高等教育资源不均衡的终极原因。他们只是看到了孩子们在"抢食"，却不敢说"粥少"。

素质教育喊了多少年，貌似找到了教育的真谛，但是仅仅停留在从国家建设和民族发展的层面上，试图让学生摆脱苦读书的现状。然而，中国社会阶层的固化，验证着低收入阶层的孩子只能通过高考，获取通往高阶层的位置。俗话说，王侯将相宁有种乎？如果没有高考，没有高考的激烈竞争，河北百姓的子弟，又怎么能够享受"北上广"优越的生存资源呢？因此，对于个体的百姓而言，愿望只有一个，就是让孩子考上名牌大学。我家孩子只有上了名牌大学，才能有个好饭碗。这是河北百姓子弟生存的首要选择。衡中被外界褒贬，被其他学校诟病，但在家长和学生心里，是通往成功的坦途，受到人们的拥戴。

然而，衡水是一个经济欠发达的地区，衡中成为全国基础教育的旗帜，难免被人视为奇迹。相比之下，人大附中也是中国高中教育的巨无霸，却没有被人们推上舆论的风口浪尖；在西北，西安的西工大附中 2013 年高考也考入清北 104 个，却没有遭遇学者专家的口诛笔伐。当河北的其他中学抱怨衡中掠夺优秀生源的时候，为什么只看到人家"大鱼吃小鱼"，不检讨自己"小鱼吃虾米"呢？正如鲁迅先生所说："曾经阔气的要复古，正在阔气的要维持现状，未曾阔气的要革新。"

理论上评点的对错都不是对错，都掺杂着个人偏见。现实的存在永远是真理。有衡中家长义愤填膺地说："衡中，是让应试教育逼出来的，应试教育，是让当今社会现行的用人机制逼出来的。不从根本上反思现行社会的用人机制和应试教育的种种弊端，单单枪打出头鸟，拿衡中说事，有失公允。衡中之所以成功，只不过是因为他信奉一个原则，既然自己改变不了应试教育，那就无条件地适应。"

2. 升学率与素质教育并不矛盾，脱离升学率谈素质教育是画饼充饥，衡中的素质教育就是真正的素质教育。

时下的素质教育，似乎是跟应试教育唱对台戏的。师长们一个模糊的共识是：如果让孩子们学得累，如果让孩子们眼睛盯着名牌大学，如果不一边玩儿一边学，那就不是素质教育了。素质教育需要让孩子懂礼貌，心怀世界，懂得感恩，还需要学习琴棋书画，能够背诵国学经典，离开这个，就不是素质教育了。

素质教育这么多年，弄得家长们很迷茫。素质教育还要不要升学率呢？如果孩子经过多年素质教育以后，不能进入名牌大学接受更优质的教育，这是素质教育的初衷么？素质教育喊了很多年，却始终没有一个评点的模式，证明谁就是素质教育的典范。道理很简单，理论上的素质教育是一回事儿，而具体到一所学校而言，对孩子的要求又是一回事儿。

然而，衡中提出了"素质教育更能提高升学率"的理念。保证升学率的素质教育，就是真正的素质教育，是放之千万个家庭而皆准的真理。衡中认为，素质教育，首先要有让孩子考上名牌大学的能力。如果学生没有能力进入更加优越的教育环境里深造，那素质教育的具体体现是什么呢？难道仅仅是没有什么评价标准的全面发展、健康快乐？

没有感受衡中的生活，单就表象对衡中教学和管理主观臆断，去评判衡中办学的优劣，不仅有失公允，也不是理论探讨的正确态度。衡中升学率提高了，孩子们的交往能力就下降了？孩子忙着学习了，集体意识就似乎不够强了？衡中管理严格了，似乎孩子们的个性就被压榨了？衡中的学习模式化了，似乎就剥夺了孩子自由发展的前途了？中国有句俗话，透一斑而见全貌。这句话，在衡中校园里，却是多么的不应验。衡中校园里荟萃着众多的优秀学生，他们的交往能力、学习能力、自由发展能力、责任担当意识，不仅没有被抹杀，众多的集体活动反而开阔了他们的眼界和思维，唤醒了他们的道德责任感，激发了他们发展的动力。

衡中的教师团队，聪明就聪明在，坚定不移地把持着升学率这杆旗帜，同时又不偏不倚地顺应着素质教育的要求。他们难能可贵地塑造着衡中风格的素质教育的模式——升学率永远要保持第一，而体现素质教育要求的活动一项不落。素质教育需要国学诵读，这里有各类国学研讨的活动；素质教育要求学生全面发展，这里有琴棋书画、体育比赛、演讲比赛、成人仪式、八十华里远足……数不清的课外活动都在轰轰烈烈地开展。这里有阅览室，这里有机器人，这里有李肇星、纪连海等名师大家的讲座，这里还有绿茵操场……

3. 高等教育资源不均衡，基础教育资源怎么会均衡呢？不是衡中在掠夺优秀生源，而是优秀生源主动去挤破衡中。

在河北众多的高中里，对衡中的抱怨不绝如缕，认为大批优秀生源涌向衡中，是衡中升学率连年上升，直至成为中国高中教育航空母舰的重要因素。但在河北的高中里，老师们一方面嫉恨着衡中模式，同时，没有哪一所高中不向衡中学习。封闭管理、半军事化管理、题海战术、接连不断的鼓劲和评优，这不仅是衡中的法宝，也是其他各个高中的必行措施。

为什么衡中被众多河北高中所诟病呢？我想教育部门的政绩观念恐怕首当其冲。如今，评定一所中学的良莠，升学率仍然是第一位的。其他高中的校长们抱怨优秀生源被衡中掠走，貌似罪过在衡中，实际上，不是衡中抢走学生，是学生挤破脑袋涌向衡中，就像高中生们向往清华北大一个道理。衡中有这么大一块肥沃的土壤，无论是教学方针的实施，还是学校的管理，都极为顺畅。学生们之所以向往衡中、爱上衡中，求的不是什么安逸的享受，而是因为心中怀揣梦想，期冀三年后高考的辉煌。对于单一的家庭而言，选择衡中，对孩子成长的前途，显然要光明一些，毕竟衡中的升学率给千万个家庭带来希望。

（四）青春就是用来吃苦的，快乐成长与刻苦学习并不排斥。衡中的管理严格一点、学习刻苦一点，对学生是一种福分。

从我儿子在衡中学习的经历来看，衡中的严格绝对不是想象的那么不近人情。对衡中之苦的夸大，是对衡中素质教育的一种误读。

衡中的学生，自打进入校园的第一天，就知道自己来这里是为了什么。"我来衡中干什么，我要做一个什么样的人，我今天做得怎么样。"这是衡中的治校名言。衡中学生每天都面对着如此的自省，内心刻苦学习的动力不言而喻。

但很多人诟病衡中之苦之严的时候，为什么不想想20世纪高考伊始时，有那么多的学生在拼命学习呢？如今的"六零后"们，大凡成就一番事业的人，谁不是从高考独木桥上厮杀过来的呢？那时候，点着煤油灯学习，鼻孔被熏得发黑；那时候，多少学生曾经晕倒在排队打饭的途中；那时候，彻夜不眠的学生数不胜数；那时候，没有叫嚣素质教育和快乐成长，学生们都仿佛在黑夜里看到了黎明，勇往直前地拼搏学习。难道，现在的学生，甚至是衡中的学生，能比那个时代的高中生，学得更累更苦吗？

没有哪所中学，能像衡中这样对学生进行着如此规范的管理，而且效果又是立竿见影。规矩就是规矩，没有规矩不成方圆。没有哪个学生敢于付出巨大的成本去违反学校的规矩。

当然，有人会怀疑衡中的严格与苛刻，忧虑孩子们是否会失去健康与快乐。但是，如果又想让孩子考上名牌大学，又想让孩子轻松三年，那岂不是天方夜谭。相反，在衡中，我们没有看到孩子们疲惫的身影，没有看到孩子们没有精气神的空虚；我们看的是，孩子们一张张充满青春的笑脸，孩子们在各级各类比赛中充满激情的状态，孩子们在绿茵操场上彰显活力的身影，孩子们在这里不仅收获了知识，更收获了健康、快乐与成长。

有哪所中学，像衡中这样保持着 8 个半小时的睡眠时间？早上 5 点 30 分起床，中午 12 点 45 分午休，晚上 10 点 10 分上床睡觉，每个学生都保证 8 个小时的睡眠。别的学校也学衡中，也午休，也说按时熄灯。但是，貌似休息，学生们却心猿意马，或者玩手机，或者扯闲篇。衡中没有，衡中的规矩严格，发现违规者，就是按规定处理。铁的纪律，保证了孩子的睡眠，也保证了孩子的学习节奏。难道说，这样的严格要求，是对孩子成长的羁绊吗？

有哪所中学，像衡中这样有着餐饮丰富的学生食堂。只有衡中师生敢于说，我们的食堂，是全省中学里最好的，最不赚钱的。这种细致入微的后勤服务，哪个学校赶得上？

有哪所学校，像衡中这样绝对禁止学生带手机？玩手机自然会分心，分心自然会影响学习。而校园内的插卡电话和宿舍里的两部电话，又保证了学生和家长的联系。有堵有疏，学生的心气神自然就顺。

如果没有衡中之严格，我们的孩子凭什么考上"985""211"乃至清华、北大、港大？把刻苦和严格做到极致的学校和学生，才能考上名牌大学。而其他学校的校长们，何尝不想效仿衡中？只可惜，家长们、学生们、老师们未必有相应的觉悟，一旦有一方不配合，学习衡中就成了东施效颦。

作为衡中学生的家长，我愿意和孩子们坚守衡中的磨砺，我们知道，等待孩子的是一个美丽的 6 月。我们知道，一所名牌大学的录取，就是高素质的验证。我们这些家长会一如既往地抱着虔诚的心态，配合着学校的管理，激励着孩子们刻苦再刻苦，竭尽全力，直到 6 月 8 日那个轻松的下午。

衡中，永远是公平竞争道路上的狭路相逢获胜的勇者。无论谁在批评衡中，谁在指责衡中，我们这些家长知道衡中是一个什么样的地方。我们只享受苦尽甘来的收获，我们只恪守"头悬梁锥刺股"的付出，我们只信奉"磨杵成针"的努力。我们只相信，一个优秀的孩子，在这样的地方，才是健康的成长，才是完美的青春，才能缔造出美好的未来。

（二）人民日报与学生家长眼中不同的衡中

2013 届毕业生家长 　马千里

2013 年 7 月，人民日报记者杨柳采写的一篇新闻通讯《河北衡水中学的真实一面：半军事化管理，带橘子进教室要受警告》，被很多官方微博转发，总体来看对衡中颇有微词。

衡水中学究竟怎么样？局外人和局内人有着截然相反的看法。我见过不少家长对学校的不满意，衡中家长没有；我看过不少学生在网上发帖痛骂自己的母校，衡中的学生一个也没有……相反，家长信任学校，配合学校；学生感恩母校，回报母校。当然，世界上没有完美的事物，衡中也一样，她也有不足，也有弊端，但她在努力地完善自己、超越自己，因为她的校训是"追求卓越"。为了一切学生，为了学生一切，一切为了学生，在某些学校，这些只是喊在嘴里的口号，可在衡中，却是切切实实地做到了。这个世界越来越透明，人越来越聪明，谁也不能欺骗谁。每个人心里都有一杆秤，让我们用心去掂量。

其实比这篇报道尖锐更多的文章还有很多，对此我想引用我儿子的一句话来说明我的基本观点。我儿子是衡中的毕业生，被香港大学录取。高二的时候我问过他："你总说你们学校好，怎么网上那么多人都说衡中不好？"他说："那些人并不了解衡中。"

我想这是对的，之所以衡中的学生都对衡中充满着感情，学生家长没有说衡中像监狱的，是因为他们都了解这所学校。很多人看到一些表面现象、一个特殊案例，就想当然地把"应试教育""抹杀个性"等标签贴了过来。

作为衡中学生的家长，我想说说个人感受，以及对衡中教学模式的一些认识。

1. 关于各种苛刻的规定。衡中确实有很多看似苛刻的学生管理规定，正如这篇报道所说的零食、长发、短裙之类。但不了解情况的，就完全可以因此而认同衡中为"衡水第二监狱"的说法。

不能把零食带到教室吃，这一点过分吗？联想一下地铁不能吃东西的规定，就会觉得不在教室吃零食是一个基本的公德问题，对自己是一种自律，对他人是一种尊重。

至于女孩子不能留长发、不能穿短裙，我没有仔细询问过儿子是否有这样的规定，但是，在衡中校园里并没有看到所有的女孩子都是齐耳短发。他们的发型、穿着，正常的程度让我根本就没有往有此类规定这个方面想。学生们穿着更多的是校服，即使有便装，我只能说很正常、很朴素。我想，或许真的有此类规定，但最多只是建议性的规范吧。

关于不能咬笔的规定，作为家长，我们从小就教育孩子不要咬笔，因为咬笔不是一个好习惯。有这样的规定，我们家长更多感到的是欣慰，我们看到学校的规定既细致入微，又合情合理，孩子在这样的学校学习、生活，我们家长放心、安心，更舒心。

2. 关于军事化管理。我并不知道衡中自己是否会提"军事化管理"这个概念，也不知道诸位怎么理解这个词。不过，衡中的时间管理，确实很严格。几点起床、几点早操、几点吃饭、几点进教室……这些确实有严格的规定并严格执行。

我对严格的时间管理并不反感，相反，我非常支持。中国正在稳步走向世界，在这过程中，我们国人必须有相应的国际视野和素质，才能更好与国际接轨。其中，时间观念是一个人素质的体现，是一个人工作状态的写照。记得有一次我在外地去见客户，看时间可能要迟到五六分钟，于是，我赶紧给客户发短信说明。见面后，这位客户说："不用谈那么多了，当我读完你给我发的短信的那一刻，就决定了要跟你合作。"我想，时间观念真的是应该作为一种美德来培养。

另外，我儿子在家吃饭慢、吃饭少是一件很让人头疼的事情，去衡中前我也很担心这一点。但入学不久，我就没有任何顾虑了，学校规定的吃饭时间尽管不长，但只要心里有时间观念，足够吃得饱、吃得好。三年下来，他这个毛病彻底没了。

至于早操跑步，我想哪个学校都有，如果取消了倒是让大家很义愤。青少年正是身体发育、智力培育的关键时期，引导他们走向操场、走进大自然、走到阳光下，拥有一个健康的体魄，这是将来能够成就人生、奉献社会的基础。

3. 关于文体活动。高中阶段，课业任务量繁重，但是衡中的音乐、美术、体育等课程的开展丝毫没有耽误，尤其是对体育课更加重视，基本两天一次体育课，这着实让我感到惊讶，衡中的课余活动不仅没有被挤占，相反，还蛮有特色。

学生和家长印象最深刻的可能是衡水湖远足和成人礼两项固定大型活动。前者是组织学生集体步行去衡水湖游玩，参加一些象征性的固定节目，然后自由活动，再步行回校。学校也允许家长在这一天去观礼，但不是陪同。我现在依然清晰记得儿子参加远足活动那天的兴奋与坚持，看到儿子走回学校收获的那份成长，我们家长更多的是欣慰与满足。成人礼更是颇有声势。成人礼之前，必须让家长写一封给孩子的信。那封信是我写的，至今仍引以为傲。这些信件连同孩子的照片、个人感言，按班级印刷成册，成为孩子成长的一份记忆。学校专门拿出一个月的时间来宣传成人礼，教育学生明白责任与担当。看到儿子在这其中变得懂事与感恩，获得持久学习的动力与激情，我真的想说一句：感谢衡中。

课外还有选修课，都是一些实用性很强的东西，也有一些趣味性的。学校开列选修课的目录很长，让学生带回家和家长商量选择。我记得有文学赏析等，各式各类，而我儿子最终选的是编程，以至于他一度大学都想学编程，后来发现编程太累人、没意思，才有了新的目标。但这个选修必然是有益的，实际上从事理工科的工作，简单编程能力是必需的。

4. 关于抹杀个性。我接触的有限的衡中学生里，每个人都有自己独立的想法，个性鲜明，有的确实很刻苦，但聊天后会知道他们绝非书呆子，他们都有自己的小观点、小坚持。抹杀个性是没有的，我儿子经过三年的衡中生活，变得更加成熟，更有独立的思维。

此外，他们并非与世隔绝，他们得到的社会热点消息比我们并不少。每天的新闻时间，雷打不动；校园网络全天开放；教室外的报纸杂志，随时可以翻阅。我认为，他们获取信息的渠道好像比我在校外的家长还要多。我还记得语文教研组每周都会有一个印刷品发给学生，上面对一周的新闻热点进行总结和分析，什么国家改革的大事件、郭美美等热点新闻，说起来头头是道。对了，在语文教学中，他们有个"资料本"的做法，学生在上面写下收集的名言、好的文章，也写一些感想类的文章。值得说明的是，这些资料要当为作业，老师要认真批阅。我很喜欢我儿子的这些资料本，尤其他写的那些小文章。

5. 关于衡中教学。每年都有大量的其他学校到衡中学习取经，有一次我遇见过一批，听到他们的谈话，说衡中的师资硕士就只有几个，其他都是本科生，还不如他们的学校，另一个则大谈考察心得。

我没有和儿子深入探讨过衡中教学的精髓是什么，但我个人的理解有三点。

第一点就是时间管理。他们把每一分、每一秒都利用得很充分。这一点，尽管看起来夸张得让人瞠目结舌，但我认为是科学的时间管理。孩子们并没有因此感到什么不便。按着时间表走就行，不用考虑太多。这大概是衡中学生普遍的感受。时间管理并非僵化的东西，只是给你规定好什么时候学习、什么时候吃饭、什么时候休息、什么时候娱乐。这，有什么可以指责的吗？对此，我是百分之百地支持。

第二点是教学资源的共享。衡中的老师每周都要以备课组为单位，进行教学研讨，共同研究教学重点、制订授课教案，然后所有任课老师都按既定的教案来授课。而不像大多数学校那样，谁讲课谁写自己的教案。这种体制避免了因为任课老师之间的水平差异而带来的教学效果的差异。当然，个体差异还是有的，老师的个人风格也确实不同，但衡中的做法确实大大减少了老师自身差异带来的危害。

第三点是深谙高考之道。我想，既然高中教学的目的是参加高考，因此，应付高考的任何教学活动都不为过。如果说这样的模式只能产生高分低能，那么只能从高考制度本身的改革来解决，而不是把责任推给学校。而问题在于，不管高考怎么改革，总是需要考试。不是考这些，就是考那些，不管考哪些，这些科目都将成为教学的重点。一个极端的比方，假如高考只靠体育成绩定输赢，那好，所有学校都必定猛练体育，这就是素质教育了吗？

从儿子平常的交流中，我能感受到衡中的老师，讲课紧紧依靠课本、考纲，却又在这些精髓内容的基础上，不断深化、拓展、超越，让衡中的学生不仅牢牢把握住了知识的核心，又有足够的见识去面对各种变化的题型。此外，衡中的考试确实是家常便饭，有周测、月考、期末考试，还有什么联考等名目，让考试高考化，高考平常化，通过日积月累的训练，学生们早已经成了久经沙场的老兵。

一个小插曲。由于港大录取通知晚，等通知期间，内地大学还必须报志愿。而某大学的化学院确定录取后，港大通知就到了。这时，我儿子说："快给港大打电话说吧，有好多学生在后面等着呢，别耽误人家。"我当时眼睛湿润，半晌无语。

以上是我对衡中的一些看法和体验。总之，衡中必然在很多方面存在各种弊端，但我相信这些弊端在其他学校同样存在，而衡中的优势却是独有的。我感受到的衡中是认真负责并且在教学上很有一套方法的学校，感受到的衡中学生是一帮有思想、有活力的孩子。

（三）衡水中学的优秀学子是怎样炼成的

2012届毕业生家长　　王庆忠

一个学校，大力践行全面素质教育、探索打造全新的教育模式，出色地完成了国家规定的教学任务，同时培养了一批批德才兼备、品行超群、追求卓越、全面素质的优秀学生。

一个学校，不仅培养了一批批全面素质的优秀学生，而且提升并影响了大批家长的教育理念和教育水平，塑造了很多的幸福家庭！

这所学校，就是令人尊敬、声名远播海内外的河北省衡水中学——学生和家长心中永远的圣地！

衡水中学，为学生的全面发展提供了优质平台，也为家长教育水平的提高提供了广阔舞台！下面通过我和儿子的一些人生经历，全面了解衡水中学优秀学子是怎样炼成的、家长的教育之路是怎样走过来的，来表达我们的感恩之情！

我的儿子王昭雨2012年毕业于衡水中学，就读于清华大学建筑系建筑专业，现在读大二。很多家长朋友非常关心昭雨在清华大学的各方面表现，经常询问一些孩子的学习生活情况。下面是清华大学班主任给家长的一封信，贺老师对昭雨是这样评价的：

大学本科建筑学的学习和生活，是对学生专业知识和能力的塑造，也是对孩子们全面素质的考验和锻炼。在这一年半的学习和生活中，昭雨表现了出色的能力和素质，学习成绩优秀，在集体活动中颇有建树，尤其是自律自强，对自己要求严格，在这个年龄的学生中难能可贵。感谢你们培养了这么优秀的孩子，我会尽职尽责地辅导他，和他们在一起工作的日子我也很愉快。相信你们也会继续关心和支持昭雨的成长，来自父母的温暖和爱护，学校生活永远无法代替。

这封信我读了好几遍，真的很感动！感恩清华大学给儿子提供了这样好的发展平台，也更加感恩衡水中学对儿子的三年精心培养！

感恩衡水中学帮助孩子树立人生理想，使孩子更好更快地投入到学习生活中。

昭雨进入清华大学建筑系梦想成为一名国际建筑大师，通过自己的努力改变人类的居住环境，造福于人类。这是他自己理性睿智的选择，并且还有10多年的绘画基础，所以在专业学习上如鱼得水、得心应手，几个学期学业成绩在系里都是名列前茅，设计的模型也受到了老师的好评。

其实，昭雨从小学到初中，理想一直在不断变化。小时候喜欢画画，所以他梦寐以求的职业是画家。进入初中，开始对动植物有了浓厚的兴趣，自己开始学习生物奥赛方面的知识，有了生物学家的梦想，所以进入高中后，参加了生物奥赛的学习。

随着对生物的不断学习和深入研究，他意识到生物学的进步对于人类的未来发展尚未可知，觉得当今生物技术已经满足于人类生活的需要。他和生物老师探讨了这个问题，老师完全赞同他的想法后，于是昭雨放弃了生物科学家之梦，高考后选择了和自己从小钟爱的绘画相关的建筑设计，希望进清华园实现自己的建筑师之梦！

衡水中学一直高度重视对学生的理想和人文教育，大师进校园就是最好的诠释。这些大师演讲内容丰富，比如中科院院士孙大业"科学发展"专题演讲、外交部前部长李肇星的"树立报国志向"专题报告、清华大学副校长袁驷"自强不息，修琢人生"专题讲座、世界激励大师约翰·库提斯"别对自己说不可能"励志演讲、全国道德模范王文忠事迹专题报告、《百家讲坛》"名嘴"纪连海"历史人生"演讲……这些名人，以辩证的思维、独到的视角、生动的故事、精彩的互动，给了学生潜移默化的教育和引领，给学生终生难忘的教育，促进了学生全面而有个性的发展。

感恩衡水中学培养了孩子自律严谨、勤奋刻苦的优秀品质。

清华大学建筑设计专业，涵盖了文、理、工、艺术类等各个领域，是综合性很强的学科，因为它的综合性特点，建筑系的专教馆也成了全校唯一24小时不熄灯的教室，学生熬夜到深夜两三点成为常事，设计模型紧张时，通宵也不在少数。而昭雨从高中就养成了每晚10点睡觉的习惯，到了清华一般11点睡觉，也成了全班同学中睡觉最早的一个。

他的舍友曾对我说，他很羡慕昭雨的自律严谨，还有做事的超强计划性，所以刻意每天和昭雨一块起床，一起吃饭、上课、做作业，但几天后发现，时间确实和昭雨一致了，但做事的效率却相差太多！晚上11点，昭雨轻松做完一天的事，幸福地躺在床上时，他发现自己还有很多事情没有做完，只好接着熬夜！所以他对昭雨的自我管理能力佩服得五体投地！

建筑设计是建筑学最重要的一门课程，每学期都有一个设计模型作业，因为内容丰富、过程复杂，从开始准备到模型完成，大概需要 2 个月时间。很多同学平时轻轻松松，等到快要上交模型的前一周开始紧张，往往会通宵熬夜。而昭雨都是提前做好计划，利用平时时间开始做模型设计，基本提前一周完成作业，根本不用熬夜。剩余时间，帮助其他没有完成模型设计的同学，为他们出谋划策。

其实，昭雨这些优秀的品质来源于衡水中学的培养，通过下面的几件事可以感受到：

1. 昭雨高中期间参加了生物奥赛的学习，平时高考成绩保证在年级前 100 名的情况下，取得了生物奥赛省一等奖。奥赛结束后，马上投入到高考科目的学习，连续 9 次成绩进步，并连续 3 次取得了年级第 3、第 2、第 2 的优异成绩！这些得益于衡水中学领导奥赛高考两不误的高瞻远瞩和远见卓识，也得益于老师对奥赛和高考平衡发展的宝贵经验！

2. 高一暑假，生物奥赛生到河南师大参加培训。孩子们依然每天五点半起床，然后自觉去教室写假期作业。每天完成 11 个小时的奥赛高强度学习之后，还要熬夜写作业，有时到深夜两点。一个月的暑假，孩子们不但出色完成了奥赛培训，而且完成了所有的假期作业！这一切都展现了衡中学子勤奋刻苦的精神风貌！

3. 高中三年，无论寒假、暑假，无论时间长短，昭雨都是用一半时间完成假期作业，然后自己有针对性地查漏补缺，预习新学期的内容，学习一些课外的知识和技能。

这一切都展现了衡中学子的风采，这些优秀的品质会受益一生！

感恩衡水中学培养了孩子坚强自信、自立自强的优秀品质。

新生入学时，学校要求所有手续都要学生自己完成，所以家长们都在外边等着孩子。办完手续来到宿舍，衡水中学的学生自己铺被褥、挂蚊帐，自己收拾东西，家长在一边看着。这是衡水中学的学生所独有的，因为三年高中生活早已养成了自己的事自己做的好习惯，他们学会了自己照顾自己，学会了独立生活。

新生报到后，清华要进行一个月的军训，军训期间，衡中的学生很少给家长打电话，昭雨军训的第 3 天不慎扭伤了手腕，自己去校医务室上药包扎后，坚持参加军训，直到军训结束才告诉我们。他说自己伤到了自己处理，给你们说了也没用的。这句话太熟悉了！衡中的三年里，他生病时从来不告诉我们，都是身体痊愈之后才告诉我们，说病了自己吃药，给你们说了也没有用！多么坚强的孩子啊！

军训结束前，还要进行围绕北京城的 40 里拉练活动。很多孩子和家长开始紧张和担心，紧张的是孩子从没有走过这么远的路，担心的是孩子身体能不能吃得消！而我们是不用担心这些的，因为衡水中学每年都要举行高一学生八十华里远足活动，早已经受过意志的考验和磨炼，不怕吃苦、敢于担当！

感恩衡水中学培养了孩子孝顺懂事、懂得感恩的优秀品质。

大一开学报到后，收拾完宿舍、购买了生活必需品后，昭雨知道我们就要回家了，这时候他说"爸妈，如果你们没有特别的事，就多待一天再回家吧。"当时我们很感动，满口答应。很多时候，孩子们觉得自己长大了、独立了，不再依赖父母，恰恰是忽略了父母的感受，因为孩子给父母爱自己的机会，也是一种孝顺！

2013 年母亲节，昭雨给他妈妈特别制作了母亲节视频。视频里儿子清晰地记得：2011 年母亲节，正在参加生物竞赛考试，没能送上一份礼物；2012 年母亲节，正在进行三模考试，也没能送上一份礼物；2013 年母亲节，正在忙着做设计，但总可以抽出时间送给妈妈节日礼物了，在视频中用 11 种语言祝母亲节快乐！视频我放到了 QQ 空间里，朋友们齐口夸赞昭雨是个有心、懂事、孝顺的孩子！

其实，在衡中的三年，学校一直注重对学生的情商教育。一年一度的成人礼活动，是衡中进行感恩教育的典范！学生 18 岁之际，通过举行成人加冠仪式，让孩子们更多地接受感恩教育、责任教育，进行一次精神洗礼。活动获得了团中央的好评，并在全国加以推广。

每年的母亲节、父亲节、感恩节，学校利用广播和字幕的形式，提醒学生给爸妈打个电话，说一声节日快乐！当我们生日时，不管他在衡中准备考试，还是在清华忙于各种活动，都会收到儿子的生日祝福。到了教师节，昭雨会给小学老师、初中老师、高中老师和大学老师，发一个信息，问候一声老师您辛苦了，感恩老师的精心培育！

感恩衡水中学培养了孩子的团队管理能力和团结能力。

大一时，昭雨递交了入党志愿书，成为入党积极分子，每周参加党课学习，积极参加团委组织的各项活动，一年后成为预备党员。担任了班级团支部书记，被选拔为校团委宣传部干事和系团委组织部干事，并凭着出色的管理组织能力成为社会活动实践课的一名助教！在他的带领下，优秀班级评选中，所在班级取得了建筑系第一名的好成绩，并荣获了 2014 年度清华大学甲级团支部。

大一暑期实践活动期间，老师带领着同学们去河南测绘文庙，昭雨担任队长，负责全队人员的行程安排和日常生活。他是测绘活动的主力，任务紧张时主动帮助其他同学完成测绘工作。休息时，主动买水、拿器材，晚上给大家买西瓜。10 天的实践活动圆满结束，昭雨的团队管理能力和亲和力，得到了老师和同学们赞赏和认可。他们的实践作品在建筑系暑期实践活动作品评选中荣获了一等奖！这一切都是团队凝聚力的结果！

其实这一切都离不开衡水中学的培养！

高中三年，昭雨一直是宿舍长和课代表，并担任过体育委员、学习委员和副班长，兼顾高考和奥赛学习的同时，一直为班级建设献计献策、贡献自己的一份力！

他所在的奥赛班，班号是 410，这个班级是衡水中学的一个传奇，创造了很多奇迹！

一是在校期间就出版了班级日志《花开的声音》，毕业后出版了姊妹篇《那些花儿》，这两本书已再版三次，全国各地家长争相购买，受到了学生和家长的好评！

二是 410 班的董傲同学夺得了衡水中学历史上的第一枚奥赛国际金牌，并实现了河北省生物奥赛国际金牌零的突破！

这是一个团结的班级，这是一个温暖的班级，这是一个奋进的班级，创造了一个又一个辉煌，锻造了 71 个追求卓越、自强不息的中国好青年！

感恩衡水中学培养了孩子乐观向上、文体全面发展的优秀品质。

走进大学的校园，开始了更加五彩斑斓的生活！

清华大学一直有重视体育锻炼的传统，蒋南翔校长曾提出过"为祖国健康工作50 年"的口号。每天 3000 米的阳光长跑，是昭雨最为喜欢的运动，他的学习成绩总是名列前茅，这得益于衡水中学三年雷打不动、坚持不懈地每天两次跑操。为了丰富自己的业余生活、强身健体，他还参加了校板球队，积极训练，以取得更好成绩。

清华大学女生节，是学生们的欢乐时刻。男生们为班级女生举办女生节联欢晚会，昭雨担任主持人，表现得语言幽默、机智灵活、落落大方。

大二的小学期，建筑系有一个建造实习，就是设计一个实体建筑模型。昭雨展示了自己的设计模型，开放的思维、精妙的构思、睿智的语言，赢得了专家和老师的一致好评。20 天的建造实习期间，昭雨担任策划。在现场指挥同学安装模型，帮助同学完成各种工序，夜里加班赶制，雨中忙碌着为模型盖上塑料布。20 天齐心协力的辛勤付出，参展者不断地交口称赞，孩子们疲惫的脸上露出了幸福的笑容！

其实，这些同样都源于衡水中学多彩生活的点点滴滴。学校有 50 多个社团，比如跆拳道、微电影、航模、模拟联合国、手工社等，学生们总会找到喜欢的社团，来发展自己的兴趣和爱好！中秋节时，老师带着学生在操场席地而坐，一起吟诗、一起赏月、一起品尝月饼，这些活动都陶冶了孩子们的美好心灵，为他们的梦想插上了翅膀！

看着儿子一天天长大，成了一个有责任、敢担当、有爱心、有理想的有志青年，家长真的为他感到骄傲而自豪！对培养了他的母校衡水中学更是深表谢意！

我一直在银行工作，是衡水中学帮我走上了公益教育之路，5 年的时间，我和衡中结下了不解之缘。在遇到困难、迷茫动摇时，是衡水中学的追求卓越精神激励我顽强走下去，也更坚定了我要把公益教育进行到底的决心！

下面我所做的三个公益教育活动和衡水中学息息相关：

一是出于对学校的热爱、对孩子的关心和对教育的用心，帮助出版班级日志。我积极参与编辑出版了 410 班班级日志《花开的声音》和姊妹篇《那些花儿》，并大力宣传推介。衡水中学举办的各项活动，比如卓越校长论坛、全国德育会和校园开放日等，都有我销售这两本书的身影；另外我在衡中贴吧和我的 QQ 空间，也加以宣传。付出必有回报，面世 3 年，已再版三次，销往除西藏、青海之外的全国各地，受到家长和学生的好评。计划孩子们大学毕业后，陆续出版关于这些"花儿们"未来的生活和工作情况作为续集！

二是接受免费咨询，为更多孩子和家庭排忧解难。我秉承"帮助别人、快乐自己"的理念，潜心研究培养孩子的心得和感悟，热心为家长和孩子免费咨询。5 年时间咨询者遍布河北各县市及全国大部分省市，在学习、生活等方面解决了许多实际问题，两万家长和孩子受益。尤其是衡水中学的学生和家长受益最多，每次衡中学生放假的周末，本来是休息的时间，却成了我最忙碌的时候，但看到孩子和家长的脸上露出满意的笑容时，那一刻忘记了疲惫，觉得自己是最幸福的人。

三是积极参与衡中各项活动，为衡水中学的发展尽自己的一份力。我应邀为衡水中学高一、高二、高三年级进行了多次家长培训，多次走进班级为孩子们进行励志报告，作为家长代表参加了衡水中学的八十华里远足活动、高考百日誓师大会活动，并作为家长代表发言，得到了衡水中学的认可，受到了家长的好评。

我深深地明白，我所做的这一切都离不开衡水中学对我的教育理念的深远影响，我从内心里感谢衡水中学！

衡水中学，培养了儿子这些优秀品质，为他的未来发展打下了坚实的基础，感恩衡中，他会更加严格要求自己，做一个对社会更加有益的人；衡水中学，帮我走上了教育之路，教会我感恩社会、服务社会，为我的公益教育之路打下坚实基础，我会献出自己的爱心，回馈社会，帮助更多的孩子和家长，做一个出色的公益教育者！

衡水中学，学生和家长心中的圣地，我们爱你！

（四）要客观地看待衡水中学取得的成绩

衡中学生家长　佚名

社会上，有一些不了解衡中的声音，对衡中有一种妖魔化的看法，在他们看来，衡中升学率如此高，孩子们是不是学傻了？衡中一次都能考上这么多清华、北大的学生，让孩子们这么苦，这么累，哪能是素质教育？实际上，无论是教育理论家，个别领导，以及部分对教育并不懂行的教育界人士，往往有一种定性的思维：一谈到素质教育，就排斥应试教育，素质教育就必然跟学习好，考试得高分相违背，其实这是不科学的。我们作为家长，把孩子送到衡中，一方面是要提高素质，另一方面是希望为孩子的成长提供一个出口。教育有两个功能，一个是社会化功能，提升人类的素质，学生的素质，另外一个就是选拔人才的功能。如果学校选拔不出人才，不能为学生幸福的未来插上腾飞的翅膀，这无疑是不成功。所以，我希望社会各界不要妖魔化衡水中学。因为升学率既体现了素质教育的提升，同时也体现了教育的人才选拔功能。

很多人看到衡中的升学率，感到不可思议，一位主持人把衡中说成了"黑洞"，说它吸纳着全省乃至省外的优秀生源。他觉得这是社会不正常的现象，但是，他不知道，我们的孩子在衡中汲取了什么样的精神营养。当我们的孩子取得好成绩的时候，他们的内心有一个坚强的支柱，在鼓励着他们去努力学习，他的人格在不断地完善，他为了他自己的理想而努力奋斗，他知道他的理想有多高，就应该有多刻苦。

衡中好成绩取得的背后是，孩子们坚强的意志和拼搏精神。所以，我希望社会各界能客观地看待衡水中学的成绩，不要妖魔化衡水中学。

1. 衡中是家长心目中的好学校。衡水中学是我们家长心目中的好学校，孩子在这里既学到了知识，又提升了意志品德，离自己的理想越来越近。我的孩子来到衡中后，有三个变化：

（1）精神面貌的变化。在衡中，我的孩子把刻苦学习当成一种快乐。经常有同事的孩子来我家做客，要跟我儿子学些学习的技巧。儿子跟我说，学习这件事，如果你找这种那种的技巧，那只能说你有点小聪明，真正的学习，就是要有一种必胜的信心、刻苦的态度、全力以赴的精神。孩子的话让我很受感动，但这是衡中的大环境给他带来的认识。

（2）理想信念的变化。以前我们对孩子做理想教育，孩子是理想天天变，多数不现实。可自从到了衡中以后，孩子的目标就是做最优秀的自己，目标就是北大，向着目标努力，更多地回报社会，这目标一定就是三年，从未放弃。

（3）学习成绩的变化。每一次进步，都需要坚韧不懈的努力，慢慢的巩固和不断的进步，在这个过程中，他懂得了，只有不懈地努力、奋斗，才会有好的成绩。作为家长，我想，在衡中学到的这种认识，足以让他一生受用。

2. 孩子收获的不仅是分数更是成长。孩子的言谈举止所给我的感悟是：在衡中，孩子收获的不仅是分数更是成长。

（1）学习成绩方面。我女儿是压线进衡中的，成绩并不好，但是她进步很快，考到了年级300名，我很知足，这里面有孩子自己的努力，更离不开老师的谆谆教导。我也是一名老师，当看到孩子跟我谈到她的老师，所流露出来的那种幸福的表情，我知道，她在衡中是快乐的。"不经一番寒彻骨，哪得梅花扑鼻香"。要想取得好的成绩，必须要经过一步一个脚印的艰苦的磨炼。

（2）个人成长方面。我女儿很荣幸参加了校庆舞蹈节目的表演，高一年级参加了远足活动，高二年级参加了成人礼活动，现在又参加了高考300天倒计时活动……这些活动，让我的孩子成长了很多，她在小学和初中的时候都很内向、很任性、很娇气，可经过在衡中的这两年多的时间，她成熟多了，遇事不急躁了，会分析问题了。班主任对我说，她的变化很大，从学习热情到学习态度，她自身多了一种积极向上的精神。

　　（3）人生价值方面：衡中考清华北大的学生很多，但是，衡中也并没有放弃普通班的学生。我女儿是一名普通班的学生，相比而言基础差，但是，衡中不会放弃任何一个学生。尤其到了高三，老师们经常对孩子们进行课下辅导、作业辅导等，付出了很多。素质教育跟升学率并不矛盾，对于我的孩子来讲，即使她没能考上清华、北大，但衡中对于孩子的人生观、世界观、价值观的潜移默化，对于孩子良好的习惯的养成，是让我们做家长的最为欣慰的。在这里，哪怕她只考二本、三本，她也是成功的。

附　录

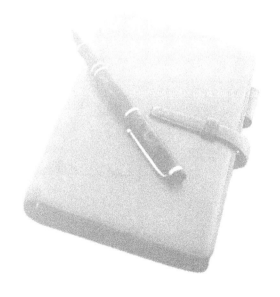

一、主要论文

1. 论文"提升未成年人思想道德建设水平",刊发于 2005 年 12 月 7 日《人民日报》。

2. 论文"以终生难忘的教育培养和谐的人",刊发于 2006 年第 4 期《人民教育》。

3. 论文"以人文本 科学管理",刊发于 2008 年第 13—14 期《人民教育》。

4. 论文"教育活力源于不断改革创新",刊发于 2008 年第 23 期《人民教育》。

5. 论文"激情是教师发展的第一动力",刊发于 2014 年第 9 期《华夏教师》。

6. 论文"管理就是沟通、服务和引领",刊发于 2010 年第 11 期《河北教育》。

7. 论文"给学生一张未来的通行证",刊发于 2012 年第 2 期《河北教育·德育版》。

8. 论文"德育:唤醒心灵的艺术",刊发于 2007 年 1 月 1 日第 848 期《德育报》。

9. 论文"让道德成为学校的第一影响力",刊发于 2008 年 1 月 7 日第 900 期《德育报》。

10. 论文"德育是存在遗憾的事业",刊发于 2009 年 3 月 2 日第 960 期《德育报》。

11. 论文"以敢于担当的家国情怀提高教育精神境界",刊发于 2013 年 1 月 7 日第 1160 期《德育报》。

二、主要著作

著　作：《我这样做校长》

主　编：张文茂

时　间：2014 年 6 月

出版社：中国青年出版社

该专著由教育部原国家副总督学、中国教育学会原常务副会长郭振有作序。全书共分为三部分，第一部分收集的 18 篇理论文章，是日常工作的所思所想，带有鲜明的时代烙印，充满着无限的激情，洋溢着对学校对师生的真情，折射了我的教育观、教师观和学生观。第二、三部分收集的所有言论，均是个人日常探索和实践中的所思所言，涉及学校工作的方方面面，尖锐而不尖刻，固守而不固执，平实而不平淡，是我心忧教育、情系师生、追求卓越的真实写照。此书还对如何公正客观地认识衡中、普通高中到底应承担什么使命、素质教育应该如何开展等问题进行了解读。

著　作：《青春剧场》

主　编：张文茂

时　间：2014 年 8 月

出版社：河北科学技术出版社

《青春剧场——衡水中学校园心理剧集锦》一书，精选了我校历届校园心理剧大赛中部分优秀、典型的心理剧本，其内容涉及亲子、师生、同伴、自我成长、班级成长、校园故事、青春心事等。书中，一个个发生在学生身边的青春故事以及问题处理方式，相信会给广大读者以启迪和思考。如何转换视角去发现幸福，体验幸福，享受幸福，相信广大读者会在此书中找到答案。

著　作：《高中心理健康教育工作手册》

主　编：张文茂

时　　间：2014 年 5 月

出版社：河北科学技术出版社

该书包括学校心理健康教育的相关概念、高中开展心理健康教育的途径、特色心理健康教育课程资源的开发、典型心理健康教育案例分析以及经典活动设计五部分内容。全书理论与实践结合紧密，系统阐述了高中心理健康教育工作开展的途径和方法，特别是详细介绍了我校在心理健康教育工作开展过程中的具体做法。同时，本书还收入了 18 个经典心理活动设计、28 个经典心理案例等内容，以期对高中有效开展心理健康教育工作有所裨益。

著　　作：《衡水中学主题班会设计》

主　　编：张文茂

时　　间：2014 年 5 月

出版社：学习出版社

该书按照我校每学年的德育工作重点进行设计编写，精选了三个年级 30 位优秀班主任的 30 节经典班会，主题鲜明，内容丰富，寓意深刻，不仅有课堂实录，还有相关主题链接，具有很强的指导性和引领性，并附有课件 PPT 以及我校部分精品德育活动光盘，是学校首次全方位、多角度展示独具衡中特色的主题班会。

著　　作：《班主任工作手册》

主　　编：张文茂

时　　间：2013 年 10 月

出版社：河北科学技术出版社

该书的编辑出版，旨在提升班主任的综合素养，引爆班主任的潜在能量，使其实现自己的职业理想。书中汇集了我校部分优秀班主任的班级管理经验和教育智慧，其内容涉及班主任专业成长、班级管理策略、学生成长发展等工作，对我校青年教师如何成长为一名优秀的班主任进行了详细而具体的介绍，尤其是丰富而翔实的教育案例，全面展示了"给学生终生难忘的教育"这一德育理念，可以有效帮助广大班主任更加自信地面对教育、教学和班级管理中遇到的各种困难。

著　作：《学科组长工作手册》

主　编：张文茂

时　间：2013 年 9 月

出版社：学习出版社

学科组长是本学科的核心和权威，引领着一个学科的发展方向，推动着教师专业提升的进程。该书紧密结合衡水中学的实际工作，全面解读了学科组长应该如何把握学科方向、如何打造特色学科、如何建设学科团队、如何促进学科教师的专业发展等问题。书中详细介绍了衡水中学实施学科教学的具体举措，综观全书，有三大特点：一是从操作层面，全面解读了衡水中学的学科组长工作；二是以案例形式，对学科组建设进行了全方位指导；三是以学科建设为突破点，详细阐述了如何提高学科教学质量。

著　作：《衡水中学解码》

主　编：陶继新　张文茂

时　间：2012 年 11 月

出版社：福建教育出版社

该书是我和山东教育报刊社总编辑、中国教育报记者陶继新老师对话的结晶。书中，我和陶老师站在社会发展和人生追求的高度，对衡水中学的各项工作进行了深入探讨和交流，对人们普遍关注的衡中高升学率背后的秘密进行了全面解读，对当前普通高中办学热点、疑点和难点问题进行了深层次的沟通。其中，不仅谈到了衡中精神，而且交流了文化构建；不仅谈到了如何成为优秀校长，而且交流了怎样培养幸福教师，以及新课程改革、教学管理、教育科研、德育工作、后勤服务、环境育人等等，其内容涵盖了衡水中学各项工作的各个方面，内容翔实，材料确凿，为读者系统的提供了很多具体做法，力求让大家有所感悟，有所借鉴。可以说，这本书跳出教育看教育，跳出衡中看衡，既有我和陶老师的思维碰撞，又有情感的交融和心灵的沟通，对于我来说，是一次难得的学习提高、享受幸福的精神之旅。

著　作：《做幸福教师》

主　编：张文茂

时　　间：2012 年 11 月

出版社：学习出版社

该书由河北省教育厅厅长刘教民同志亲笔题名，是一本从教师师德修养角度来谈如何做幸福教师的书，特别适合学校教师培训和教师专业自主成长。该书分为理念、实践和案例解读三部分，一是幸福教师的内涵，从自己的切身实践出发，认真思考了幸福教师的职业观、学习观和生活观；二是幸福教师的修炼，阐述了如何让每个人都拥有梦想，如何让师德引领校园时尚，如何让校园成为成长乐园，如何让学生见证教师成长，如何让教师赢得职业尊严；三是幸福教师的解读，以 15 位优秀教师成长的典型案例为样本，详细阐述了他们的生命因学生而精彩，他们用爱和责任为每一名学生开启了灿烂未来。纵观全书，内容翔实，观点鲜明，案例解析独特，阐述详尽透彻，全面诠释了做一位幸福教师的真谛。

其他著作：

1.《卓越学校的支撑》，2012 年 11 月由河北教育出版社出版发行。

2.《教师工作手册》，2012 年 8 月由河北科学技术出版社出版发行。

3.《甲子岁月》，2011 年 9 月由大众文艺出版社出版发行。

4.《激扬青春》，2011 年 8 月由大众文艺出版社出版发行。

5.《学做合格父母》，2010 年 2 月由河北教育出版社出版发行。

6.《衡中校园行——教工必读》，2008 年 10 月由大众文艺出版社出版发行。

7.《衡中校园行——99 个德育细节》，2008 年 10 月由大众文艺出版社出版发行。

8.《衡中校园行——智慧的结晶》，2008 年 10 月由大众文艺出版社出版发行。